Veröffentlichungen
des Max-Planck-Instituts für Geschichte

74

VERÖFFENTLICHUNGEN
DES MAX-PLANCK-INSTITUTS FÜR GESCHICHTE

74

Studien zur Germania Sacra

15

LIBRI SANCTAE AFRAE

St. Ulrich und Afra zu Augsburg
im 11. und 12. Jahrhundert
nach Zeugnissen der Klosterbibliothek

von

NORBERT HÖRBERG

GÖTTINGEN · VANDENHOECK & RUPRECHT · 1983

CIP-Kurztitelaufnahme der Deutschen Bibliothek

Hörberg, Norbert:
Libri sanctae Afrae St. Ulrich u. Afra zu Augsburg im 11. u. 12. Jh. nach Zeugnissen d. Klosterbibliothek / von Norbert Hörberg. – Göttingen: Vandenhoeck und Ruprecht, 1983.
(Veröffentlichungen des Max-Planck-Instituts für Geschichte; 74)
(Studien zur Germania Sacra; 15)
ISBN 3-525-35389-8

NE: Max-Planck-Institut für Geschichte ›Göttingen‹:
Veröffentlichungen des Max-Planck-Instituts...; 2. GT

Schrift: 10/12p Garamond auf dem Fotosetzsystem V-I-P (Linotype)
Gesamtherstellung: Verlagsdruckerei E. Rieder, Schrobenhausen

Für Martine,
Natalie und Sophie

Abb. 1: Ex libris des Klosters St. Ulrich und Afra, 17. Jahrhundert. Augsburg, Staats- und Stadtbibliothek. Originalgröße 5 x 8,5 cm.

Inhalt

Vorwort

Diese Arbeit wurde durch ein Hauptseminar des Sommersemesters 1977 angeregt, das Prof. DDr. Raymund Kottje zum Thema „Schule und Bibliothek im Mittelalter“ an der Universität Augsburg abgehalten hat. Im Rahmen dieses Seminars wurde erarbeitet, wie die bibliothekarischen Überlieferungen als historische Quelle für die Geschichte und Geistesgeschichte der mittelalterlichen Klöster ausgewertet werden können. Am Beispiel eines Klosters, dessen bibliothekarische Quellen noch nicht genügend bearbeitet waren, sollte dieser Weg zur Darstellung der Klostergeschichte beschritten werden. Am naheliegendsten war St. Ulrich und Afra, denn vom Seminargebäude der Universität Augsburg aus fällt der Blick auf den Turm der Basilika, der noch von der Größe der einstigen Reichsabtei kündet. Die Abtei wurde in der Säkularisation aufgelöst. Die Klostergebäude im Süden der Kirche fielen teils dem Krieg zum Opfer, teils mußten sie am Beginn der siebziger Jahre einem Neubau weichen. Umso reizvoller war es, den Spuren des geistigen Erbes des Klosters nachzugehen. Sie verlieren sich teilweise in fernen Bibliotheken.

Ich habe vor allem Herrn Prof. DDr. Raymund Kottje (jetzt Bonn) zu danken, daß er meiner Arbeit die entscheidenden Impulse vermittelt und sie in allen ihren Phasen mit seinem Rat begleitet hat. Mein Dank gilt Herrn Prof. Dr. Pankraz Fried (Augsburg), der mir als Landesgeschichtler den Blick schärfte für die Besonderheiten des schwäbisch-bayerischen Raumes, in dem das Kloster verankert ist. Ich danke schließlich Herrn Prof. Dr. Martin Herz dafür, daß er mich an seinen Lehrstuhl holte, was für den Fortgang meiner Arbeit und letztlich für ihren erfolgreichen Abschluß eine ganz wichtige Voraussetzung war. Die Arbeit wurde von den Philosophischen Fakultäten der Universität Augsburg 1981 als Dissertation angenommen.

Mein weiterer Dank gebührt Herrn Prof. Dr. Josef Fleckenstein, Direktor am Max-Planck-Institut für Geschichte in Göttingen, für die Aufnahme der Arbeit in die Reihe der Studien zur Germanica Sacra. Die Dissertation erscheint hier in einer leicht überarbeiteten Fassung.

Bei meinen Besuchen und Anfragen in Bibliotheken und Archiven fand ich bei den Vorständen und dem Personal viel Hilfsbereitschaft und bereitwilliges Entgegenkommen. Es sei mir gestattet, Herrn Dir. Dr. Josef Bellot, Leiter der

Staats- und Stadtbibliothek Augsburg, und Herrn Archivdirektor Dr. Wolfram Baer, Augsburg, stellvertretend für alle dankbar zu erwähnen.

Nicht zuletzt empfing ich im Arbeitskreis des Lehrstuhls für Geschichte des Mittelalters für im Beruf stehende Historiker wissenschaftliche Anregung und bei den Herren Leo Juhnke, Gym.-Prof. a. D., und Hans Niedermayr, Oberstudiendirektor a. D., freundliche Auskunft in einigen Detailfragen. Gratias ago!

Norbert Hörberg

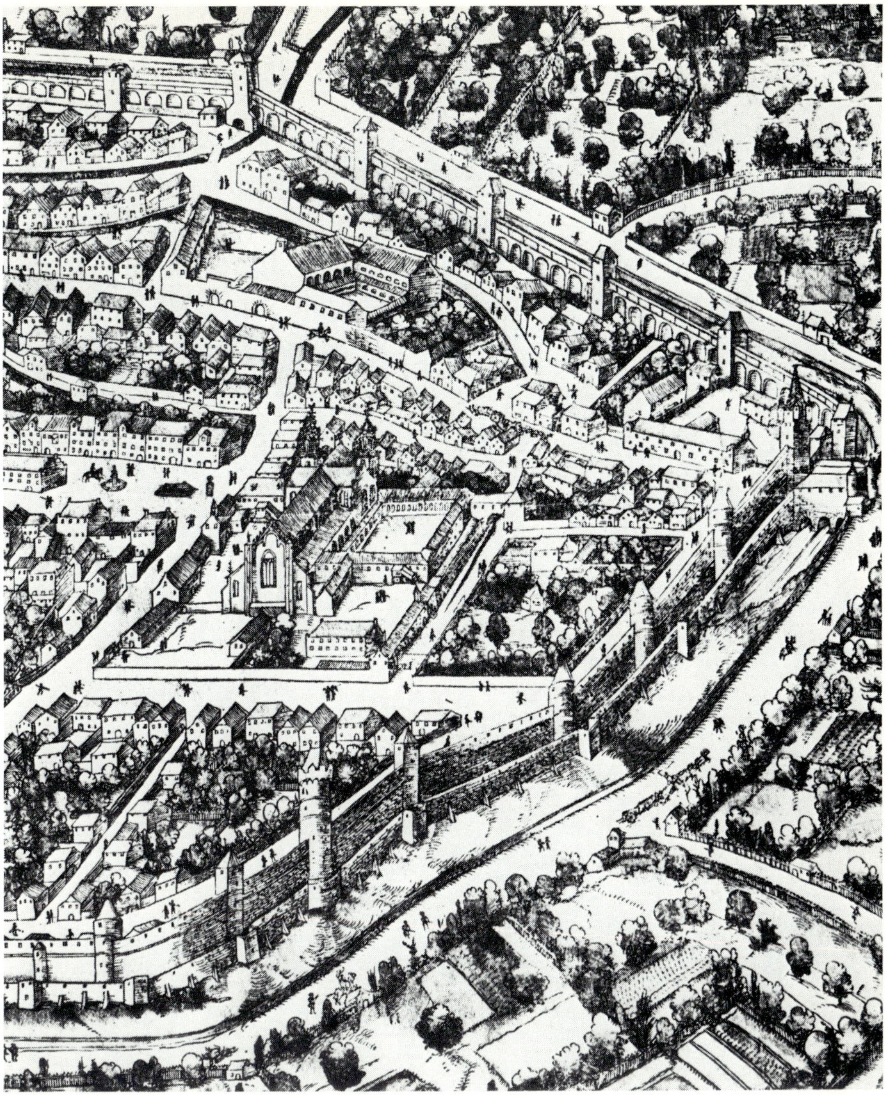

Abb. 2: Spätmittelalterliche Ansicht des Klosters St. Ulrich und Afra in einem Ausschnitt aus dem Stadtschaubild des Jörg Seld von 1521 (Stadtarchiv Augsburg). Die Basilika ist mit zwei niederen Türmen dargestellt, von denen der nördliche nur hochgezogen und 1594 vollendet wurde.

Abb. 3: Kirchenvater HIERONYMUS, darüber der thronende Christus zwischen den Patronen Ulrich und Afra. Augsburg, Staats- und Stadtbibliothek, 2° Cod. 36 fol. 1^v, 12. Jahrhundert. Originalgröße 16 x 25 cm.

Einleitung

Der Dichter Venantius Fortunatus bezeugt um 565 die Verehrung der römischen Märtyrerin Afra in Augsburg[1]. Man vermutet, daß bei ihrem Grab auf dem Gräberfeld im Süden der ursprünglich römischen Provinzhauptstadt schon im 7. Jahrhundert eine Kleriker- oder Mönchsgemeinschaft angesiedelt war[2]. Aus dieser frühen Zeit fehlen schriftliche Quellen, die über diese Gemeinschaft Genaueres aussagen würden. Aufgrund der Quellenbelege des 10. Jahrhunderts und vor allem der Aussage der frühesten Klostergeschichte, des Chronicon breve aus dem 12. Jahrhundert, nimmt man an, daß vor der Jahrtausendwende bei St. Afra ein Kanonikerstift bestand[3], das dann in ein Benediktinerkloster umgewandelt wurde. In jüngeren Quellen und in der Literatur wird dieses Kloster als Benediktinerabtei, Reichsabtei oder Reichsstift St. Ulrich und Afra bezeichnet[4].

Die vorliegenden Studien behandeln das 11. und das 12. Jahrhundert, d. h. die ersten beiden Jahrhunderte des Benediktinerklosters. In dieser Zeit vollzog sich der Wandel des Klosternamens von einfach „St. Afra" zur Benennung „St. Ulrich und Afra". Bischof Ulrich von Augsburg (923–973) nämlich bekam an der Seite der hl. Afra sein Grab und wurde dort verehrt. 993 wurde er heiliggesprochen[5]. Der Wandel zur Doppelbezeichnung „St. Ulrich und Afra" scheint sich nicht auf einmal zum Zeitpunkt des Begräbnisses oder der Heiligsprechung,

1 Vita s. Martini lib. IV, MG Auctores antiquissimi 4 S. 368.

2 Zoepfl, Mittelalter S. 42 spricht von einer Mönchsgemeinde, deren Abt Bischof von Augsburg war. Sie habe später die mönchische Verfassung aufgegeben und sich in eine Säkularklerikerkongregation verwandelt. Prinz nimmt für die Zeit König Dagoberts I. (gest. 639) eine Klostergemeinschaft irofränkischer Provenienz an oder eine Gruppe von Klerikern, die am Grabe Afras die Völkerwanderungsepoche überdauert habe (Mönchtum S. 360). Durch die Ausgrabungen der Jahre 1961–1968 in St. Ulrich und Afra fand die These der Kultkontinuität bei St. Afra und der Beziehungen zum irofränkischen Mönchtum Burgunds eine starke Stütze. Vgl. Werner, Ausgrabungen; darin vor allem den Beitrag von Prinz, Augsburg im Frankenreich S. 375–398.

3 Vgl. Kap. V „Vom Kanonikerstift zum Benediktinerkloster" unten S. 185 ff.

4 Zoepfl, Sankt Ulrich und Afra, in: LThK² 9 Sp. 177 f. Ab wann die Bezeichnung „Reichsstift" gerechtfertigt ist, dazu Liebhart, Reichsabtei S. 9.

5 AReg 1 Nr. 159 S. 88 f.

sondern allmählich vollzogen zu haben. Es ist daher einleitend zu fragen, wie das Benediktinerkloster in den ersten beiden Jahrhunderten seines Bestehens genannt wurde.

1. Der Name des Klosters

In Gerhards Miracula sancti Udalrici, die am Ende des 10. Jahrhunderts aufgezeichnet wurden, sind ein *praepositus Wicfredus* und ein *presbiter Adalger* aus der *congregatio sanctae Afrae* erwähnt[6]. Die *congregatio s. Afrae* ist auch im 4. Kapitel von Gerhards Ulrichsvita genannt[7]. Der Codex traditionum spricht in der ersten Schenkungsaufzeichnung zum Jahre 981 vom *monasterium beatae Afre apud Augustam civitatem constructum*[8].

In Bischof Eberhards Schenkung der Lechbrücke mit dem Zoll vom Jahre 1031 heißt das Kloster nach dem Codex traditionum *cenobium ste. Afre martyris extra civitatem*[9]. Zu 1074 wird im gleichen Codex, in der Aufzeichnung einer Urkunde Heinrichs IV., die Kirche beschrieben: *in qua corpus eius* (= Udalrici) *et ste. Afre martyris requiescit*[10]. In einer Urkunde vom Jahre 1033 ist das Kloster als *monasterium S. Afrae apud Augustam civitatem constructum* bezeichnet[11]. Die Urkunde Heinrichs IV. von 1061 nennt die Kirche *ecclesia sancti Oudalrici confessoris in Augusta*[12]. Die Annales Augustani, Ende des 11. bzw. Anfang des 12. Jahrhunderts entstanden, berichten zum Jahr 1064 von der *ecclesia sancti Oudalrici et sanctae Afrae*, 1071 von der *ecclesia sanctae Afrae et Oudalrici*, also die Heiligen in umgekehrter Reihenfolge aufzählend, dann noch einmal zu 1077 in der ersten Reihenfolge[13]. Diese Nennungen standen im Zusammenhang mit dem Neubau der Klosterkirche und ihrer Weihe durch Bischof Embriko im Jahre 1071.

6 MG SS 4 S. 419f.

7 Ebd. S. 393.

8 Mon. Boic. 22 Nr. 1 S. 2. Endrös, Reichsunmittelbarkeit S. 17 Anm. 3 datiert diese Notiz in die 2. Hälfte des 12. Jh. und meint, der ursprüngliche Urkundentext sei vom damaligen Schreiber redigiert worden. Die Frage ist nun: Hat der Redaktor mit *monasterium b. Afre* die Klosterbezeichnung des 10. Jahrhunderts übernommen oder hat er die aktuelle Bezeichnung an ihre Stelle gesetzt? Im letzten Falle wäre die Traditionsnotiz ein Beleg für diesen Klosternamen noch im späteren 12. Jh.

9 Mon. Boic. 22 Nr. 2 S. 4; vgl. AReg 1 Nr. 268 S. 154.

10 DH IV 274 S. 350f.

11 DK II 191 S. 253f.; vgl. Hipper, Urkunden Nr. 3 S. 2.

12 DH IV 71 S. 93f.

13 MG SS 3 S. 127f. Die bis jetzt genannten Stellen führt auch Pötzl, Ulrichsverehrung S. 107f. als Belege für die Aufnahme Ulrichs ins Kirchenpatrozinium an. Sein Verweis auf die Annales Hildesheimenses, die zu 1034 von der *ecclesia sancti Oudalrici* sprechen, überzeugt nicht als frühester Beleg, da zu diesem Zeitpunkt auch das Oratorium des hl. Ulrich allein gemeint sein konnte.

Nach den Zeugnissen des 11. Jahrhunderts zeichnet sich folgende Entwicklung ab. Kirche und Kloster hießen ursprünglich „zur hl. Afra". Im Laufe des 11. Jahrhunderts erfreuten sich Grab und Oratorium des hl. Ulrich als Kultzentrum und Wallfahrtsort steigender Beliebtheit. Das Patrozinium des Heiligen trat neben das der heiligen Afra. Dieser Patrozinienwandel für die Kirche vollzog sich allmählich und war um die Zeit des Neubaus der Kirche unter Bischof Embriko und ihrer Weihe 1071 abgeschlossen[14]. Der Neubau bestand aus einer zweischiffigen Kirche mit Afra- und Ulrichschor[15]. Die Bezeichnung „Afra und Ulrich" oder „Ulrich und Afra" war noch nicht festgelegt. Vermutlich wurde nach dem Patrozinienwandel nun auch das Kloster mit der Doppelbezeichnung benannt.

Das früheste Zeugnis für die *congregatio sancti Udalrici et sancte Affre martiris* ist das Schreiben des Bischofs Berengar von Gerona an die Mönchsgemeinschaft, aus der Zeit des Abtes Sigehard (1080 – ca. 1094). Dieses Schreiben überliefert jedoch erst der spätmittelalterliche Chronist Wilhelm Wittwer innerhalb seiner Klostergeschichte, und es besteht durchaus die Möglichkeit, daß er in der Bezeichnung des Klosters die Adresse dem längst gebräuchlichen und zu seiner Zeit geläufigen Doppelnamen angeglichen hat[16].

In den Schenkungsaufzeichnungen des Codex traditionum, die sich auf das 12. Jahrhundert beziehen und die frühestens in seiner zweiten Hälfte geschrieben wurden, ist der Klostername durchwegs *monasterium (cenobium) sancti Oudalrici et sancte Afre*. Die Schenkung erfolgte in der Regel *ad altare* oder *ad ecclesiam*, und dabei wurden beide Heiligen genannt, gelegentlich nur Ulrich, seltener nur Afra. Es findet sich auch die Formulierung *sancto Oudalrico et ste. Afre et fratribus eisdem sanctis ... servientibus*[17]. Die Urkunden des 12. Jahrhunderts (ab ca. 1142) haben, soweit sie vom Kloster sprechen, die Doppelbezeichnung „St. Ulrich und Afra"[18].

In Selbstzeugnissen des Klosters hält sich bemerkenswerterweise im 12. Jahrhundert noch sehr lange die Bezeichnung „St. Afra". So nennt sich der Abt des Klosters Udalschalk (1127–1151) in einer Traditionsnotiz *indignus beate Afre servus*[19]. Die gleiche Formulierung gebraucht Udalschalk in seinem Widmungsschreiben zur Vita Adalberonis, das an Bischof Walther gerichtet ist: *beate Afre servus*. Er schrieb die Widmung nach 1133[20]. Die erst Ende der siebziger Jahre

14 Volkert, Schriftquellen Nr. 28 S. 109f.; Pötzl, Ulrichsverehrung S. 107f.

15 Volkert, Schriftquellen Nr. 28 S. 110.

16 Wittwer, Catalogus S. 86ff.; vgl. auch Berschin, Vita S. Kŏnradi S. 91 Anm. 40.

17 Mon. Boic. 22 passim.

18 1142: DK III 78 S. 138ff. (verunechtet); vgl. Hipper, Urkunden Nr. 4 S. 2; 1143: DK III 88 S. 156f.; vgl. Hipper, Urkunden Nr. 5 S. 3.

19 Mon. Boic. 22 Nr. 155 S. 91.

20 Udalschalk, Vita Adalberonis S. 2; vgl. unten S. 161.

im Kloster entstandene Chronik[21] hat durchgehend die Bezeichnung *cenobium ste. Afre.* Die Besitzvermerke der Bücher lauteten für den Beginn des 11. Jahrhunderts unter Abt Reginbald auf ,,St. Afra". Aus mehreren Handschriften sowie Notizen über Handschriften des 12. Jahrhunderts kennen wir den Eintrag *Liber sancte Afre*[22], ein besonders deutliches Indiz dafür, daß die Klosterbezeichnung ,,St. Afra" allein im 12. Jahrhundert durchaus noch üblich war.

Ein Beleg dafür, daß es noch in der Mitte des 12. Jahrhunderts die Bezeichnung *monasterium ste. Afre* gab, ist auch das Privileg Papst Hadrians IV. von 1156[23]. Dieser Beleg hat ein besonderes Gewicht, da sich hinter der Formulierung in der Papsturkunde vermutlich die Eigenbezeichnung des Klosters verbirgt. Der Papst nimmt nämlich Bezug auf ein Bittscheiben des Abtes Hezilo, das dem Erlaß vorausgegangen war. In einem anderen Selbstzeugnis des Klosters scheint wiederum die Doppelbezeichnung auf. Ein anonymer Nachfahre des Abtes Udalschalk spricht im Prolog zu Udalschalks Registrum tonorum vom *Cenobium beati Oudalrici et sancte Afre*[24].

Die Belege zeigen, daß sich das veränderte Kirchenpatrozinium im Laufe des ganzen 12. Jahrhunderts allmählich erst auf die Klosterbezeichnung übertrug. Die Bezeichnung ,,Kloster St. Afra" bestand noch weit ins 12. Jahrhundert hinein. Daher kann im 11. und 12. Jahrhundert noch einfach vom ,,Kloster St. Afra" gesprochen werden. Dies ist in der vorliegenden Arbeit meist der Fall, zumal der Bücherbesitz im 12. Jahrhundert noch mit *Liber sancte Afre* gekennzeichnet wurde. Der Doppelname Ulrich und Afra wird dort gebraucht, wo er sich von der Quelle oder Literatur her nahelegt oder einen umfassenderen Zeitraum als bis 1200 meint. Der Name ,,Reichsabtei" oder ,,Reichsstift" soll ausschließlich dem Kloster des späteren 17. und 18. Jahrhunderts vorbehalten sein.

2. Die Quellenlage

Die Geschichte des Klosters im 11. und 12. Jahrhundert ist im wesentlichen über Urkunden und Traditionsaufzeichnungen, über erzählende Quellen und über bibliothekarische Überlieferungen greifbar.

Die urkundliche Überlieferung für das 11. und 12. Jahrhundert ist sehr spärlich. Aus dem ersten ist eine, aus dem letztgenannten sind insgesamt 13 Urkun-

21 Chronicon breve (= Catalogus).

22 Siehe unten passim.

23 Mon. Boic. 22 Nr. 7 S. 176; Germania pont. 2,1 Nr. 8 (Ulrich und Afra) S. 58f.; Jaffé, Reg. Pont. Rom. 2 Nr. 10181 S. 119. Vgl. Hipper, Urkunden Nr. 6 S. 3.

24 Jaffé, Registrum tonorum S. 69. Der Prolog entstand nach der Jahrhundertmitte. Siehe unten S. 150.

den erhalten[25]. Daneben liegt an archivalischem Material noch der Codex traditionum[26] vor, der in der 2. Hälfte des 12. Jahrhunderts entstand[27] und vor allem für die Besitzgeschichte des Klosters seine Bedeutung hat[28].

Die ältesten erzählenden Quellen zur Geschichte des Klosters stammen aus dem 12. Jahrhundert. Es sind dies die Schrift des Abtes Udalschalk (1127–1151) De Eginone et Herimanno[29] und das Chronicon breve, ein Katalog der Äbte[30].

Die zu Beginn des 12. Jahrhunderts von Kanonikern der Domkirche geschriebenen Annales Augustani[31] enthalten nur ganz wenige Nachrichten zur Klostergeschichte. Bischof Embriko (1063–1077) wird als Wohltäter des Klosters und Erbauer der Kirche herausgestellt. Die Auffindung der hl. Afra sowie eine Reliquiengesandtschaft nach Gerona[32] werden erwähnt. Teilweise sind diese Nachrichten auch im Chronicon breve[33] enthalten.

Im ersten oder zweiten Jahrzehnt des 13. Jahrhunderts wurde die sog. Klostergeschichte des Priors Adilbert geschrieben[34]. Die Verfasserschaft Adilberts für dieses Werk ist zwar nicht strikt zu beweisen. Aber es spricht für ihn der gut zu fassende Zeitpunkt der Niederschrift. Die Reihe der Äbte in dieser Klostergeschichte bricht mit Abt Heinrich IV. von Belsheim (1213–1216) ab, ohne daß ein äußerer Grund für das Abbrechen zu diesem Zeitpunkt erkennbar wäre. Adilbert war Sakristan, Lehrer und Prior des Klosters in der Zeit dieses Abtes und in den Jahren danach. Er ist durch mehrere Schriften bekannt[35]. Es spricht also einiges dafür, daß dieser Prior Adilbert zu Beginn des 13. Jahrhunderts auch die genannte Klostergeschichte verfaßt hat[36].

25 Hipper, Urkunden Nr. 3–15 S. 2–12.

26 München, HStA, Kl. St. Ulrich und Afra in Augsburg Lit. 5. Noch gültige Ed. Mon. Boic. 22 S. 1–160.

27 Hipper, Urkunden S. XI.

28 Eine Arbeit, die sich überwiegend mit der Besitzgeschichte des Klosters St. Ulrich und Afra befaßt, wurde vor kurzem von W. Liebhart vorgelegt (Reichsabtei).

29 Siehe unten S. 157 ff.

30 Siehe unten S. 163 ff.

31 MG SS 3 S. 123–136; Wattenbach, Sachsen und Salier, S. 535 f.; Loewe, Annales.

32 Siehe unten S. 156.

33 MG SS 14 S. 558.

34 Diese Klostergeschichte ist – bislang ungedruckt – in der Hs. K 80 des Archivs für das Bistum Augsburg enthalten. Sie steht dort neben einer *Historia s. Afrae* und den *Vita et miracula s. Udalrici* mit dem Titel *Brevis abbatum ss. Udalrici et Afrae monasterii catalogus*. Die Handschrift selbst wird dem 14. oder 15. Jahrhundert zugeschrieben, vgl. Kraft, Handschriften S. 47 u. 93.

35 Bühler, Schriftsteller S. 29 ff.

36 Bühler, Schriftsteller S. 33 f. Kraft, Handschriften S. 93 verweist darauf, daß in der Literatur noch andere Verfasser für diesen Abtkatalog erwogen wurden, die aber weniger wahrscheinlich sind.

Das Annalenwerk der Brüder Ulrich und Conrad Welling, die Annales ss. Udalrici et Afrae Augustenses[37], verbindet Mitteilungen meist zu Äbten des Klosters mit Personen und Daten der Weltgeschichte. Die Brüder waren Mönche von St. Ulrich und Afra und schrieben wohl in der ersten Hälfte des 14. Jahrhunderts. Sie lassen ihre Annalen im Jahre 1106 beginnen und setzen sie bis 1334 fort. Conrad Welling schließlich schrieb eine knappe Klostergeschichte, einen Abtkatalog, der mit der Errichtung des Benediktinerklosters St. Afra seinen Anfang nimmt und bis in die erste Hälfte des 14. Jahrhunderts reicht. Dieser Katalog wird in der Literatur über St. Ulrich und Afra bislang nicht erwähnt. Er wird in dieser Arbeit vorgestellt und im Anhang abgedruckt[38].

Von nachhaltigem Einfluß auf die Darstellung der Klostergeschichte waren die Geschichtsschreiber des 15. Jahrhunderts. Sigismund Meisterlin, der in der zweiten Hälfte des 15. Jahrhunderts lebte und zeitweilig dem Konvent von St. Ulrich und Afra angehörte, hinterließ neben einer Geschichte der Stadt Augsburg, der Chronographia Augustensium (lateinisch und deutsch), zwei Chroniken des Klosters St. Ulrich und Afra, nämlich das Chronicon ecclesiasticum Augustanum (geschrieben 1483) und den Index monasterii ss. Udalrici et Afrae (geschrieben 1484)[39]. Wilhelm Wittwer (1449–1512) verfaßte unter dem Titel Catalogus abbatum monasterii ss. Udalrici et Afrae Augustensis in den 90er Jahren des 15. Jahrhunderts eine Geschichte seines Klosters[40]. Wittwer gehörte wie sein Mitbruder Sigismund Meisterlin bereits zur Generation der humanistischen Geschichtsschreiber, die sich im Gegensatz zu den Vertretern und Fortsetzern der mittelalterlichen Annalistik an größere Geschichtsdarstellungen wagten[41]. Dabei wird seine Arbeit, soweit sie die Zeit des 15. Jahrhunderts betrifft, als „quellenmäßig und höchst interessant" bezeichnet, die Geschichte der älteren Zeiten dagegen als „unbrauchbar" charakterisiert[42]. Dennoch hat Wittwer, auch was die ältere Klostergeschichte betrifft, die spätere Geschichtsschreibung über B. Hertfelder[43] und C. Khamm[44] bis P. Braun[45] beeinflußt.

37 MG SS 17 S. 428–436.

38 Unten S. 294 ff.

39 Gedruckt zugänglich ist nur das Chronicon ecclesiasticum (vgl. Literaturverzeichnis). Die Chronographia (lat.), in zahlreichen Handschriften verbreitet, zitiere ich nach Augsburg, StB, 2° Cod. Aug. 57, den Index nach Augsburg, StB, 2° Cod. Aug. 320. Vgl. auch Joachimsohn, Die humanistische ... S. 121 ff.; Ders., Zur städtischen ... S. 33.

40 Die Handschrift ist die Hs. K 78, Augsburg, Archiv des Bistums. Herausgegeben wurde der Catalogus von A. Steichele (Steichele, Archiv 3 S. 10–437). Zur Abfassungszeit: Joachimsohn, Zur städtischen ... S. 35.

41 Joachimsohn, Zur städtischen ... S. 33.

42 Joachimsohn, Zur städtischen ... S. 34 im Anschluß an Steichele, Archiv 3 S. 14.

43 Basilica ss. Udalrici et Afrae Aug. Vind. historice descripta cum brevi chronico monasterii. Augsburg 1627, 1653, 1657.

Auch neuere Literatur[46] schöpfte aus ihm, und ebenso wird im folgenden Wittwer als wichtige Quelle einbezogen.

Sowohl Meisterlin als auch Wittwer weisen an einigen Stellen darauf hin, daß sie zur Darstellung der Klostergeschichte die Bücher der Bibliothek benützt haben und insbesondere auf den letzten (oder vorderen) Seiten der Bücher auf Abschriften von Privilegien und ähnlichem gestoßen sind[47]. Dieser Hinweis der humanistischen Geschichtsschreiber legt nahe, sich bei einer Darstellung der Klostergeschichte nicht auf die erzählenden Quellen und Archivalien zu beschränken, sondern die bibliothekarischen Überlieferungen als Quellen der Geschichtsschreibung stärker zu berücksichtigen. Darunter sind erstens die Bücherbestände des Klosters zu verstehen, die es in den Jahrhunderten des Untersuchungszeitraums besaß, die aber im Laufe der Jahre, spätestens bei der Auflösung der Bibliothek im Zuge der Säkularisation, zerstreut wurden. Sie gilt es wieder zu sammeln und gewissermaßen eine Rekonstruktion der Bibliothek zu erstellen. Bibliothekarische Überlieferungen sind dann zweitens die Gegenstände, von denen die gefundenen Bücher handeln, Mitteilungen, die man den Büchern außer ihrem Hauptinhalt entnehmen kann, und die Spuren der Bearbeitung, die sie erfahren haben. Es ist also auf die Glossierung, Kommentierung und beigeschriebenen Texte zu achten. Über den paläographischen Befund, die Textgestalt und Vermerke lassen sich Beziehungen des Klosters zu anderen Klöstern erkennen. Drittens schließlich sind zu den bibliothekarischen Überlieferungen nicht nur die Bücher selbst zu zählen, sondern alle für den Zeitraum einschlägigen Nachrichten über die Bibliothek, wie Bücherverzeichnisse und Kataloge.

Eine Untersuchung, die in dieser Weise die bibliothekarischen Überlieferungen erhebt, gewährt Einblick in das geistliche Leben und die geistigen Interessen des Klosters. Sie ist das, was man herkömmlich als geistesgeschichtliche Darstellung bezeichnet, und bringt unmittelbar einen Ertrag für die Bildungsgeschichte. Insofern man jedoch die Quelle der bibliothekarischen Überlieferungen mit den übrigen Quellen in Beziehung setzt, lassen sich auch Daten für die sogenannte äußere Klostergeschichte gewinnen oder diese, sofern sie aus der späteren chronikalischen Überlieferung bekannt sind, aus einer vorausliegenden Quellenschicht verifizieren. Vermutlich liefern die geistesgeschichtlichen Erkenntnisse erst den Hintergrund für eine angemessene Beurteilung einer be-

44 Hierarchia 3, part. I, cap. I: Augustanum SS. Udalrici et Afrae Liberum ac Imperiale Monasterium, S. 1–208.

45 Braun, Geschichte der Kirche und des Stiftes der hl. Ulrich und Afra in Augsburg. 1817 (II. Teil ungedruckt im Archiv des Bistums Augsburg ohne Signatur.)

46 Bühler, Schriftsteller; Endrös, Reichsunmittelbarkeit; Hartig, Benediktiner-Reichsstift.

47 Meisterlin schreibt am Ende seines Index: *certique hinc inde maxime in ultimis foliis librorum* (scripserunt). Zit. bei Braun, Notitia 3 S. 52. Zu Wittwer vgl. unten S. 181 f.

stimmten Epoche der Klostergeschichte. Denn ein Kloster lebte, zumindest von seinem idealen Ansatz her, aus seiner geistlichen und geistigen Mitte.

3. Der Forschungsstand

Nachrichten über Bücher, Bibliothek, Wissenschaft und geistiges Leben im Kloster sowie über die Gelehrsamkeit und die literarischen Erzeugnisse der Mönche ließen die Geschichtsschreiber[48] von St. Ulrich und Afra immer wieder an verschiedenen Stellen ihrer Darstellungen einfließen. Einen eigenen Abschnitt zur Geistesgeschichte des Klosters fügte allerdings nur P. Placidus Braun, letzter Archivar und Bibliothekar vor der Säkularisation und damit intimer Kenner der Bibliothek und des ulrikanischen Schrifttums[49], seiner zweiteiligen Klostergeschichte bei. Es ist dies das V. Kapitel des 2. Teiles, der den Titel „Geschichte des Reichsstifts der hl. Ulrich und Afra in Augsburg" führt und zu Augsburg im Archiv des Bistums handschriftlich (ohne Signatur) aufbewahrt wird[50]. Das Kapitel ist überschrieben: „Von den gelehrten Männern des Stifts und ihren Schriften". Den „Schriftstellern und Schreibern des Benediktinerstiftes St. Ulrich und Afra in Augsburg während des Mittelalters" widmete Nonnosus Bühler seine Münchner philosophische Dissertation[51], die vorläufig umfassendste Darstellung der Geistesgeschichte des Klosters, die sich jedoch vornehmlich auf erzählende Quellen stützt und die Betrachtung der Handschriften selbst nicht einbezieht, auch bibliothekarische Überlieferungen wie Bücherverzeichnisse und Kataloge entweder nicht berücksichtigt oder nicht ausgeschöpft hat. Überdies reicht diese Arbeit von den Anfängen des Benediktinerklosters bis zu Wilhelm Wittwer, der 1512 starb, und der Verfasser konnte so auf Einzelprobleme der Klostergeschichte des 11. und 12. Jahrhunderts und der literarischen Überlieferungen aus dieser Zeit nicht eingehen.

48 Als wichtigste sind zu nennen: nach Prior Adilbert, Sigismund Meisterlin und Wilhelm Wittwer Bernhard Hertfelder, Corbinian Khamm und Placidus Braun. Die Titel ihrer Werke im Quellen- und Literaturverzeichnis bzw. im folgenden. Über weitere Quellen oder Darstellungen zur Klostergeschichte und deren Beurteilung vgl. Endrös, Reichsunmittelbarkeit S. 12–14.

49 Über ihn zuletzt F. Zoepfl, Placidus Braun (Lebensbilder 8. 1961) S. 349–376 mit einem Literaturüberblick.

50 Der 1. Teil der „Geschichte der Kirche und des Stiftes der hl. Ulrich und Afra von Augsburg" ist gedruckt zugänglich: Augsburg 1817.

51 Gedruckt Borna-Leipzig 1916.

Quellenlage und Forschungsstand lassen also zwei Lücken erkennen. Erstens ist die Geistesgeschichte des Klosters noch ungenügend dargestellt, vor allem was die frühe Zeit betrifft. Zweitens sind die bibliothekarischen Überlieferungen noch nicht umfassend in Ergänzung zu den archivalischen und chronikalischen Quellen in eine Untersuchung einbezogen worden. Meine Arbeit verfolgt daher im wesentlichen zwei Ziele. Erstens versuche ich, ein Bild von der Bibliothek und den Bücherbeständen des Benediktinerklosters St. Afra in Augsburg von seinen Anfängen bis gegen 1200 zu gewinnen. Zweitens sollen aufgrund der bibliothekarischen Überlieferungen Aussagen über die geistigen und geistlichen Interessen und die Wissenschaftspflege im Kloster gemacht werden. Darüber hinaus soll gefragt werden, ob die Handschriften, die aus der Klosterbibliothek des 11. und 12. Jahrhunderts noch erhalten sind, aber auch alle Nachrichten über Bibliothek und Bücher dieser Zeit die erzählenden Quellen so ergänzen, daß sie dieselben zusätzlich interpretieren oder auch korrigieren, um die Geschichte des Benediktinerklosters in den ersten beiden Jahrhunderten seines Bestehens genauer darstellen zu können.

Kapitel I berichtet über die Geschichte und Geschicke der Bibliothek bis zu ihrer Auflösung 1803 im Zuge der Säkularisation des Klosters. Besitzvermerke und Signaturen, die in ulrikanische Codices zu verschiedenen Zeiten eingetragen wurden, liefern Kriterien zur Beurteilung, ob und in welchen Jahren bestimmte Bücher der Klosterbibliothek angehörten.

In Kapitel II folgt die Beschreibung des Bücherbestandes. Als Führer zu den Handschriften, die aus dem Kloster erhalten sind und heute in verschiedenen Bibliotheken liegen, dient die Zusammenstellung, die Paul Ruf in seiner Edition der Mittelalterlichen Bibliothekskataloge des Bistums Augsburg gegeben hat[52]. Berücksichtigt sind alle Handschriften, die ins 12. Jahrhundert oder früher zu datieren sind, wobei aber nicht von allen der einwandfreie Nachweis erbracht werden kann, daß sie in dieser Zeit auch schon im Kloster vorhanden waren. Für die in den rekonstruierten Bibliothekskatalog (siehe Übersicht nach Kap. II) aufgenommenen sprechen jedoch zumindest Wahrscheinlichkeitsgründe.

Fragmente von Handschriften vor 1200, die etwa später beim Binden der Bücher als Deckenspiegel Verwendung fanden, konnte ich nur zu einem geringen Teil einbeziehen – es ist ein Schatz, der noch nicht gehoben und gesichtet ist. Überwiegend handelt es sich dabei um liturgische Texte. Gerade von diesen Fragmenten, die bei der Bücherrestauration des 15. Jahrhunderts verarbeitet wurden, möchte man annehmen, daß es sich um ältere ulrikanische Schriften handelte, die als Ganzes nicht mehr brauchbar waren. Denn in einer Zeit erwa-

52 Ruf, Augsburg (= MBK 3, 1) S. 53 f.

chenden humanistischen Geistes im Verbund mit dem Wiederaufleben der Klosterkultur[53] hätte man wohl nicht Handschriften erworben, um sie dann zu Makulatur zu machen. Es ist allerdings überliefert, daß die Buchbindearbeiten auch außerhalb des Klosters in Auftrag gegeben wurden[54]. Die Herkunft der Fragmente ist also letztlich schwer zu klären.

Kapitel III behandelt die geistigen Interessen der Mönche in Auswertung des rekonstruierten Bibliothekskatalogs und mit Blick auf die Inhalte von Handschriften sowie auf Arbeiten, die an ihnen vorgenommen wurden.

Als erster Ertrag aus der Untersuchung der bibliothekarischen Überlieferungen für eine Darstellung der allgemeinen Klostergeschichte eröffnet sich die Möglichkeit, das Verhältnis Wilhelm Wittwers zu seinen Vorlagen neu zu beurteilen (Kapitel IV).

In den Kapiteln V und VI wird die Klostergeschichte des 11. und 12. Jahrhunderts im Lichte der bibliothekarischen Überlieferungen betrachtet.

Diese beiden Jahrhunderte sind in der Kirchen- und Klostergeschichte durch das Bemühen um Reform gekennzeichnet. Die Reform in ihrem geistigen Anspruch aber findet in den bibliothekarischen Überlieferungen ihren Niederschlag. So soll in Kapitel VII das Kloster St. Afra mit anderen Reformklöstern verglichen und der Frage nachgegangen werden, welchen Stellenwert Wissenschaftlichkeit und literarische Neigungen der Mönche in ihrem Ringen um eine erneuerte Spiritualität besaßen.

Die Chronologie der Äbte übernahm ich aus der Tabelle von J. Hemmerle[55], die ich nur an den Stellen veränderte, wo es sich aus meiner Argumentation ergab. Die Regierungsjahre der Bischöfe von Augsburg zitiere ich bis 1133 nach den Regesten von W. Volkert und F. Zoepfl[56], danach aus der Liste von F. Zoepfl[57].

53 „Melker Reform". Vgl. Ruf, Augsburg S. 44ff.

54 Ruf, Augsburg S. 49.

55 Benediktinerklöster S. 48. Die ältere Tabelle von Lindner, Monasticon S. 40–44 wurde von Hemmerle eingearbeitet.

56 AReg.

57 Mittelalter S. 591.

Kapitel I

Die Klosterbibliothek

1. Die Geschicke der Bibliothek bis 1803

Der erste der Geschichtsschreiber des Klosters St. Ulrich und Afra, der auf Bücher zu sprechen kommt, ist Prior Adilbert zu Beginn des 13. Jahrhunderts. Als die Kanoniker von den Benediktinern abgelöst wurden, so sagt er, da hätten die Vorgänger den Nachfolgern von den Gütern, den goldenen und silbernen Kirchengefäßen, den Büchern und anderen Dingen, die in so vielen Jahren der Kirche geschenkt worden seien, nichts zurückgelassen außer einigen Besitzungen – es folgt nun eine Aufzählung namentlich genannter Orte und Güter –, einer *aurea tabula* [1] und Büchern der *septem artes liberales* [2]. Da bereits bei Adilbert und deutlicher später bei Wittwer beklagt wird, die Kanoniker hätten das Kloster in einen desolaten Zustand gebracht[3], ist die Stelle allgemein so zu verstehen, daß vom ehemaligen Reichtum der Kirche von St. Ulrich und Afra nicht mehr viel übrig geblieben war.

Mit den verlorenen Büchern sind wohl liturgische Handschriften gemeint, da sie im Zusammenhang mit den Kirchengeräten erwähnt werden. Es legt sich auch die Vorstellung nahe, daß diese Bücher wegen ihrer gottesdienstlichen Verwendung kostbarer ausgestattet waren, so daß sie als beklagenswerter Verlust eigens genannt werden. Dagegen deutet der kleinere Bestand der Bücher zu den septem artes liberales wohl auf einen Bibliotheksrest, der den Benediktinern verblieb.

Die aus St. Ulrich und Afra erhaltenen Handschriften scheinen die chronikalische Notiz des Prior Adilbert zu bestätigen. Von den Büchern, die man vor das

1 Es handelt sich wohl um die *tabula auro gemmisque insignata,* die durch Kaiserin Adelheid (gest. 999) dem Kloster geschenkt worden war. Volkert, Schriftquellen Nr. 17 S. 106.

2 Augsburg, AdB, Hs. K 80 fol. 11v; vgl. Ruf, Augsburg S. 43; Bühler, Schriftsteller S. 13. Bühler deutet die Stelle so: „*Libri septem liberalium arcium* war alles, was noch vorhanden war, von geistlicher Literatur scheint nichts mehr dagewesen zu sein“.

3 Wittwer, Catalogus S. 64: *Similiter de vasis ecclesiae aureis et argenteis necnon libris ... omnia per prefatos canonicos sive dissipatores et destructores huius sancti cenobii Affre absumpta sunt ...*

Jahr 1000 datieren kann und die möglicherweise damals schon im Kloster waren, sind die Fragmente eines Sakramentars[4], ein Codex mit Glossen zur Bibel zusammen mit der Regula pastoralis Gregors d. Großen[5], eine Handschrift mit Werken von Seneca, Cicero, Sallust[6] und Schriften von christlichen Dichtern[7] noch vorhanden. Die heidnischen und christlichen Dichter könnten mit den Artes-Schriften gemeint sein. Es fehlen jedoch Werke der Grammatiker und Schriften zu Mathematik und Musik. Die Beschäftigung mit Prudentius und mit Musiktraktaten setzt nachweislich erst unter den Benediktinern ein[8]. Ebenso treten die Besitzvermerke in den Büchern durch den Klosternamen ,,St. Afra" erst in Verbindung mit dem ersten Benediktinerabt Reginbald auf[9]. Selbst wenn wir über mögliche Bücherverluste der Frühzeit nichts wissen, so dürfen wir aufgrund dessen, was wir positiv durch die vorhandenen Handschriften nachweisen können, die Stelle beim Klosterchronisten wohl so deuten, daß die Kanoniker nur einen sehr dürftigen Bücherbestand hinterließen, wohl weil sie an wissenschaftlicher Literatur, wenn man dies unter den Artes-Schriften im Gegensatz zu den liturgischen Büchern verstehen darf, nicht mehr besaßen.

Auf die Geschicke der Bibliothek im 11. und 12. Jahrhundert braucht vorläufig nicht eingegangen zu werden, da ihnen ein Teil der folgenden Arbeit gewidmet ist. Der Umfang des Bücherbestandes in diesen beiden ersten Jahrhunderten der Geschichte St. Afras als Benediktinerkloster ist vor allem aus dem II. Kapitel zu ersehen. Während zu Beginn des 13. Jahrhunderts der Fundus an Schriften sicher noch vermehrt wurde, nicht zuletzt durch die literarische Tätigkeit des Prior Adilbert[10], so trat im späteren 13. und beginnenden 14. Jahrhundert eine Verminderung des Bücherbestandes ein. Dies war vielleicht bedingt durch einen allgemeinen wirtschaftlichen Rückgang in dieser Zeit[11]. Von Abt Marquard von Hageln (1316–1334), einem früheren Dominikaner, sind Bücher an den Dominikanerkonvent in Augsburg verpfändet worden[12]. Das Bücherverzeichnis von 1616 hat vielleicht noch eine Erinnerung an diese ,,bemerkenswerte Entfremdung von Büchern"[13] aufbewahrt, indem es zu den Titeln *Sophronii Eusebii Hieronimi in libris Hebraicarum questionum* (!) und *Hieronimi super Esaiam* hinzufügt: *Orate pro Fratre Marquardo*, falls es sich dabei nicht um einen

4 München, BStB, Clm 29300/14; vgl. unten S. 62 ff.
5 St. Paul/Kärnten, Cod. 82/1; vgl. unten S. 64 ff.
6 Cod. Guelf. 335 Gud. lat; vgl. unten S. 69 ff.
7 Dresden, Sächsische Landesbibliothek, A 205 und Dc 159; vgl. unten S. 75.
8 Vgl. unten S. 117 ff. u. 131 ff.
9 Vgl. Kapitel II S. 50 ff.
10 Bühler, Schriftsteller S. 29 ff.
11 Liebhart, Reichsabtei S. 99–106.
12 Meisterlin, Chronicon S. 676; Wittwer, Catalogus S. 236; vgl. Ruf, Augsburg S. 44.
13 Meisterlin, ebd.: *notabilis alienatio librorum.*

Schreibervermerk handelt[14]. Dabei scheinen vor allem Schriften von Dichtern, Rhetoren und Philosophen abhanden gekommen zu sein[15]. Abt Konrad Winkler (1334–1355) konnte jedoch einen Teil dieser Bücher wieder einlösen. Wittwer berichtet, daß dieser Abt im Jahre 1344 Bücher von den Dominikanern zurückkaufte[16]. Er erwähnt 23 Stück, namentlich eine *Cronica,* ein *Epistolarium cum evangeliis de Herbipolim* (!), ein *Missale* (vom sog. Knoringer gekauft) und vor allem das *Vocabularium Salomonis* (auch *Papias, mater verborum* oder *Abecedarius* genannt), das Abt Heinrich v. Meysach 1175 hatte schreiben lassen[17]. Abt Konrad Winkler ließ auch einen neuen Bibliotheksraum bauen und Bücher mit kostbaren Einbänden versehen[18].

Nach Einführung der Melker Reform in der Mitte des 15. Jahrhunderts hob sich die Abschreibetätigkeit der Mönche. So wurde die Bibliothek stark vermehrt. Die Liste der Klosterschreiber ist lang[19]. Der bedeutendste war Frater Leonhard Wagner, genannt Wirstlin, aus Schwabmünchen (gest. 1522). Zu den im Kloster selbst geschriebenen Büchern kommen Bücherschenkungen[20]. Schließlich gründete Abt Melchior von Stamheim (1458–1474) 1472 im Kloster eine Druckerei[21], was auf neue Weise zur Bereicherung der Klosterbibliothek beigetragen hat. Von seinen beiden Nachfolgern Abt Heinrich Fryeß (gest. 1482) und Abt Johann von Giltingen (gest. 1496) werden Büchererwerbungen berichtet, so daß die Bibliothek unter dem letzteren 1000 Bände (geschriebene und gedruckte) besaß, nicht gezählt jene, die sich in den Zellen der Mönche befanden[22]. So ist es leicht erklärlich, daß zu dieser Zeit die Klosterbibliothek neu organisiert werden mußte.

1471 schon hatte Abt Melchior ein neues, günstiger gelegenes Bibliotheksgebäude errichten lassen, damit die Mönche nicht länger durch Laien, welche die Bibliothek besuchten, in ihrem klösterlichen Leben gestört wurden[23]. Für die Bedürfnisse der Benützer wurde ein ,,Tafelkatalog" erstellt. Solche Tafelkataloge gelten als die älteste Form von Publikumskatalogen[24]. Sie bestanden aus

14 München, BStB, Clm 4414 fol. 46r/v.

15 Wittwer, Catalogus S. 236.

16 Wittwer, Catalogus S. 177f.

17 Wittwer, Catalogus S. 140.

18 Wittwer, Catalogus S. 177.

19 Vgl. Ruf, Augsburg S. 44ff.

20 Vgl. Ruf, Augsburg S. 48.

21 Wittwer, Catalogus S. 265f.

22 Wittwer, Catalogus S. 236: ... *aliquos libros scripsimus aut conparavimus: inpressoria tamen ars maiorem partem fecit* ... und S. 369: *Notandum est, quod sub ... Johanne Hochenstayner, Melchior de Stamphain et Hainrico Fryess abbatibus liberaria nostra augmentata est circa mille volumina vel ultra scripta et impressa ...*

23 Wittwer, Catalogus S. 236.

24 Obbema, Tafelkatalog S. 98.

größeren Pergamentblättern, die auf Holztafeln an der Wand aufgehängt waren. Der Tafelkatalog von St. Ulrich und Afra ist uns fragmentarisch erhalten[25]. Es handelt sich um Pergamentstreifen, die aus Buchrücken ausgelöst wurden. P. Ruf gab durch eine Abbildung einen Hinweis auf den Katalog[26]. Neuerdings beschrieb den Tafelkatalog P. F. J. Obbema[27].

In einem Vorwort wird im Tafelkatalog erläutert, daß Abt Melchior zahlreiche Bücher angeschafft und ein neues Bibliotheksgebäude errichtet habe[28], wohin die Bücher 1474 – bereits unter seinem Nachfolger – gebracht worden seien. Die Bücher seien in der neuen Bibliothek neu geordnet worden. Die Art der Anordnung sei dem folgenden „Register" zu entnehmen. Das „Register", eben der Tafelkatalog, ist so aufgebaut, daß in *archae*, die mit Großbuchstaben des Alphabets bezeichnet werden, die einzelnen Buchtitel unter sachlichem Gesichtspunkt zusammengefaßt sind. B und C enthielten überwiegend Bibelkommentare, F vorwiegend Schriften zum mönchischen Leben (Regeln, Consuetudines), einige Heiligenleben, dogmatische Traktate u. a., G kanonisches Recht, H Historiographie und *archa* I Beda, römische Klassiker und Klassikerkommentare, Boetius' Geometrie und Arithmetik, Aristoteles. Vermutlich entsprachen den *archae* des Kataloges auch bestimmte Schränke oder Regale in der Bibliothek, in denen die Bücher standen, dagegen spiegelt sich die Buchstabenordnung des Tafelkataloges nicht in irgendwelchen Signaturen der Bücher selbst wider.

Weil jedoch die Bibliothek im letzten Viertel des 15. Jahrhunderts so rasch wuchs, hatte der Tafelkatalog offenbar bald wieder ausgedient. Die Handschrift, zu deren Einband Teile des zerschnittenen Katalogpergaments hergenommen wurden, ist um 1500 hergestellt[29]!

1493 weilte ein Frater Georg Polster aus Andechs als Gast im Kloster, der verschiedene Gedichte schrieb[30], unter ihnen Verse zu 20 Theken der Bibliothek, in denen die Bücher nach Sachgebieten geordnet untergebracht waren. Auch diese Theken waren, wie die *archae* des Tafelkatalogs, mit Großbuchstaben von A–V bezeichnet. Ein Vergleich dieser neuen Einteilung mit dem Tafelkatalog läßt erkennen, daß bei der Neukatalogisierung offenbar die Systematik des Tafelkatalogs übernommen wurde. Inhalte von *archae* sind weitgehend identisch mit Inhalten der Theken. Die Buchstabenbezeichnung allerdings hat sich – wohl infolge der Ausweitung der Bibliothek – verschoben. Dies läßt sich am Beispiel des Clm 4373 ablesen: Das Buch mit dem Titel Belial (ein Werk des Kanonisten Jacobus de Teramo, gest. 1417) stand neu in der Theke M, die kanonistische Werke

25 Augsburg, StB, Hs.-Fragm. Lat. 34a–e und Clm 29199.
26 Ruf, Augsburg, Tafel I.
27 Obbema, Tafelkatalog.
28 Diese Mitteilung deckt sich mit der Darstellung Wittwers. Vgl. Anm. 23.
29 Obbema, Tafelkatalog S. 99.
30 Wittwer, Catalogus S. 369.

zum Inhalt hatte. Auf dem Tafelkatalog erscheint „Belial" innerhalb der *archa* G als Nr. 19. Die *archa* G hatte ebenfalls Bücher des kanonischen Rechts zum Inhalt. Der Inhalt blieb, der Buchstabe wurde geändert. Die Buchstabenbezeichnung für die betreffenden Theken blieb wahrscheinlich bis ins 18. Jahrhundert gültig. Das Bücherverzeichnis von 1616 jedenfalls spiegelt noch diese Ordnung wider. Dort steht „Belial" unter Theke M[31].

Die Verse Georg Polsters zu den Theken sind in zwei Versionen überliefert. Die erste Version ist einmal durch die Aufzeichnung Wittwers in seinem Catalogus-Autograph erhalten[32] und geht zum anderen aus einer Abschrift von 1497 hervor[33]. Eine zweite Version überliefern erstens eine zwischen 1514 und 1535 entstandene Handschrift mit dem Titel *Metra secundum alphabet(h)um in bibliotheca super arcas*[34] und zweitens das Bücherverzeichnis von 1616[35].

Die beiden Versionen machen in etwa die gleichen Inhaltsangaben zu den Theken, weichen aber in der Formulierung der Verse stark voneinander ab. Lediglich für Theke L, die deutschsprachiges Schrifttum enthält und einen deutschen Vierzeiler bekam, überliefern beide Versionen dasselbe Gedicht[36]. An dieser Stelle sei eine bemerkenswerte Parallele erwähnt: 1499 ließ Abt Konrad Mörlin (1496–1510) alle wichtigen Dokumente des Klosters (kaiserliche, fürstliche und päpstliche Privilegien, Schutzbriefe, Urteile u. a.) „von neuem registrieren"[37]. Für andere, einfachere Urkunden ließ derselbe Abt Laden herstellen, die mit den Buchstaben A–K bezeichnet waren und jeweils die Schriftstücke für einen Ort, an dem das Kloster Besitz hatte, enthielten. Die gleiche Buchstabenordnung kehrt in den Findbüchern des Klosters wieder. Darin kann man die Anfänge eines eigentlichen Archivs erblicken, und sie fallen zusammen mit der Neuorganisation der Biliothek am Ende des 15. Jahrhunderts.

Abt Johannes von Gilt(l)ingen (1482–1496) bezahlte beim Augsburger Buchbinder Nikolaus (einem Studienfreund des Wilhelm Wittwer übrigens) in den Jahren 1490–1494 für das Binden und Restaurieren von Büchern 63 Gulden. Im Jahre 1494 wurden allein 350 größere und kleinere Bücher gebunden[38].

31 München, BStB, Clm 1880 fol. 303^{v}.

32 Augsburg, AdB, Hs. K 78 fol. 256^{r}–259^{r}.

33 München, BStB, Clm 4381 fol. 103^{v}–105^{v}.

34 Augsburg, AdB, Hs. K 83a fol. 86^{v}–88^{v}.

35 München, BStB, Clm 4414 und 1880 fol. 250–319.

36 Nach P. Braun waren die Polsterschen Verse (in Version I) auf den „Scrinia" der Bibliothek angebracht. Möglicherweise hat er sie selbst noch gesehen: Notitia 2 S. 59 zu Clm 4381 und Notitia 3 S. 29 zu Hs. K 78. Wie es zu der späteren Bearbeitung der Verse kam und weshalb der Verfasser des Verzeichnisses von 1616 die zweite Version in seine Beschreibung aufnahm, ist vorläufig nicht zu klären.

37 Hipper, Urkunden S. XII f.

38 Wittwer, Catalogus S. 369.

Im 16.–18. Jahrhundert wurde die Bibliothek viel benützt. Gelehrte suchten sie auf oder besorgten sich Bücher aus ihr. Manchen Druckausgaben wurden Handschriften aus der ulrikanischen Bibliothek zugrundegelegt[39]. Aus den Bemerkungen zu solchen frühen Editionen wie aus den Reiseberichten der gelehrten Bibliotheksbesucher kann man Aufschlüsse über alte Handschriften gewinnen[40]. Seit dem Beginn des 17. Jahrhunderts traten Bücherverluste ein, wie man vermutete, im Zusammenhang mit den Wirren des 30jährigen Krieges[41]. In den Kriegsjahren sind Bücherverschleppungen sowohl von schwedischer wie von kaiserlicher Seite vorgekommen[42], sie müssen sich jedoch – so jedenfalls nach moderner schwedischer Darstellung – in Grenzen gehalten haben[43]. Man würde schwedische Kriegsbeute am ehesten in den Sammlungen der Königin Christina, der Tochter Gustav Adolfs II., oder in Uppsala suchen. Aber weder in der Königlichen Bibliothek in Stockholm, noch in der Universitätsbibliothek in Uppsala, noch auch in der von Christina herrührenden Sammlung der Codices Reginenses der Vatikanischen Bibliothek sind bis heute Handschriften ulrikanischer Provenienz nachgewiesen[44]. Im 17. und 18. Jahrhundert tauchen Handschriften aus St. Ulrich und Afra in Privatbesitz auf. Bekanntestes Beispiel sind die Wolfenbüttler Codices der Gudischen Sammlung, die bereits im 17. Jahrhundert im Besitz des Marquard Gude (gest. 1689) in Dänemark waren, ehe sie für die Herzogliche Bibliothek in Wolfenbüttel erworben wurden[45].

Ph. W. Gercken, der sich auf seinen Reisen durch Schwaben im Sommer 1779 in Augsburg aufhielt, sagt über die „Bibliothek bey dem Stifte St. Ulrich", daß sie in guter Ordnung sei, „in einem schönen Zimmer aufgestellet, aber nicht sehr stark, auch fehlen ihr die besten und brauchbarsten Bücher, sonst aber ist sie mit einem guten Catalogo versehen[46]. In einem gewissen Widerspruch dazu steht die Aussage des Kardinals Giuseppe Garampi, der 1763 den Zustand der Bibliothek so beschrieben hatte: „Die Bibliothek der Mönche von St. Ulrich ist überaus reich an alten Ausgaben, von denen viele auch in Dubletten vorhanden sind. Es ist zu vermuten, daß hier Handschriften von Bedeutung lagern, aber wir konnten uns dessen nicht vergewissern, da die Handschriften mit den Druckwerken durcheinander stehen und teils ohne Aufschrift sind. Einige, die wir durch Zufall fanden, waren weder sonderlich alt, noch von Bedeutung. Der Bi-

39 Darüber im einzelnen Ruf, Augsburg S. 49–51.
40 Vgl. unten Kapitel II Abschnitt 5c und d.
41 Ruf, Augsburg S. 52.
42 Callmer, Königin Christina S. 95.
43 Ebd. S. 97 und 108.
44 Vgl. die Auflistung der ehemaligen ulrikanischen Handschriften bei Ruf, Augsburg S. 53 f.
45 Die Codd. Guelf. 72, 334 u. 335 Gud. lat.; vgl. unten in Kap. II die Nr. (4), (39), (28).
46 Gercken, Reisen S. 245.

bliothekar ist ein junger Mönch und ist, wie er uns sagte, zu sehr beschäftigt, als daß er die Bibliothek in bessere Ordnung bringen könnte"[47].

Bevor die Säkularisierung des Reichsstiftes St. Ulrich und Afra (1802) auch die Auflösung der Bibliothek (1803) mit sich brachte, lieferte Placidus Braun (1756–1829), der von 1779 bis 1796 Stiftsbibliothekar gewesen ist[48], ein letztes großes Katalogwerk. Er erstellte 1786/87 einen Katalog in vier Folianten, wovon drei den Katalog der Druckwerke bilden, einer die Handschriften erfaßt[49]. Von größter Bedeutung für die Geschichte der Bibliothek und ihrer Handschriften ist auch Brauns zweibändiges gedrucktes Werk, die ,,Notitia historico-literaria de codicibus manuscriptis in bibliotheca liberi ac imperialis monasterii O. S. B ad ss. Udalricum et Afram Augustae exstantibus", das er in den Jahren 1791–1796 vorlegte. Darin beschrieb er rund 500 Handschriften, das sind – verglichen mit dem etwa 750 Nummern umfassenden Katalog – ca. zwei Drittel des tatsächlichen Bestandes, nach inhaltlichen, teilweise auch paläographischen Gesichtspunkten. Diese Beschreibungen ziehen wir auch heute noch mit Gewinn heran.

Bei der Säkularisierung des Klosters, die von Bayern und der Reichstadt Augsburg gemeinsam durchgeführt wurde, kam der größte Teil der Handschriften (rund 450) an die Stadtbibliothek (heute Staats- und Stadtbibliothek) Augsburg[50], an die 180 Handschriften ließ die Centralbibliothek (heute Bayerische Staatsbibliothek) in München durch eine Kommission für sich auswählen, ein kleiner, aber wertvoller Bestand von 40 Bänden gelangte an die Ordinariatsbibliothek Augsburg und liegt zur Zeit im Archiv des Bistums in Augsburg. Von den Handschriften der Staats- und Stadtbibliothek Augsburg sowie der Bayerischen Staatsbibliothek München sind nur einzelne für den in dieser Arbeit behandelten Zeitraum einschlägig. Die Masse ist jüngeren Datums.

Einige der hier zu untersuchenden Handschriften liegen im Archiv des Bistums in Augsburg, die als mittelalterliche Ulricani dadurch gut bezeugt sind, daß sie aus dem sogenannten Braunschen Legat stammen[51]. Die Liste dieses Legats ist außerdem von Bedeutung, da sie Handschriften enthält, die verschollen sind, aber ursprünglich möglicherweise zur mittelalterlichen Bibliothek gehörten. Wie kam es zum sog. Braunschen Legat?

47 Garampi, Viaggo. In der Übersetzung zitiert nach Dussler, Reisende S. 242.

48 Zoepfl, Placidus Braun S. 352f.

49 Catalogus codicum manuscriptorum bibliothecae Bendictinorum liberi ac imperialis monasterii ad ss. Udalrici et Afrae (sic) Augustae Vindelicorum, handschriftlich, 1786. Catalogus librorum impressorum in magna bibliotheca liberi ac imperialis monasterii ss. Udalrici et Afrae ord. s. Ben. Augustae Vindelicorum exstantium 1–3, handschriftlich, 1787. Alle vier Bände in Augsburg, StadtA, Reichsstadt, Kath. Wesensarchiv G 39.

50 Ruf, Augsburg S. 52.

51 Kraft, Handschriften S. 35ff.

Schon bei der Auflösung der Bibliothek 1803 und wieder 1806 registrierten die bayerischen Kommissäre, daß 50 Bände fehlten[52]. Sie kennzeichneten sie in Brauns handschriftlichem Katalog mit dem Vermerk def. (= deficit)[53]. Braun selbst wurde um eine Erklärung angegangen. Er sollte sich vor dem Verdacht rechtfertigen, Bücher an sich genommen zu haben. In einem Schreiben von 1806 teilte er mit, daß er mit Erlaubnis der Kommission gewisse Bücher, darunter schwer lesbare Pergamenthandschriften, behalten habe. Außerdem verwies er auf eine Kiste „mit Büchern, Kupferstichen, Mss. und anderen kostbaren Werken", die 1800 vor den Franzosen in Sicherheit gebracht worden sei[54]. Diese Kiste war aber später nicht mehr aufgetaucht, dagegen fand man mehr als die Hälfte (29) der als fehlend bezeichneten 50 Handschriften im Nachlaß des 1829 verstorbenen Placidus Braun wieder. Braun aber hatte seine Bücher der Ordinariatsbibliothek vererbt. Es entspann sich nun ein Streit zwischen dem Bischöflichen Ordinariat Augsburg und der Bayerischen Regierung um jene 29 Handschriften, wobei sich die Regierung auf den Standpunkt stellte, die Bücher seien der Klosterbibliothek und nicht dem persönlichen Besitz Brauns zugehörig. Das Ordinariat konnte auf Brauns Rechtfertigungsschreiben von 1806 verweisen, in dem er angegeben hatte, er selbst sei auf rechtmäßigem Wege in den Besitz gewisser Bücher aus der Klosterbücherei gelangt. Kirchlicherseits führte man außerdem den lauteren Charakter Brauns ins Feld. Der Konflikt endete mit einem Kompromiß, indem rund die Hälfte der Literalien, nämlich vor allem jene, die mehr die Besitzverhältnisse des ehemaligen Klosters betrafen, ins Reichsarchiv kamen (Liste A des Nachlasses), während die Codices manuscripti mit überwiegend aszetisch-theologischem Inhalt der Ordinariatsbibliothek verblieben (Liste B des Nachlasses).

Mit dieser Liste des Braunschen Legats[55] läßt sich die ulrikanische Provenienz der betreffenden Handschriften der Ordinariatsbibliothek belegen. Kraft hat die meisten Nummern der Liste mit den Nummern in den Braunschen Katalogen identifiziert. Eine Identifizierung mit dem unter Abt Johann Merk (1600–1632) angelegten Katalog unterließ er, da er sie für zu schwierig hielt. Allerdings befinden sich nur vier Handschriften des 11. und 12. Jahrhunderts – die restlichen sind jünger – auf dieser Liste und liegen heute im Archiv des Bistums Augsburg.

Außer diesen hinterlassenen Handschriften Brauns, die sich als konfliktträchtig erwiesen, werden in seinem Testament noch weitere fünf Titel genannt, um

52 Vgl. Ruf, Augsburg S. 52f.; Kraft, Handschriften S. 35ff.

53 Siehe Anm. 49. Der def.-Eintrag durch die Kommission erfolgte im zweiten Teil des Katalogs, im Standortverzeichnis.

54 Brauns Schreiben im Auszug zit. bei B. Schroeder, Die Aufhebung des Benediktiner-Reichsstiftes St. Ulrich und Afra in Augsburg 1802–1806 (StudMittGBened Erg.Heft 3) 1929 S. 122f.

55 Kraft, Handschriften S. 44ff.

die nicht gefochten werden konnte, da sie für die Testamentsvollstrecker nicht auffindbar waren[56]. Drei davon liegen heute in Berlin, München und St. Paul/Kärnten. Zwei müssen als verschollen notiert werden: 1. Beda, Expositio der Katholischen Briefe, in fol., Cod. rarissimus, 7. Jahrhundert; 2. Lectionarium, in fol. M. (ohne Einband, 12. Jh.)[57]. Bei der Handschrift in München handelt es sich um den Traditionscodex des Klosters[58], bei jener in St. Paul/Kärnten um ein Bibelglossar[59]. Die Handschrift in Berlin muß für meine Untersuchung ausgeschieden werden, da sie nachweislich erst 1797 von Placidus Braun beim Augsburger Buchhändler Georg Veith für das Kloster erworben wurde[60]. Gleiches gilt auch für eine weitere Handschrift aus dem Braunschen Legat, die Pater Placidus ebenfalls 1797 aus dem „Antiquariat“ des Georg Veith für St. Ulrich und Afra erstand[61]. Neben der Erstellung der Kataloge der Drucke und Handschriften, neben der Beschreibung von rund 500 Handschriften in den sechs Bänden der „Notitia“ zeigen die Erwerbungen zweier Handschriften des 11. oder 12. Jahrhunderts – vielleicht nicht die einzigen – sehr deutlich den Einsatz, den der Bibliothekar und Historiker Placidus Braun für seine Klosterbibliothek an den Tag legte.

Wenige Jahre, nachdem er die Bibliothek neu geordnet, katalogisiert und durch wertvolle Stücke bereichert hatte, wurde sein Werk zerstört. Die Säkularisation setzte der Klosterbibliothek als eigenständiger Einrichtung ein Ende.

56 Kraft, Handschriften S. 35.

57 Unerfindlich bleibt, weshalb Kraft, Handschriften S. 35 auf 2° Cod. 460 der Stadtbibliothek Augsburg verweist, der Haymo und Beda enthält, aber aus dem 15. Jahrhundert stammt und weder mit dem verschollenen Beda noch mit Haymo-Berlin (siehe Anm. 60) etwas zu tun hat.

58 München, HStA, Augsburg St. Ulrich und Afra Lit. 5.

59 Cod. 82/1. Siehe Kap. II, Nr. (26).

60 Berlin, Staatsbibliothek Preußischer Kulturbesitz, Ms. theol. lat. fol. 589. Nach freundlicher Mitteilung der Staatsbibliothek (Beschreibung Dr. Knaus, 1971, Ms.) handelt es sich um einen Pseudo-Haymo-Kommentar zur Apokalypse verbunden mit anderen Texten, aus Oberitalien stammend, s. XI² mit Nachträgen s. XII. Die Hs. gehörte um 1400 einem Besitzeintrag fol. 155ᵛ zufolge dem Augustinerkloster Santa Maria di Casoreto in Mailand. Einer durchgestrichenen Notiz im Vorderspiegel ist zu entnehmen, daß sie 1797 im Buchhandel (a bibliopola Georgio Veith) war. Im gleichen Jahr wurde sie, wie 155ᵛ vermerkt, vom Kloster St. Ulrich und Afra erworben. Wann und wie sie nach Berlin gelangte, ist unbekannt. Vgl. auch Ruf, Augsburg S. 52.

61 Augsburg, AdB, Hs. K 43. Sie beinhaltet a) Bedae Historia ecclesiastica gentis Anglorum, b) Libellus Bedae de situ terrae repromissionis, c) Epistola ad pontificem de recuperatione terrae promissae und ist ins 12. Jahrhundert zu datieren. Die Handschrift gehörte den Regularkanonikern in Neunkirchen am Brand, Diözese Bamberg. Vgl. Kraft, Handschriften S. 45, 47 ff.

2. Kataloge und Signaturen

Bibliothekskataloge des Mittelalters, die zu einem bestimmten Zeitpunkt die gesamte Bibliothek beschreiben würden, sind uns nicht bekannt. Wir können lediglich Teilbestände über einige Schenkungslisten erfassen. Der Codex traditionum enthält die Schenkung Werinhers, der noch 1129 als Dekan der Augsburger Domkirche bezeugt ist, bald darauf aber ins Kloster St. Afra eintrat. Dabei schenkte er neben liturgischen Gewändern und Geräten eine Reihe von Büchern[62]. Domkustos Hermann, der 1143 Mönch in St. Afra wurde, brachte Bücher mit[63]. Mehrere Titel aus seiner Schenkung lassen sich im Bücherverzeichnis von 1616 wiederfinden[64]. Das Vermächtnis des Pfarrers Johannes Ruch Bücher betreffend, das Wittwer überliefert, gehört bereits dem Spätmittelalter an[65].

Einige alte Teil- oder Gesamtverzeichnisse scheinen verschollen. Meisterlin beklagt einmal den Verlust „alter Originale", zu denen Schriften von Kirchenvätern wie Augustinus und Hieronymus zählten. Man habe allenfalls noch deren Namen in einem Ezechielkommentar des Hieronymus[66]. Das Verzeichnis von 1616 macht auf einen Codex mit „12 Büchern des Porphyrius gegen den Propheten Daniel" aufmerksam, dem am Anfang und am Ende ein alter *Catalogus seu thesaurus librorum ecclesiae ss. Udalrici et Afre ord. s. Benedicti...* beigeschrieben sei[67]. Man könnte in der Mitteilung Meisterlins und in dieser Notiz zwei Erwähnungen eines einzigen alten Katalogs erblicken[68]. Diese Annahme ist jedoch nicht zwingend, da verschiedene Buchtitel genannt sind: Hieronymus und Porphyrius. Es kann sich auch um zwei verschiedene Kataloge handeln. Die betreffenden Handschriften selbst konnten bislang nicht aufgefunden werden.

Bei der Neuordnung der Bibliothek am Ende des 15. Jahrhunderts waren die Bücher systematisch nach Sachgebieten aufgestellt worden. Diese Einteilung schlug sich auch in Katalogen nieder. Andeutungsweise läßt sich dies bereits aus dem erwähnten Tafelkatalog[69] erkennen, dessen *archae* jeweils Bücher nach Sachgruppen geordnet enthalten. Endgültig war die systematische Art der Anordnung vermutlich zu dem Zeitpunkt erreicht, als Georg Polster seine Verse verfaßte, d.h. in den letzten Jahren des 15. Jahrhunderts. Er beschrieb die Bibliothek nach Theken, die mit Buchstaben bezeichnet waren. Die Thekeneinteilung und ihre Buchstabenbezeichnung blieben grundlegend wahrscheinlich bis

62 Ruf, Augsburg Nr. 17 S. 57.

63 Ruf, Augsburg S. 43.

64 Zu den Schenkungen Werinhers und Hermanns vgl. unten Kap. II 4a bzw. 5a.

65 Ruf, Augsburg Nr. 18 S. 58.

66 Meisterlin, Chronicon; zit. Joachimsohn, Die humanistische ... S. 124.

67 München, BStB, Clm 4414 fol. 45v.

68 Für eine Identität der Kataloge: Ruf, Augsburg S. 43f.

69 Siehe oben S. 25f.

zu Placidus Braun, der – so läßt sich aus seinem Katalogwerk[70] erschließen – die Handschriften und Drucke getrennt an neuen Standorten aufgestellt und die Bände entsprechend mit neuen Signaturen versehen hat.

Das wichtige Verzeichnis von 1616[71] führt die Handschriften und Drucke in gemischter Reihenfolge auf und hält sich an die alte Thekeneinteilung nach Sachgebieten. Der Verfasser dieses Verzeichnisses zitiert auch am Beginn der Beschreibung einer einzelnen Theke jeweils den entsprechenden Polsterschen Vierzeiler in der zweiten Version[72]. Somit lassen sich die Polsterschen Verse, die den Inhalt einer Theke oftmals nur in dichterischer Umschreibung benennen, von der Titelaufzählung des Verzeichnisses von 1616 her interpretieren. Aus einer Zusammenschau der Verse Georg Polsters mit dem Verzeichnis von 1616 ergibt sich also für die Bibliothek ab ca. 1500 bis zu Placidus Braun folgende Grundeinteilung:

Theke A: Bibel und Bibelkommentare
B: Historische Werke
C: Werke des Augustinus, Ambrosius, Hieronymus und Gregor
D: Weitere Kirchenväter und -lehrer (Bernhard v. Clairvaux, Dionysius Areopagita, Hrabanus, Chrysostomus, Bonaventura, Eusebius, Origenes u.a.)
E: Sentenzenkommentare, Johannes Scotus, Thomas v. Aquin, Albertus Magnus
F: Überwiegend Schriften des Thomas v. Aquin
G: Schriften der Albertus Magnus, Johannes Gerson, Wilhelm von Paris, Johannes Nyder u.a.
H: Vitae et passiones sanctorum
I: Mönchsregeln und aszetische Literatur („geistliche Lesung")
K: Homiletische Literatur
L: Deutschsprachige Literatur
M: Kanonistisches Schrifttum
N: (Weltliches) Recht
O: Wörterbücher
P: Philosophen und Grammatiker
Q: Naturwissenschaft und Medizin
R: Schriften zum Trivium
S: Schriften zum Quadrivium
T: Lateinische Dichter
V: Christliche Dichter (Sedulius, Prudentius), Rhetoren und Philosophen (Seneca, Cicero)

70 Augsburg, StadtA, Reichsstadt, Kath. Wesensarchiv G 39.
71 Siehe den nächsten Abschnitt.
72 Vgl. oben S. 27.

Im Zuge der Neuorganisation der Bibliothek am Ende des 15. Jahrhunderts erhielten die Bücher, möglicherweise nicht alle, erstmals auch Signaturen, die heute noch auf manchen Codices zu sehen sind. Es handelt sich um ein dreiteiliges Signiersystem[73], das sich aus einer arabischen Zahl, einem Minuskelbuchstaben in Textura und einer weiteren arabischen Zahl zusammensetzte. Diese Signaturen wurden mit roter Farbe entweder unmittelbar auf den äußeren Vorderdeckel geschrieben oder mittels Aufkleber (ein auf die Spitze gestelltes Quadrat) auf der Buchdecke angebracht[74]. Der Buchstabe innerhalb der dreiteiligen Signatur bezeichnete den Standort des Buches, die Theke, denn die Buchstaben passen auf die in den Versen Georg Polsters (und noch des Verzeichnisses von 1616) angedeutete inhaltliche Systematik der Aufstellung. Nichts dagegen haben die Buchstaben der Signatur mit jenen des Tafelkatalogs zu tun, was folgerichtig ist, denn der Tafelkatalog wurde durch die neue Buchstabenordnung der Theken außer Kraft gesetzt[75]. Auch die Buchdecken wurden damals weitgehend erneuert[76]. Die Buchdecken sind aus Buchenholz, das von feinem, weißlichem Leder ganz oder zur Hälfte überzogen ist. Das Leder trägt Streicheisenlinien und Rollenstempelverzierungen, bei denen aber, soweit ich sehe, kein bestimmtes Motiv vorherrscht. Gelegentlich wurde der Haupttitel des Buches in Textura auf den äußeren Vorderdeckel geschrieben.

Placidus Braun trennte die Handschriften von den Drucken, schuf eine neue Einteilung und arrangierte eine neue Aufstellung. Vor allem waren seine Kataloge so angelegt, daß mit ihrer Hilfe die Bücher leicht aufgefunden werden konnten. Ich beschränke mich auf den Katalog der Handschriften, der rund 750 Titel umfaßt. Im Vorwort des Katalogs schreibt Braun, er habe für die Handschriften einen besseren und sichereren Platz gewählt und habe sie in eine neue Ordnung gebracht[77]. Das sieht im Katalog so aus, daß die Werke nach Verfasser und Titel alphabetisch ineinandergearbeitet sind. Man konnte also die Bücher nach Verfasser oder Titel aufsuchen. Dazu sind Jahrhundert bzw. Jahr, Format und Signatur angegeben.

Die Signaturen bestehen aus einem lateinischen Großbuchstaben von A–F und einer arabischen Zahl bis zu drei Stellen. Entsprechend steht auf dem Rükken der Bücher unten in brauner Tinte ein lateinischer Großbuchstabe mit einer arabischen Zahl. Es spricht alles dafür, daß es sich bei dieser heute noch zu lesenden Signatur um die Braunsche handelt. Möglicherweise gaben die lateini-

73 SPILLING, Handschriften 2 S. XI.

74 Diese Signaturen stammen von wenigstens zwei Händen, die wohl auch zeitlich etwas auseinanderliegen (gutes Beispiel: Clm 4409). Eine genaue Deutung und zeitliche Einordnung könnte nur eine Untersuchung aller noch vorhandenen Signaturen bringen.

75 Siehe oben S. 26 f.

76 Siehe oben S. 27.

77 Augsburg, StadtA, Reichsstadt, Kath. Wesensarchiv G 39 S. 4.

schen Großbuchstaben die Gestelle an, in denen die Bücher standen[78]. Jedenfalls stellt die Buchstabenordnung bei Braun kein inhaltliches Prinzip mehr dar. Titel, aber auch Jahre des Erscheinens stehen beziehungslos nebeneinander. Das Format scheint ausschlaggebend gewesen zu sein. Denn innerhalb des Buchstabens wechseln sich Serien von 4°, 8°, 12°, fol. jeweils ab.

In einem zweiten Teil (S. 151–175) bringt der Katalog Brauns ein Verzeichnis der Bücher nach ihrem Standort geordnet, das aber nur bis E 44 reicht, also nicht vollendet wurde.

3. Das Bücherverzeichnis von 1616

Unter Abt Johann Merk (1600–1632) wurde eine Beschreibung der Klosterbibliothek angefertigt, die das Werk eines einzelnen Mönches ist. Dabei wird nicht deutlich, ob diese Beschreibung vom Klosteroberen veranlaßt war oder ob sich der Verfasser aus persönlichem Interesse an die Arbeit machte. Die lange Liste hat nicht den Charakter eines Bibliothekskatalogs. Signaturen fehlen. Der Bearbeiter hält sich an die am Ende des 15. Jahrhunderts geschaffene Einteilung, sprich Aufstellung der Bücher in Theken, wobei er der Buchstabengliederung von damals folgte und jeweils den für jede Theke seinerzeit geschaffenen Vierzeiler seinen Abschnitten voranstellte. Außer dieser von der Aufstellung her vorgegebenen Gliederung läßt das Bücherverzeichnis keine Systematik erkennen. Buch um Buch wird beschrieben, wie es im Regal stand, weshalb zu vermuten ist, daß die Beschreibung nicht im Zusammenhang mit einer Neuorganisation der Bibliothek steht, sondern dem wissenschaftlichen Interesse des Bearbeiters oder seines Abtes zu verdanken ist.

a) Überlieferung und Abfassungszeit

Das Bücherverzeichnis ist handschriftlich überliefert; es wurde mit Tinte in zwei Papiercodices geschrieben, die heute in der Bayerischen Staatsbibliothek in München liegen. Der erste Teil des Verzeichnisses (Theken A–G) füllt den Clm 4414 von 102 folia, also rund 200 Seiten, in Quart. Dem Pergamenteinband des Codex ist ein Medaillon mit Mitra und Stab und den Initialen IMA aufgeprägt, was wohl mit „Johann Merk, Abbas" aufzulösen ist. Darunter befinden sich drei Wappen: die beiden Wappen des Klosters St. Ulrich und Afra sowie das Wappen des Abtes Johann Merk[79].

78 Ruf, Augsburg S. 51 Anm. 1.
79 Zimmermann, Wappen Nr. 5317 und 3931.

Am Anfang der Handschrift fehlt wenigstens eine Seite, denn fol. 1r beginnt mit einem Brieffragment in dekorativer Schrift, das schließt: *Vale. Posto. ... Cal. Sept.* Das Brieffragment bringt zum Ausdruck, daß nur Ungelehrte ein solches Werk für überflüssig oder müßig halten könnten, das hier unternommen werden solle, daß aber derjenige, der ähnliches unternehme, die Mühe wohl zu schätzen wisse. Wenn sich also dieser Brief auf das folgende Bücherverzeichnis bezieht, scheint er eine Rechtfertigung des Verfassers für sein mühevolles Unternehmen zu sein. Leider kennen wir weder die Adressaten des Briefes noch den Schreiber, so daß sich hieraus kein Hinweis auf den Verfasser des Bücherverzeichnisses ergibt.

Fol. 1v beginnt der Beschrieb mit Theke A, er schließt in seinem ersten Teil auf fol. 102r mit einem Zitat aus Sap. 3, 15 *Bonorum (enim) laborum gloriosus est fructus* und mit dem Hinweis, daß der erste Teil (des Verzeichnisses) weniger als 600 von 2000 Büchern umfasse.

Der zweite Teil des Verzeichnisses ist im Clm 1880 auf fol. 250r bis 319r enthalten, wo er unvermittelt abbricht, obwohl auf weiteren freien Seiten noch Platz für die Fortsetzung gewesen wäre. Dieser zweite Teil umfaßt den Rest der Theke G bis zur Theke Q. Auf dem Pergamenteinband des Clm 1880 sind die Initialen F–C–W und die Jahreszahl 1592 eingeprägt. Er enthält nach leeren Seiten auf fol. 7–23v ein Kalendar in Versen, das von Gregorius Gastel (1538–1616), einem Mönch und Lehrer von St. Ulrich und Afra[80], verfaßt wurde. Dann folgen verschiedene Gedichte, die zum Schulgebrauch oder aus dem Schulunterricht gesammelt und zusammengestellt wurden[81]. Schließlich beginnt der zweite Teil des Bücherverzeichnisses.

Über die Abfassungszeit hat uns der Bearbeiter des Bücherverzeichnisses gut unterrichtet, da er zu Beginn der Beschreibung einer neuen Theke jeweils das Tagesdatum notierte. Er begann am 1. Juli und schloß Mitte September den ersten Teil des Verzeichnisses ab: letzter Datumseintrag im Clm 4414 auf fol. 86v ist der 14. September. Der zweite Teil im Clm 1880 beginnt auf fol. 250r mit dem 18. September und der Jahresangabe 1616. Somit wissen wir, daß der Verfasser im Juli 1616 begann und im Oktober desselben Jahres seine Arbeit abbrach, denn fol. 314r lesen wir den letzten Datumsvermerk: 10. Okt.

b) Die Verfasserfrage

In verhältnismäßig kurzer Zeit eine Anzahl von ca. 1000 Büchern in teilweise doch recht ausführlicher Weise zu beschreiben, erscheint als eine beachtliche

80 LINDNER, Memoriale S. 6 u. 161.
81 Cat. Mon. lat. 1 S. 300.

Leistung und verrät einen Kenner der Materie. Die Schrift ist flüchtig, manchmal schwer leserlich. Sie würde eher auf einen älteren Menschen passen denn auf einen jüngeren Ordensmann, der für einen solchen Auftrag sich kalligraphisch mehr bemüht hätte. P. Ruf vermutete im ulrikanischen Konventualen Simpert Fischer (gest. 1666) den Verfasser des Bücherverzeichnisses[82]. Er stützt sich dabei auf Veith und Ziegelbauer[83], die einen Catalogus manuscriptorum bibliotecae ss. Udalrici et Afrae erwähnen, den Simpert Fischer vor 1639 verfaßt haben soll, ehe er 1642 als Universitätslehrer nach Salzburg ging. Fischer war Verfasser philosophischer Schriften[84] und ein gelehrter Mann. Aber sein Catalogus wird als „Handschriftenkatalog" bezeichnet, während das Verzeichnis von 1616 auch Drucke umfaßt. Außerdem hat Fischer erst 1636 in St. Ulrich u. Afra seine Profeß abgelegt[85] und kommt wohl aus diesem Grunde als Verfasser des Bücherverzeichnisses von 1616 nicht in Frage.

Hinweise auf den Verfasser scheinen einige Bemerkungen zu liefern, die er selbst in seine Beschreibung einfließen ließ. Er schreibt fol. 37ᵛ, als er die Werke des Augustinus zu bearbeiten beginnt, *Ordiamur a Patrono meo unice dilecto S. Augustino* und ein paar Seiten weiter (fol. 40ᵛ) nach einem Augustinus-Titel – *o mi fr. Karissime* –, woraus man schließen könnte, der Verfasser habe Augustinus geheißen. Fol. 262ʳ bemerkt er zu einer Regula Solitariorum: *dilectissimo patri aequivoco meo...*, was an eine Eremitenregel[86], vielleicht die der Augustiner-Eremiten denken läßt und wieder als Fingerzeig auf den Verfassernamen verwertbar scheint. Unter den Konventualen der fraglichen Zeit gibt es allerdings keinen mit Namen Augustinus, wie dieser Name auch selten unter den Mitgliedern der Benediktiner von St. Ulrich und Afra vorkommt. Die Mönchsliste der Neuzeit bietet ihn nur zweimal im 18. Jahrhundert[87]. Es bleibt die Möglichkeit anzunehmen, Augustinus sei der Taufname des Betreffenden gewesen, oder er habe sich den großen Kirchenlehrer zum persönlichen Patron erwählt.

Fol. 63ʳ könnte ein weiterer Vermerk als Hinweis auf den Verfasser gelesen werden: *eodem die ego haec excripsi AB.* Der Vermerk steht bei der Mitteilung, daß am Tag des hl. Bernhard (20. Aug.) ein Mönch C. Welling eine bestimmte Notiz in ein bestimmtes Buch gemacht habe: „am gleichen Tag habe ich dies herausgeschrieben AB!" Sucht man nun hinter „AB" den Schreiber, so stößt man unter den Konventualen der fraglichen Zeit auf keinen mit den Initialen AB, so daß ich geneigt bin, AB mit „Ave Bernarde" aufzulösen – ein kurzes Gebet

82 Ruf, Augsburg S. 51.

83 Veith, Bibliotheca 8 S. 105f. und Ziegelbauer, Historia S. 563, wobei Veith wiederum abhängig ist von Ziegelbauer.

84 Lindner, Memoriale S. 30 u. 187.

85 Augsburg, AdB, Hs. K 82 fol. 16ʳ (Zoller, Catalogus).

86 J. F. Niermeyer, Mediae latinitatis lexicon minus. Leiden 1976 S. 978: *solitarius* = Eremit.

87 Augsburg, AdB, Hs. K 82 passim (Zoller, Catalogus).

zum Tagesheiligen, was aus der frommen Haltung eines Mönches heraus sicher verständlich ist.

Die Suche nach einem Verfasser für das Büchervereichnis führt zu Pater Gregor Gastel, geboren 1538 in Irsee bei Kaufbeuren, der 1561 die Profeß im Kloster St. Ulrich und Afra ablegte. Er war Subprior und Rector scholae von Sankt Ulrich und Afra. Seit 1588 hatte er das Amt des Priors inne, das er 1615 niederlegte. Er starb im Dezember 1616 im Alter von 78 Jahren[88]. Gregor Gastel schrieb eine Schulordnung und ist der Verfasser von Gedichten. Darunter befindet sich das gereimte Kalendar, das als erstes Stück im Clm 1880 steht. Im gleichen Codex ist auch der zweite Teil des Bücherverzeichnisses eingetragen. Der Codex enthält ferner ein Oktostichon auf Jakobus den Älteren von Gregor Gastel, wobei der Dichter als „unser Lehrer" bezeichnet wird. Die Handschrift bietet weiter zahlreiche Gedichte zu Anlässen wie Hochzeiten und Jubiläen, die wohl als literarische Übungen im barocken Schulbetrieb gefertigt wurden. Verfasser sind neben dem Dominikaner Bartholomeus Kleindienst die Konventualen von St. Ulrich und Afra Frater Christophorus Weißenfelder, Frater Philipp Resch, Frater Caspar Köpplin. Das Buch scheint ursprünglich dem Frater Christophorus Weißenfelder (Prof. 1577) gehört zu haben, denn er ist am Anfang in einem Vorwort genannt und die Initialen auf der Buchdecke lauten FCW (1592). Weißenfelder (gest. 1595) und die anderen Fratres könnten Schüler Gregor Gastels gewesen sein. Gastel hat sie aber alle überlebt und möglicherweise das Buch mit den Versen später an sich genommen. Es findet sich darin außerdem ein Brief von ihm, nicht unbedingt ein Autograph (fol. 238^{r}/^{v}), sondern eher die Niederschrift eines Schülers. Die Unterschrift des Briefes ist verschieden von der Handschrift des Verzeichnisses und stimmt im Charakter mit den anderen Einträgen des Buches überein.

Das Verzeichnis ist sehr flüchtig, oft schwer leserlich geschrieben. Es ist nicht abwegig zu denken, der Verfasser sei ein älterer Pater gewesen, der schnell schrieb, weil er wußte, daß ihm nicht allzu viel Zeit mehr blieb, der aber aufgrund langjähriger Erfahrung mit den Büchern berufen war oder sich berufen fühlte, das Bibliotheksverzeichnis anzufertigen. Dies alles würde auf die Lebensumstände des Pater Gregor Gastel passen. Er, der ehemalige Rector scholae, legte 1615 das Amt des Priors nieder. Das Verzeichnis wurde im Juli 1616 begonnen. Die Bemerkung am 29. August *multas vigilata per horas* deutet an, daß der Verfasser hart arbeitete. Fol. 309^{r}, im September, notierte er: *non sine sudore* und fol. 314^{r}, im Oktober, schrieb er: *Heu mihi quod facio, cur sic deservio mundo, mors mihi cras dicet: en age, surge, veni.* Wenige Seiten später, mit fol. 319, bricht das Verzeichnis ab. Gregor Gastel aber starb am 21. Dezember 1616. Er fand bei C. Khamm rund 100 Jahre später folgende Würdigung: „Ex

88 Lindner, Memoriale S. 6 und S. 161.

nostris monumentis in studiis assiduus ... variarumque elucubrationum scriptor industrius, facultate scribendi prius, quam cupiditate laborandi fuit destitutus ... die 21. Decembris aetatis suae 79 (!) laboribus exhaustus in pace quievit“[89].

Daß ein Teil des Verzeichnisses in ein Buch eingetragen ist, das Stücke von Gregor Gastel enthält und sicher aus seinem Lebenskreis stammt, ist ein gutes Argument für seine Verfasserschaft.

Schließlich spricht auch ein graphologischer Vergleich für ihn. Die Staats- und Stadtbibliothek Augsburg besitzt unter der Signatur 2° Th 07 eine Ausgabe von K. Brusch, Monasteriorum Germaniae Praecipuorum maxime illustrium centuria Prima, Ingolstadt 1551. Dieses Exemplar war ursprünglich im persönlichen Besitz des Pater Gregor Gastel von St. Ulrich und Afra, wie ein Ex libris ausweist. Auf der Titelseite ist handschriftlich eingetragen: *Sum ex libris F. Gregorii Gastelii prioris Ulriciani*. Die Buchstabenformen dieses Schriftzugs haben solche Ähnlichkeit mit jenen des Bücherverzeichnisses, daß es mir erwiesen scheint, daß wir in Gregor Gastel den Verfasser des Verzeichnisses zu sehen haben.

c) Die Methode der Beschreibung

Der Verfasser ordnete sein Verzeichnis weder alphabetisch nach Titeln noch nach Autoren, sondern folgte offensichtlich der Reihenfolge der Aufstellung der Bücher. In der Regel beginnt er mit dem Namen des Autors. Wo er den Verfasser nicht feststellen kann *(incerti autoris)* oder bei Sammelbänden setzt er gerne ein *item* davor. Ein *item* erscheint aber auch innerhalb eines Buches bei der Aufzählung einzelner, im Buch enthaltener Schriften. Dadurch ist in vielen Fällen schwer zu entscheiden, ob es sich jeweils um einen neuen Band oder um einen Titel innerhalb eines Bandes handelt. Eine Zählung der Bücher nach Anzahl der Bände ist daher letztlich zum Scheitern verurteilt. Den Büchern beigeschriebene Einzeltexte, Abschriften von Diplomen u. ä. werden meist mit *additus* gekennzeichnet. Vom einzelnen Buch werden jeweils angegeben: Verfasser (oder *incertus autor*), Titel, Format, ob Pergament oder Papier. Handschriften und Drucke stehen wahllos durcheinander, lassen sich aber meist dadurch unterscheiden, daß für Handschriften angegeben ist *ms* (= manuscriptus), für Drucke *editus* mit Druckort und Jahr, also eine durchaus moderne Art der Zitierung. Bei mehrbändigen Werken ist auch die Anzahl der Bände vermerkt. Oft finden sich würdigende Zusätze über die Qualität oder Beschaffenheit des Buches, etwa *elegantissime scriptus*, oder Urteile über den Verfasser bzw. Inhalt. Beispiel: *Ex gestis Rom. Historiae notabiles ... mihi liber iste videtur esse compositus ab ineptissimo et simplici Idiota tametsi viro pio et probo ut apparet. er hats halt guet ge-*

89 Khamm, Hierarchia 3 S. 122.

maindt ist bei Gott guett. Auch Empfehlungen für die Lektüre der Bücher werden ausgesprochen wie *est liber utilis, est notandum opus* oder ein *lege, vide.* Letztere Hinweise häufen sich vor allem in der Abteilung I „geistliche Lesung", so daß sich der Schluß nahelegt, der Verfasser des Verzeichnisses sei ein Lehrer oder Novizenmeister im Kloster gewesen. Ersteres paßt wiederum auf Gregor Gastel. Seine Urteile über die Bücher markiert er am Rande meist mit einem *NB* (= Nota bene). Zu Beginn der Beschreibung einer Theke werden jeweils die Polsterschen Verse zitiert, die am Ende des 15. Jahrhunderts für die Bibliothek verfaßt wurden[90]. Die Zitierung folgt dabei der „überarbeiteten" Version (II) der Verse, wie sie aus der Handschrift Hs. K 83 a (Augsburg, AdB) hervorgeht. Die Vorlage wird teilweise falsch gelesen. Es ist nicht zu ermitteln, ob der Verfasser die Verse aus der genannten Handschrift (Hs. K 83 a) übernahm, die er möglicherweise vor sich hatte, oder ob er sie von den Bücherregalen abschrieb, sofern die Verse tatsächlich über den Regalen oder Kästen selbst angebracht waren. Anfänglich erwähnt der Verfasser verschiedentlich die dreiteiligen Signaturen (Zahl-Buchstabe–Zahl), die bei der Neuordnung der Bibliothek am Ende des 15. Jahrhunderts geschaffen wurden und deren Buchstabe mit den Polsterschen Versen zusammengeht[91]. Diese Nennung umfaßt aber nur 12 Bücher aus Theke A, dann einen Sallust[92], der früher offenbar unter V stand, später unter die Historica gekommen war, einen Sermo des Augustinus mit Signatur 9 i 8 und ein weiteres Werk mit 6 p 2[93]. Wir kennen aber von erhaltenen Büchern wesentlich mehr dreiteilige Signaturen[94]. Wenn also der Verfasser des Bücherverzeichnisses von 1616 im weiteren die Nennung unterläßt, so darf man daraus schließen, daß die Signatur damals keine Bedeutung mehr hatte, wohl weil die Bibliothek im 16. Jahrhundert, vor allem durch Drucke, wesentlich größer geworden und das Versehen mit Signaturen nicht mehr konsequent fortgesetzt worden war.

d) Die Anzahl der Bücher

Welchen Umfang die Bibliothek hatte, läßt sich Zahlen entnehmen, die der Verfasser nennt. Am Ende des ersten Teiles des Verzeichnisses[95] teilt er mit, daß er nun an die 600 von 2000 Büchern beschrieben habe. Da er vor Beschreibung einer Theke jeweils die Stückzahl der Bücher notiert *quos ego reperi*, läßt sich die Zahl 600 überprüfen: Zählt man die Stückzahlen zusammen, so kommt man auf

90 Siehe oben S. 26f.
91 Siehe oben S. 34.
92 *Historia Catilinaria et Iugurthina cum comm.* Clm 4414 fol. 35^r.
93 Clm 1880 fol. 275^v bzw. 314^v.
94 Vgl. SPILLING, Handschriften, passim und meine Handschriftenbeschreibung.
95 Clm 4414 fol. 102^r.

643 Bände. Schwieriger ist es, die Stückzahlen an den genannten Titeln zu überprüfen. Titel und Bände sind, wie erwähnt, in der Beschreibung oft nur schwer zu unterscheiden. Es ist nicht eindeutig, ob ein Titel als eigenes Buch vorhanden oder zusammen mit anderen Titeln in einem Band enthalten war. Vor allem am Ende des Verzeichnisses wurden nicht mehr alle gezählten Bücher beschrieben. Die Liste der Titel einer Theke ist kürzer, als die am Beginn der Theke genannte Stückzahl angibt[96]. Während im ersten Teil also rund 650 Bände erfaßt sind, kommen im zweiten Teil 800 gezählte dazu. Die restlichen 550 würden sich auf die nicht mehr bearbeiteten Theken R–V verteilen.

Der Gesamtbestand von 2000 Bänden, wenn die Angaben des Verfassers stimmen, umfaßte sowohl Handschriften wie auch Drucke, wobei der Anteil der Handschriften im Verhältnis höher war als zu dem späteren Zeitpunkt, da Placidus Braun die Bücher katalogisierte[97]. Sein Katalog der Handschriften umfaßt rund 750 Stücke, ist aber ein dünner Band verglichen mit den drei starken Büchern, die den Katalog der Drucke enthalten. Die Drucke sind selbstverständlich zwischen 1616 und dem Ende des 18. Jahrhunderts kräftig vermehrt worden, während an Handschriften kaum mehr viel dazugekommen sein dürfte. Im Gegenteil: Gerade jene Handschriften, die sich im Verzeichnis von 1616 als solche des 12. Jahrhunderts und früher bestimmen lassen, fehlen im Katalog von Braun. Es finden dort nur wenige Handschriften des 12. Jahrhunderts und der Zeit davor Erwähnung, was bedeutet, daß viele der ältesten Bücher zwischen 1616 und dem Ende des 18. Jahrhunderts abhanden gekommen sind. Daraus ergibt sich nun die Bedeutung des Verzeichnisses. Gerade über ältere Handschriften, die in Brauns Katalog nicht mehr enthalten sind, weil sie in den zwei Jahrhunderten vor seiner Zeit aus der Bibliothek verschwanden, lassen sich vielleicht noch Nachrichten im Verzeichnis von 1616 ausfindig machen. Der Verfasser notierte neben den Titeln und Autoren der Handschriften und Drucke auch Mitteilungen aus den Büchern selbst über Vorbesitzer, Schenker und macht Angaben, die er den Büchern entnahm. Besonders bei alten Handschriften bringt er Hinweise auf Texte, die den Handschriften zusätzlich *in inizio(!)* oder *in fine* beigeschrieben waren. Die Frage ist, ob sich seine Angaben für eine Beschreibung der Bibliothek im 11. und 12. Jahrhundert und eine Rekonstruktion des damaligen Bücherbestandes verwerten lassen.

e) Kriterien der Auswertung

Bevor solche Kriterien aufgestellt werden können, ist nach der Zuverlässigkeit des Verzeichnisses ganz allgemein zu fragen. B. Kraft war der Meinung, Hand-

96 Auch dies ist ein Hinweis darauf, daß der Beschreiber offenbar in Zeitdruck kam. Vgl. oben Abschnitt b.

97 Augsburg, StadtA, Reichsstadt, Kath. Wesensarchiv G 39 (Braun, Bibliothekskatalog).

schriften, die heute noch vorhanden sind, ließen sich nicht mehr mit den Eintragungen im Bücherverzeichnis von 1616 identifizieren[98]. Daran ist richtig, daß einige der Handschriften vor 1200 für eine Identifizierung von vorneherein ausscheiden, da sie ihrem Inhalt nach in Theken gehören müßten, die im Verzeichnis von 1616 nicht mehr erfaßt sind, so Prudentius (Kiel UB 145, Paris BN Nouv. acqu. lat. 241), die Musiktraktate (Cod. Guelf. 72 und 334 Gud. lat.)[99], weitere christliche und heidnische Dichter u. a. Bei anderen Handschriften ist die Identifizierung schwierig, da die Angaben im Verzeichnis zu dürftig oder zu unscharf sind. So sind beispielsweise die Glossare zur Bibel (fol. 16^{v}; fol. 18^{r}) zu ungenau beschrieben, um in ihnen etwa das Bibelglossar von St. Paul/Kärnten erkennen zu können.

Bei anderen Handschriften ist dagegen die Identifizierung ohne Mühe durchzuführen.

1. Der Codex Hs. K 14 (AdB) ist auf fol. 11^{v} im Clm 4414 eingetragen. Es wird dort richtig angegeben: a) der Inhalt (Glossen über die ersten 4 Kap. des Mt., *quaestiones super Lucam*, ferner Worterklärungen und eine Homilie Gregors d. Gr.); b) das kleine Format (16°); c) der unbekannte Autor; d) das hohe Alter mit *antiquissima*.

2. Der Codex Hs. K 13 (AdB) ist auf fol. 262^{v} im Clm 1880 eingetragen. Richtig angegeben: a) Titel und Verfasser; b) das Format (4° longiunculo!); c) der Besitzvermerk *L(iber) s. Afre Reginp(ald);* d) das Textstück aus den *gesta anglorum* am Ende.

Der Verfasser des Verzeichnisses fügt erläuternd hinzu, daß Arnobius der Lehrer des Lactantius gewesen sei und daß Reginbald im 39. Jahr nach Ulrichs Tod als Abt von S. Afra erwählt worden sei (1012). Der Codex habe deshalb ein hohes Alter *(mira antiquitas)*. Diese beiden sachlich anfechtbaren Erläuterungen beruhen wohl nicht auf Notizen aus der Handschrift, sondern sind Zusätze aus dem historischen Wissen des Verfassers.

3. Die Vita s. Udalrici von Berno, heute Wien ÖNB 573, ist Clm 1880 fol. 253^{v} genannt: *Vita S. Udalrici ad Frideboldum ab. S. Udalrici a° 1019 electum inc(erti) autoris ... rev.^{mo} P. Frideboldo, Bern, Dei matris mancipium: an est Berno ex Clero augustano?* Das Jahr der Erwählung Fridebolds stimmt annähernd[100]. Daß Berno der Verfasser der Vita und Abt der Reichenau war, war dem Beschreiber offenbar nicht bekannt.

4. Der Codex Hs. K 8 (AdB) mit *Origenes super Cantica Canticorum* läßt sich aufgrund der *epistula Hieronimi ad Tranquillinum* leicht mit dem im Clm 4414

98 Kraft, Handschriften S. 45.

99 Möglicherweise verbirgt sich allerdings der Cod. Guelf. 72 Gud. lat. unter dem Eintrag *de musica ... ms, fol°, membr. ... antiquissime scriptus ... ab eruditissimo autore* in Clm 4414 fol. 61^{v}.

100 Hemmerle, Benediktinerklöster S. 48.

fol. 54r genannten *Origenes super Cant(ica) Cant(icorum)* identifizieren. Das Format (4°) ist richtig angegeben[101].

5. Der Hannoveranus 774 ist im Clm 4414 fol. 21r f. inhaltlich richtig beschrieben: a) *Otto von Freising, Historia de mutatione rerum* (d. i. Chronicon des Otto v. Freising) b) *Catalogus Pont(ificum) Rom(anorum) Impp(eratorum) Ep(iscopor)um Abbatum Aug(ustae) Vind(elicum) ordine probo anno 1183* (d. i. Catalogus Pont. Rom. ..., MG SS 14 S. 556ff.) c) Ulrichswunder d) Taten des Abtes Heinrich, der auf Manegold folgte und das Kloster restaurierte[102]. Der Verfasser des Verzeichnisses macht dazu die Bemerkung in Klammern: *extremi abbatis Manegoldi temporibus Monasterium nostrum exustum est fortuito incendio VI°X° Kal. Julj.* Während die Handschrift durch die Einträge a) und b) identifiziert ist, fehlen offenbar heute c) und d). Dieser Teil scheint inzwischen verloren[103].

Die wenigen Beispiele zeigen, daß der Verfasser des Verzeichnisses die Bücher nach Titel, Inhalt und Autor sowie Format und Vermerken richtig beschrieben hat. Bei erläuternden Zusätzen scheint es, daß er gelegentlich aus seiner persönlichen Kenntnis der Geschichte etwas hinzufügte. Es wird also bei der Auswertung seiner Angaben kritisch darauf zu achten sein, ob er diese an den Büchern selbst abgelesen oder ob er sie aus eigenem Wissen hinzugefügt hat.

Ungereimtheiten waren an mehreren Stellen bei Jahreszahlen festzustellen. Teilweise scheint es sich dabei um Schreibfehler oder falsches Wissen, manchmal um Ungenauigkeiten der Überlieferung zu handeln. Es wird im einzelnen Fall zu prüfen sein, wieweit eine Jahres- oder Datumsangabe im Verzeichnis von 1616 als richtig gelten kann. Die Einschätzung der Zuverlässigkeit des Verzeichnisses könnte bedeutend verbessert werden, indem man möglichst für alle erhaltenen Handschriften den Vergleich mit den Einträgen durchführt. Ich mußte mich in dieser Untersuchung auf die früh- und hochmittelalterlichen beschränken.

Als ein erstes Kriterium für die Feststellung von Handschriften des 11. u. 12. Jahrhunderts im Verzeichnis von 1616 bietet sich die Charakterisierung *antiquus/antiquissimus; vetustus/vetustissimus; ab antiquissima manu; vetustis-*

101 An dieser Stelle liefert der Verfasser des Verzeichnisses auch ein Argument ex silentio zur Diskussion um die ersten Urkunden für das Kloster, die H. Bresslau als Fälschungen, zwischen 1620 und 1630 entstanden, nachwies (Les plus anciennes). Da in unserem Verzeichnis mehrfach Abschriften von Urkunden, Diplomen u. ä., die den Handschriften beigegeben waren, erwähnt werden, hätte der Verfasser diese beiden wichtigen Dokumente, die heute in der Hs. K 8 enthalten sind, nicht ungenannt gelassen. Sie waren also offensichtlich 1616 noch nicht in der Origenes-Handschrift vorhanden, sondern wurden tatsächlich erst später zum Zwecke der Fälschung hineingeschrieben. Vgl. unten S. 80.

102 Heinrich III., vgl. Wittwer, Catalogus S. 145.

103 Bodemann, Handschriften zu Hs. 774.

simo charactere scriptus u.ä. an; solche Formulierungen treten uns an rund 30 Stellen entgegen. Bei den oben angeführten Augsburger Codices Hs. K 13 und Hs. K 14 handelt es sich um Handschriften des 9. Jahrhunderts, die mit *mira antiquitas* bzw. *antiquissimus* charakterisiert werden. Der fol. 312v (Clm 1880) genannte *antiquissimus libellus* mit der *Summa Guidonis* im Kleinformat könnte auf die Wolfenbüttler Musik-Handschrift (334 Gud.lat.) bezogen werden, wodurch eine Handschrift des 12. Jahrhunderts mit *antiquissimus* belegt wäre. Wo aber liegt der Terminus ante quem für den mit ,,alt" bzw. ,,sehr alt" bezeichneten Schreibzeitraum?

Einen Anhaltspunkt bietet der Eintrag in Clm 4414 fol. 65r: *S. Bernardi Relationes ... inicio est Catalogus abb(atum) nostri Mon(asterii) sane antiquissimus, etsi recentior manus addiderit recentiores abbates usq(ue) ad – Hohenstainer.* Abt Hohensteiner (1439–1458) und seine unmittelbaren Vorgänger, also noch Äbte des 14. Jahrhunderts, sind ,,von jüngerer Hand" hinzugefügt. Also schrieb die ,,ältere Hand" bis zum 14. Jh. oder ins 14. Jh. hinein. Ein *codex vetustus* mit den Viten mehrerer Heiliger, unter ihnen namentlich genannt Ulrich und Elisabeth, läßt in dieser Zusammenstellung an ein Kalendar denken, das wahrscheinlich aus St. Ulrich und Afra stammt[104] und das aufgrund des Eintrags der hl. Elisabeth (kanonisiert 1235) ins 13. Jahrhundert frühestens datiert wird. Ähnlich mag die Elisabethvita zu dieser Zeit in die Vitensammlung gekommen sein. Schließlich handelt es sich bei den *antiqui/antiquissimi* durchwegs um Pergamenthandschriften, und es ist kein Autor darunter, der nach dem 13. Jahrhundert gelebt hätte. Einen genauen Terminus ante quem erhalten wir nicht, aber es wird zumindest die Angabe Clm 4414 fol. 46v f. entkräftet, wo steht: *codex antiquissimus et characteribus vetustissimis ms a° 1425.* Es könnte sich um einen Irrtum des Verfassers des Verzeichnisses handeln, oder die Jahreszahl könnte nachträglich auf den älteren Codex geschrieben worden sein.

Ansonsten bringt die Angabe *antiquus/antiquissimus* für diese Untersuchung nicht viel ein, zumal dadurch nur das Alter der Handschrift belegt ist, aber nicht die Frage gelöst, ob das Buch schon in dieser frühen Zeit im Kloster vorhanden war. Bei einigen Titeln möchte man es vermuten. Unter den ,,antiquissimi" sind zahlreiche Bibelkommentare, Väterschriften, Viten, ein Martyrologium mit der Regel, auch ein Werk des Gaius Sueton und ein Exemplar der Grammatik des Priscian.

Ein tauglicheres Kriterium ist die Angabe *Liber s. Afrae,* die an 15 Stellen des Verzeichnisses gemacht wird. Darunter ist in acht Fällen dem ,,s. Afrae" ein *Herimannus* hinzugefügt. Diese Angaben können wir aus erhaltenen Handschriften als Besitzvermerke des 12. Jahrhunderts belegen[105]. Allerdings irritie-

104 London, Library of A. Chester Beatty, No. 40; vgl. MILLAR, The library S. 130.

105 Vgl. unten S. 47.

ren im Verzeichnis von 1616 die mit *Herimannus s. Afre* verbundenen Jahreszahlen: *scriptus est a° d. 1434* bzw. *1435, 1428* und *1413*[106]. Im frühen 15. Jahrhundert ist kein Bücherschreiber Hermann bekannt. Im 12. Jahrhundert dagegen ist ein Domkustos Hermann erwähnt, der Bücher an St. Afra schenkte[107]. Man wird also eher die Richtigkeit der angegebenen Jahreszahlen in Zweifel ziehen als den Vermerk *Herimannus/s. Afrae*[108]. Er ist für das 12. Jahrhundert so gut belegt, daß der Schluß berechtigt ist, die mit diesem Vermerk versehenen Titel hätten sich im 12. Jahrhundert in der Klosterbibliothek befunden.

Als drittes Kriterium haben wir die den Handschriften beigeschriebenen Texte, auf die der Verfasser des Verzeichnisses von 1616 aufmerksam macht. Es handelt sich um kleinere Stücke, meist um Abschriften von Diplomen, Dekreten, Briefen, die auf den freien Seiten von Büchern eingetragen wurden. Der Verfasser des Verzeichnisses hat dafür bestimmte Wendungen, wie *additus est ..., inicio ..., in fine est ..., ad calcem habet ...* Die Ereignisse, die sich in diesen Schriftstücken widerspiegeln, können ein weiteres Kriterium bilden, um eine Handschrift einer bestimmten Zeit zuzuweisen. Man macht dabei die stillschweigende Voraussetzung, die Handschrift sei etwa zu dieser Zeit im Kloster gewesen, als die Ereignisse aktuell waren und der Bedeutung für Abt und Konvent wegen in die Handschrift eingetragen wurden. Ein Beispiel hierfür ist der Clm 4317 aus dem 12. Jahrhundert, der auf der letzten Seite ein Stück des Papstwahldekrets von 1059 enthält, was verständlich ist, wenn man an die Auseinandersetzung des päpstlich gesinnten Abtes Egino mit Bischof Hermann denkt[109]. Vermutlich hat man sich in dieser Zeit das Dekret besorgt und es in die Handschrift eingetragen. Selbstverständlich erhöht sich das Gewicht solcher Eintragungen, wenn sie mehrere Vorgänge betreffen und zusammen mit anderen Kriterien beurteilt werden können.

Ähnliches gilt von Nachrichten über Besitzverhältnisse, die in Büchern enthalten waren und die der Beschreiber von 1616 mitteilt. Auch hierbei muß aus der Formulierung erkennbar sein, daß es sich um Angaben in den Büchern selbst handelt. Zusätzlich ist zu bedenken, daß es sich bei solchen Angaben über Besitzungen in Büchern gar um Fälschungen gehandelt haben könnte, wie Hs. K 8 (Augsburg, AdB) zeigt, wo die beiden Fälschungen der angeblichen Privilegien Kaiser Heinrichs II. und Konrads II. als „Abschriften" auf den Vorsatzblättern

106 Clm 4414 fol. 10^{v}, 11^{r}, 12^{r} und 12^{v}.

107 Vgl. unten S. 47.

108 Der Verfasser des Verzeichnisses von 1616 ist gelegentlich unzuverlässig in der Wiedergabe von Jahreszahlen. Das zeigt beispielsweise der Eintrag Clm 4414 fol. 21^{v}, wo er 116 für 1106 und 1031 für 1300 schreibt. Auf diese Fehler hat schon Ph. Jaffé aufmerksam gemacht, vgl. MG SS 17 S. 429 Anm. 5.

109 Vgl. unten S. 233 ff.

der Handschrift untergebracht sind. Diese „Abschriften" sind aber Fälschungen des 17. Jahrhunderts[110].

Es ist also bei aller Behutsamkeit aufgrund dieser Kritierien möglich, aus dem Bücherverzeichnis von 1616 Hinweise auf Handschriften des 11. und 12. Jahrhunderts der Klosterbibliothek von St. Ulrich und Afra zu bekommen. Als besonders aussagekräftig dürften die mitgeteilten Einträge gelten. Die Vermerke *liber s. Afrae* bzw. *ex donatione Herimanni* weisen ein Buch als Handschrift des 12. Jahrhunderts aus. Bedingt geeignet ist das Kriterium *antiquus/antiquissimus codex,* um anzugeben, ob sich ein Buch im 11./12. Jahrhundert in der Bibliothek des Klosters befand.

4. Besitzvermerke

Gleich aus den Anfängen der Bibliothek der Benediktiner von St. Afra wissen wir von wenigstens vier Handschriften, die den Besitzvermerk *REGINBALD* (Name des ersten Abtes) *S. AFRAE* tragen. Dieser Vermerk ist in capitalis jeweils auf einer der ersten Seiten des Buches am oberen *(S. AFRAE)* bzw. unteren Rand der Seite *(REGINBALD)* mit brauner Tinte eingetragen und auf der Rückseite des betreffenden Blattes in Spiegelschrift wiederholt. In der Handschrift Kiel UB 145 folgt die Spiegelschrift den durchgeschlagenen Schreibspuren der Vorderseite. Ansonsten ist die Spiegelschrift eigenwertig, da sie Abweichungen in der Schreibung gegenüber der Vorderseite aufweist. Ein spiegelschriftlicher Besitzereintrag war im Mittelalter durchaus üblich[111]. Unsere Handschriften bieten somit ein Beispiel für einen spielerischen oder magisch-abergläubischen Umgang mit Schriften in dieser Epoche. Die Einträge scheinen einheitlich, etwa gleichzeitig erfolgt zu sein, wenngleich sie auch Unterschiede in der Schreibung aufweisen. Einmal ist in Reginbald an Stelle des b ein p geschrieben. Die verwendeten Kürzungsstriche sind dreifach variiert: ein liegender Strich mit drei Querbalken, ein liegender Strich mit Höcker oder ein blanker liegender Strich. Einen Vermerk, daß Reginbald selbst die Bücher geschrieben hätte, bedeuten die Einträge nicht, da sich die Schreiberhände der Texte in Charakter und Alter voneinander unterscheiden. Es handelt sich um die ersten Besitzvermerke, die wir aus dem Kloster kennen. Sie sind wohl so zu deuten, daß die Bücher aus dem Besitze Reginbalds stammen oder auf seine Veranlassung geschrieben wurden[112], oder noch allgemeiner, zu seiner Zeit für das Kloster er-

110 Vgl. Anm. 101.

111 Vgl. Bischoff, Paläographie des römischen Altertums S. 224f. und Bischoff, Geheimschriften S. 3.

112 Ruf, Augsburg S. 43.

worben wurden. Sie sind jedenfalls letztlich nicht in seinem persönlichen Besitz gewesen, sonst hätte er sie bei seinem Weggang wohl mitgenommen. Ähnlich wie die Kennzeichnung der Bücher des ersten Abtes Reginbald haben wir eine Handschrift mit dem Besitzvermerk des Abtes Adelhalm (gest. ca. 1070)[113].

Der Besitzvermerk *Liber sanctae Afrae,* also „Buch im Besitz des Klosters St. Afra", kommt noch im 12. Jahrhundert vor. Wir haben dafür wenigstens drei Belege in erhaltenen Handschriften und mehrere Nennungen im Bücherverzeichnis von 1616. Während in einem Falle *L. S. AFRE* allein zu lesen ist[114], findet sich in den beiden anderen Fällen das *Liber s. Afrae* in Verbindung mit *HERIM(annus)*[115]. Gemeint ist wohl der Domkustos Hermann, der 1143 ins Kloster eintrat und Bücher stiftete, wie Wittwer und das Bücherverzeichnis von 1616 überliefern[116].

Weitere Besitzvermerke sind im 15. Jahrhundert angebracht worden. In den ersten hundert Folio-Codices der Staats- und Stadtbibliothek Augsburg finden sich beispielsweise drei aus dieser Zeit[117], die so lauten: *Iste liber pertinet ad monasterium (est monasterii, attinet monasterio) sanctorum Udalrici et Afre...*[118].

Im 17. Jahrhundert haben wir zuerst wieder einen handschriftlichen Besitzereintrag, der in sehr vielen Handschriften begegnet. Zwei Hände[119] schrieben in einer Kursivschrift auf den oberen Rand eines der ersten Blätter eines Buches *Monasterii S. Udalrici Augustae*. Vielleicht wollte man damit in der Zeit des 30jährigen Krieges drohenden Verlusten vorbeugen. Es scheint auch nochmals eine Bibliotheksrevision stattgefunden zu haben, denn Simpert Fischer (Profeß 1636)[120] soll angeblich vor 1639 einen Katalog der Handschriften verfaßt haben[121], der allerdings nicht erhalten ist.

Die handschriftlichen Besitzvermerke sind wohl älter als 1664–1674, denn seit diesen Jahren, der Regierungszeit des Abtes Gregor Jos, gibt es Ex Libris-Zeichen, die auf die Innenseite der vorderen Buchdecke geklebt wurden. Das Zeichen ist ein schwarzweißer Kupferstich, der über drei Wappenschilden St. Ul-

113 *S. AFRE. ADELHELMUS ABBAS.* Bibl. Vat. cod. Palat. lat. 274 fol. 2r. S. unten Nr. (4 a) und S. 228.

114 Augsburg, StB, 2° Cod. 36 fol. 3r.

115 München, BStB, Clm 4317 fol. 1r; Leipzig, UB, Cod. 185 fol. 3r.

116 Wittwer, Catalogus S. 99 und Clm 4414 fol. 12v: *ex dono Herimanni. Hic Herimannus B. dei Gen. Mariae in matrici eius Augustensi Ecclesia custos fidelissimus fuit singularis fratrum nostri monasterii amator qui plures egregie ms. libros nobis dedit et comparavit ...*

117 Spilling, Handschriften S. XI.

118 Augsburg, StB, 2° Cod. 56 a bzw. 2° Cod. 69 bzw. 2° Cod. 86.

119 Spilling, Handschriften S. XI. Die Datierung dieser Vermerke ins 17. Jh. finde ich bestätigt, da beispielsweise London, BL, Harl. 2610 den Vermerk hat, aber bereits 1725 durch Edward Harley Earl of Oxford erworben wurde (Steinmeyer/Sievers, Glossen 4 S. 497).

120 Augsburg, AdB, Hs. K 82 fol. 16r (Zoller, Catalogus).

121 Lindner, Memoriale S. 187 und oben S. 37.

rich und Afra zeigt (vgl. Abb. 1). Über ihnen schweben das „Auge Gottes" und zwei Engel, von denen der eine die Märtyrerkrone, der andere das bischöfliche Brustkreuz (Ulrichskreuz) in Händen hält. Die Unterschrift lautet: *P. P. Benedictinorum Lib(eri) et Imp(erialis) Monasterii SS Udalrici et Affrae Augustae Vindel(icorum)*[122]. Die Wappenschilde gehören wahrscheinlich der Zeit des Abtes Jos (1664–1674) an[123]. Nachdem das Kloster 1643 endgültig die Reichsunmittelbarkeit errungen hatte[124], findet aus den Jahren danach auch der Text des Ex Libris *liberi et imperialis* eine gute Begründung. Ein handschriftlicher Besitzereintrag war nun überflüssig geworden.

Nur noch vereinzelt kommen im 18. Jahrhundert handschriftliche Besitzvermerke vor. Sie lauten *Imperialis Monasterii SS. Udalrici et Afrae Augustae Vindelicorum* und ähneln der Inschrift des Ex libris[125].

Zusammenfassung

Das erste Kapitel hat die Geschichte der Klosterbibliothek bis zu ihrer Auflösung 1803 in den Blick gebracht. Bei der Umwandlung des Kanonikerstifts St. Afra in ein Benediktinerkloster darf mit keinem umfangreichen Bücherbesitz gerechnet werden. Aus der Zeit des ersten Abtes jedoch sind durch Besitzvermerke *S. AFRAE/REGINBALD* ausgewiesene Bücher erhalten. Ähnlich lautet ein Besitzvermerk des 11. Jahrhunderts aus der Zeit des Abtes Adelhalm. Die Kennzeichnung *Liber sanctae Afrae* wurde bis ins 12. Jahrhundert hinein auf Büchern angebracht und steht mehrfach in Verbindung mit Hermann, der Bücher gestiftet hatte. Nach einem gewissen Rückgang im 13. und 14. Jahrhundert (Bücherverpfändungen) erfuhr die Bibliothek um die Wende des 15. zum 16. Jahrhundert Ausbau und Systematisierung. Der Bücherbestand wurde bedeutend vermehrt. Aus dieser Zeit stammen der Tafelkatalog, die dreiteiligen Signaturen, neue Einbände und Verse, die einen Überblick über die Autoren verschaffen, die in der Bibliothek verfügbar waren. Danach wurde der Bücherbestand durch Drucke laufend vergrößert, während gerade ältere Handschriften vielleicht durch die Einwirkungen des dreißigjährigen Krieges oder durch die Bücherliebe von Sammlern abhanden kamen oder veräußert wurden. Der hand-

122 Vgl. Warnecke, Bücherzeichen Nr. 81 S. 27; Haemmerle, Buchzeichen S. 42f. Haemmerle unterscheidet eine erste Version im 17. und zwei Nachstiche mit geringfügigen Änderungen im 18. Jahrhundert.

123 Zimmermann, Wappen Nr. 5317 und Nr. 5326.

124 Liebhart, Reichsabtei S. 197ff.

125 Spilling, Handschriften S. XI.

schriftlich angebrachte Besitzvermerk des 17. Jahrhunderts wurde vermutlich nach 1643 durch das eingeklebte Ex libris abgelöst. Kurz vor der Säkularisation verdanken wir dem Bibliothekar Placidus Braun eine letzte Bestandsaufnahme, Katalogisierung, Ergänzung und wertvolle Bücherbeschreibungen.

Dieser Überblick über die Bibliotheksgeschichte wurde überwiegend nach erzählenden Quellen dargestellt, ergänzt durch Beobachtungen an Handschriften selbst. Vieles konnte aufgrund des derzeitigen Forschungsstandes referiert werden. Die Erkenntnisse könnten allerdings verbessert werden, sobald noch mehr Handschriften beschrieben sind und damit mehr Belege für Bibliotheksmerkmale vorliegen[126]. Das immerhin rund 340 Seiten starke Bücherverzeichnis von 1616 wurde bislang für die Erforschung der Klosterbibliothek von St. Ulrich und Afra wenig ausgewertet. In Pater Gregor Gastel konnte der Verfasser dieses Verzeichnisses bestimmt werden. Auch der genaue Zeitpunkt der Niederschrift (Juli-Oktober 1616) war auszumachen. Indem die Art und Weise der Beschreibung untersucht wurde, konnten Kriterien gefunden werden, die es ermöglichen, dem Verzeichnis Hinweise auf frühe Bücherbestände der Klosterbibliothek zu entnehmen. Vor diesem Hintergrund läßt sich nun eine Bestandsaufnahme der Bücher des 11. und 12. Jahrhunderts unternehmen.

126 Das Katalogwerk für die Handschriften der Staats- und Stadtbibliothek Augsburg, die ca. 450 Handschriften aus dem Kloster St. Ulrich und Afra aufbewahrt, ist in Bearbeitung. Zuletzt erschienen ist der zweite Band mit den Beschreibungen für 2° Cod. 1–100, bearbeitet von Herrad SPILLING.

Kapitel II

Die Bücher des Klosters

1. Die Bücher des Abtes Reginbald

Von einer Gruppe von Büchern wissen wir sicher, daß sie zu Beginn des 11. Jahrhunderts im Afrakloster waren. Sie tragen nämlich neben dem Eintrag *S. Afrae* auch den Namen des ersten Abtes Reginbald[1]. Wittwer weist auf diese Bücher hin, wenn er schreibt: *quod nomen primi abbatis, scilicet Reginbaldi invenitur scriptum in multis locis ac libris antiquissimis liberarie huius cenobii sanctissimae Affre*[2]. An wenigstens zwei Stellen vermeldet auch das Verzeichnis von 1616 diesen Besitzvermerk, ja von einem Buch wissen wir nur aus diesem Verzeichnis. Es ist dies

(1) Beda, De ratione calculi. Erwähnt Clm 4414 fol. 61^{r}f.

Die Handschrift selbst ist verschollen. Der Verfasser des Verzeichnisses von 1616 weist auf das hohe Alter der Handschrift hin *(antiquissimus)* und interpretiert den Besitzvermerk richtig: *sub primi abbatis ordinis S. Benedicti regimine, postmodum episcopus Spirensis.* Leider läßt der Eintrag im Verzeichnis von 1616 nicht erkennen, ob die verschollene Handschrift außer De ratione calculi noch andere Werke Bedas enthielt.

Der Libellus de ratione calculi ist eine kleine, Beda zugeschriebene Schrift von nur zwei Seiten in der Edition[3]. Auf eine praefatio folgt der „modus calculi", der hauptsächlich aus Multiplikationstabellen besteht. Das Büchlein mag für den mathematischen Elementarunterricht sowie für die Praxis des Rechnens von Bedeutung gewesen sein.

1 Über diesen Besitzvermerk siehe oben S. 46f.
2 Wittwer, Catalogus S. 61.
3 PL 90 Sp. 677–680.

(2) Augsburg, Archiv des Bistums, Hs. K 13
Conflictus Arnobii et Serapionis de deo uno et trino[4]

Diese Handschrift ist außer durch den Besitzvermerk *S. Afrae/Reginbald* auch sonst gut für die Bibliothek von St. Ulrich und Afra bezeugt. Sie kam aus dem Erbe Brauns in die Ordinariatsbibliothek Augsburg. In Brauns Katalog steht sie unter A 32[5]. Das Verzeichnis von 1616 vermerkt sie innerhalb der Theke H mit dem Hinweis auf „längliches Quartformat" sowie den Besitzereintrag, und beschreibt sie: *mira antiquitate*[6]. Der Codex zählt 102 Blätter von 13 x 23 cm Größe, der Schriftspiegel mißt 9 x 17,2 cm und hat 23 Zeilen; die Blätter sind teilweise aus Kalbspergament. B. Bischoff setzt die Entstehung der Handschrift in die Mitte des 9. Jahrhunderts und vermutet ihre Schriftheimat in Nordwestdeutschland[7]. Er stellt in den Abkürzungen ein starkes insulares Element fest. Auf nicht wenigen Blättern befinden sich tironische Noten am Rande. An einigen Stellen sind die ursprünglich in brauner Tinte geschriebenen Buchstaben schwarz nachgefahren. Vorkommende griechische Wörter werden nicht übersetzt, und der Text ist frei von den in den anderen Reginbald-Büchern enthaltenen Interlinear- und Marginalglossen. Der Besitzvermerk *S. AFRE* am oberen und *REGINP* (!) am unteren Blattrand steht auf fol. 2^{r} und findet sich spiegelschriftlich wieder auf fol. 2^{v}: *S. AFRE* oben, *REGINB* (!) unten. Neben der unterschiedlichen Schreibweise von Reginbald – einmal mit P, dann mit B – ist außerdem fol. 2^{r} das e in *S. Afre* caudiert, während dies auf der Rückseite nicht der Fall ist.

Inhalt:

Fol. 2^{r}–35^{r} Conflictus Arnobii catholici (1. Buch)[8].

Fol. 35^{r}–101^{r} Liber II altercationis Arnobii et Serapionis[9]. Dieser hier in zwei Bücher eingeteilte dogmatische Traktat in Dialogform wurde vermutlich um die Mitte des 5. Jahrhunderts von Arnobius dem Jüngeren abgefaßt. Er sollte den Monophysitismus widerlegen und die Übereinstimmung Roms, besonders Leos I., mit Athanasius und Cyrill von Alexandrien dartun[10]. Der ulrikanische Codex gilt als eine der ältesten bis heute bekannten Handschriften dieses Traktats[11]. Kraft verweist im Hinblick auf die Einteilung in zwei (statt vier) Bücher des

4 Vgl. Braun, Notitia 2 S. 4–7; Kraft, Handschriften S. 49 f.; Bischoff, Schreibschulen 1 S. 15.
5 Augsburg, StadtA, Reichsstadt, Kath. Wesensarchiv G 39.
6 Clm 1880 fol. 262^{v}.
7 Bischoff, Schreibschulen 1 S. 15.
8 PL 53 Sp. 239–272.
9 PL 53 Sp. 271–322.
10 Bardenhewer, Geschichte 4 S. 604 ff.
11 Kraft, Handschriften S. 49.

Werkes auf die Nähe der Handschrift zu einem Lütticher Codex. Dies verdient Beachtung zusammen mit B. Bischoffs Bestimmung der Schriftheimat Nordwestdeutschland.

Fol. $101^{r/v}$ steht das Fragment einer Erzählung *ex Anglorum gestis* mit liturgischen Bemerkungen über den Gang der hl. Messe und die Funktionen des Presbyters und Diakons am Altar, geschrieben im 11. Jahrhundert.

Fol. 102^{r}, nur zur Hälfte vorhanden, bietet aus dem 11. Jahrhundert stammende Aufzeichnungen über wirtschaftliche Einnahmen des Klosters[12].

Reginbald scheint das Buch im Kloster vorgefunden oder es dahin gebracht zu haben. Es fand wohl kaum als Schulbuch Verwendung, denn Glossen fehlen. Der Traktat und die Briefe dogmatischen Inhalts dienten wohl eher der geistlichen Lektüre. Paläographisch aufschlußreich könnten die im 11. Jahrhundert hinzugefügten Texte auf fol. 101 f. sein, da sie wohl im Kloster geschrieben wurden und somit Schreiberhände aus St. Afra darstellen.

(3) Kiel, Universitätsbibliothek, 145
Prudentii opera[13]

Diese Handschrift kam von St. Afra im ausgehenden 17. oder im Verlaufe des 18. Jahrhunderts in eine Nürnberger Bibliothek (Ebner); denn 1788 wurde sie in Nürnberg beschrieben. Von Oberbibliothekar Cramer wurde die Handschrift 1817 für die Kieler Bibliothek gekauft[14]. Sie hat noch, wenn auch teilweise getilgt, fol. 2^{r} den Besitzvermerk des 17. Jahrhunderts. Im Verzeichnis von 1616 fand ich sie nicht erwähnt, was nicht verwundert, da die Theke V, die den Polsterschen Versen entsprechend Prudentius hätte enthalten müssen, vom Schreiber des Verzeichnisses nicht mehr bearbeitet wurde. Der Holz-Leder-Einband scheint neuzeitlich. Bibliotheksmerkmale des 15. Jahrhunderts fehlen daher auf dem Buchdeckel. Durch den Vermerk *S. Afrae/Reginbald* (fol. $4^{r/v}$) ist die Handschrift zu Beginn des 11. Jahrhunderts in St. Afra bezeugt.

Der Codex hat das Format 18 x 21 cm und zählt 179 bzw. 180 Blätter (fol. 144 ist doppelt gezählt) in 23 Lagen zu je 4 Doppelblättern (ausgenommen Lage 21 mit 2 Doppelblättern). Eine ursprüngliche Lagenzählung fehlt. Die Blattgröße beträgt 17,5 x 20 cm, der Schriftspiegel 11–12 x 15 cm. Der Text ist in brauner bis braunschwarzer Tinte geschrieben. Rot ausgeführt sind die Titel der einzelnen Gedichte, die Initialen der einzelnen Verse (mit Ausnahme von fol. 65^{v}–102^{v},

12 Abgedruckt KRAFT, Handschriften S. 50.

13 Vgl. RATJEN, Verzeichnis S. 47 f.; Serapeum 31. 1870 S. 347; STEINMEYER/SIEVERS, Glossen 4 S. 472.

14 RATJEN ebd.; STEINMEYER/SIEVERS ebd.

auf denen die Initialen der einzelnen Verse mit brauner Tinte geschrieben sind), die *incipit* und *finit* sowie die Hinweise auf die Metren zu Beginn mancher Lieder. Auf dem Einschlagblatt (= fol. 1^{r}) sowie auf fol. 2^{r} liest man *Opus* ... bzw. *Opera Prudentii*, von verschiedenen späteren Händen geschrieben.

Inhalt:

Fol. 1^{v}–2^{r} Testimonium Gennadii
Fol. 2^{r}–3^{r} Praefatio
Fol. 3^{r}–27^{r} Liber hymnorum (Cathemerinon)
Fol. 27^{r}–98^{v} Liber secundus (!) Peristephanon
Die Gedichte des (2.) Buches Peristephanon stehen in dieser Reihenfolge: I, V, II, XI, XIII, XII, IV, XIV (+ Verse in der Agnesbasilika und des Papstes Damasus) III, VI, VII, IX, VIII, X[15].
Fol. 98^{v}–102^{v} Hymnus XI und XII des Cathemerinon *(Finit Cathemerinon ...)*
Fol. 102^{v}–103^{r} *Incipit de opusculis suis trochaicum trimetrum endeca sillabum. Pius fidelis innocens* ... (Epilog)
Fol. 103^{r}–109^{r} *Adam et Eva* ... (Tituli historiarum)
Fol. 109^{v}–138^{r} *Apotheosis id est de divinitate*
Fol. 138^{r}–163^{r} Amartigenia liber secundus de origine peccatorum
Fol. 163^{r}–179^{v} *Senex fidelis prima credendi via est* ... (Psychomachia)
Der Text bricht mit Zeile 605[16] ab.

An paläographischen Merkmalen sind vorhanden: Monogramme NT, NS, uS; Ligaturen mi, ni, hi, Häkchen für -us, aber auch is und us mit hochgezogenem rundem S, oben spitzes Q, F u. r mit Querstrich in Form einer Wellenlinie, in einem Punkt endend. Die Schrift hat eine leichte Rechtsneigung und prägt merklich ein ovales o aus. Der Codex dürfte am Ende des 10. oder Anfang des 11. Jahrhunderts geschrieben sein[17].

(4) Wolfenbüttel, Herzog-August-Bibliothek, Cod. 72 Gud.lat.
Musiktraktate[18]

Der Besitzvermerk *S. Afrae/Reginbald* ist zweimal, sowohl fol. $1^{r/v}$ wie fol. $52^{r/v}$, vorhanden. Die Handschrift existierte ursprünglich in zwei getrennten Büchern. Zwischen fol. 51^{v} und 52^{r} liegt eine deutliche Zäsur, was man vor allem

15 Die Bezifferung der Gedichte ist der Edition Cunningham, Prudentii carmina entnommen.
16 Nach der Zählung bei Cunningham, Prudentii carmina.
17 Vgl. Ratjen, Verzeichnis S. 47; Steinmeyer/Sievers, Glossen 4 S. 472.
18 Milchsack, Gudiani latini S. 124f.

an der Pergamentbeschaffenheit erkennen kann. Außerdem stehen auf fol. 50–51^{v} Zusätze, während fol. 52^{r} ein neuer Haupttext beginnt. Eine Lagenzählung fehlt. Vielleicht wurden die Bücher im 15. Jahrhundert vereinigt, als die Handschrift wohl ihren heutigen Einband erhielt[19], einen Buchendeckel mit weißem Schweinsleder überzogen und mit Linien sowie einem kleinen Stempel verziert. Ein Pergamentstreifen mit dem Buchtitel *Musica Boecij et enkyriades Ottonis. item scholia ottonis in enchiriadem suam. idē dic̄.* in gotischer Textura auf dem vorderen Deckel sowie eine unleserlich gewordene, rote Signatur sind Merkmale der ulrikanischen Bibliothek im 15. Jahrhundert. Eine Rasur am oberen Rand von fol. 1^{r} könnte auf den getilgten Besitzvermerk des 17. Jahrhunderts hinweisen. Auf der Innenseite des Vorderdeckels steht auf dem Kopf von einer Hand des 10./11. Jahrhunderts[20] *BOETIUS DE GEOMETRIAE ARTE*, was keinen Bezug zum Inhalt unserer Handschrift hat, sondern zusammen mit dem Pergamentblatt hinzukam, das um die erste Lage gebunden den Umschlag für das Buch abgab, als es den heutigen, festen Einband noch nicht hatte[21].

Die 87 Pergamentblätter haben mit wenigen Ausnahmen das Format 26 x 29 cm mit einem Schriftspiegel von 18 x 22 cm bei 35 Zeilen. Die Schrift ist eine zierliche, gleichmäßige Minuskel des 11. Jahrhunderts, die auf eine Hand in den Haupttexten schließen läßt. Lediglich die Zusatztexte fol. 50^{v}, 51$^{r/v}$ sowie zwei Seiten des Boethius, fol. 33$^{r/v}$, sind einem anderen Schreiber zuzuweisen. Das Carmen auf fol. 50^{r} ist zwar kleiner geschrieben als die Haupthand, im Schriftzug jedoch der Haupthand so ähnlich, daß ich keinen anderen Schreiber dafür annehmen möchte.

Schriftmerkmale im einzelnen sind mäßig verdickte, schräg angesetzte Oberlängen, das g nach Art einer Brille, neben dem geraden das runde d, Abkürzungen wie n̄, ē, qd, m̊, v̊, eine kleine 9 für die Endung -us. U wird für v, aber auch v für u gebraucht. Das runde s ist selten, aber vorhanden. Große Initialen in feinem Flechtwerk gibt es fol. 1^{r}, 2^{v}, 3^{r}, 11^{r}, 16$^{r/v}$; die Initiale auf fol. 52^{r} zu Buch II blieb unausgeführt. Die Anfänge der Unterabschnitte sind durch vergrößerte, leicht verzierte Unzialen hervorgehoben. Neben der schwarzbraunen Tinte wurden die Schmuckfarben Rot und Grün verwendet. Vor allem auch die zahlreichen Figuren und graphischen Darstellungen sind farbig angelegt.

Inhalt:

Fol. 1–50^{r}	Boetii De musica libri V
Fol. 50^{r}	Carmen
Fol. 50^{v}	Notkeri Labeonis De mensura fistularum organicarum institutio

19 Ebd. S. 125.

20 Milchsack, Gudiani latini S. 125.

21 Aus dem Tafelkatalog von 1474 wissen wir, daß *Libri Boetii geometrici et arithmetici* vorhanden waren (Clm 29199; Buchstabe I); seit wann und aus welcher Zeit, ist allerdings nicht ersichtlich.

Fol. $51^{r/v}$	Descriptio monochordi
Fol. 51^{v}	Decem nomina dei
Fol. 52^{r}–82^{r}	Musica Enchiriadis (mit Scholien)
Fol. 82^{v}–87	Commemoratio brevis de tonis et psalmis modulandis
Fol. 87^{v}	Literae Noeane

2. Die *Libri sancte Afre*

Außer der Gruppe von Büchern, die mit dem Namen des ersten Abtes Reginbald gekennzeichnet sind, gibt es im 11. und 12. Jahrhundert noch andere mit dem Besitzvermerk *L(iber) S(ancte) Afre*[22]. Teilweise ist auch in ihnen zusätzlich ein Name eingetragen. So haben wir ein Exemplar aus dem 11. Jahrhundert, bei dem der Besitzereintrag „St. Afra" zusammen mit dem Namen eines Abtes auftritt:

(4a) Rom, Bibliotheca Apostolica Vaticana, Cod. Palat. lat. 274
Cassiodori Institutionum liber I[23]

Fol. 2^{r} steht *S. AFRE* und *ADELHELMUS ABBAS*. Adelhalm, der aus dem Kloster Füssen stammte und vorübergehend in St. Emmeram in Regensburg weilte, stand dem Afrakloster im dritten Viertel des 11. Jahrhunderts als Abt vor[24]. Die Adelhalm-Handschrift macht die ersten 32 Pergamentblätter des Palatinus 274 aus. Der zweite Teil des heutigen Codex ist jüngeren Datums und wurde erst später mit dem älteren ersten Teil vereinigt. Der zweite Teil stammt sicher, der erste wahrscheinlich aus der Bibliothek des Ulrich Fugger. Der Vorbesitzer war jedoch laut Besitzvermerk das Kloster St. Afra. Die Schrift ist süddeutsch aus der ersten Hälfte des 11. Jahrhunderts[25].

Die 32 Blätter beinhalten das erste Buch der Institutionen Cassiodors (gest. um 580), geschrieben für Vivarium als Einführung in die göttlichen Wissenschaften. Im Mittelpunkt des theologischen Studiums steht die Heilige Schrift, weshalb die ersten 15 Kapitel von den Büchern des Alten und Neuen Testaments und Kommentaren dazu handeln. Kap. 16 gedenkt der wichtigsten Schriften über die heilige Dreifaltigkeit und über die kirchlichen Rechtssatzungen. Geschichtliche Lehrbücher und die hervorragensten abendländischen Kirchen-

22 Siehe oben S. 47.

23 LEHMANN, Fuggerbibliotheken 1 S. 149 und 2 S. 477.

24 Siehe unten S. 226 ff.

25 Alle Angaben nach LEHMANN, Fuggerbibliotheken. Leider hatte ich noch keine Möglichkeit, den Codex einzusehen.

schriftsteller folgen[26]. Das zweite Buch Cassiodors widmet seine sieben Kapitel den septem artes liberales. Dieses Buch fehlt in der Adelhalm-Handschrift. Man fragt sich, ob der Artes-Teil ursprünglich vorhanden war und später verlorenging oder ob dieser Teil immer schon fehlte, etwa weil auf ihn kein Wert gelegt wurde. Diese bildungsgeschichtlich wichtige Frage kann vorläufig nicht beantwortet werden.

(5) Augsburg, Staats- und Stadtbibliothek, 2° Cod. 36
Hieronymus, Commentarius in Jeremiam. Hrabanus Maurus, Expositio in Jeremiam

Die Pergamenthandschrift von 157 Blättern war im Besitz Conrad Peutingers und kam über die Bibliothek der Jesuiten von St. Salvator in Augsburg in die Stadtbibliothek. Der fast verblaßte Besitzvermerk auf fol. 3^{r} *L(iber) S. Afre* und der paläographische Befund weisen darauf hin, daß sie zum Bücherbestand des Afraklosters im 12. Jahrhundert gehörte. Die Klosterheiligen Ulrich und Afra, die auf einer Federzeichnung fol. 1^{v} dargestellt sind (vgl. Abb. 3), legen nahe, daß das Buch für unser Kloster, wenn nicht in unserem Kloster geschrieben wurde.

Der Codex ist in zwei Spalten von einer Hand in einer Minuskel geschrieben, die die Merkmale des frühen 12. Jahrhunderts zeigt. Die Buchstaben sind aufgerichtet gegenüber dem „schrägovalen" Stil[27] des vorausgehenden Jahrhunderts. An Kürzungen kommen vor: hochgestellte o, s, i, a; die Kürzung -us in Form einer kleinen 9. Die Schäfte von s und r reichen nicht mehr, jener von f nur geringfügig unter die Zeile. „Esse" wird mit ee und darüber ss gekürzt. -ur hat die Form einer Wellenlinie. Der Kürzungsstrich hat am rechten Ende ein nach unten gerichtetes Köpfchen. Die Seiten sind mit dem Griffel liniert, außer fol. 120 a (Tintenlinierung)[28].

Inhalt:

Fol. 1^{v}	bunte Federzeichnung: Hieronymus mit St. Ulrich, Christus und St. Afra (Abb. 1)
Fol. 2^{r}	bunte Federzeichnung: Jeremias und die Zerstörung Jerusalems

26 Bardenhewer, Geschichte 5 S. 272 ff.; Brunhölzl, Geschichte 1 S. 38 ff.

27 Bischoff, Paläographie S. 154.

28 Spilling, Handschriften S. 59 gibt eine weitere Beschreibung der Handschrift und datiert sie in die erste Hälfte des 12. Jahrhunderts, entstanden „vielleicht in Augsburg".

Fol. 3ra–73vb	Hieronymus, Commentarius in Jeremiam[29]
Fol. 74ra–155va	Hrabanus Maurus, Expositio in Jeremiam (nur lib. 13–20, wobei ein kurzes Schlußstück fehlt)[30].

Ein nicht gezähltes Vorblatt sowie die fol. 1r, 2v, 155v u. 156r/v sind leer.

(6) Leipzig, Universitätsbibliothek, Cod. 185
Sentenzenkommentar (Fragment)

Die Pergamenthandschrift besteht heute aus 26 Blättern. Auf fol. 3r stehen am oberen Rand der Besitzvermerk des 12. Jahrhunderts *S. AFRE* und der des 17. Jahrhunderts *Monasterii S. Udalrici Augustae*. Auf der gleichen Seite am unteren Rand liest man *HERIM(annus)*, was darauf hinweist, daß das Buch aus der Schenkung des Domkustos Hermann stammt[31].

Das Incipit des nur fragmentarisch erhaltenen Buches lautet: *PRIMA RERUM ORIGO et causa omnium deus* ... Auf fol. 26v bricht der Text unvermittelt ab. Es handelt sich um einen Teil eines anonymen Kommentars zu den Sentenzen des Petrus Lombardus (gest. 1160)[32]. Es beruht also wohl auf einem Irrtum, wenn der Abschreiber selbst oder ein wenig Späterer die rote Überschrift anbrachte *Incipit liber sententiarum*, also Buch der Sentenzen selbst. Ebenso falsch ist die von späterer Hand auf fol. 3r notierte Zuweisung an Johannes Damascenus. Unter diesem Titel *Liber sententiarum Damasceni (putatur)* wird die Handschrift auch im Bücherverzeichnis von 1616 aufgeführt[33]. Danach enthielt sie unter anderen Zusätzen eine *Epistola peremptoria* des Mainzer Erzbischofs an den Bischof von Augsburg, daß er zum Konzil von Reims komme. Weiter befand sich in jener Handschrift eine Urkunde Kaiser Konrads für den *comes Ernustus* und seine Söhne, betreffend die Übertragung gewisser Güter, für welche er nach seiner Rehabilitation das Herzogtum Bayern (sic!) erhielt. Gegeben: *Tungarde, anno 1029 anno regni Domini Chunradi Vto, imperii autem III°*. Dieser Hinweis bezieht sich auf eine Fälschung, nach welcher Konrad II. 1029 Mai 20 in Thüngen a. d. Werrn den Ministerialen von Weißenburg im bayerischen Nordgau ein Privileg gewährte[34].

29 Ed. CC 74.

30 Ed. PL 111 Sp. 1061–1271 (Zeile 28).

31 Siehe oben S. 47.

32 Stegmüller, Repertorium commentariorum Nr. 795 S. 379.

33 Clm 4414 fol. 57v–58r: *ms. perg. 2° minore.*

34 DK II 140 S. 188; vgl. Reg. Imp. Konrad II 145 S. 74. Die Fälschung ist aufgrund einer echten Urkunde Konrads II. hergestellt, die heute verloren ist. In der Angabe des Ausstellungsortes sowie in der Datierung stimmt das Verzeichnis von 1616 genaustens mit der Fälschung überein. Während allerdings unsere Mitteilung die Beschreibung der Güter und nähere Umstände, die für die Fälscher

(7) München, Bayerische Staatsbibliothek, Clm 4317
Auctoritates patrum

Es ist eine Pergamenthandschrift von 39 Blättern im Quartformat, die als Codex ulricanus bestens ausgewiesen ist:

1. durch den Besitzvermerk des 12. Jahrhunderts *HERIM(annus). S. AFRE* (fol. 1^r), 2. durch die dreiteilige Signatur 8 g 3 auf der Buchdecke selbst und auf einem der Buchdecke aufgeklebten Etikett (außerdem Streifen mit Titel auf der Buchdecke), 3. durch den Besitzvermerk des 17. Jahrhunderts (fol. 1^r), 4. durch das Ex libris, 5. durch den Eintrag in Brauns Catalogus unter der Position A 1 mit def.-Vermerk[35]. In der Notitia[36] gab Braun auch eine Beschreibung, worin er den Inhalt mit Diversae sententiae ex sanctorum patrum operibus ab Anonymo excerptae betitelt. Im einzelnen sind es Auszüge aus verschiedenen Schriften des Augustinus, aus der Psalmenerklärung des Ambrosius, aus verschiedenen Homilien Gregors, aus Büchern des Hieronymus, aus Schrifterklärungen und Homilien Bedas, aus Chrysostomus, Isidor, Hraban und Anselm v. Canterbury, schließlich einige Exzerpte aus der Historia naturalis des Plinius über verschiedene Arten von Edelsteinen. Braun meint, daß der Sammler eine Blütenlese aus seiner Privatlektüre veranstaltet habe. An verschiedenen Stellen hat der Kompilator eigene Erklärungen eingefügt, die Braun zitiert. Schließlich folgt ein Text des Exsultet, des österlichen Jubelgesangs, der vom üblich gesungenen Text abweicht, weshalb Braun im Anhang das Exsultet aus dem Missale Romanum jenem aus dem Clm 4317 gegenüberstellte[37]. In der Version des Klosters St. Afra fehlt die Stelle *O certe necessarium Adae peccatum, quod Christi morte deletum est! O felix culpa, quae talem ac tantum meruit habere redemptorem*[38]! Auf der letzten Seite des Clm 4317 steht ein Fragment des Papstwahldekrets vom Jahre 1059, und im Einband des Buches ist das Fragment eines Briefes enthalten, den Kardinal *Perengarius* unter Clemens V. (1305–1314) aus Lyon an einen gewissen Zisterzienserabt in der Diözese Brixen gerichtet hat[39].

Der Codex mißt 16 x 22 cm, der Schriftspiegel 12,5 x 18 cm bei 34 Zeilen. Es lassen sich eine Haupthand und je eine Hand für das Exsultet und für das Papst-

in Weißenburg von Bedeutung sein mochten, übergeht, zitiert sie vor allem jenen Satz, daß *comes Ernustus* für die Übertragung dieser Güter das bayerische Herzogtum erhalten habe. Bresslau, Jahrbücher Konrad II. 1 S. 252 Anm. 1 hält dies für eine Verwechslung zur Zeit der Fälschung, denn Ernst sei nicht ins bayerische, sondern ins Herzogtum Schwaben wieder eingesetzt worden. S. Riezler hielt jedoch eine „vorübergehende Belehnung" des Schwaben Ernst mit Bayern für möglich (Geschichte 1 S. 441 Anm. 1).

35 Augsburg, StadtA, Reichsstadt, Kath. Wesensarchiv G 39.

36 Braun, Notitia 2 S. 10–12.

37 Braun, Notitia 2 S. 141 f.

38 Braun, Notitia 2 S. 142.

39 Cat. Mon. lat. 1 S. 174.

wahldekret unterscheiden. Wegen des Besitzvermerkes *S. Afre* ist anzunehmen, daß die Handschrift sich im 12. Jahrhundert im Kloster befand. Sie ist auch aufgrund des paläographischen Befundes diesem Jahrhundert zuzuweisen.

Unter die *Libri sanctae Afrae* des 12. Jahrhunderts fällt eine Reihe von Titeln, die im Bücherverzeichnis von 1616 mit dem Besitzvermerk *S. Afrae* und *S. Afrae Herimannus* oder der Erwähnung *ex donatione Herimanni* aufgeführt sind[40].

(8) Proverbia Salom(onis) Eccl(esiasticus) Cant(ica) Cant(icorum) Lib(er) Sapientiae cum Glossa ordinaria
ms. perg. 4°.
B: *S. Afrae.*

(9) fol. 10r: Daniel Propheta integer cum glossa ordinaria
ms. membr. 4°.
B: *Liber S. Afrae; inicio: Witegů*[41]*scrib(it); ad calcem: pulchro ordine adpositi reges Aegypti, Siriae, Persarum ordine successionis.*

(10) fol. 10v: Glossa super Lucam
ms. membr. 2° minori.
B: *Liber S. Afrae; textu confuse adposita Wittegů.*

(11) fol. 10v: S. Lucae, Evang(elium) cum glossa
ms. membr. 2° min(ori).
B: *scriptus est a.d. 1434 deo gratias S. Afrae/Herimannus*[42].

(12) fol. 10v: SS. Lucas et Matthaeus Evangelistae cum glossis
ms. perg. 4°.
B: *S. Afrae.*

40 Bei der Aufzählung ist zu beachten: In Klammern hinzugefügt sind meine Ergänzungen zum Eintrag im Verzeichnis. Die Folioangabe bezieht sich auf die Fundstelle im Clm 4414 fol. 1–102 bzw. Clm 1880 fol. 250–319. Die bibliographischen Angaben, wie sie im Verzeichnis gemacht sind, wurden vereinheitlicht: ms. für Handschrift, perg. oder membr. für Pergament, 2°, 4°, 8° ... für das Format. Unter Bemerkungen (= B:) wird mitgeteilt, was der Beschreiber von 1616 zu diesem Titel notierte, wobei ich nicht immer wörtlich zitiere, gelegentlich verkürze und zusammenfasse. Unter Erläuterungen (= E:) füge ich eigene Erklärungen den Bemerkungen des Beschreibers bei.

41 Ein Witego ist im Nekrolog von St. Ulrich und Afra zum 18. 5. eingetragen. MG Necr. Germ. 1 S. 123.

42 Über das Problem der Jahresangabe 1413 ff. in Verbindung mit dem Vermerk *S. Afrae/Herimannus* vgl. oben S. 45.

(13) fol. 10ᵛ: Joannes Evangelista integer
ms. perg. 2°.
B: *Herimannus/S. Afrae scriptus a. d. 1435 deo gratias.*

(14) fol. 11ʳ: Epistolae VII Can(onicae) Kath(olicae) ... cum glossa ord(inaria) ad marg(inem)
ms. perg. 4° strictiori.
B: *iste liber est S. Afrae.*

(15) fol. 11ʳ: Apocalypsis s. Joannis
ms. membr. 4° min.
B: *Herimannus/S. Afrae, anno domini 1428 deo gratias.*

(16) fol. 12ʳ: S. Mathei Evang(elium) cum glossa ord(inaria)
ms. perg. 2°.
B: *Herimannus/S. Afrae, scriptus anno 1413.*

(17) fol. 12ᵛ: Evangelistae cum glossa et textu
ms. perg. 4° longiori.
B: *CHUNEGUNT S. Afrae.* In der Mitte eine Königs- und Kaiserreihe, die von Chilperich (gest. 584) bis Heinrich V. (gest. 1125) reicht.
E: Diese Reihe könnte auf das 12. Jahrhundert weisen. Der Eintrag „Kunegund" läßt allerdings an die Gemahlin Heinrichs II. (11. Jahrhundert, Anfang) denken, die als Wohltäterin des Klosters auftrat. Konrad II. bestätigte 1033 ihre Schenkung des Gutes Todtenweis[43].

(18) fol. 12ᵛ: S. Marcus Evang(elista) cum glossa ordinaria
ms. membr. 2° magno.
B: *Herimannus/S. Afrae, a. d. 1434.*

(19) fol. 12ᵛf: Sancta Jesu Christi IV Evangelia ...
ms. perg. 4°.
B: mit Bildern von Liutgart, Heinrich, Uta und einem Lied, das auf diese drei Personen und den Schenker Hermann Bezug nimmt (es ist das Grabgedicht auf sie). *Ex dono Herimanni* wird so erläutert: Hermann, der *custos* der Domkirche, faßte eine große Liebe zu den Brüdern von St. Ulrich und Afra und schenkte Bücher, einen Weinberg bei Würzburg und andere Schätze; die Belege *(litterae patentes)* dafür sind am Ende des Buches zu finden. Das Lied lautet:

43 Mon. Boic. 22 Nr. 3 S. 167 ff. Anm. 1.

Carne tenens mundum, meditare sed pectore Christum
quatuor a supero dictata volumina verbo
offert devote domno sancteque Marie
Heriman aeternam cupiens pro munere palmam,
huius consortes operis fiant roga(n)s ut tres
Heinric, Luitgardis pia nec non Ota fidelis.
Istorum memores fratres sint atque sorores,
quo pro munere bona capiant celestia dona.

Es handelt sich laut Verzeichnis von 1616 um eine sehr schöne Evangelienhandschrift *(venustissime dispositus)*, die neben den Bildern der Schenker Darstellungen des thronenden Christus und der vier Evangelisten enthielt. Dabei standen Verse, die die Personen charakterisieren.

(20) fol. 22v: Historia tripartita
ms. perg. 2°.
B: *L. s. Afrae; anno 1271 redemptus per fratres praedicatores cum tribus aliis pro II lib(ris) den(ariorum).* Dazu heißt es, die Leser mögen für Bruder Marquard beten.
E: Unter Abt Marquard von Hageln (1316–1334) wurden Bücher an den Dominikanerkonvent in Augsburg verpfändet und ohne irgendeinen Schuldschein ausgeliehen[44]. Später wurde ein Teil der Bücher wieder zurückgeholt. Auf Verpfändung oder Rückkauf bezieht sich die Notiz in der „Historia tripartita“. Sie ist jedoch nicht eindeutig zu entschlüsseln. Vor allem die genannte Jahreszahl 1271 scheint nicht in diesen Zusammenhang zu passen.

(21) fol. 54r: Origenes super Cantica Canticorum
ms. perg. 4°.
B: *Herimanni donum; anno 1079 est scriptus a Leone; praefixum: egregium carmen antiquum; ad medium: consilium quod principes inierunt de pace inter ecclesiam et regnum; adnotata: de mensibus anni, de olympiadibus, aera etc.*
E: Vielleicht identisch mit Braun, Catalogus Sig. A 33[45]; nicht identisch mit Augsburg, AdB, Hs. K 8[46].

(22) fol. 60v: Bedae de naturis rerum, de temporibus, de aequinoctio etc.
ms. perg. 2°.
B: *L. S. Afrae/Herim(annus)*

44 Ruf, Augsburg S. 44.
45 Augsburg, StadtA, Reichsstadt, Kath. Wesensarchiv G 39 S. 105.
46 Vgl. Nr. (33). Auf fol. 54r sind zwei „Origenes super Cantica canticorum“ genannt.

(23) fol. 289^v: Sermo S. Bernardi ad praelatos
ms. perg. 8°.
B: *dedit Herimannus S. Afrae;* seltenes Buch mit einer Kreuzesdarstellung.

(24) fol. 314^v: Epistolares literae ad varias personas
ms. perg. 8°.
B: *ad Herimannum S. Afrae.*

3. Erhaltene ulrikanische Handschriften

Im folgenden handelt es sich um Handschriften, die vor dem 13. Jahrhundert geschrieben wurden. Durch spätere Besitzvermerke und andere Indizien ist gesichert, daß sie aus der Bibliothek von St. Ulrich und Afra stammen. Es ist zu vermuten, daß sie auch schon im 11. und 12. Jahrhundert im Kloster vorhanden waren, weil nichts darauf hindeutet, daß sie erst später erworben wurden. Aufgrund inhaltlicher Kriterien und paläographischer Hinweise ergab sich ein großes Maß an Wahrscheinlichkeit, daß die Bücher im untersuchten Zeitraum zur Bibliothek gehörten. Manchmal lieferte erst der Kontext der allgemeinen Klostergeschichte letzte Gründe, die folgenden Handschriften bei der Rekonstruktion der Bibliothek des 11. und 12. Jahrhunderts in die Bücherliste aufzunehmen.

a) Die erste Spur eines Buches

In den Quellen zur frühmittelalterlichen Geschichte des Kanonikerstiftes St. Afra[47] vermischen sich nur allzu sehr Wahrheit und Legende, so daß es schwer ist, über die Bibliothek einige Erkenntnisse, geschweige denn ein klares Bild zu gewinnen. Es ist aus der frühmittelalterlichen Epoche vorläufig nur die Spur eines Buches erkennbar, nämlich die Fragmente

(25) München, BStB, Clm 29 300/14; früher Clm 29 164 Kasten I, 1c
Sacramentarium Gregorianum (Fragment)

Zwei Einzel- und drei Doppelblätter (Pergament) liegen vor, die um 1400 zu Einbänden für die Gültbücher des Klosters verwendet wurden und uns so erhal-

47 Wittwers einschlägiger Teil seiner Klostergeschichte (Catalogus S. 25–72) sei hier stellvertretend für „die Quellen“ genannt.

ten blieben[48]. B. Bischoff hat diese Fragmente in das 1. Viertel des 9. Jahrhunderts datiert[49] und sieht in ihnen zusammen mit dem berühmten Codex des Wessobrunner Gebets (Clm 22053), der aus Wessobrunn überliefert ist, der Handschrift der Annales Guelferbytani (Cod. Guelf. 67. 5 Aug. 8°) unbekannter Provenienz sowie einem ebenfalls fragmentarischen Lektionar aus Benediktbeuren (in den Deckeln verschiedener Münchner Codices enthalten[50]) das Erzeugnis einer Schreibergruppe, deren Schreibstube er in Augsburg selbst oder in einer nahen Stätte vermutet. Das Kloster St. Afra habe einen ,,unbeweisbaren Anspruch"[51] auf diese Gruppe, da die Sakramentarfragmente von den eigenen Gültbüchern stammen.

Die ,,nahe Stätte" könnte man im Bischofskloster Staffelsee suchen, wo das Sakramentar vielleicht zur Zeit Bischofs Sintpert (gest. um 807) geschrieben wurde[52]. Sintpert hat die Bistümer Neuburg, als dessen Sitz nach einer These das Inselkloster im Staffelsee angenommen wird[53], und Augsburg vereinigt[54]. Wann allerdings das Sakramentar seinen Weg ins Kloster St. Afra gefunden haben soll, bleibt völlig offen. Abgesehen vom Problem der Schreibstube, in der das Sakramentar geschrieben wurde, darf man annehmen, daß es in St. Afra Verwendung fand, da es dort später zerschnitten und zum Buchbinden genommen wurde.

In seiner Textgestalt erinnert es an das Sakramentar in der Redaktion Gregors II.; das ist die Fassung, die von Papst Hadrian I. in den Jahren 784–91 an Karl den Großen gesandt wurde[55]. Es würde gut zu Bischof Sintpert, dem Vertrauensmann der Karolinger und dem von Karl d. Gr. als Bischof von Augsburg Berufenen, passen, daß er das Sacramentarium Gregorianum in seine Diözese verpflanzte[56].

An Schriftmerkmalen fallen auf: die Ligaturen mit r (ra, re, ri ,rn, rs, rt), unciales a neben offenem a, wenige ,,klassische" Kürzungen (per, pro, prae), Kürzung der nomina sacra. Die Initialen mit Blattwerk sind teilweise in den Kontu-

48 Gamber, Codices liturgici Nr. 710 S. 333 f.; Ders., Sakramentartypen S. 136.

49 Bischoff, Schreibschulen 1 S. 18 ff.

50 Bischoff, Schreibschulen 1 S. 21 im einzelnen.

51 Bischoff, Schreibschulen 1 S. 14.

52 Gamber, Codices liturgici S. 333; Bischoff, Studien 3 S. 24.

53 Hauptvertreter dieser These R. Bauerreiss, vgl. AReg 1 S. 5. Hier auch Literatur zur Gegenthese.

54 AReg Nr. 17 S. 28.

55 Gamber, Codices liturgici S. 337 ff.; B. Kleinheyer, Sakramentar, in: LThK² 9 Sp. 237 f.

56 Man beachte in diesem Zusammenhang, daß die Annales Guelferbytani, die zur Handschriftengruppe des Sakramentars zählen, ihren bis 791 reichenden Grundstock aus den Murbacher Annalen schöpfen (Bischoff, Schreibschulen 1 S. 18), Bischof Sintpert aber möglicherweise aus Murbach nach Neuburg/Augsburg kam (Zoepfl, Mittelalter S. 37 f.).

ren gezeichnet, teilweise schlicht voll ausgeschrieben, aber mit gelben Tupfen besetzt. Meist sind sie zusätzlich in beiden Fällen blau oder gelb angelegt[57].

b) Handschriften des 9./10. Jahrhunderts

Ähnlich wie das nur in Fragmenten erhaltene Sakramentar kann man vielleicht auch die folgenden Handschriften zu den frühesten Beständen der Bibliothek bei St. Afra zählen, da sie aufgrund späterer Vermerke für das Kloster nachzuweisen sind und nichts darauf hinweist, daß sie erst in späterer Zeit erworben wurden.

(26) St. Paul/Kärnten, Stiftsbibliothek, Cod. 82/1 (früher 25. 1. 26; XXV d/82)[58]
Glossen zur Bibel und Cura (= Regula) pastoralis Gregors d. Gr.

Pergament; 248 Blätter in 31 Quaternionen (Lagenbezeichnung regelmäßig auf der Rückseite einer Lage in römischen Ziffern mit vier Punkten umgeben; rot) Blattgröße: 13,5 x 15 cm (8°); Schriftspiegel: ca. 10 x 11 cm; 14/12/11 Zeilen; Einband: mit Leder überzogener Holzdeckel von einfachem Dekor (waagrechte, senkrechte, diagonale Streicheisenlinien). Die Handschrift hat folgende ulrikanische Merkmale: auf einem dem Vorderdeckel aufgeklebten Schildchen: Signatur 9 a 9; Vorderdeckel innen: Ex libris; fol. 1ʳ: Besitzvermerk des 17. Jahrhunderts; auf einem dem Vorderdeckel aufgeklebten Streifen: *Expositio quorundam vocabulorum biblie* (in gotischer Textura, schwarz). In Brauns Katalog: A 30[59].

Inhalt[60]:

Fol. 1ʳ	Prolog des Hieronymus zur Genesis
Fol. 11ʳ	Prolog des Autors der Glossen
Fol. 12ᵛ	Glossierung der Bücher Genesis, Exodus, Leviticus, Numeri, Deuteronomium, Praefatio zu Josue, Josue, Judicum, Ruth, Praefatio

57 Beschreibung bei BISCHOFF, Schreibschulen 1 S. 21, nebst einer Abbildung dieser Handschriftengruppe, ebd. Tafel Ib.

58 BRAUN, Notitia 2 S. 1–14; STEINMEYER/SIEVERS, Glossen 4 S. 601.

59 Nach St. Paul in Kärnten gelangte die Handschrift von St. Blasien her. Nachdem die Bibliothek des Klosters St. Blasien 1764 „fast vollständig" verbrannt war, begann Fürstabt Martin Gerbert, für den Wiederaufbau Bücher zu erwerben. Man könnte sich denken, daß der Codex bei dieser Gelegenheit kurz vor der Säkularisation den Besitzer wechselte. Vgl. HOUBEN, St. Blasianer S. 20.

60 Der Hauptinhalt sind Glossen zu Büchern des Alten Testaments nach der Vulgata. Ich wähle zur Bezeichnung der einzelnen Bücher die Namen aus der Edition PL 28 u. 29.

zu Samuel und Malachim (= Regum), 2 Bücher Samuel, 2 Bücher Malachim, Paralipomenon (= Chronik I u. II), Praefatio zu Parabolae (= Proverbia Salomonis), Parabolae, Ecclesiastes

Fol. 133ᵛ folgt eine Widmung des Autors oder Kompilators: *Commendo tibi pater sententiolas a commentario Hieronimi istas archidoctore* (l. *-is*) *cum ingenti studore* (sic) *a me in unam fiscellulam adunatas. Et si aliquo modo tibi uideor in sententiis ut puto errare uarus* (l. *uariis*), *ueniam concedere mihi flagito. et non auctori.* (134ᵃ) *sed me* (l. *meae*) *inperitiae inputemini. Si sitque aliquid ad emendandum. cum pia deuotione hoc age. ut reor pande multumque in domino. Vale*[61]. Hierauf folgen Glossen zu den Büchern Ecclesiasticus, Sapientia, Prolog zu Job, Job, Tobias, Judith, Esther, Prolog zu Ezra, Ezra I u. II (= Nehemia), Machabäer I u. II.

Fol. 155ʳ *Explicit chlosa a me. congregata de ueteri testamento non tantum meis uiribus. illam studui. sed ceteris pueris peragere*[62]. Es folgen die Glossen zu den Propheten Isaias, Ezechiel, Osee, Amos und Jonas.

Fol. 162ʳ De mensuris

Fol. 163ʳ Lateinische Worterklärungen in alphabetischer Reihenfolge

Fol. 165ᵛ Erklärung der Namen der Genesis

Fol. 167ʳ Glossen zum „liber pastoralis"[63]

Es folgen ab fol. 189ᵛ noch einmal Glossen zu Sapientia, Ecclesiasticus, Parabolae und schließlich ein ausführlicher Kommentar zu Ecclesiastes (mit nur einer deutschen Glosse).

Fol. 246ʳ Anhängsel: Septem sunt luminaria ...
septem sunt tenebrae ...

Fol. 246ᵛ Über die Begriffe paganus, gentilis, apostola, idolatria.

Die Handschrift macht einen einheitlichen Eindruck und scheint durchgehend in einem Skriptorium geschrieben. Der Duktus spricht für eine Schrift des 10. Jahrhunderts[64]. Es sind allerdings wenigstens vier Schreiberhände zu unterscheiden.

Auf die e i n e Schriftheimat deuten gemeinsame Merkmale: die Ligaturen NT, st, ct, rt, us, seltener mi, ni, na, NS, einige charakteristische Großbuchstaben

61 Zitiert nach Steinmeyer/Sievers, Glossen 4 S. 601.

62 Zitiert nach Steinmeyer/Siebers, Glossen 4 S. 601.

63 Beim „liber pastoralis" handelt es sich um die Cura oder Regula pastoralis Gregors I. (PL 77 Sp. 13–128), die als „klassisches Lehrbuch der praktischen Seelsorge" im Mittelalter sehr angesehen war. Vgl. Brunhölzl, Geschichte 1 S. 51 f.

64 Zu den Merkmalen vgl. Bischoff, Paläographie S. 153.

wie F mit zweifach geschwungenem Querbalken, der in einen Punkt ausläuft. Ähnlich laufen der Querbalken des Y und die Zunge des großen, runden E sowie die des kleinen e in einem solchen Punkt aus. Neben A, D, E, H, M, N und T in Capitalis kommen dieselben Buchstaben auch in uncialen Formen vor. Rundes s ist selten. Gerades d wird häufiger als rundes d geschrieben. r reicht mit dem Schaft unter die Zeile.

Die einzelnen Hände unterscheiden sich außer im Schriftbild in folgenden Einzelheiten:

1. Hand (1^r–79^r): „Brillen-g“ mit eben geschlossenem unterem Bogen.

2. Hand (79^v–86^v; 91^v–178^r): Die Oberlängen sind schräg angesetzt und neigen zur Spaltung; häufiger als in anderen Händen ist rt-Ligatur gebraucht; besonders charakteristisch sind st- und ct-Ligaturen, bei denen der Querstrich des t deutlich s und c berührt, die Ligatur also gewissermaßen doppelt hergestellt ist, einmal durch den Bogen, das andere Mal durch den Querstrich. Der Schreiber wird immer schwungvoller, prägt seine Eigenheiten stärker aus, übertreibt die Unterlängen und Oberlängen und schafft schließlich verschnörkelte Ligaturen, die an Urkundenschrift erinnern.

3. Hand (87^r–91^r): Das Erkennungszeichen ist – gerade im Gegensatz zu Hand 2 – der nicht durchgezogene Querstrich bei den Ligaturen ct u. st; am häufigsten mi- und ni-Ligaturen; schlankes g mit verhältnismäßig kleinem unterem Bogen.

4. Hand (178^v–Ende): Im letzten Teil wechseln sich möglicherweise noch einmal zwei Schreiber ab, was man an der ct-Ligatur und der Form des g ablesen kann. Der eine ist wegen der Form der st- und ct-Ligaturen vielleicht mit Hand 3 identisch. Der andere, Hand 4, zieht den Querstrich bei den Ligaturen nicht ganz durch, aber kreuzt den Schaft des t deutlicher als Hand 3. Das g von Hand 4 hat die Form einer 8, wobei der untere Bogen größer ist als der obere.

Die Überschriften sind in einer etwas abgewandelten Capitalis rot oder schwarz und rot unterlegt ausgeführt. Die Artikelanfänge sind rot angelegt.

Das Glossar bietet seine Erklärung zu den Texten der Bibel bzw. der Cura pastoralis auf verschiedene Weise: Entweder werden lateinische Wörter lateinisch ausgedeutet oder sie werden deutsch wiedergegeben. Gelegentlich wird der moralische oder mystische Sinn der Stelle erläutert[65]. Der Verfasser hat seine Glossen aus dem Kommentar des Hieronymus in einem Buche zusammengestellt, wie er selbst in seiner Widmung (fol 133^v) dem „Vater“, einem Abt oder Bischof, mitteilt. Die Bibelübersetzung des Hieronymus muß den Ausgangstext für die Glossierung gebildet haben. Das scheint mir dadurch erwiesen, daß im Glossar mehrere Prologe, die Hieronymus verschiedenen Büchern seiner Übersetzung vorausgeschickt hat, mitbearbeitet sind. Der Bearbeiter des Glossars hat

65 Dies nach einer treffenden Charakterisierung Brauns (Notitia 2 S. 1).

aber wohl bereits vorhandene Kommentare zum Hieronymustext kompiliert. Es war bislang nicht möglich, über die lateinischen Scholien Zugang zu den Quellen des Glossars zu finden und seine Entstehung aufzuhellen. Jedoch durch eine Untersuchung der althochdeutschen Glossen lassen sich Erkenntnisse über Ort und Zeit der Kompilation gewinnen.

Die Glossen sowohl zur Vulgata wie zur Cura pastoralis sind oberdeutschen, näherhin alemannischen, genauer: hochalemannischen Ursprungs[66]. In der Frage der Entstehungszeit allerdings muß unterschieden werden: aufgrund des Lautstandes sind die Vulgataglossen älter als die Glossen zur Cura pastoralis[67]. Beide gehen auf eine je ältere Vorlage zurück. Der Bearbeiter verfuhr so, daß er aus dem reicheren Material der Vorlage Glossen heraushob, sie in die Sprache seiner Zeit übertrug und eigene Glossen hinzufügte. Die Bearbeitung der Vulgataglossen geschah im 9., die der Glossen zur Cura pastoralis im 11., frühestens im 10. Jahrhundert[68]. Da der Codex St. Paul 82/1 vom paläographischen Befund her ins 10. Jahrhundert zu setzen ist, fällt die letzte Bearbeitung der Glossen zur Cura pastoralis mit ihrer Aufnahme in das Glossar zeitlich ziemlich zusammen. Offen bleibt, ob der Bearbeiter der Glossen mit dem Kompilator des Glossars gleichgesetzt werden darf. Der Cod. St. Paul 82/1 ist jedenfalls nicht sein Werk. Denn es lassen sich sicher vier Schreiberhände unterscheiden, so daß wir die Abschrift eines bereits zusammengestellten Glossars, das wir nicht kennen, vor uns haben.

Zur Feststellung der Provenienz soll wiederum eine sprachgeschichtliche Betrachtung den Weg weisen. Es wurde die Frage erörtert, ob Walahfrid Strabo aus der Schule Hrabans so etwas wie eine fränkisch-fuldische Schreib- und Kanzleisprache auf die Reichenau verpflanzt habe, die sich dann wiederum über die mächtige Überlieferung seiner Bibelglossen auf ganz Deutschland verbreitet habe[69]. In diesem Zusammenhang wurde festgestellt, daß der Cod. St. Paul 82/1 mit mehreren Codices aus St. Gallen und der Reichenau verwandt ist[70]. Dieselben sind im 9./10. Jahrhundert entstanden und enthalten Kommentare zum Alten und Neuen Testament, lateinische Glossare und deutsche Glossen nebst Schriften des Hieronymus. Auch Walahfrid Strabo hatte Anteil an gewissen Partien. Zusammen mit dem Sangallensis 9 (Liber Tobiae, Judith, Esther, Canticum Canticorum, zwei Prologen des Hieronymus zu Judith und Esther und einem biblischen Glossar mit vielen deutschen Wörtern) ist der Cod. St. Paul 82/1 die

66 Jacob, Glossen S. 9ff.; Bergmann, Verzeichnis S. 92.

67 Jacob, Glossen S. 11ff.

68 Jacob, Glossen S. 36f. bzw. 42f.

69 Schröder, Kritisches S. 190ff.

70 Schröder, Kritisches S. 205. Es sind die Codices St. Gallen, Stiftsbibliothek, 9, 283, 295, 296 und 299 (vgl. Scherrer, Handschriften S. 3, 106, 108 und 109f.) sowie Karlsruhe, Badische Landesbibliothek, Aug. 135 (Holder, Handschriften 1 S. 329ff.).

Haupthandschrift der deutschen Bearbeitung eines lat.-lat. Bibelglossars. Dazu wurden weitere Reichenauer Glossare herangezogen, und die Reichenau war überhaupt der Ausgangspunkt der deutschen Bibelglossierung[71]. Nun darf zwar nicht geschlossen werden, daß die Handschrift St. Paul auf der Reichenau entstand – sie könnte auch in St. Gallen geschrieben sein –, aber ihre Herkunft aus dem Bodenseeraum ist sehr wahrscheinlich.

Eine weitere Beobachtung weist in diesen Raum, diesmal in Richtung St. Gallen. In den Widmungsworten, mit denen sich der Kompilator des Glossars unmittelbar äußert, schreibt er, daß er *sententiolas* aus dem Kommentar des Hieronymus in einer *fiscellula* vereinigt habe. Das erinnert an eine Formulierung des Notker Balbulus in der Notatio, wo der St. Galler Lehrer für die künftigen Bischöfe Salomo und Waldo lesenswerte Literatur zusammenstellt und wo er schreibt: *In proverbia Salomonis Hieronimus breves sententiolas dereliquit...*[72]. In der nämlichen Anweisung legt der Lehrer den künftigen Bischöfen die *regula pastoralis* warm ans Herz[73]. Die Kombination von Glossen zur Bibel mit solchen zur Regula oder Cura pastoralis hätte genau der Intention Notkers entsprochen. Ob er mit der Zusammenstellung des Glossars zu tun hatte?

(27) Augsburg, Archiv des Bistums, Hs. K 14
Glossa super Matthaeum; quaestiones super Lucam et super primum caput Genesis[74]

Daß die Handschrift aus der ulrikanischen Bibliothek stammt, ist gut bezeugt. Sie kam aus dem Erbe Brauns in die Ordinariatsbibliothek und trug in Brauns Katalog die Signatur A 10[75]. Auf fol. 1r steht verblaßt der Besitzvermerk des 17. Jahrhunderts. Das Buch ist identisch mit der im Bücherverzeichnis von 1616 genannten *Glossa super Matthaeum usque ad caput quartum etc.*[76], die dort mit ihrer ursprünglichen, dreiteiligen Signatur 5 a 7 erwähnt und als *antiquissima* bezeichnet wird. Ein Schild mit dem Buchtitel auf dem äußeren Vorderdeckel ist abgegangen[77].

71 SCHRÖDER, Kritisches S. 205.

72 DÜMMLER, Formelbuch S. 66.

73 DÜMMLER, Formelbuch S. 71.

74 Vgl. BRAUN, Notitia 2 S. 7–10; KRAFT, Handschriften S. 50f.; BISCHOFF, Schreibschulen 1 S. 15.

75 Augsburg, StadtA, Reichsstadt, Kath. Wesensarchiv G 39 S. 67.

76 Vgl. oben S. 42.

77 B. KRAFT hat den Buchtitel mit der Signaturnummer offensichtlich noch gesehen. Vgl. Handschriften S. 50.

Die Schrift ist bayerisch aus der 2. Hälfte des 9. Jahrhunderts. In der Handschrift sind „Bl. 29–47, vielleicht auch 73“ Palimpsest, „anscheinend 29–41 und wohl auch 42/47“ gehören ursprünglich zu einem Formelbuch aus der 1. Hälfte des 9. Jahrhunderts[78].

Der Kommentar zu Matthäus beginnt mit einem Prolog (fol. 1–8^r)[79]; darauf folgt die Erklärung von Mt. 1–5,12 (fol. 8^v–61^r) in Form von kurzen Fragen und Antworten, wie sie damals für die praktischen Bedürfnisse üblich waren[80]. Ähnlich in Dialogform sind die *Interrogationes ex evangelio Lucae Evangelistae* (fol. 61^r–73^r sowie 48–56; falsch eingebunden!), die Erörterungen über die Evangelien überhaupt und auch nichtbiblische Dinge enthalten. Fol. 73 und 74 schließlich bringen einen Auszug aus der 16. Homilie Gregors d. Großen zu den Evangelien (Mt 4, 1 ff., 1. Fastensonntag)[81]. Vorne und hinten in der Handschrift sind liturgische Fragmente als Schutzblätter dazugebunden und den inneren Buchdeckeln mittlerweile eingeklebt. Die Buchdecken selbst – ein weißer Holz-Leder-Einband – scheinen sehr alt, was die fünf rautenförmigen Einpressungen auf dem Vorder- und Hinterdeckel außen nahelegen. Sie sind in ihrer Form jedenfalls sehr viel einfacher, primitiver als die Rollenstempel, die man von den Einbänden des 15. Jahrhunderts kennt. Die eingeklebten Pergamentfragmente sind Teile von Meßorationen zum Feste der Märtyrer Nereus, Achilleus und Pancratius[82] und stammen aus dem 10. Jahrhundert[83]. B. Bischoff sieht in dem palimpsestierten Doppelblatt 44/45 den Rest einer liturgischen Handschrift aus der 1. Hälfte des 9. Jahrhunderts[84].

(28) Wolfenbüttel, Herzog-August-Bibliothek, Cod. 335 Gud. lat.
Seneca ad Lucilium/ad Paulum. Cicero, De amicitia. Sallustius in Ciceronem[85]

Pergament; bis 87 gezählte Blätter, wobei Bl. 58 und 81 fehlen. 11,5 x 14 cm (8°), Schriftspiegel 8–9 x 10–11 cm. Je nach Schreiber 17–20 Zeilen, in einzelnen Stücken auch darüber. Typische Bibliotheksmerkmale für St. Ulrich und Afra sind nicht vorhanden, außer fol. 2^r am rechten Rand verblaßt vielleicht der Be-

78 Bischoff, Schreibschulen 1 S. 15.

79 Abgedruckt bei Braun, Notitia 2 S. 7–9.

80 B. Kraft verweist auf die Glossa ordinaria, mit der unser Kommentar jedoch nichts zu tun habe.

81 PL 76 Sp. 1134 f.

82 Kraft, Handschriften S. 51 f.

83 Bischoff, Schreibschulen 1 S. 15.

84 Ebd.

85 Milchsack, Gudiani latini S. 251 ff.

sitzvermerk des 17. Jahrhunderts. Aus der Bibliothek von St. Ulrich und Afra erhalten[86].

Der Codex ist insgesamt sehr schmucklos. Initialen sind lediglich größer geschriebene Buchstaben, manchmal mit Rot verziert. Ähnlich sind Überschriftszeilen gelegentlich rot unterlegt. An einigen Stellen ist der Titel von späterer Hand darübergeschrieben.

Beim Binden der Handschrift zur jetzigen Form gerieten die Lagen, meist Quaternionen, durcheinander. Aufgrund von Lagenzählungen – teilweise vorhanden in römischen Ziffern auf der ersten Seite der Lage –, Pergamentbeschaffenheit, Schreiberhänden (in den Haupttexten lassen sich wenigstens drei Hände unterscheiden) und schließlich Inhalt läßt sich die ursprüngliche Gestalt der Bücher rekonstruieren. Es handelt sich um zwei Bände, die ehedem getrennt voneinander waren. In der nun folgenden Inhaltsangabe gebe ich die rekonstruierte Form wieder.

Erstes Buch: fol. 1–41 und 65–80

Die Lagen I–XII fehlen. (Da es sich bei den vorhandenen Lagen meist um Quaternionen handelt, müssen ca. 96 Blätter, ein nicht unbedeutender Teil des ursprünglichen Buches, abhanden gekommen sein.)

Vermutete Lage XIII (fehlendes fol. 81; fol. 82–87)	Seneca ad Lucilium, Briefe 2, 3 u. 4; mit einem zugeschriebenen Sermo und Kyrie-Ruf
Lagen XIV und XV (fol. 73–80; 65–72)	Briefe 43, 42, 5, 12, 15, 16, 17, 10, 47
Lagen XVI – XXI (fol. 1–37v)	M. Tullius Cicero, De amicitia und Pro rege Deiotaro
Rest der Lage XXI (fol. 38r–41v)	verschiedene Carmina; Federproben und Zeichnungen[87]

Zweites Buch: Fol. 42–64

Fol. 42r	Während auf fol. 41v Federproben und die Spur eines angeklebten Buchrückens zu erkennen sind, scheint fol. 42r die Decke des selbständigen zweiten Buches gewesen zu sein: sie ist angedunkelt und hat eine singuläre Zeichnung von drei Türmen mit Erklärungen.
Fol. 42v	leer
Fol. 43r–46v	Sallustius in Ciceronem

86 Ruf, Augsburg S. 54: „aus Augsburg“; vgl. Bischoff, Studien 3 S. 307.

87 Die Zeichnungen stellen einen Kranich und einen Soldaten dar. Die Beischrift *demon Venego* war bislang nicht zu klären. Vgl. Bischoff, Studien 3 S. 307.

Fol. 46ᵛ–54ʳ	Controversia Ciceronis in Sallustium
Fol. 54ʳ–56ᵛ	Glossae Fulgentii episcopi ad Calcidium presbyterum.
Fol. 56ᵛ–58ᵛ	Excerpta de commento Remigii in Marcianum Felicem Capellam.
Fol. 59ʳ–64ᵛ	Epistolae ad sanctum Paulum transmissae a Seneca (mit einem Abriß von Senecas Leben aus Hieronymus)

Deutlich voneinander zu unterscheiden sind die Schreiber der beiden Bücher. Die Hand des ersten Buches schreibt eine flüssigere Minuskel mit verhältnismäßig vielen Kürzungen (beispielsweise für -ur, -que, qui, quod, quibus sowie ů, m̊). Es finden sich Ligaturen wie hi, mi, ni, ma und na sowie das tironische et-Zeichen neben der et-Ligatur, ferner ɔ (= con), u für v. Die Hand des zweiten Buches wirkt plumper und gebraucht weniger Kürzungen. Die Schrift ist größer. Allerdings tritt innerhalb des zweiten Buches ein Schreiberwechsel ein. Der zweite Schreiber ähnelt in seinem Duktus wieder mehr dem Schreiber in Buch eins.

Unterschiede in der Schrift zeigen sich außerdem in den dem Haupttext beigeschriebenen kleineren Stücken. Ich folge dem Bearbeiter des Katalogs, wenn er die Hände als „ungefähr gleichzeitig“ bezeichnet[88]. Die Handschrift wird von ihm ins 11. Jahrhundert datiert. Mir scheint jedoch, daß die Schrift noch nicht überall das glatte Schriftbild des 11. Jahrhunderts[89] erreicht hat. Auch wegen der altertümlichen Ligaturen ist sie wohl eher ins 10. Jahrhundert zu setzen[90].

Wir dürfen mit großer Wahrscheinlichkeit vermuten, daß um das Jahr 1000 einige Texte lateinischer Autoren in der Bibliothek des Klosters vorhanden waren[91]. Ob sie in der Zeit beschafft wurden oder den Restbestand der *libri septem artium liberalium* bildeten, von denen der Klosterchronist im 13. Jahrhundert spricht[92], läßt sich vorläufig nicht entscheiden.

Zum ersten Buch:

Jene 57 Blätter des Gudianus 335, die als Rest eines Bändchens erhalten sind, beinhalten eine kleine Auswahl der Moralischen Briefe Senecas an Lucilius[93]. Von den insgesamt 124 Briefen sind 12 aus dem ersten Teil des Briefcorpus (1–88) in zufälliger Reihenfolge vorhanden. Bedenkt man, daß ein großer Teil des Buches (an die 90 Blätter; vgl. oben) als vermißt zu gelten hat, könnte dieser

88 Milchsack, Gudiani latini 9 S. 252.

89 Bischoff, Paläographie S. 152 ff.

90 Verschiedentlich wird der Gudianus 335 ebenfalls ins 10. Jahrhundert datiert. Vgl. Finch, Fragment. Auch Ebert, Handschriftenkunde 2, passim, datierte „s. X“.

91 Vergleiche, was im Kontext von Kap. V zu sagen sein wird!

92 Siehe oben S. 23.

93 Mehrfach ediert; u. a. Reynolds, Seneca ad Lucilium. Reynolds datiert unseren Codex ins späte 10. oder frühe 11. Jahrhundert, geschrieben in Süddeutschland. Reynolds, Tradition S. 151.

Teil die restlichen Briefe (1–88) enthalten haben. Die handschriftliche Überlieferung läßt eine Verwandtschaft des Gudianus 335 mit der wichtigsten Handschrift des gesamten Corpus aus früherer Zeit[94], dem Quirinianus B II 6 in Brescia, erkennen. Dieser Codex stammt aus Bobbio und ist im 10. Jahrhundert geschrieben[95]. Zusammen mit ihm und der Handschrift 76/40 (s. IX) der Laurenziana in Florenz – der Schrift nach französischen Ursprungs[96] – bildet der Gudianus 335 eine Gruppe, die auf eine unbekannte Vorlage zurückgeht[97]. Die verwandtschaftlichen Beziehungen der Handschriften weisen also in verschiedene Richtungen und auf eine unbekannte Vorlage. Sie geben keinen konkreten Hinweis auf die Heimat des Gudianus 335.

Weiter beinhaltet das Bändchen M. T. Cicero, Laelius de amicitia[98], den Dialog über die Freundschaft, wobei in unserer Handschrift das Kap. 12 durch eine eigene Überschrift *Lex amicitiae* eingeleitet wird. Der Gudianus 335 zählt innerhalb der Überlieferung dieses Werkes von Cicero zu einer Gruppe, deren Vertreter allesamt jünger sind. Er ist in dieser Gruppe zudem verhältnismäßig selbständig[99]. Gerade jene Handschriften, die älter sind als der Gudianus, stehen gegen ihn[100], so daß sich von der Textüberlieferung her bislang kein Anhalt bietet, woher der Text im Gudianus kommen könnte.

Es folgt im Gudianus 335 eine von Ciceros Reden, nämlich *pro rege Deiotaro*[101]; sie ist allerdings unvollständig. Die auf den restlichen Seiten der letzten Lage gedrängt beigeschriebenen Carmina scheinen von mehreren Händen, aber gleichzeitig mit dem Haupttext eingetragen worden zu sein.

Zum zweiten Buch:

Die restlichen Blätter des Gudianus 335, die das ursprünglich selbständige zweite Buch bildeten, enthalten die Invektive Sallusts auf Cicero nebst der ciceronischen oder pseudo-ciceronischen Gegenrede[102]. Die Handschriften zerfallen in zwei Klassen. Der älteste Vertreter der einen Klasse ist der Gudianus 335[103]. Das zweite Buch enthält am Ende die Briefe Senecas an den heiligen Paulus, jenen im 4. Jahrhundert dem in seinem Gedankengut so christlich anmuten-

94 Schanz/Hosius, Geschichte 2 S. 705.

95 Vgl. ebd. und Reynolds, Tradition S. 153 f.

96 Reynolds, Tradition S. 151. B. Bischoff, Studien 3 S. 185 bezeichnet die Schrift als „eher lotharingisch oder westdeutsch als französisch“.

97 Reynolds, Seneca ad Lucilium S. V ff.; Ders., Tradition S. 30 f.

98 Mehrfach ed., u. a. R. Combès, Laelius.

99 Combès, Laelius S. LIX ff.

100 Combès, Laelius S. LXII.

101 Vgl. Schanz/Hosius, Geschichte 1 S. 440.

102 Vgl. Schanz/Hosius, Geschichte 1 S. 370 ff.

103 Schanz/Hosius, Geschichte 1 S. 372.

den Römer unterschobenen Briefwechsel mit dem Apostel [104]. Diese Briefe haben dazu beigetragen, daß Seneca im christlichen Mittelalter bevorzugt tradiert wurde, und so durften sie wohl auch in dieser Sammlung antiker Autoren nicht fehlen. Fol. 59^r ist den Briefen eine halbseitige Lebensbeschreibung Senecas vorausgeschickt, entnommen der Schrift des Hieronymus De viris illustribus [105].

Zur Textüberlieferung der Senecabriefe an Paulus bemerkt Reynolds mit Bezug auf das von Barlow [106] erstellte Stemma, daß der Gudianus 335 und eine weitere Handschrift der Briefe aus der Stiftsbibliothek Einsiedeln (Cod. 262) gemeinsam auf eine St. Galler Handschrift zurückgehen (St. Gallen, Stiftsbibliothek, Cod. 197) [107]. Auch hier weist also wie im Falle des Bibelglossars von St. Paul [108] die Texttradition in den Bodenseeraum.

Zwischen die Invektiven des Sallust/Cicero und den Beginn der Briefe des Seneca/Paulus sind auf den ursprünglich freien Seiten der letzten Lage der Invektiven zwei Exzerpte beigeschrieben worden: die *glossae Fulgentii episcopi ad Calcidium prespiterum* und die *excerpta de commento Remigii in Marcianum Felicem Capellam*. Bei den ,,Glossen des Fulgentius" handelt es sich um einen Auszug aus einem Werke des Grammatikers Fulgentius, der um die Wende des 5. zum 6. Jahrhundert in Afrika lebte und der von einigen Autoren [109] mit Bischof Fulgentius von Ruspe identisch gesetzt wird, weil ihm die handschriftliche Überlieferung – auch der Gudianus 335 ist ein Beispiel dafür – den Bischofstitel beilegt. Beide müssen jedoch auseinandergehalten werden. Der Grammatiker Fulgentius verfaßte eine Expositio sermonum antiquorum, eine Sammlung 62 seltener Worte, die er an einen unsicher überlieferten Calcidius adressierte. In zwei Handschriften heißt der Adressat *Calcidius presbyter* wie im Gudianus 335. ,,Diese Schrift tritt unter grammatischen Schriften und Glossensammlungen des Mittelalters auf. Eigene Fulgentiusglossare, aufgrund der Expositio gefertigt, liegen in Handschriften des 10.–13. Jahrhunderts vor; in andere Glossensammlungen vom 10. Jahrhundert ab sind einzelne Glossen oder ganze Artikel der Expositio übergegangen" [110]. Das Exzerpt im Gudianus 335 besteht aus einer kurzen Anrede und Begriffserklärungen, wobei der Schreiber des Textes oder ein anderer die Begriffe jeweils am Rand in auffallender Schreibweise (übertriebene Oberlängen) nach Art eines Registers wiederholte. In den Notierungen am Rand, aber auch im Text der Glossen selbst fällt ein besonders langes s mit einer Schleife oben auf, das gelegentlich wie in Urkunden mit einem t ligiert ist. Es be-

104 SCHANZ/HOSIUS, Geschichte 2 S. 714 ff.

105 PL 23 Sp. 631–760; vgl. auch LAMBERT, Bibliotheca S. 456.

106 BARLOW, Epistulae Senecae.

107 REYNOLDS, Tradition S. 101 f.; vgl. auch SCHERRER, Handschriften S. 72.

108 Siehe oben Nr. (26).

109 Vgl. BARDENHEWER, Geschichte 5 S. 305; F. SKUTSCH, in: PAULY-WISSOWA 7, 1 Sp. 215 ff.

110 SKUTSCH, in: PAULY-WISSOWA 7, 1 Sp. 227.

gegnet auch sonst in Randnotizen des Gudianus 335 (fol. 12ᵛ, fol. 42ʳ). Auch die Schrift der Fulgentiusglossen, die kleiner ist als jene des Haupttextes der Handschrift und den Zug des 11. Jahrhunderts zeigt, hat große Ähnlichkeit mit der Hand, welche auf anderen Blättern Randnotizen anbrachte (fol. 43ʳ–45; 42ʳ = Vorderseite des zweiten Buches), so daß man annehmen möchte, ein bestimmter Benützer habe in die aus dem 10. Jahrhundert stammende Handschrift mit Sallust-Cicero-Seneca im 11. Jahrhundert Randnotizen und Beitexte geschrieben.

Von der gleichen Hand stammen auch die Exzerpte aus dem Kommentar des Remigius (gest. 908) zu Martianus Capella, dem bekannten Lehrbuch der *artes liberales* seit den Zeiten Gregors von Tour, das Remigius nach den Erklärungen seiner Lehrer und weiteren, ihm bekannten Scholien kommentierte[111]. Der Kommentar wurde viel benützt, namentlich auch im Glossarium Salomonis. Schließlich scheint von der nämlichen Hand auch der Sermo am Ende der Handschrift mit dem neumierten Kyrie-Ruf[112]. Auch eine charakteristische *Nota*, allerdings in mehreren handschriftlich leicht abgewandelten Versionen, taucht am Rande in beiden Büchern auf.

Es ist also nicht viel, was an Handschriften zum älteren Bestand der Bibliothek von St. Afra gehörte. Soweit es sich um liturgische Schriften, um das Bibelglossar oder die Bibelkommentare handelt, verwundert es einen nicht, solches in einem Kloster zu finden, gehörten diese Bücher doch zum täglichen Vollzug des Gottesdienstes und der geistlichen Lektüre. Ähnlich waren Senecas Briefe an Lucilius und Paulus sowie Ciceros Schrift De amicitia wohl ihres moralischen Inhalts wegen in einer mittelalterlichen Klosterbibliothek vertreten. Was aber konnte die Mönche veranlassen, sich mit einer Streitschrift wie der Invektive Sallusts auf Cicero und ihrer Gegenschrift zu befassen? Ein Pamphlet, das den berühmten Redner aufs übelste in den Schmutz zieht[113], hat wohl nicht seines Inhalts wegen in einer Klosterbibliothek seinen Platz erhalten. Vermutlich stand ein formales Anliegen dahinter. Die Reden konnten als Beispiel für die Schulung in Rhetorik dienen. Während die anderen Klassikertexte nur eine gelegentliche *Nota* am Rande begleitet, finden sich zur Sallust/Cicero-Schrift längere Scholien von späterer Hand, wohl derjenigen eines Bearbeiters des 11. Jahrhunderts. Derselbe dürfte in der Handschrift auch die Auszüge aus der Expositio des Fulgentius und aus dem Kommentar des Remigius zu Martianus Capella hinzugefügt haben, Texte mit grammatischem Inhalt. Es ist wohl nicht abwegig, diesen Bearbeiter im Afrakloster selbst zu vermuten.

111 Manitius, Geschichte 1 S. 513.

112 Vielleicht wurde in der Zeit, kurz bevor der Sermo und der Kyrie-Ruf am Ende der Handschrift beigeschrieben wurden, die Handschrift überhaupt zur heutigen Form gebunden, indem man die Briefe Senecas an Lucilius vom rudimentären ersten Buch zu den Briefen Senecas an Paulus im 2. Buch schlug. Im 11. Jahrhundert wurden die Briefe gerne zusammen überliefert. Vgl. Reynolds, Tradition S. 88f.

113 Büchner, Sallust S. 22ff.

(29) Dresden, Sächsische Landesbibliothek, A 205
Arator, Actus apostolorum

Versibus hexametris expressi; lib. I Verse 1–979; 4°; 32 Blätter. Die Handschrift ist durch den Besitzvermerk des 17. Jahrhunderts (fol. 1) für St. Ulrich und Afra ausgewiesen. Sie enthält zwei Vorreden und eine *narratio de oblatione et recitatione versuum.* Der Codex wird ins 10. Jahrhundert datiert[114].

(30) Dresden, Sächsische Landesbibliothek, Dc 159
Alcimus Avitus

Libri VI (bis Vers 98); 4°; 71 Blätter. Der Besitzvermerk fol. 1^r lautet ,,Sum bibliothecae monasterii s.s. Udalrici et Afrae Augustae Vind.“ und ist aus dem 17. Jahrhundert[115]. Die Handschrift wurde 1751 von der Dresdner Bibliothek aus Privatbesitz erworben[116]. Die Titel der Bücher lauten:

I. *De initio mundi.*
II. *De originali peccato.*
III. *De sententia dei.*
IV. *De diluvio mundi.*
V. *De transitu maris rubri.*
VI. *De consolatoria laude castitatis* (unvollständig).

Die Handschrift enthält einige althochdeutsche Glossen. Schnorr von Carolsfeld datiert den Codex ins beginnende 10. Jahrhundert, Steinmeyer/Sievers ins 11. Jahrhundert[117].

c) Handschriften des 11./12. Jahrhunderts

(31) Basel, Universitätsbibliothek, B VIII 32
Berno, Vita Udalrici. Hagiographica

Die Handschrift hat insgesamt 299 teils Pergament-, teils Papierblätter und ist eine Sammlung von Einzelschriften unterschiedlicher Provenienz und unter-

114 Schnorr von Carolsfeld, Handschriften 1 S. 88.

115 Steinmeyer/Sievers, Glossen 4 S. 419.

116 Schnorr von Carolsfeld, Handschriften 1 S. 326.

117 Steinmeyer/Sievers, Glossen 4 S. 419. Laut Mitteilung der Handschriftenabteilung der Bibliothek in Dresden haben beide Handschriften 1945 schwere Wasserschäden und Pergamentzerstörungen erlitten. Wegen Gefährdung der Manuskripte wurde von einer Gesamtverfilmung bislang abgesehen. Die Schriften selbst waren mir daher nicht zugänglich.

schiedlichen Alters[118]. Die einzelnen Teile wurden um 1480 in einem Band vereinigt, wohl weil sie sich an einem Ort befanden und alle der Größe nach zusammenpaßten[119]. Besitzer war damals das Kartäuserkloster in Basel, wie aus Eigentumsvermerken einer Hand des 15. Jahrhunderts hervorgeht.

Unser Augenmerk richtet sich auf die folia 1–28, den Teil des Codex, der um 1070 im Kloster St. Afra zu Augsburg geschrieben zu sein scheint[120]. Dieser Teil umfaßt drei Quaternionen und einen Binio und bildet ein abgeschlossenes Ganzes, das von einer Hand geschrieben wurde. Dabei wurden die erste und letzte Seite (genau ab vorletzte Seite, letzte Zeile) in Urkundenschrift mit ihren charakteristischen Oberlängen ausgeführt, während die Seiten dazwischen in Buchschrift gehalten sind. Die Urkundenschrift erinnert an die Randbemerkungen im Gudianus 335 fol. 54$^{r/v}$ (Register zu den Fulgentiusglossen).

Inhalt:

Fol. 1^r enthält die Todesdaten[121] der Augsburger Heiligen Afra, Hilaria, Digna, Eunomia und Eutropia mit Ulrich am Schluße. Dazwischen sind die spanischen Märtyrer Vincentius aus *Cesaraugusta* (Saragossa), Eulalia und Cucufas aus Barcelona sowie Felix aus *Gerunda* (Gerona) vermerkt.

Auf fol. 27^r–28^r befinden sich Meßformulare für die genannten Augsburger Heiligen sowie die Mitteilung, daß man von Bischof Dionisius, dem Onkel der hl. Afra, den Todestag nicht kenne und über ihn nichts habe[122]. Daran schließt sich eine Aufzählung von Reliquien an:

Reliquien „des heiligen Knaben", den man über dem Sarkophag der hl. Afra gefunden habe[123],

Reliquien vom Ornat des hl. Ulrich,

Reliquien der heiligen Afra, Hilaria, Digna, Eunomia, Eutropia und Dionisius.

Fol. 28^v steht ein Begleitschreiben, das dem Wunsch nach einer Reliquie Johannes' des Täufers Ausdruck verleiht. Auf fol. 1^v–27^r, also zwischen den Texten um Märtyrer und ihre Reliquien, befindet sich die Vita des Bischofs Ulrich in der Fassung Bernos von der Reichenau, wobei der Widmungsbrief Bernos an

118 MEYER/BURCKHARDT, Handschriften, Abtlg. B (Theologie) 2 S. 98 ff.

119 SCHRÖDER, Eine Basler Handschrift S. 776.

120 So die These von SCHRÖDER, Eine Basler Handschrift S. 777, der die Handschrift eingehend beschrieben und nach inhaltlichen wie paläographischen Gesichtspunkten beurteilt hat.

121 Über deren Beurteilung vgl. SCHRÖDER, Eine Basler Handschrift S. 778.

122 Gemeint sind wohl liturgische Texte, die man nicht habe, wie es SCHRÖDER deutete gegen MORIN, der an Reliquien dachte (vgl. MEYER/BURCKHARDT, Handschriften 2 S. 99 f.); Dionisius ist nämlich später unter den Reliquien aufgezählt.

123 SCHRÖDER erinnert an das *corpusculum*, von dessen Fund die Annales Augustani zu 1064 berichten (MG SS 3 S. 128). Später wird der Fund eines Knäbleins bei der hl. Afra nicht mehr erwähnt.

Fridebold sowie Bernos Schlußwort fehlen. Man wollte sich offenbar auf das Heiligenleben selbst beschränken[124].

Mit Recht wurde die ganze Textzusammenstellung für ein Begleitschreiben zu einer Reliquiensendung gehalten, die das Kloster an eine nicht genannte religiöse Gemeinschaft richtete, die ihrerseits eine Reliquie des hl. Johannes spenden sollte[125]. Die inhaltlichen und paläographischen Gründe, die Schröder anführt, um den Zeitpunkt der Gesandtschaft und die Abfassung der Schrift in die Zeit um 1070, unmittelbar vor die Weihe der neu errichteten Kirche (1071) zu legen, sind durchaus einleuchtend. Die Kombination von Augsburger Heiligen mit solchen aus Spanien, insbesondere die Erwähnung des hl. Felix aus Gerona, läßt natürlich auch an jene Gesandtschaft des Klosters St. Afra denken, die Abt Sigehard (1080–ca. 1094) nach Gerona schickte, um Reliquien zu bekommen. Was man damals aus Spanien erhielt, vermeldet der Brief des Bischofs Berengar von Gerona an Abt Sigehard[126], nämlich verschiedene Reliquien, eine Passio s. Felicis, „etwas" über den hl. Narcissus (während „das Buch seiner Passio und der Tag seines Sterbens" Verwüstungen zum Opfer gefallen seien). Die Vita des hl. Narcissus dürfte geliefert worden sein, denn daß dieselbe im Kloster war, vermerkt das Verzeichnis von 1616: *Historia vitae S. Narzissi* . . ., 1087 unter Abt Sigehard von Gerona geholt[127]. Die Annales Augustani berichten zwar von der Gesandtschaft unter dem Jahre 1077[128], aber möglicherweise hat sich der Verfasser des Verzeichnisses von 1616 im Jahr getäuscht oder es liegt ein Schreibfehler vor. Die Umstände des Entstehens der Handschrift Basel B VIII 32 im Afrakloster sind damit gut begründet. Sie wurde in den 70er oder 80er-Jahren des 11. Jahrhunderts geschrieben, vielleicht im Zusammenhang mit der Reliquiengesandtschaft nach Gerona. Das von Abt Berno an Fridebold von St. Afra gesandte Widmungsexemplar der Ulrichsvita[129] lag zu dieser Zeit noch im Kloster vor, so daß die Vita im Basler Codex leicht aus dem „Original" (heute Vindobonensis 573) kopiert werden konnte. Die Textvergleiche, die Schröder, auf schmaler Basis allerdings, durchführte, ergaben eine „völlige Übereinstimmung"[130].

Die Schrift des Cod. Basel B VIII 32 ist eine gefällige Minuskel im „schrägovalen" Stil, wie sie ähnlich im Parisinus 241 und im Gudianus 72 vorkommt. Sie hat folgende Auffälligkeiten: ein regelmäßig hochgestelltes, rundes Schluß-s, das dem vorausgehenden Buchstaben nicht ligiert ist, sondern ihn nur berührt oder gar unverbunden darübersteht. Ferner ist übertrieben deutlich und sehr

124 Schröder, Eine Basler Handschrift S. 779 f.

125 Schröder, Eine Basler Handschrift S. 776.

126 Wittwer, Catalogus S. 86 ff.

127 Clm 1880 fol. 254v.

128 MG SS 3 S. 129.

129 Siehe unten S. 155.

130 Schröder, Eine Basler Handschrift S. 780.

häufig das Kürzel für -us in Form einer kleinen Neun. Weitere Kürzungen q̊, ů, g̊, -ur, qͥ, qͧ, tͥ. Die Schäfte der i, m, n haben deutliche Anstriche (Füße).

(32) Wien, Österreichische Nationalbibliothek, Cod. 573
Berno, Vita Udalrici u. a.[131]

Der Pegamentcodex von 137 Seiten enthält Viten auf die Hausheiligen des Klosters St. Afra, weshalb man vom „hagiographischen Hausbuch" der Abtei St. Ulrich und Afra[132] sprechen kann. Es handelt sich um eine planmäßig angelegte Sammelhandschrift, deren Teile verschieden zu lokalisieren und zu datieren sind.

Nach Berschins These[133] bildete das Widmungsexemplar der von Abt Berno von der Reichenau redigierten Ulrichsvita den Grundstock der Handschrift. Sie bestimmte auch die kalligraphische Anlage des ganzen Codex. Die entsprechenden Blätter (fol. 26^{r}–90^{r}) sind in den Jahren 1020–30 auf der Reichenau entstanden. Sie enthalten die Widmung Bernos an Abt Fridebold, ein Widmungsbild (St. Ulrich mit den Äbten Berno und Fridebold), Bernos Widmungsschreiben, ein Kapitelverzeichnis und die Vita selbst.

Ab der zweiten Hälfte des 11. Jahrhunderts bis ins 12./13. Jahrhundert wurde die Sammlung um hagiographische Stücke und liturgische Texte erweitert, die ich nach Händen und der Datierung aufliste, wie sie W. Berschin erarbeitet hat:

Fol. 26^{r}–90^{r}	Vita s. Udalrici von Berno	1020/30	Reichenau
Erste Ergänzung:			
Fol. 91^{r}–104^{v}	Conversio et passio S. Afrae	s. XI^{2}	In St. Afra geschrieben; an die Reichenauer Schrift angelehnt.
Weitere Ergänzungen:			
Fol. 105^{r}–106^{v}	Schluß der Passio	s. XII$^{2/4}$	Vom gleichen Schreiber wie Vita Kŏnradi.
Fol. 1^{r}–9^{r}	Vita b. Adalberonis von Udalschalk	s. XII$^{2/3}$	

131 Tabulae codicum 1 S. 98.

132 So Berschin, Vita S. Kŏnradi S. 90, der eine in der inhaltlichen und paläographischen Argumentation überzeugende These über die Entstehung dieser Handschrift vertritt.

133 Berschin, Vita S. Kŏnradi S. 85 ff.

Fol. 9^{v}–18^{v}	Vita et passio s. Narcissi	s. XII^{1}	Breitere, altertümlichere Hand als Vita Adalberonis.
Fol. 19^{r}–25^{v}	Ulrichs-Offizium von Udalschalk	s. XII	
Fol. 107^{r}–137^{v}	Vita b. Kŏnradi von Udalschalk	s. XII^{2}/4	Schreiber wie letztes Stück der Passio s. Afrae.
Fol. 106^{v}–107^{r}	Martyrologische Notizen	s. XII–XIII	Nach dem Binden auf freiem Raum eingefügt.

Als die martyrologischen Notizen (fol. 106^{v}–107^{r}) eingetragen wurden, war das Buch bereits zusammengestellt; denn der Eintrag übergreift die Lagen zweier unterschiedlicher Teile. Die Zusammenstellung erfolgte vor Mitte des 12. Jahrhunderts, noch unter Abt Udalschalk. Terminus post quem ist das Wahl- und Weihejahr des Bischofs Walther von Augsburg (1133/34), dem die Adalbero-Vita gewidmet ist. Also darf man mit einer Zusammenstellung zwischen 1133/34 und 1150 rechnen.

(33) Augsburg, Archiv des Bistums, Hs. K 8
Origenes super Cantica Canticorum

Diese Pergamenthandschrift von 111 Blättern wird von Braun[134] dem 11. oder beginnenden 12. Jahrhundert, von Kraft[135] dem beginnenden 12. Jahrhundert zugewiesen. Sie steht in Brauns handschriftlichem Katalog unter der Signatur A 33 und hat bei der ersten Revision im Zuge der Säkularisierung den „def."-Vermerk erhalten[136]. Sie gelangte über das Braunsche Legat in die Ordinariatsbibliothek und ist damit als „mittelalterlicher Ulricanus" ausgewiesen[137]. Ihr heller, schmuckloser Holz-Leder-Einband ist sehr alt. Er trägt in Rotschrift auf einem Papierstreifen die Signatur 1 d 5[138]. Die Handschrift ist leicht mit dem Eintrag innerhalb Theke D im Verzeichnis von 1616 *Origenes super Cant. cant. ms 4°, Pg. ...* zu identifizieren[139]. Ihr Format ist 17,5 x 24,9 cm mit einem Schriftraum von 11,5 x 17 cm bei 26 Zeilen.

134 Notitia 4 S. 79 f.
135 Kraft, Handschriften S. 51 ff.
136 Augsburg, StadtA, Reichsstadt, Kath. Wesensarchiv G 39 S. 105 bzw. S. 152 (hier: A 32).
137 Kraft, Handschriften S. 45 und oben S. 30.
138 Von B. Kraft falsch als „105" gelesen.
139 Clm 4414 fol. 54^{r}.

Inhalt (Überblick[140]):

Fol. 1–94ᵛ Tractatus sive explanatio Origenis super Cantica canticorum (Der Traktat hat gegenüber dem Text der Edition[141] einen Zusatz *Florebit amigdalum …)*

Fol. 95ʳ–110ᵛ Zwei Origenes-Homilien mit einem Vorwort des Hieronymus

Fol. 110ᵛ–111ᵛ Epistula Jeronimi ad Tranquillinum quomodo Origenem legere debeat.

Auf der Vorderseite des Vorsatzblattes und auf der Rückseite des letzten Blattes (beide Blätter sind von den Einbanddecken abgelöst) stehen die Abschriften zweier Urkunden, nämlich des angeblichen Privilegs Kaiser Heinrichs II. vom 1. August 1023 und der Erneuerung durch Konrad II. vom 3. November 1029. Beide „Abschriften" sind mittlerweile als Fälschungen des beginnenden 17. Jahrhunderts erkannt[142].

Der Codex ist von mehreren Händen in einer zierlichen Minuskel geschrieben. Im Gebrauch von Kürzungen und vom Schriftbild her zeigt sich eine Nähe zur Vita Udalrici im Cod. Basel B VIII 32. Die Hs. K 8 enthält neben roten Initialen und Überschriften auch rote Federzeichnungen.

Die Textüberlieferung in der Hs. K 8 läßt eine Verwandtschaft zu einer Handschriftengruppe im bayerisch-österreichischen Raum[143] erkennen, deren Merkmal nicht nur gemeinsame Fehler sind, sondern auch das dem Kommentar angehängte Textstück *Florebit amigdalum* … Drei Handschriften der Gruppe sind im 11. Jahrhundert geschrieben:

Clm 11 332 aus Polling, Clm 15 832 aus Salzburg und Clm 18 207 aus Tegernsee, welch letzter mit der Hs. K 8 außer dem Kommentar zum Hohen Lied auch die beiden Homilien gemeinsam hat. Dieser Codex wurde vermutlich s. XI³/₄ angelegt. Eine Vielzahl von Tegernseer Schreibern war daran beteiligt[144].

(34) Leipzig, Universitätsbibliothek, Cod. 60
Glossae in Martianum Capellam (Fragment)

Die Pergamenthandschrift besteht aus 55 Blättern. Sie hat fol. 1ʳ am oberen Rand den handschriftlichen ulrikanischen Besitzvermerk des frühen 17. Jahrhunderts. 1711 wurde sie durch G. C. Goetz der Bibliothek in Leipzig geschenkt[145]. Da

140 Ausführliche Beschreibung des Inhalts bei Kraft, Handschriften S. 51–53.

141 PG 13 Sp. 61–198.

142 Vgl. oben S. 43 Anm. 101.

143 Vgl. Baehrens, Hohelied S. XXf.

144 Eder, Tegernsee S. 111.

145 Naumann, Catalogus S. 20.

das Ex libris von St. Ulrich u. Afra offensichtlich fehlt, läßt sich schließen, daß der Codex in der ersten Hälfte des 17. Jahrhunderts der ulrikanischen Bibliothek abhanden gekommen ist. Er scheint nicht vollständig zu sein. Auf fol. 1r steht ohne weiteren Zusammenhang eine Zahl 46, was auf eine alte Seitenzählung schließen läßt. Titel und Überschriften fehlen.

Die Blätter beinhalten ein größeres Fragment der Glossen des Remigius von Auxerre zu Martianus Capella[146]. Es beginnt mit *Sapienta* (!) *vero in* (!) *eloquentia*[147] *prodest semper nunquam obest ...*, d. i. Buch I, fast am Anfang[148]. Ein in manchen Handschriften dem Remigius-Kommentar vorausgeschickter Accessus fehlt. Der unvermittelte Beginn mit *Sapientia* läßt auf Verlust der ersten Zeilen schließen. Ebenso bricht das Fragment mit ... *gravari fata succidentis osiris* innerhalb von Buch II, noch weit vor Schluß, plötzlich ab[149]. Bei C. E. Lutz wird das Fragment, offenbar der Angabe im Bibliothekskatalog von Leipzig folgend, ins 12. Jahrhundert gesetzt[150], es scheint mir jedoch im 11. Jahrhundert geschrieben.

Ein Blatt hat 30 Zeilen. Die Hand schreibt eine flüssige Minuskel im „schrägovalen" Stil, wie sie der „bayerischen Klosterschule" des 11. Jahrhunderts eigen ist[151]. Die Schrift ist verhältnismäßig klein und steht in ihrem Duktus den Händen der Randglossatoren nahe. Es begegnen hochgestelltes o und i, meist langes s, auch am Wortende, außer rundem s in der us-Ligatur. Die Vorsilbe con ist durch c mit Kürzungsstrich gekürzt. Die Endung -us wird teils durch Ligatur, teils durch eine hochgestellte kleine 9 geschrieben. Die zu kommentierenden Stichwörter oder Zitate aus Martianus Capella sind durch Anführungsstriche am Beginn des Zitats (ss) gekennzeichnet.

(35) München, Bayerische Staatsbibliothek, Clm 4409
Ovid, Metamorphosen (Fragment)

Einem Papiercodex des 15. Jahrhunderts aus St. Ulrich und Afra (dreiteilige Signatur 2 v 8 zweimal auf dem Einband, davon einmal auf rautenförmigem Etikett; fol. 1r handschriftlicher Besitzvermerk des frühen 17. Jahrhunderts; Ex libris von St. Ulrich und Afra auf dem vorderen Innendeckel) sind Pergamentseiten beigebunden (fol. 132r–156v), die einen Teil der Metamorphosen des Ovid

146 Lutz, Remigii ... S. 52.
147 Zu korrigieren in *Sapientia vero sine eloquentia ...*
148 Lutz, Remigii ... S. 66 Z. 25.
149 Lutz, Remigii ... S. 168 Z. 24.
150 Naumann, Catalogus S. 20.
151 Bischoff, Paläographie S. 154.

enthalten (III, 730–IV, 271). Die Handschrift ist für St. Ulrich und Afra gut bezeugt und wurde dort vermutlich im 15. Jahrhundert in der heutigen Form zusammengestellt. Deshalb darf man annehmen, daß die beigebundenen Pergamentseiten aus alten Klosterbeständen stammten, ähnlich wie man es auch für die Pergamente vermuten möchte, die zur Bindung selbst Verwendung fanden und dem Vorder- und Rückendeckel eingeklebt wurden[152]. Die Seiten mit den Versen aus Ovids Metamorphosen sind beschnitten, wurden also von einem ursprünglichen größeren Format auf das des vorliegenden Papiercodex verkleinert. Der Schriftspiegel mißt 12,5 x 18,5 cm; auf ihn verteilen sich 33 Zeilen. P. Braun erwähnt die Handschrift in seinem Catalogus[153] und in der Notitia[154]. Die Schrift bietet das Bild des „geglätteten, schrägovalen" Stils des 11. Jahrhunderts[155]. Kürzungsstriche sind als Wellenlinien ausgeführt, für esse findet sich ee mit Kürzungsstrich, das Schluß-s ist lang, die us-Endung hat die Form einer kleinen 9, und das e besitzt eine feine Cauda. Für eine einzufügende Textzeile werden die Zeichen đ und ħ verwendet. Der Text trägt ähnliche Spuren der Bearbeitung wie die Prudentiushandschriften[156]. Die lateinischen Glossen stehen teils interlinear, teils marginal und heben sich durch hellere Tinte vom Haupttext ab. Auch althochdeutsche Glossen sind enthalten[157].

Wegen der Blattgröße, des Schriftspiegels und der annähernd gleichen Zeilenzahl möchte man annehmen, die Verse Ovids im Cod. London, BL, Harleian Ms. 2610[158] und die im Clm 4409 seien ursprünglich in einem Codex vereinigt gewesen. Auch die Textteile wiederholen sich nicht, sondern würden sich ergänzen. Liegen also in beiden Fragmenten Reste eines ursprünglich ganzen Buches mit Ovids Metamorphosen aus dem Afrakloster vor? Dieser Annahme steht jedoch die Unterschiedlichkeit der Schreiberhände entgegen, wenn man nicht unterstellen will, die eine Ovid-Handschrift wäre in größeren Abständen von verschiedenen Händen geschrieben worden.

152 Es handelt sich um liturgische Fragmente des 11./12. Jahrhunderts.

153 Augsburg, StadtA, Reichsstadt, Kath. Wesensarchiv G 39 S. 112: *D 104 4°; hoc in libello fragmentum ex Ovidio Metamorphoseos in pergameno descriptum s. XI.*

154 Braun, Notitia 4 S. 113: *s. XII exaratus.*

155 Charakterisierung der Schrift nach Bischoff, Paläographie S. 153 f.

156 Siehe oben S. 52 f. und unten S. 120 ff.

157 Bergmann, Verzeichnis nennt die Handschrift nicht.

158 Siehe Nr. (36).

(36) London, British Library, Harleian Ms. 2610
Ovid, Metamorphosen. Chalcidius in Timaeum (Fragmente)

Die ganze Pergamenthandschrift setzt sich aus drei Teilen zusammen, die ins 10.–14. Jahrhundert datiert werden[159], von denen streng genommen nur das dritte Stück fol. 41r–50v als sicher aus der ulrikanischen Bibliothek stammend betrachtet werden darf. Es hat den Besitzvermerk des frühen 17. Jahrhunderts *Monasterii S. Udalrici Augustae.* Alle drei Teile haben auf ihrer ersten Seite die Notiz *20 die Octobris A. D. 1725*, die das Datum der Erwerbung durch Edward Harley, Earl of Oxford, angibt[160]. Es scheint, daß erst nach dieser Erwerbung die einzelnen Teile zu einem Bande vereinigt wurden. Eine arabische Zahl (12 oder 13 bzw. 14) auf den ersten Blättern der Teile deutet jedoch darauf hin, daß die Pergamente bereits einmal in einer Sammlung enthalten waren. Die Zahlen erinnern an die Zahl 46 im ulrikanischen Codex 60 (Leipzig)[161]. Vielleicht wurden bestimmte Bücherreste schon im Kloster St. Ulrich und Afra gelegentlich einer Ordnung der Bibliothek zusammengestellt und durchnummeriert. Das Ovidfragment hat überdies eine von Humanistenhand geschriebene Überschrift *Ovidius Naso P. Metamorphosen.* Ähnlich nachgetragene Überschriften kann man auch in der ehemals ulrikanischen Handschrift Kiel 145 beobachten[162].

1. Fragment Calcidius in Timaeum. Der Neuplatoniker Calcidius übersetzte, fußend auf griechischen und lateinischen Vorgängern, Teile des platonischen Dialogs Timaeus und schrieb dazu einen Kommentar. Dieses Werk des Calcidius war bis ins 12. Jahrhundert eine sehr wichtige Quelle, aus der die mittelalterlichen Gelehrten ihre Kenntnis der platonischen Philosophie, insbesondere von Platons Kosmologie schöpften[163]. Dieser Traktat hatte eine erstaunliche Verbreitung. Es werden 70 Codices allein des 11. und 12. Jahrhunderts aufgezählt, die Calcidius' Werk ganz oder in größeren Teilen enthalten[164].

Unser Fragment steht im Zusammenhang mit einer französischen Handschriftengruppe, die im Stemma Waszinks vor allem durch die Handschrift B_2 (Vaticanus Barberinus latinus 22 s. XI^{in}, „in Francia scriptus") und Br_1 (Bruxelles, Bibl. Roy. 9625–9626 s. X „in Francia septentrionali scriptus") repräsentiert wird[165]. Wegen St. Afras Verbindungen zu Tegernsee soll noch eine Handschrift

159 Priebsch, Handschriften S. 10.

160 Steinmeyer/Sievers, Glossen 4 Nr. 277 S. 497.

161 Siehe Nr. (34).

162 Siehe Nr. (3).

163 E.-W. Platzeck, Chalcidius, in: LThK² 2 Sp. 1002; Switalski, Chalcidius passim.

164 Waszink, Timaeus S. CVII ff.

165 Waszink, Timaeus S. CIX f., CXXXIII, CLVII und CLXVI (Stemma). Die Beziehung zu der französischen Handschriftengruppe drückt sich neben gemeinsamen Lesarten vor allem im Titulus des Werkes aus. Unsere Abschrift überschreibt den Widmungsbrief an Bischof Osius mit *Josius*

erwähnt werden, die ebenfalls den Calcidius in Timaeum enthält. Sie wurde vermutlich zwischen 1026 und 1031 von Ellinger geschrieben[166].

Die Schrift des Harleianus 2610 ist sehr klein. Auf einem Schriftraum von ca. 13 x 21 cm sind 42 Zeilen untergebracht. Die Hand schreibt eine sehr feine, zierliche Minuskel, die mit Randglossenschrift sehr viel Ähnlichkeit hat. Die Schrift gehört dem 11. Jahrhundert an. Hinzuweisen ist neben den gebräuchlichen Kürzungen auf die Bevorzugung der esse-Kürzung als Doppel-e mit zwei hochgestellten ss. Es finden sich interlinear Korrekturen, die verglichen mit der Edition den verbesserten Text bieten, manchmal geht ihnen *vel* voraus. Die Bearbeitung des Textes ähnelt der Arbeit an Prudentius[167]. Althochdeutsche Glossen kommen jedoch nicht vor.

2. Fragment: Ovid, Metamorphosen vom Anfange bis Buch III, Zeile 622.

Dieses Fragment ist von wenigstens zwei Händen im 10. oder beginnenden 11. Jahrhundert geschrieben[168]. Althochdeutsche Glossen sind enthalten. Wegen der unsicheren Zugehörigkeit zur alten ulrikanischen Bibliothek soll hier nicht weiter auf diese Fragmente eingegangen werden.

(37) Hannover, Niedersächsische Landesbibliothek, Ms. 774
Ottonis Frisingensis Chronicon. Catalogus pontificum Romanorum

Die Pergamenthandschrift in Quart mit 129 Blättern wird im Katalog der Bibliothek zu Hannover[169] dem 12. Jahrhundert zugeschrieben. 1616 gehörte sie noch zur Bibliothek von St. Ulrich und Afra, wie das Verzeichnis beweist, das eine Handschrift mit folgendem Inhalt vermeldet:

1. *Historia de mutatione rerum* des Otto von Freising
2. *Catalogus Pont(ificum) Rom(anorum) Impp(eratorum) Ep(iscop)orum Abbatum Aug(ustae) Vind(elicum) ordine probo (anno 1183 extremis abb(atis) Ma-*

und beginnt den Text mit *Socrates* statt *Isocrates*, ein Fehler, der durch einen Abschreiber zustandekam, der das I von Isocrates zu „Osius" zog. Dieser Fehler findet sich im genannten Codex B_2 und im Parisinus BN Lat. 6282, s. XI med. aus Frankreich.

166 Sie liegt heute in Austin/Texas (Phill. 816). Eder, Tegernsee S. 78 f. entnahm die Beschreibung dieser Handschrift dem Katalog von Sotheby and Co. (Catalogus of 42 Manuscripts of the 7th to the 17th century: Bibliotheca Phillippica, Mediaeval Manuscripts, New Series, 3^d^ Part. London 1967 S. 18 ff.). Waszink, Timaeus S. CXII f. zitiert die Handschrift nach einer Kurzbeschreibung von H. Schenkl, Bibliotheca patrum latinorum Britannica IV (Sitzungsber. d. kais. Akad. d. Wiss., Philos.-histor. Cl. 126. 1892 S. 26 f.).

167 Siehe Nr. (3) und (50) und Kap. III.

168 Zur Datierung auch Steinmeyer/Sievers, Glossen 4 Nr. 277 S. 497; Lafaye, Métamorphoses S. XV („manuscrit de grande valeur").

169 Bodemann, Handschriften 1 S. 149.

negoldi temporibus Monasterium nostrum exustum est fortuito incendio VI°X° kal. Julii) [170]

3. Ulrichswunder und Taten des Abtes Heinrich, der auf Manegold folgte und das Kloster restaurierte[171].

Die Angabe des Verzeichnisses von 1616 nennt damit die Handschrift Hannover 774, denn diese enthält:

Fol. 1–116 Otto von Freising: Chronicon (ohne Conspectus capitulorum und liber VIII)[172]

Fol. 117–129 Papst- und Kaiserkatalog, beginnend mit Petrus bzw. Octavianus Augustus[173].

Ob auch die im Verzeichnis von 1616 notierten Ulrichswunder und Taten des Abtes Heinrich im Codex enthalten sind, konnte ich nicht nachprüfen. Sie scheinen verloren.

Der Papst- und Kaiserkatalog ist vierspaltig angelegt. Während zu den Päpsten (Spalte 1 und 3) kurze Lebensbeschreibungen mit Angabe der Regierungsjahre geboten werden, ist in der Liste der römischen Kaiser (Spalte 2 und 4) lediglich der Name angeführt, gelegentlich mit dem Zusatz *persecutor.* Ab fol. 120^v wird die Liste der Päpste und Kaiser auf jeweils einer Seite zweispaltig weitergeführt, und in einer dritten Spalte beginnt der Katalog der Augsburger Bischöfe mit dem Bericht vom Martyrium der hl. Afra:

Quo regnante (Diocletiano) beata AFRA apud augustam vendelicam in insula lici... [174]. Ab 128^r teilt sich die 3. Spalte in *Episcopi* und *ABBATES AUGUSTENSES*: inc. *PRUNO. Cuius tempore...* bzw. *REGINBALDUS, primus huius loci...*

Die Anlage der Spalten ist ursprünglich, die Schreiberhand ist einheitlich bis auf die Hinzufügung des Abtes Manegold (1182–1184). Diese scheint von anderer Hand nachgetragen. Das erlaubt uns anzunehmen, daß die Chronik unter Abt Heinrich II. (1175–1181), dem Vorgänger Manegolds, angelegt wurde[175].

170 Diese Mitteilung von einem Klosterbrand mit der gleichen Datumsangabe auch bei Wittwer, Catalogus S. 142.

171 Auf dieses Zitat aus dem Bücherverzeichnis von 1616 beruft sich auch A. Hofmeister, der den Codex in seiner Praefatio zu Ottonis Chronica S. XXX f. beschreibt. Aus der Tatsache, daß die Handschrift noch 1616 in einem ulrikanischen Verzeichnis erwähnt wurde, in Brauns Notitia dagegen nicht mehr, schließt auch Hofmeister, daß sie immer zu St. Ulrich gehörte, bis sie im 17. oder 18. Jahrhundert abhanden kam.

172 Ed. MG SS 20 S. 116–277; MG SS rer. Germ. (1912); A. Hofmeister/W. Lammers/A. Schmidt, Ottonis Chronica ... (Ausgew. Quellen zur dt. Gesch. des Mittelalters, Frh.-vom-Stein-Gedächtnisausgabe 16) 1961.

173 Über die Papst- bzw. Kaiserreihe vgl. Hofmeister, Ottonis Chronica S. XXX f.

174 Ed. als Chronicon breve bzw. Catalogus.

175 Der Beurteilung von G. Waitz (MG SS 14 S. 556), daß die Hinzufügungen schon mit Bischof Konrad begannen und der Katalog deshalb unter Abt Ulrich I. geschrieben sei, möchte ich nicht bei-

Sie entstand mit größter Wahrscheinlichkeit im Kloster selbst, denn die Liste enthält die eigenen Äbte. Von den Augsburger Bischöfen werden gewöhnlich nur die Namen aufgeführt. Soweit sie allerdings mit dem Kloster in engerer Verbindung standen, werden Zusätze gemacht (Bruno, Eberhard, Embriko, Konrad). Der Schreiber von Ottos Chronicon ist von dem des Papst-Kaiser-Bischof-Abt-Katalogs zu unterscheiden. Die Schriften wirken etwas ungelenk, sind aufgerichtet und leicht gebrochen. Die zahlreichen us- und ur-Kürzungen, wellenförmige Kürzungsstriche, hochgestelltes o, a und -er- als Wellenlinie geben dem Schriftbild insgesamt einen verschnörkelten Zug.

(38) Kopenhagen, Kongelige Bibliotek, Gl. kgl. Saml. 3442, 8°
Passiones et vitae sanctorum

Dieser Pergamentcodex, geschrieben von Händen des 12.–15. Jahrhunderts[176], ist am Anfang unvollständig. Sein heutiges fol. 1 ist nach einer Zählung wohl des 15. Jahrhunderts Blatt 31. Mit dieser Zählung der Blätter, die mit großen arabischen Zahlen am oberen Rand der Recto-Seite durchgeführt wurde, wurden auch die Überschriften der einzelnen Stücke erneuert. Die ehemaligen Überschriften und Initialen waren vielleicht bereits im 15. Jahrhundert verblaßt.

Die Handschrift hat noch ihre alte dreiteilige Signatur 4 h 1 auf der Einbanddecke, stand also in der Abteilung ,,Heiligenleben". Der Besitzvermerk lautet *Monasterium s. Udalrici et s. Afre Auguste Vindelicorum situm.* Der Benediktiner und Bibliothekar von Melk, Bernhard Pez, hat vermutlich diese Handschrift noch gesehen, da er (1721) über einen Pergamentcodex in Quart (!) aus der ulrikanischen Bibliothek berichtet, der ein *Chronicon abbatum ss. Udalrici et Afrae a primo usque ad Marquardum, qui anno 1316 electus fuit, perductum* enthalte[177]. 1749 kam die Handschrift mit der Sammlung des Herzogs von Gottorp in die Königliche Bibliothek von Kopenhagen. In H. Lindenbrogs Katalog der Gottorper Bibliothek (Hamburg, Staatsbibliothek, ms. philol. 312) müßte sie unter der Nr. 137 zu finden sein[178].

Aus dem 12. Jahrhundert beinhaltet der Codex folgende Texte: die Passiones des heiligen Laurentius *(Cum ergo duceretur ...)*, des Papstes und Märtyrers Xystus *(Orta tempestate sub Decio ...)*, der hl. Abdon und Sennen *(Tunc audientes duo subreguli ...)*, de sancto Nicolao *(Credidit itaque Augustus ...)*, die

pflichten. Hinter dem ,,anonymen Chronikschreiber von ca. 1170" (Bühler, Schriftsteller S. 27) könnte sich Abt Heinrich II. selbst verbergen. Vgl. unten S. 165 u. 243 f.

176 Joergensen, Catalogus S. 196 f.

177 Pez, Thesaurus 1 S. 33.

178 Freundliche Mitteilung der Königl. Bibliothek zu Kopenhagen (Dr. Tue Gad).

Vita beati Nicolai *(Gloriosa quidem ...)*, die Vita sancti Nicolai episcopi *(Placuit igitur ...)*, eine Passio sanctorum Johannis et Pauli *(Sub Constantino Augusto ...)* und andere, später geschriebene Passiones.

Die Hand des 12. Jahrhunderts schreibt eine kräftige Minuskel mit leichter Rechtsneigung. Die Oberlängen haben verdickte, von links ansetzende, manchmal sich spaltende Anfänge. Gerades d neben uncialem d, wellen- und hakenförmige Kürzungszeichen und -striche, hochgestellte uS-, a-, s- sowie et-Ligatur sind zu finden. Die von anderer Hand geschriebene „Passio sanctorum Crisanti et Darie virginis", die von E. Joergensen dem 13. Jahrhundert zugeschrieben wird, ist vor allem durch die Flamme am r als Schrift des Übergangs zum 13. Jahrhundert ausgewiesen. Die Buchstaben sind jetzt gerade aufgerichtet und schon stark gebrochen. Das unciale d wird ausschließlich verwendet; Bogenverbindungen kommen vor. Die Vitensammlung mag also im 12. Jahrhundert begonnen und bis ins 13. Jahrhundert ergänzt worden sein.

Auf fol. 66^{r} schließt sich eine sehr knappe Klostergeschichte an, die in ihrer Art an die Klostergeschichte des Priors Adilbert erinnert. Sie bietet jedoch eigenständige Nachrichten zu den einzelnen Äbten bis zu Marquard von Hageln (1316–1334) und wurde von Wittwer benützt. Fol. 66^{v} führt die *Servicia custodis* auf. Am Ende nennt sich der Schreiber beider Seiten, also auch der Klostergeschichte: „Ich, C(onrad) Welling, Profeß dieses Klosters, habe es geschrieben ..." Conrad Welling schrieb zu Beginn des 14. Jahrhunderts[179].

(39) Wolfenbüttel, Herzog-August-Bibliothek, Cod. 334 Gud. lat.
Musiktraktate

Während der mit *S. Afrae/Reginbald* gezeichnete Gudianus 72 ins Kloster „importiert" worden zu sein scheint, ist der Gudianus 334 höchstwahrscheinlich dort entstanden, allerdings wenigstens 150 Jahre später. Er dürfte wohl das schönste Buch sein, das aus der Bibliothek von St. Afra aus der Zeit vor 1200 erhalten blieb. Als Handbuch im Oktavformat ist das Werk angelegt worden, und es vereinigt in sich sehr vieles an Musikwissen und praktischen Anweisungen zum Kirchengesang. Der Codex hat den Besitzvermerk des 17. Jahrhunderts auf dem (zweiten, nicht gezählten) Vorsatzblatt. Er gehört zu den Büchern, die für

179 Ulrich und Conrad Welling sind in der ersten Hälfte des 14. Jahrhunderts als Verfasser der Annales ss. Udalrici et Afrae Augustenses (MG SS 17 S. 428 ff.) bekannt. Der Abtkatalog wurde vermutlich vor den Annalen geschrieben, da er nur die Einsetzung des Abtes Marquard (1316) berichtet, während die Annalen auch dessen Tod (1334) vermelden. Viele Nachrichten zur Klostergeschichte stehen hier wie dort. Der Abtkatalog greift allerdings bis auf die Klostergründung zurück, während die Annalen erst 1106 einsetzen. Da der Abtkatalog in der Literatur über St. Ulrich und Afra bislang nicht behandelt wurde, wird er dieser Arbeit im Anhang beigegeben.

den Büchersammler Gude im 17. Jahrhundert erworben wurden[180]. Er umfaßt 178 Blätter und ist schon durch sein Format 9,5 x 14,5 cm (Schriftspiegel 5,5 cm x 10 cm; 20 Zeilen) als „Handbuch" erkennbar. Er ist heute noch in sehr gutem Zustand.

Die Sammlung der Musiktraktate scheint einheitlich angelegt; alle Teile haben denselben Schriftcharakter. Die Entstehung wird ins 11. Jahrhundert gesetzt[181]. Die Schrift weist m. E. jedoch ins 12. Jahrhundert, da die Buchstaben aufgerichtet sind, die Rundungen bereits gebrochen werden und viele Oberlängen gabelförmige Ansätze zeigen. Ganz sicher gilt die spätere Datierung für das von Udalschalk verfaßte Registrum tonorum, der ab 1127 Abt des Klosters St. Ulrich und Afra war und 1150 oder 1151 starb[182].

Der Codex besteht überwiegend aus Quinionen, eine Lagenzählung fehlt. Vier Initialen sind in rot gezeichnetem Flechtwerk ausgeführt, das teilweise gelb ausgefüllt ist. Ähnlich sind auch graphische Darstellungen rot gezeichnet und gelb lasiert. Rot und Gelb sind die einzigen Farben, die Verwendung finden. Als weitere Initialen dienen rote, volle, vergrößerte Buchstaben. Es lassen sich vier Hände unterscheiden:

1. fol. 5^{v}–127^{v}; 129^{r}–139^{v},
2. fol. $128^{r/v}$,
3. fol. 139^{v}–174^{v},
4. fol. 175^{r}–176^{v}.

Glossen fehlen vollständig. Auf der Rückseite des Vorsatzblattes (zweites, nicht gezähltes Blatt) steht eine sehr kurze Inhaltsangabe von späterer Hand[183].

4. Bücher mit zeitgenössischen Beitexten

Mehrere Bücher, die vielleicht außerhalb des Klosters St. Afra geschrieben wurden, haben jedenfalls in der Zeit, als sie im Kloster waren, zusätzlich auf vorderen oder hinteren Seiten Einträge bekommen. Wir wissen davon aus erhaltenen Handschriften, aus Erwähnungen im Bücherverzeichnis von 1616 und von den Klosterchronisten (Adilbert/Meisterlin/Wittwer), die auf solche Eintragungen als ihre Quellen Bezug nehmen. Es soll nun das Bücherverzeichnis von 1616 nach weiteren Autoren und Titeln befragt werden, die in der Klosterbibliothek

180 Nach LEHMANN, Aus dem Leben S. 127 könnte Bernhard Rottendorf (gest. 1685 oder 1686), der sich um 1653 in Süddeutschland zu Bibliotheksbesuchen aufhielt, der Einkäufer gewesen sein.

181 MILCHSACK, Gudiani latini S. 250f. Vgl. auch SMITS VAN WAESBERGHE, Aribo S. XI–XIII.

182 Unten S. 236. Ich verwende in der Regel „Udalschalk" als Schreibform des Namens gegenüber *Ódalscalc, Udalscalc* u. ä.

183 Der Inhalt dieser Sammlung von Musiktraktaten wird im nächsten Kapitel behandelt.

des 11. und 12. Jahrhunderts vertreten waren, soweit es Beitexte und Einträge in Handschriften mitteilt, die sich als Notizen dieser Zeit, als „zeitgenössische Einträge", verifizieren lassen.

a) Erwähnungen im Bücherverzeichnis von 1616

(40) Clm 4414 fol. 37ᵛ–38ᵛ: Augustinus, Commentarius in Psalterium in 6 Teilen (vermutlich 6 Bände),
ms. perg. 2°

B[184]: 1. *ad finem* (Teil I): *Epistula cuiusdam Hirsaug(iensis) ministri ad D(omnum) Augustensem super monachi fragmentum*

2. *additus* (Teil II):

a) *C(alixtus II) P(ontifex) M(aximus) ad clerum populumque Aug(ustanum) breve de recipiendo in episcopum iterum Hermannum qui Romam visitaverat*

b) *Calisti P(ontificis) M(aximi) ad archiepiscopum Mogunt(inum) super reversione Hermanni epi(scopi) Aug(ustani) qui concilio interfuerit, ut recipiatur ab omnibus; acta Laterani a. 1123.*

E: Unter 2. handelt es sich um zwei Schreiben des Papstes Calixt II. vom 31.3.1123 anläßlich der Lateransynode a) an Klerus und Volk von Augsburg[185] b) an Erzbischof Adelbert von Mainz[186]. Das Schreiben a) ist nur in Abschriften erhalten, von denen keine aus Augsburg stammt. Die älteste bekannte Abschrift ist aus dem 13. Jahrhundert[187]. Die Abschrift, auf die unser Bücherverzeichnis verweist, wäre wohl wesentlich älter, und der Vermerk ist ein Hinweis auf die Augsburger Tradition des Schreibens. Das Schreiben b) veröffentlichte E. E. Gebele[188] wahrscheinlich nach einem heute verlorenen Akt „Visitatio liminum" aus dem Archiv des Bistums in Augsburg. P. Braun[189] nahm den gleichen Brief „ex codice manuscripto bibliothecae San-Ulricae", einer Handschrift, die man heute nicht mehr kennt. Vielleicht war es der hier besprochene Psalmenkommentar des Augustinus. In beiden Schreiben geht es um die Rehabilitierung des mehrfach suspendierten Bischofs Hermann (1096–1133), des Widersachers Abt Eginos von St. Ulrich und Afra[190].

184 B = Bemerkungen des Verzeichnisses, E = Erläuterungen.

185 MG SS 12 S. 430 Anm. 8. Vgl. Jaffé, Reg. Pont. Rom. 1 Nr. 7035 S. 811; Germania pont. 2, 1 Nr. 42 S. 40; AReg 1 Nr. 446 S. 264.

186 Vgl. Jaffé, Reg. Pont. Rom. 1 Nr. 7036 S. 811; Germania pont. 2, 1 Nr. 43 S. 41; AReg 1 Nr. 447 S. 264.

187 Clm 1018 fol. 34ᵛᵇ–35ʳᵃ; vgl. AReg 1 Nr. 446 S. 264.

188 Gebele, Hermann Nr. 3 S. 112; vgl. AReg 1 Nr. 447 S. 264.

189 Braun, Bischöfe von Augsburg 2 S. 69 f.

190 Zoepfl, Mittelalter S. 109–126.

B: 3. *ad finem* (Teil III): ein Carmen; ferner *de pace inter Imp(erium) et regnum et Ponti(ficis) Max(imi) principatum, decreta etc.*

4. *inizio* (Teil IV): *decreta ex concilio Ratispon(ensi) cui interfuit Henricus III Imp(erator) et praesidente Paschali II pp. a. 1104*

E: Hier liegen Fehler vor, denn eine Synode fand in Regensburg im Jahre 1103 unter Heinrich IV. und ohne Papst Paschal II. statt[191].

B: 5. *additus* (Teil V): Breve eines nicht namentlich genannten Papstes an Klerus und Volk von Augsburg, mit dem eine Dispens für Bischof Gualter erteilt wird, der kein Diakon war.

E: Diese Dispens dürfte sich auf Bischof Walter (I.), 1133–1152, den Nachfolger Bischof Hermanns, beziehen. Er nämlich entstammte dem pfalzgräflichen Haus in Dillingen und war wahrscheinlich vor seiner Erhebung Domkanoniker. Daß er als solcher nicht Diakon gewesen wäre, ist denkbar, aber anderweitig nicht belegt. Es würde dadurch jedoch gut erklärt, weshalb Walter erst ein Jahr nach seiner Wahl und Investitur die Weihe erhielt[192].

B: 6. *additus* (Teil VI): gewisse Kapitel aus den Dekreten der Synode von Reims, die unter Vorsitz des Papstes Eugen III. 1148 stattfand.

E: Die Synode erließ Bestimmungen über Disziplin der Kleriker und Laien, kirchlichen Besitz, Klöster u. a.[193].

Stets handelt es sich bei diesen Einträgen um Ereignisse des 12. Jahrhunderts. Geht man davon aus, daß die Einträge am ehesten dann erfolgten, als die Ereignisse aktuell waren, so darf man annehmen, daß dieser Psalmenkommentar des Augustinus im 12. Jahrhundert zum Bestand der Klosterbibliothek gehörte. Man möchte die Handschrift sogar mit Abt Udalschalk (1127–1151) in Beziehung setzen, der in seiner Schrift De Eginone et Herimanno die Auseinandersetzung zwischen Abt und Bischof, den Investiturstreit in seiner Augsburger lokalen Ausprägung, behandelt hat. Unter den Einträgen befinden sich zwei Papstschreiben, die Bischof Hermann betreffen, und Dekrete zum Frieden zwischen Kirche und Reich.

Ins 12. Jahrhundert weisen schließlich auch die besitzgeschichtlichen Einträge, die dem 6-teiligen Psalmenkommentar beigegeben waren:

B: 1. *ad finem* (Teil I): *donatio nobilis de Rotenbach praedium in Strabba* (!) *etc.*

E: Adalbert von Rettenbach schenkte seinen Besitz in Straß (LK Neu-Ulm) zwischen 1130 und 1143[194].

B: 2. (Teil II): *Marchionis Tuscani Cunradi donatio per manum Hermanni de Werde praedium in Butenhusen. Describitur ibi redditus et ... Otto Palatinus*

191 Hefele, Conciliengeschichte 5 S. 272.

192 Zoepfl, Mittelalter S. 126 ff.

193 Hefele, Conciliengeschichte 5 S. 512 ff.

194 Mon. Boic. 22 Nr. 19 S. 21; Liebhart, Reichsabtei S. 57.

comes qui subscripsit vocat se advocatum huius ecclesiae ... orta anno 1141, Innocentio P(ontifice) M(aximo) regnante, Lothario rege, sub duce Noricorum Henrico et Othone Palatino comite.

E: Hier ist Markgraf Konrad von Tusziens Schenkung in Peutenhausen (LK Neuburg-Schrobenhausen) genannt, die dem Verzeichnis von 1616 zufolge 1141 erfolgte[195].

B: 3. *ad finem* (Teil IV): eine Urkunde, worin Abt Hiltibrand von Thierheim (1234–1241) eine Kontroverse mit der Witwe des *miles Gebilo* über einen Hof in *Isengersriet* behandelt: *acta sub Sibotone ep(iscop)o Aug(ustano) a° 1237 XV Kal. Jan.*

E: Vielleicht ist *Isengersriet* mit *Isingersdorf* identisch oder in Verbindung zu bringen (Eisingersdorf, LK Aichach-Friedberg), das Abt Udalschalk zusammen mit Aitingen (LK Augsburg) kaufte[196]. Die Kontroverse entspann sich unter Bischof Siboto (1227–1247) von Augsburg. Damit ist dieser Eintrag der jüngste in der Handschrift.

(41) Clm 4414 fol. 45ᵛ–46ʳ: Porphyrius contra Danielem
ms. membr. 2° min.

B: *antiquissima.*

1. Erwähnt wird ein der Handschrift beigegebener *catalogus seu thesaurus librorum ecclesiae ss. Udalrici et Afre ord(inis) S. Ben(edicti) intra muros civit(atis) Aug(ustae)* – ein Bücherverzeichnis also aus einer Zeit, als das Kloster in die Stadt einbezogen wurde; sonst wäre dieser Hinweis *intra muros* nicht nötig gewesen. Die Eingliederung geschah unter Abt Adalbero (Adelhalm) (1050 – ca. 1070)[197]. Der Verfasser unseres Bücherverzeichnisses fährt fort: *miror simplicitatem prisci saeculi et infantiam.* Ob er damit die Dürftigkeit des damaligen Bücherbestandes gegenüber seiner Zeit ausdrücken wollte?

2. Erwähnt wird die Weihe der Basilika *1188, 8 Id(us) apr(ilis), luna XXIV, d Dom(inicalis litera), in 2ᵈᵃ F(eria) post Paschalem (septimanam).*

195 Wittwer, Catalogus S. 98 f. *(Acta sunt hec MCXXXVII ...).* Mon. Boic. 22 Nr. 8 S. 14–16: *Acta ... MCXXXI.* Vgl. Liebhart, Reichsabtei S. 34. R. Hipper, Urkunden Nr. 4 S. 2 liest die Jahreszahl auf der Originalurkunde (HStA, Kaiserselekt 468) *MCXXXVI.* Es wurde jedoch daran radiert, und *V* war ursprünglich ein *X*, so daß die Angabe unseres Verzeichnisses 1141 richtig sein könnte. Hipper meint allerdings, noch eine weitere radierte *I* zu erkennen, und kann 1142 aufgrund der beteiligten Personen gut begründen. Die in unserer Notiz genannten Persönlichkeiten sind alle zu 1141 möglich außer König Lothar, der 1137 starb.

196 Wittwer, Catalogus S. 102.

197 Wittwer, Catalogus S. 81. Es könnte sich allerdings auch um eine stereotype Formulierung gehandelt haben, denn S. 145 hat Wittwer noch zum Jahre 1187 den Zusatz zu *monasterium: infra muros civitatis Augustae.*

E: Die Weihe fand nach Wittwer 1187 statt[198]. Tagesdatum, Mondalter, Sonntagsbuchstabe und Wochentag – Angaben, in denen das Verzeichnis von 1616 und Wittwer übereinstimmen – weisen klar auf 1187 als Jahr der Weihe. Erzbischof Konrad von Mainz, Bischof Udalscalc von Augsburg usw. waren zugegen. Auf die Anwesenheit des Kaisers Friedrich I. und die Übertragung der Gebeine des hl. Ulrich wird richtig verwiesen. *Sub Henrico II huius loci abbate* ist wieder falsch, denn 1187 war Heinrich III. Abt[199]. Der Verfasser von 1616 zitiert hier ziemlich sicher aus einer Quelle des 12. Jahrhunderts, denn es finden sich kleine Unterschiede zu Wilhelm Wittwer. Wittwer hat vor allem *beatae memoriae Fridericus imperator*. Im Zitat aber fehlt *beatae memoriae*.

B: 3. Erwähnt wird die Weihe der Basilica St. Agnes und Marcus durch Waldemar von Danien, Bischof in Schleswig (1182–1207).

4. Erwähnt wird ein *diploma seu donatio D(omini) abb(atis) Henrici quod incipit ego fr(ater) Henricus Augustensis coenobii abbas – praedium in Mantichichen et in Geltendorf ad coemptionem olei singulis annis destinavi, ut inde omni feria sexta et in adventu domini et in LXX fratribus aliqua impendatur consolatio – si defuerit penuria olei ex praedio in Arnisriedt suppleatur. – huius fuerunt testimonii cooperatores – fr.* [*Conradus*] *qui rebus episcopii praefuit, fr. Hartwigus qui rebus nostris ecclesiae in Bavaria praefuit etc. sane digna rei memoria.*

E: Das Zitat nimmt Bezug auf Abt Heinrich II. (1175–1181) und betrifft Besitz in *Mantichingen* (Merching? LK Aichach-Friedberg oder Schwabmünchen, LK Augsburg[200]), Geltendorf[201] (LK Landsberg am Lech), *Arnisriedt* (Eresried, LK Aichach-Friedberg)[202]. Zwei Mitarbeiter des Abtes werden genannt: *Conradus* (schwer zu lesen) und *Hartwigus*. Hartwig war unter Abt Ulrich von Biberbach (1169–1174) Propst für die bayerischen Güter. Ein Konrad ist zusammen mit ihm als Sakristan, Cellerarius und Bücherschreiber genannt[203].

5. Erwähnt, *quae ... Sigeboto de Fischa in beneficium ab abbate sancti Udalrici et sanctae Afrae suscipit – dimidiam hobam in Ratenbach et dimidiam in Fischa, Thebeshoven et molendini in Riblingen, in Clagenhaim, in Aichaim, ... in Fischach etc.*[204].

198 Wittwer, Catalogus S. 145.

199 Vgl. Mon. Boic. 22 S. 196f. und Wittwer, Catalogus S. 145.

200 Vgl. Hipper, Urkunden S. 380 bzw. 395.

201 In Geltendorf waren Besitzungen unter Abt Ulrich von Biberbach (1169–1174) hinzugekommen. Wittwer, Catalogus S. 131; Liebhart, Reichsabtei S. 58.

202 Vgl. Liebhart, Reichsabtei S. 43.

203 Wittwer, Catalogus S. 131f. und unten S. 169.

204 Sigeboto von Fischach ist um 1160/70 bezeugt. Orte: Fischach (LK Augsburg), Reitenbuch (LK Augsburg), Döpshofen (LK Augsburg), Ruhfelden (LK Günzburg), Glauheim (LK Dillingen); *Aichaim* unbekannt; vgl. Liebhart, Reichsabtei S. 67.

Wieder sind es die Beitexte, die es erlauben, das Vorhandensein der Handschrift Porphyrius contra Danielem in der Klosterbibliothek des 12. Jahrhunderts anzunehmen. Der Codex wird außerdem als *antiquissimus* bezeichnet.

(42) Clm 4414 fol. 48^{v}ff: Liber Moralium S. Gregorii in mehreren Teilen
ms. perg. 2°

B: Teil I enthält die *metra Udalscalci*, die Udalschalk für das Kloster verfaßte[205], und ein „Diplom des Papstes an den Augsburger Klerus das Schisma des Bischofs betreffend".

In verschiedenen Teilen sind Schenkungen erwähnt:

a) der Edle *Udalscalc* in *Walleshoven* vermacht sein Erbe dort dem hl. Ulrich[206],

b) Schenkung eines Domkanonikers und Kellerers Wernher[207],

c) Eintrag einer Stiftung des Priors Adilbert für 1235[208].

Teil IV enthält eine Urkunde des Abtes Udalschalk, durch welche Erträge aus der *villa in Winterheim* zur Deckung der Kosten für die Weintransporte von Würzburg an das Donauufer bestimmt werden.

E: *Winterheim*, auch *Winterhaim* gehörte zu den ältesten Besitzungen des Klosters noch aus dem Bestand, der von den Kanonikern übernommen worden war[209]. Der Legende nach war es eine Schenkung des Frankenkönigs Dagobert[210]. Daß Geld aus dem Besitz von *Winterheim* für das Weingut in Würzburg und den Weintransport bis ans Donauufer verwendet wurde, berichtet auch – und zwar mit genaueren Einzelheiten – Wittwer[211].

B: Teil V beinhaltet folgende Schreiben:

205 Vgl. Wittwer, Catalogus S. 100ff. Die erste Zeile der Epitaph-Aufschrift ist mit Wittwer gleichlautend zitiert: *Mors anime triplex, sed in hoc est corpore simplex ...*

206 Udalschalk von Walchshofen (LK Aichach-Friedberg) schenkte in der 1. Hälfte des 12. Jahrhunderts: LIEBHART, Reichsabtei S. 49.

207 Domkanoniker *Werinher*, der wahrscheinlich um 1130 ins Kloster eintrat, stiftete liturgische Gewänder, Gefäße etc. Mon. Boic. 22 Nr. 38 S. 31–32. Zur Bücherschenkung RUF, Augsburg S. 57f.

208 Das Testament des Priors Adilbert bei Wittwer, Catalogus S. 155ff. mit Erwähnung der Gegenstände *locus stationis venalium calciamentorum in colle Perlaich* und *villa nostra Pfaffenhoven* (= die Erträge aus dem Ort der Schuhverkäufer auf dem Perlach und aus der Villa in Pfaffenhofen).

209 Adilbert, Klostergeschichte: Augsburg, AdB, Hs. K 80 fol. 11^{v}. LIEBHART, Reichsabtei S. 19 identifiziert *Winterheim* mit Groß- oder Kleinwinterheim (LK Bingen am Rhein) im Anschluß an R. MÜNTEFERING.

210 Wittwer, Catalogus S. 53.

211 Wittwer, Catalogus S. 101f.

a) ein Mandat Kaiser Friedrichs an den Augsburger Bischof, daß er nach Pavia komme,[212]

b) das Mandat eines Papstes an den Dekan und die Kanoniker der Augsburger Kirche, das zu den gegen den Bischof (Hermann) erhobenen Anklagen Stellung nimmt. Die Untersuchung soll dem Bischof von Chur (Wido) übertragen werden[213].

E: Neben einer Abschrift des 12. Jahrhunderts in der Churer Briefsammlung[214] ist dieses Schreiben nur noch als Abschrift des 15. Jahrhunderts in Udalschalks De Eginone, Kap. 20, enthalten.

c) ein Dekret des Papstes Bonifaz über einige, die die Mönche der priesterlichen Gewalt für unwürdig erklären.

d) ein Diplom Papst Calixts (II.), worin Egino in seinem Abtsamte bestätigt wird, mit Angabe des Lateran als Ausstellungsort.

E: Dieses Schreiben wird vermutlich 1120 ausgestellt worden sein[215]. Es ist von Wittwer überliefert, aber nicht im Rahmen der von ihm kopierten Streitschrift Udalschalks De Eginone[216].

e) ein Brief eines päpstlichen Legaten an Abt Udalschalk und den Konvent, in dem Udalschalks Wahl „ratifiziert" und in dem erlaubt wird, Udalschalks Ulrichsoffizium in der Kirche St. Ulrich und Afra öffentlich zu singen.

E: Auch dieser Brief wird bei Wittwer überliefert[217]. Absender ist der Legat Gerhard, der den Brief vermutlich um 1130 schrieb[218].

Teil VI der Moralia Gregors hat am Ende noch eine Schreibernotiz: *Job tu sancte dolens scriptoris tolle dolores lectores etiam vos illi poscite vitam dona requiem animae Engilpoldi.*

E: Leider besitzen wir die Handschrift der Moralia Gregors nicht mehr. Wir hätten die Schriftprobe eines namentlich genannten Schreibers Engilpold. Aus einem Brief Eginos[219] kennen wir einen *senior noster domnus Engilboldus*. Das Nekrolog meldet einen Engilboldus zum 5.3.[220].

212 Möglicherweise handelte es sich um die Einladung an Bischof Konrad von Augsburg (1152–1167), am Konzil von Pavia (1160) teilzunehmen. Der Bischof war jedenfalls dort: MG Const. 1 Nr. 190 S. 270.

213 Zu diesem Schreiben von wahrscheinlich 1117 vgl. AReg 1 Nr. 419 S. 253; Jaffé, Reg. Pont. Rom. 1 Nr. 6548 S. 765; Germania pont. 2,1 Nr. 33 S. 38.

214 Cod. Vat. Ottobon. lat. 3008 fol. 82.

215 AReg 1 Nr. 435 S. 259; Germania pont. 2,1 Nr. 5 S. 57f.

216 MG SS 12 S. 446 Anm. 81.

217 Catalogus S. 96f. und MG SS 12 S. 431.

218 MG SS 12 S. 431 Anm. 11; Berschin, Historia S. Kōnradi S. 112; Germania pont. 2,1 Nr. 7 S. 58.

219 Udalschalk, De Eginone et Herimanno S. 443.

220 MG Necr. Germ. 1 S. 121.

Die Datierung dieser Schriftstücke sowie der zeitliche Ansatz der meisten Mitteilungen über Besitzverhältnisse weisen ins 12. Jahrhundert. Das macht wahrscheinlich, daß die Handschrift „Liber Moralium S. Gregorii" im 12. Jahrhundert im Kloster vorhanden war. Die Gegenstände der meisten brieflichen Mitteilungen, Diplome und Mandate können näherhin mit den Auseinandersetzungen zwischen Abt Egino und Bischof Hermann im ersten Viertel des 12. Jahrhunderts in Verbindung gesehen werden und führen in die Umgebung des Abtes Udalschalk, der einen Teil dieser Dokumente in seine Schrift De Egino et Herimanno eingearbeitet hat. Auch der Eintrag von Udalschalks Versen am Ende des Codex oder seines ersten Teiles (da jeder Teil Eintragungen hat, ist anzunehmen, daß die Teile als getrennte Bücher existierten) rücken das Buch der Moralia Gregors in die Nähe Udalschalks.

(43) Clm 4414 fol. 51v: S. Gregor in Cantica Canticorum
ms. perg. 2°

Diese Handschrift mit dem Kommentar des hl. Gregor zum Hohenlied enthielt zusätzlich *memorabiles constitutiones cuiusdam episcopi Augustensis, qui fuit electus temporibus Friderici imperatoris, Eugenii II* (muß heißen III) *papae ex diacono Constantiensis ecclesiae nomine Cunradus etc.* Damit ist Bischof Konrad von Hirschek (1152–1167) angesprochen, der zuvor Diakon der Konstanzer Kathedrale war, ehe er mit Unterstützung König Friedrichs – die Augsburger Kanoniker und die hochstiftischen Ministerialen hatten sich bei der Wahl nicht einigen können – zum Bischof von Augsburg erhoben wurde[221]. Er war ein besonderer Gönner des Klosters St. Ulrich und Afra und nahm schließlich dort das Mönchsgewand[222]. Im Jahr seiner Erhebung, 1152, weilte König Friedrich I. in Augsburg und bestätigte das sog. erste Augsburger Stadtrecht (von 1104). Die Urkunde über diese Bestätigung und der Text der Weistums sind verloren[223]. Man erschließt den Vorgang von 1152 aus einer Urkunde von 1156, in der das Stadtrecht für Augsburg abermals erneuert wurde[224]. Wenn der Verfasser des Verzeichnisses von 1616 davon spricht, daß im Hohenliedkommentar zusätzlich „bemerkenswerte Konstitutionen eines Augsburger Bischofs zur Zeit Friedrichs I." enthalten seien, so liegt die Vermutung nahe, es habe sich um eine Aufzeichnung des Augsburger Stadtrechts gehandelt. Im gleichen Buch waren fer-

221 Zoepfl, Mittelalter S. 133.

222 Wittwer, Catalogus S. 130 f. Vgl. Zoepfl, Mittelalter S. 139 f. Bei Wittwer heißt er „Conradus de Liczelstain", was falsch sein dürfte.

223 Reg. Imp. Friedrich I Nr. 106 S. 27.

224 Reg. Imp. Friedrich I Nr. 406 S. 122 f.

ner „alte Konstitutionen über die Papstwahl" enthalten. Das Buch enthielt also in seinem Anhang vielleicht eine kleine Rechtssammlung.

(44) Clm 4414 fol. 59v: Isidori in Pentateuchum
ms. perg. 4° mai(ori)

B: *scripta vetustissimo charactere; dedit magister Cunradus cellarius* (!).

E: Ein *Conradus primo sacrista et postea cellerarius* ist bei Wittwer unter Abt *Udalricus de castro Biberbach* (1169–1174) belegt[225]. Dieser Conradus schrieb für das Kloster ein Evangelienbuch für den Festtagsgebrauch und ließ zwei Bücher für die Sänger in den Chor schaffen[226].

Möglicherweise verbirgt sich dieser Konrad auch hinter einer weiteren Notiz des Verzeichnisses von 1616:

(44a) Clm 4414 fol. 12r: S. Mathei Evangelium cum glosa ordinaria
ms. perg. 2° lat(iori)

B: *Hic liber est fratris Cunradi de Salino. Notum sit omnibus quod nos ... custos S. Udalrici concessimus fratri Cunrado praesentem librum quem supra scripsit suum.*

(45) Clm 4414 fol. 97v: Quaedam varia miscellanea sacra
ms. perg. 2°

Darin sind verschiedene Briefe an den Kaiser (?) enthalten; weiter ein Schreiben des Erzbischofs von Mainz an den Augsburger Klerus und Abt Egino über den schismatischen Augsburger Bischof (es könnte sich auf das Schreiben Adalberts v. Mainz nach der Synode von Köln 1118 beziehen)[227], ferner Papst Calixts Diplom für einen gewissen Engilgerus (nicht identifizierbar).

225 Wittwer, Catalogus S. 131 f.

226 *et evangelia in summis festis scripsit, nec non duos libros scolarium in choro effecit.* Wittwer, Catalogus S. 132. Siehe auch Nr. (59a) und (59b).

227 AReg 1 Nr. 430 S. 257 f.

(46) Clm 4414 fol. 252^v: Eginonis abb(atis) gesta ab Udalscalco eius discipulo post ab(bate) conscripta

B: Angabe des Amtsantritts Eginos 1109.

E: Da die Schrift Udalschalks über den Streit zwischen Abt Egino und Bischof Hermann von Augsburg[228] nur in der Abschrift Wittwers aus dem 15. Jahrhundert bekannt ist, könnte es sich bei dieser Nennung, wenn nicht um das Autograph, so doch um ein vorwittwersches Exemplar der Streitschrift handeln. Vielleicht war es dasjenige, aus dem H. Canisius edierte[229].

(47) Clm 4414 fol. 253^v: Vita S. Udalrici

B: *ad Frideboldum ab(batem) S. Udalrici anno 1019 electum.*

E: Die Angabe 1019 zur Erhebung Fridebolds ist identisch mit Wittwer, Catalogus S. 77, scheint aber nicht gesichert[230]. Berno als Verfasser der Ulrichsvita war dem Schreiber des Verzeichnisses von 1616 offenbar nicht bekannt *(incerti autoris)*. Er kennt zwar das Schreiben Bernos an Fridebold, fragt jedoch *an est Berno ex clero Augustano?*

(48) Clm 4414 fol. 253^v: Legenda Narcissi u. a.

Diese Handschrift enthielt ein „Diplom" Bischof Udalschalks (im Beschrieb fälschlich „Udalrich") über die Schenkung eines Gutes in *Wicht*, die ein gewisser Hermann 1188 an den Altar des hl. Ulrich machte. Diese Schenkung geht auch aus der Traditionsurkunde des Abtes Erchenbold hervor, der die Übergabe eines Gutes in *Wicht* (Weicht, LK Ostallgäu) des Priesters Hermann von Reichertshofen *super aram Sti. Oudalrici* bezeugt[231]. Erchenbold wurde nach Wittwer 1188 bzw. 1189 Abt, was mit der Datierung der Schenkung in unserem Verzeichnis zusammengeht. Die Traditionsurkunde ist undatiert.

Weiter war in diesem Codex die Abschrift des Diploms Konrads III. (hier II. nach salisch-staufischer Zählung, wie in der Urkunde selbst) über die Schenkung eines Gutes in Gablingen durch Domkustos Hermann (1143) enthalten. Das Original der Urkunde (wahrscheinlich Empfängerausfertigung) ist erhalten[232].

228 Ed. Jaffé, Uodalscalcus, De Eginone. Siehe unten S. 157 ff.

229 Siehe unten S. 157 f.

230 Vgl. Hemmerle, Benediktinerklöster S. 48: 1120.

231 Mon. Boic. 22 Nr. 207 S. 118; Liebhart, Reichsabtei S. 95.

232 München, HStA, Kaiserselekt 469; Mon. Boic. 22 Nr. 5 S. 171 f.; Hipper, Urkunden Nr. 5 S. 3; Wittwer, Catalogus S. 99; DK III 88 S. 156 f.

Schließlich ist sehr vage auf „eine gewisse Schenkung eines Herzogs von Sachsen“ angespielt. Das läßt allenfalls an eine gefälschte Urkunde Kaiser Friedrichs I. denken[233], in der er die Schenkung eines bayerischen Adeligen bestätigt, die dieser „vor Heinrich, dem Herzog der Noriker und Sachsen“ vorgenommen hat. Die Angabe im Beschrieb von 1616 ist jedoch zu ungenau, um sagen zu können, hierin habe man den echten Kern für die Fälschung von 1171 zu sehen.

(49) Clm 4414 fol. 256^{r}: Vita S. Magni ab(batis), S. Wenceslai reg(is) marty(ris), S. Arnulphi episcopi

Trotz der Angabe „rex“ zu Wencesla͡us ist wohl der Böhmenherzog, Heiliger und Märtyrer, gemeint. Die Vita Arnulfi gehört wohl zu Arnulf, Bischof von Soissons (verfaßt 1114). Die beigeheftete *(praefixa) donatio Walburbis* (!) *matronae nobilis de praedio in Wallerhoven S. Udalrico per manus Othonis Com(itis) Pal(atini)* usw. ist im Traditionscodex belegt[234]. Dort schenkt Waltpurg von Walchshofen (LK Aichach-Friedberg) ein Gut in Garmisch (LK Garmisch-Partenkirchen) im Jahre 1156. Erster Zeuge ist Pfalzgraf Otto IV[235]. Der Codex enthielt auch einen Katalog der Augsburger Bischöfe, der Frankenkönige und der römischen Kaiser. Aus diesem Codex kopierte P. Gamans S. J.[236].

b) Die Pariser Prudentius-Handschrift

Aufgrund von zeitgenössischen Einträgen und anderen Indizien läßt sich wahrscheinlich machen, daß auch eine bis heute erhaltene Handschrift in der Klosterbibliothek von St. Afra im 11./12. Jahrhundert vorhanden war. Es ist dies

(50) Paris, Bibliothèque nationale, Nouv. acqu. lat. 241
Prudentius, Opera. Paulinus (von Périgueux), Vita Martini

Man hat schon früher angenommen, daß diese Handschrift ursprünglich in Augsburg beheimatet war[237]: wohl wegen der Grabgedichte, die von einer Hand des 11. Jahrhunderts auf der Innenseite des rückwärtigen Deckblattes (fol. 223^{r})

233 Hipper, Urkunden Nr. 8 S. 5f.; Stumpf, Reichskanzler 2 Nr. 4126 S. 368.
234 Mon. Boic. 22 Nr. 140 S. 82f.
235 Liebhart, Reichsabtei S. 49.
236 Acta SS Septembris 2 S. 702. Vgl. auch unter Nr. (70).
237 Steinmeyer/Sievers, Glossen 4 S. 600.

stehen[238]. Sie beziehen sich auf schwäbisch-bayerische Personen[239], darunter zwei Bischöfe: Eberhard und Embriko. Schon Dümmler identifizierte diese Bischöfe mit den Augsburger Trägern dieses Namens: Eberhard (1029–1047) und Embriko (1063–1077), was in der Folgezeit bewirkt haben mag, daß man die Handschrift der alten Dombibliothek zuwies, wenngleich mit einem Fragezeichen[240]. Zwei weitere Personen sind in den Grabgedichten angesprochen: ein *Gerunc* und ein *comes Dietpaldus.*

Der Name *Gerunc* ist weder an der Domkirche noch bei St. Ulrich und Afra selten[241]. Selbst wenn die Zeile im Gedicht auf *Gerunc: Qui vita bonus carnis omisit onus* auch *Qui levita bonus ...* gelesen wird[242], finden wir einen Diakon Gerung sowohl beim Dom (aus dem Testamentum Embriconis bekannt[243]), als auch im Nekrolog von St. Afra: *Gerungus diaconus monachus n. c.* zum 26.7.[244]. Das Gedicht bringt außerdem zum Ausdruck, daß der Verstorbene als wachsamer Bauer fruchtbaren Samen in das Erdreich säte und nun seine Ernte haben wird. Diese Aussage wirft jedoch für die Identifizierung der Person nicht viel ab, da sie vermutlich übertragen zu verstehen ist.

Die vierte Person jedoch, der *comes Dietpaldus,* läßt sich im 11. Jahrhundert am besten mit dem Kloster St. Afra in Verbindung bringen. Dümmler hat in ihm den Grafen Dietpald I. vermutet, von dem in den Annales Augustani zum Jahre 1059 berichtet wird, daß er sich mit Bischof Heinrich im Streit befand. Sein Sohn Ratpoto griff dabei Schwabmünchen an. Der Streit wurde an Allerheiligen von der Königin Agnes in Augsburg geschlichtet[245]. Es handelt sich jedoch wahrscheinlich um dessen Sohn, Dietpald II. von Giengen und Markgraf im Nordgau, gest. am 7. August 1078[246]. Er ist als Dietpoldus comes im Nekrolog des Afraklosters zum 7. August genannt, allerdings auch im Nekrolog des Augsburger Domes und des Klosters Petershausen[247]. Er gilt in der Klostertradition von St. Afra[248] als Stifter des dritten Teils der Pfarrei Aichach (LK Aichach-Friedberg) an St. Afra. Seine Familie, das Geschlecht der Ratpotonen-Diepoldinger, hat das Kloster im 11. Jahrhundert mit umfangreichem Besitz ausgestattet und

238 Ed. Dümmler, Verse S. 444–446.

239 Wattenbach, Sachsen und Salier S. 259.

240 Ruf, Augsburg S. 14.

241 MG Necr. Germ. 1: Nekrologien von St. Ulrich und Afra bzw. von der Domkirche, passim.

242 Dümmler, Verse S. 445 Anm. 4.

243 AReg 1 Nr. 307 S. 182.

244 MG Necr. Germ. 1 S. 125.

245 Dümmler, Verse S. 445 Anm. 7; dazu Annales Augustani MG SS 3 S. 127 und AReg 1 S. 168f.

246 Tyroller, Genealogie Tafel XIII und Nr. 8 S. 141.

247 MG Necr. Germ. 1 S. 125, 66 und 673.

248 Wittwer, Catalogus S. 84.

dürfte nach W. Liebhart in der Klosterkirche ihre Grablege besessen haben[249]; denn die Gemahlin Dietpolds II., Liutgart von Zähringen, ist laut erstem Urbar des 12. Jahrhunderts in St. Ulrich und Afra begraben. Das Nekrolog erwähnt sie unter dem 18. März[250]. Zwar gelangte in Bischof Hermann (1096–1133) ein Sproß der Ratpotonen-Diepoldinger auf den Augsburger Stuhl und sein Vetter, ein dritter Diepold, tritt mit ihm zusammen in Urkunden auf[251], so daß man den Namen und das Geschlecht auch mit dem Dom in Verbindung bringen könnte. Aber Dietpald II. als Schenker für das Kloster im 11. Jahrhundert, St. Afra als die Grablege seiner Frau – das sind gute Gründe, um das Grabgedicht in einer Handschrift des Klosters auf seine Person zu beziehen, bzw. – um in unserer Gedankenführung zu bleiben –, den Parisinus 241 mit dem Epitaph auf einen Dietpald dem St. Afra-Kloster zuzuweisen. Grabgedichte auf Augsburger Bischöfe können ja auch in einer Handschrift des Klosters enthalten sein, zumal es sich bei beiden um Wohltäter von St. Afra handelt. Eberhard schenkte nach der Klostertradition die Lechbrücke und den Zoll, Embriko ließ die Kirche St. Afra niederlegen und neu errichten[252].

Im Grabgedicht auf Embriko wird auf die Erneuerung eines Kreuzes angespielt. Möglicherweise besteht ein Zusammenhang mit dem für den Dom nachgewiesenen Kreuzaltar, wo das Kreuz vielleicht angebracht war und bei dem Embriko beigesetzt wurde[253]. Dieses Argument zwingt uns jedoch nicht, nun auch die Handschrift mit dem Grabgedicht in der Dombibliothek anzunehmen.

Noch andere Gründe machen St. Afra als Bibliotheksheimat für den Parisinus 241 wahrscheinlich. Am oberen Rand des Vorsatzblattes ist ein Streifen abgeschnitten, was zur Tilgung des Besitzvermerks des 17. Jahrhunderts geschehen sein konnte. Außerdem spiegelt der Codex die Bibliotheksrevision des 15. Jahrhunderts wider. Er erhielt ein auf Papier geschriebenes Inhaltsverzeichnis (fol. 1^v), das dem Vorsatzblatt (nicht gezählt) innen aufgeklebt wurde[254]. Beim Ablösen des Papierblattes kam auf dem Vorsatzblatt ein ähnliches Inhaltsverzeichnis zutage, flüchtiger geschrieben, wohl das Konzept zur endgültigen Ausfertigung auf Papier. Das Inhaltsverzeichnis ist überschrieben: *In 9° continentur secundum ordinem hec infra signata*, worauf die Titel der Werke des Prudentius folgen. Diese Formulierung legt nahe, daß eine Einteilung oder Katalogisierung

249 Vgl. LIEBHART, Reichsabtei S. 25.

250 MG Necr. Germ. 1 S. 122.

251 AReg 1 Nr. 369, 395, 396 S. 229, 243 f.

252 Chronicon breve S. 558; AReg 1 Nr. 268 S. 154 bzw. Nr. 310 S. 185. Neben Bischof Bruno, dem angeblichen Gründer des Klosters, sind Eberhard und Embriko die einzigen Bischöfe, die in dem im 11. Jahrhundert im Kloster entstandenen Chronicon einen ehrenden Zusatz erhielten.

253 AReg 1 Nr. 304 S. 180.

254 Ein ähnliches Inhaltsverzeichnis befindet sich im Clm 4373, der aus St. Ulrich u. Afra stammt.

erfolgt sein mußte. Unsere Prudentiushandschrift wäre demnach innerhalb einer Abteilung das 9. Buch. Die Titel dieses Inhaltsverzeichnisses sind manchmal mit interpretierenden Zusätzen versehen wie Prudentius gegen Symmachus *idolatriae defensoris*. Der nämliche Zusatz kehrt im Buchtitel, wie er auf den äußeren Deckel geschrieben wurde, wieder. Dabei befindet sich ein roter Farbrest, vielleicht von einer ehemaligen Signatur. Zu einer Reparatur des eingerissenen Vorsatzblattes wurde ein Pergamentstückchen verwendet, auf dem einerseits *sermones*... in großer Schrift zu lesen ist, andererseits Notizen in humanistischer Kursive zu erkennen sind. Es handelt sich wohl um ein liturgisches Fragment, das als Notizzettel Verwendung fand, ehe man das Vorsatzblatt damit flickte. Ein weiteres beschriebenes Pergamentblatt wurde als neues Vorsatzblatt um die erste Lage gelegt, wahrscheinlich im Zuge der Neubindung, ein Verfahren, das auch bei der Hs. K 14 des Augsburger Bistumsarchivs, die aus St. Afra stammt, zu erkennen ist.

Zwischen den beiden Prudentius-Handschriften Kiel 145[255] und Paris 241 besteht ein Zusammenhang. Äußerlich sind sich die beiden Bücher so ähnlich, daß man vermuten möchte, sie seien im gleichen Skriptorium hergestellt worden. Sie haben annähernd das gleiche Format, den nämlichen Schriftspiegel, auch ähnliche Schreibeigentümlichkeiten. Doch wage ich über den paläographischen Befund kein abschließendes Urteil. Die Schrift des Parisinus wirkt ebenmäßiger, zierlicher[256] und ist wohl jünger als jene der Handschrift Kiel 145. Für eine enge Verwandtschaft der beiden Handschriften spricht auch die Gestalt der Textüberlieferung, wie sie sich in der Anordnung der Stücke widerspiegelt. Die Ähnlichkeit in der Textgestalt haben beide zwar mit weiteren Prudentiushandschriften in der Umgebung gemeinsam[257], doch lassen bestimmte Beobachtungen am Text den Schluß zu, daß beide Handschriften am gleichen Ort nebeneinander verwendet wurden. Dies erhellt unter anderem aus der Betrachtung der Lesarten. Stichproben aus den Büchern Cathemerinon, Apotheosis und Psychomachia machen wahrscheinlich, daß die Kieler Handschrift nach dem Parisinus korrigiert wurde und umgekehrt, manchmal so, daß die Alternativlesart mit einem *vel* darüber geschrieben wurde, so als hätte der Korrektor die beiden Texte nebeneinander gehabt, ohne die Möglichkeit zu besitzen, sich über einen dritten Text für die richtige Lesart entscheiden zu können. Eine sehr bezeichnende Korrektur fand ich zu Beginn des Hymnus *ante cibum* im Cathemerinon[258], in der Angabe zum Metrum. Es geht um das sog. *metrum alcmannium*. Während der

255 Vgl. oben unter Nr. (3).

256 Sind es im Parisinus 24 Zeilen, so verteilen sich in Kiel 145 nur zwischen 18 und 21 Zeilen auf den fast gleichgroßen Schreibraum.

257 Siehe unten S. 118ff.

258 Kiel 145 fol. 6^r; Paris 241 fol. 5^v–6^r.

Glossator *alcmannium* in der Marginalie mit zwei n schrieb, war die gleiche Angabe *metrum alcmanium* im Text zunächst mit einem n geschrieben. Nachträglich hat ein Korrektor oder einer, der daran Anstoß nahm, das zweite n im Parisinus mit Tinte, in Kiel 145 mit dem Griffel darüber geschrieben. Diese Korrektur erfolgte nicht in zwei den Augsburger Handschriften sehr nahestehenden Prudentius-Codices, dem Clm 14395 aus St. Emmeram und dem Clm 18922 aus Tegernsee. Dort beließ man es beim einen n in *alcmanium*.

Der Codex Kiel 145 war bei der Bibliothekserneuerung des 15. Jahrhunderts offensichtlich bereits in schlechterem Zustand als der Parisinus. Wichtige Titelzeilen und Angaben zum Metrum waren erloschen. In Humanistenschrift wurden die Titel vor allem zu mehreren Hymnen des Cathemerinon erneuert, was leicht geschehen konnte, wenn man sich daneben den vollständigen Text des Parisinus denkt. Ein weiterer Hinweis auf ein Nebeneinander der beiden Handschriften!

Somit ist man durchaus berechtigt anzunehmen, daß St. Afra zwei Prudentiushandschriften besaß. Vielleicht wurde die zweite (Parisinus 241) angeschafft, weil die erste (Kiel 145) von Anfang an nicht vollständig war und weil der Parisinus noch zusätzlich die Vita des Paulinus von Périgueux beinhaltete.

Der Prudentius-Codex kam aus der Privatbibliothek des A. F. Didot in Paris an die Nationalbibliothek, wie das Ex libris von 1850 auf der Innenseite des Deckels anzeigt. Es bleibt dunkel, auf welche Weise die Handschrift aus Augsburg nach Frankreich gelangte.

Beschreibung: Blattgröße 18 x 21 cm; Schriftspiegel 11,5 x 15,5 cm; durchgängig 24 Zeilen; 223 Blätter + 3 fragmentarische Vorsatzblätter. Das Buch macht einen einheitlichen Eindruck. Es muß als Ganzes entstanden sein. Das Blatt vor fol. 1 bildete wohl den ursprünglichen Einband zusammen mit fol. 223 – man erkennt es an der starken Abnützung –, ehe der Band den mit Leder überzogenen Holzdeckel bekam. Die Lagen sind fast ausschließlich Quaternionen; Lagenbezeichnungen fehlen. Schrift mit brauner Tinte, Überschriftzeilen in roter oder schwarzer Capitalis rustica, wenige große Initialen mit Flechtwerk, meist nur rote Großbuchstaben für die Gedichtanfänge; manche Initialen auch rot/gold angelegt. Ähnlich wie Kiel 145 hat auch der Parisinus ein Stück weit keinerlei schmückende Farben (138^v–158^r).

Inhalt:

Fol. 2^r	Hieronimi ę t Genadii ... Testimonium ...
Fol. 2^v	Praelocutio/praefatio
Fol. 3^r–23^r	Liber hymnorum (= Cathemerinon)
Fol. 23^r–80^v	Liber secundus (!) (Peristephanon)
	(Die Anordnung der Gedichte ist wie in Kiel 145)
Fol. 81^r–84^r	Hymnus XI und XII des Cathemerinons

Fol. 84v–89r	*Incipit de opusculis suis trochaicum et trimetrum endecasyllabum...* (= Epilog); Tituli historiarum
Fol. 89r–136v	Apotheosis, id est de divinitate
Fol. 136v–158r	Psychomachia
Fol. 158r–202v	Contra Symmachum I und II
Fol. 203r–221v	Paulini Petre concordiae: de vita sancti Martini episcopi versibus

Im Unterschied zu Kiel 145 enthält der Parisinus die Werke des Prudentius vollständig und dazu noch das hexametrische Epos De vita s. Martini episcopi des Paulinus von Périgueux, einem christlichen Dichter, der im 5. Jahrhundert wenig nach Prudentius schrieb[259].

5. Büchererwähnungen in Katalogen, erzählenden Quellen und frühen Drucken

Außer den erhaltenen und im 11. und 12. Jahrhundert nachgewiesenen Handschriften selbst sowie dem Bücherverzeichnis von 1616 lassen sich in verschiedenen anderen Quellen, meist erzählenden, aber auch Katalogen und Editionen, Hinweise auf Bücher finden, die in die Rekonstruktion der alten Bibliothek einbezogen werden sollen.

a) Schenkungen

Zwischen 1129 u. 1135[260] trat der Kanoniker und Dekan der Augsburger Domkirche Werinher ins Kloster St. Ulrich und Afra ein und brachte neben Paramenten und liturgischen Geräten auch einige Bücher mit. Seine Schenkung ist von zwei Schreibern des 12. Jahrhunderts im Codex traditionum des Klosters aufgezeichnet[261]. Es waren

(51) *II Missalia*
(52) *Liber Evangeliorum*
(53) *Lectionarium*
(54) *Matheus glosatus*

259 J. A. Fischer, Paulinus von Périgueux, in: LThK² 8 Sp. 210.

260 Werinher ist zuletzt 1129 als Dekan der Domkirche bezeugt. Im Codex traditionum, wo seine Mitgift verzeichnet ist, ist die nächste datierte Urkunde von 1135. Vgl. Bischoff, Schatzverzeichnisse Nr. 138 S. 141.

261 München, HStA, Kloster St. Ulrich und Afra Lit. Nr. 5 S. 10/11; Ruf, Augsburg S. 57.

(55) *Psalterium cum titulis et glosis*
(56) *Epistola Ieronimi ad Fabiolam*
(57) *Epistole Ivonis*
(58) *Ordo presbiterorum*

Wie man leicht sieht, waren wenigstens vier oder fünf der Bücher für den liturgischen Gebrauch bestimmt, die weiteren hatten exegetischen Inhalt, denen auch der Brief des Hieronymus an Fabiola zuzurechnen ist[262]. Hervorzuheben in Werinhers Bücherliste sind sicherlich die *Epistole Ivonis*. Es dürfte sich um die Korrespondenz Bischof Ivos von Chartres (gest. 1116) oder Teile derselben gehandelt haben. Wahrscheinlich hat Ivo selbst seine Briefe zu einer Sammlung vereint, in denen er seinen Standpunkt von der Trennung der Spiritualia und Temporalia bei der Investitur von Geistlichen vertrat[263]. Es ist bezeichnend, daß Domdekan Werinher, der unter Udalschalk Mönch von St. Ulrich und Afra wurde, in seiner Habe die Briefe Ivos von Chartres mit sich führte.

Neben der längeren Reihe von Büchern, die laut Verzeichnis von 1616 der frühere Domkustos und seit 1143 ulrikanische Mönch Herimann ins Kloster schenkte[264], erwähnt Meisterlin in seiner Chronik innerhalb dieser Schenkung ein

(59) *Evangelistarium pretiosissimum*,

das vielleicht mit den im Clm 4414 fol. 12^{v} genannten *IV Evangelia*[265] identisch ist.

b) Erwähnungen bei Klosterchronisten

Bereits aus der Klostergeschichte des Adilbert und wieder von Wittwer wissen wir von Büchern, die das Kloster besaß. Der Sakristan und spätere cellerarius Konrad schrieb ein

(59a) Evangeliar,

das im Chor aufbewahrt wurde sowie

262 Zwei Briefe des Kirchenvaters an Fabiola sind überliefert. Ed. PL 22 Sp. 607 ff. und 698 ff.
263 A. Becker, Ivo, in: LThK² 5 Sp. 825 f.
264 Siehe oben S. 47.
265 Siehe oben Nr. (19). Meisterlin, Chronographia (Clm 1009) fol. 92^{v}; Ruf, Augsburg S. 43.

(59b) *duo libri scolarium in choro*[266]

Bei letzteren handelt es sich wohl um Bücher für den Choralgesang.

Abt Heinrich II. von Meysach (1175–1181) ließ das

(60) *Glossarium Salomonis*

abschreiben[267]. Dieses Glossar, auch Abecedarius, Papias oder Mater verborum genannt, ist die im Kloster St. Gallen entstandene, verkürzte Form eines größeren Glossars, das aus Frankreich stammt und im 7./8. Jahrhundert entstand. Die Abfassung der St. Galler Version wurde Salomon III. (gest. 920 als Bischof von Konstanz) zugeschrieben[268]. Das Glossar ist überliefert im Sangallensis 905, s. X, im Einsidlensis 293, s. XII und Clm 22 201, s. XII (aus Windberg). Die letztgenannte Handschrift enthält althochdeutsche Glossen[269]. Ähnlich hatte auch die Abschrift im Afrakloster viele althochdeutsche Glossen[270]. Die Handschrift selbst haben wir nicht mehr, aber es gibt einen Druck, der nach ihr hergestellt wurde[271]. Das Glossarium Salomonis befand sich auch unter den von den Dominikanern im 14. Jahrhundert zurückgekauften Büchern[272], war also vorübergehend aus der Klosterbibliothek weggekommen.

Weiter berichten Prior Adilbert und danach Wittwer[273], daß Abt Heinrich III. (1187–1190) zwei sehr nützliche Bücher schreiben ließ:

(61) *Historia scolastica*

(62) *Cronica*

N. Bühler meint, in der Historia scolastica die später weit verbreitete Geschichte des Petrus Comestor zu erkennen[274]. Eine *Cronica* taucht wieder unter den

266 Augsburg, AdB, Hs. K 80 bzw. Wittwer, Catalogus S. 140.

267 Augsburg, AdB, Hs. K 80 fol. 16v; Wittwer, Catalogus S. 140: ... *et a-b-c-darium scribere iussit.*

268 Manitius, Geschichte 1 S. 595.

269 Steinmeyer/Sievers, Glossen 4 S. 27–123.

270 Manitius, Geschichte 1 S. 598.

271 Ebd. Ein Exemplar dieses Druckes verwahrt die StB Augsburg unter der Signatur 2° Ink. 338. Dort Bleistiftvermerk eines Bibliothekars: „Augsburg, St. Ulrich und Afra, ca. 1475."

272 Wittwer, Catalogus S. 177: *Primo redemit librum istum, qui „Abecedarius" sive „Mater verborum", sed ... „Papiam" nominant ...*

273 Augsburg, AdB, Hs. K 80 fol. 17r; Wittwer, Catalogus S. 144.

274 Bühler, Schriftsteller S. 28 Anm. 4.

Rückkäufen des Abtes Winkler (gest. 1355) aus Dominikanerbesitz auf[275]. Ob sie identisch ist mit der im Verzeichnis von 1616 genannten *Chronica Hermanni*, des Mönchs von der Reichenau, bleibe dahingestellt[276]. Abt Winkler tätigte weitere Rückkäufe. Aus Würzburg kaufte er ein

(63) *Epistolarium cum evangeliis*

und von einem gewissen Knoringer ein

(64) Missale[277].

Diese Bücher wurden im 14. Jahrhundert zurückgekauft. Sie waren also zu einem früheren Zeitpunkt versetzt worden und gehörten damit zu einem noch älteren Bibliotheksbestand.

c) Frühe Drucke nach alten Handschriften

Aus frühen Drucken erhalten wir Hinweise auf

(65) Cicero, Libri tres officiorum.

Diesen Titel druckte 1535 Wolfgang Anemoecius (bei Alexander Weyssenhorn, Augsburg) *ex vetustissimo codice, qui multos annos in coenobio D. Huldrichi Augustae delituit...* Der Präfekt der ulrikanischen Bibliothek, Christophorus Pfister, hatte ihm die Handschrift zu Verfügung gestellt. Der Codex sei ebenso durch sein Alter wie durch seine Glaubwürdigkeit zu schätzen[278]. Wenn Anemoecius 1535 von einem sehr alten, schätzenswerten Cicero-Codex spricht, der viele Jahre im Kloster St. Ulrich verborgen gewesen sei, dann möchte man annehmen, daß es sich um eine Handschrift unseres Zeitraums handelt. Es wäre ein weiterer Beleg dafür, daß antike Klassiker in der Bibliothek vor 1200 vorhanden waren[279].

275 Wittwer, Catalogus S. 178.

276 Der Eintrag im Clm 4414 fol. 26r *Chronica Hermanni ... comitis de Weringen ac Augiensis monasterii monachi...* enthält keinen Hinweis auf das Alter der Handschrift mit Hermanns Chronik. Die Erwähnung eines Supplements bis 1286 läßt auf ein jüngeres Datum als 12. Jahrhundert schließen. Sie war wohl auch nicht die Vorlage des Canisius. Denn Canisius, der Hermanns Chronik nach einem ulrikanischen Codex edierte, benützte eine Sammelhandschrift des 15. Jahrhunderts aus Papier. Siehe unten S. 108.

277 Wittwer, Catalogus S. 178.

278 Anemoecius, Cicero S. 2.

279 Vgl. oben Nr. (28).

Der 4° Cod. 208 der StB Augsburg, der aus der Bibliothek von St. Afra stammt[280], enthält auf dem Innendeckel ein Juvenal-Fragment. Der Schrift nach könnte es dem 12. Jahrhundert angehören. Auch dieser Codex hat den Besitzvermerk *S. Huldrici*, die gleiche Namensform für S. Ulrich wie im obengenannten Buch mit Cicero. Beide Handschriften gehören also der gleichen Überlieferungsschicht an und sind ein Hinweis auf einen älteren Bücherbestand lateinischer Autoren.

Im Jahre 1614 wurde ein Bischof- und Abtkatalog durch Markus Welser bei Johannes Krueger in der Druckerei „ad insigne pinus" herausgegeben, der nach einer ulrikanischen Handschrift abgedruckt wurde. Die Handschrift selbst ist verloren, im Vorwort wird sie jedoch mit der Signatur 7 H 4 genau zitiert. Der erste Teil dieses

(66) Catalogus episcoporum Augustanorum Vindelicorum

bis Bischof Embriko einschließlich scheint noch im 11. Jahrhundert geschrieben[281].

Auf seiner Bibliotheksreise durch Süddeutschland[282] lernte Jean Mabillon einen ulrikanischen Codex kennen, den er für seine Ausgabe eines

(67) Ordo officii in domo S. Benedicti ante pascha

benützte[283]. Nach Mabillon wurde der Codex um 800 geschrieben und gehörte ursprünglich dem Freisinger Dom an. Dies ist im Titel mit *in domo S. Benedicti* ausgedrückt, da die alte Freisinger Domkirche auch dem hl. Benedikt geweiht und von Bischof Korbinian Mönchen überlassen worden war[284]. Auch die in diesem Offizium erkennbaren lokalen Besonderheiten, eine Prozession zu einer Kirche St. Peter *in civitate* und die Verehrung der Heiligen Faustinus und Jovita und des Bischofs Germanus weisen auf Freising[285]. Der Freisinger Codex hatte folgenden Inhalt:

280 Nachweise sind der Besitzvermerk des frühen 17. Jahrhunderts und die alte Signatur 1 k 9; Beschreibung des Codex: BRAUN, Notitia 4 S. 119.

281 MG SS 13 S. 333–335; vgl. auch BÜHLER, Schriftsteller S. 15.

282 Reisebericht Iter Germanicum in MABILLON, Vetera analecta 4. Paris 1685 S. 1–92; daran anschließend Abdrucke verschiedener Texte, zu denen Mabillon jeweils in einer Adnotatio die Handschrift und ihren Fundort mitteilt.

283 MABILLON, Vetera analecta 4 S. 454–457.

284 Gemeint ist das Freisinger Domkloster; vgl. HEMMERLE, Benediktinerklöster S. 105.

285 Zur Kapelle St. Peter in Freising *haud procul ab ecclesia cathedrali* vgl. MEICHELBECK, Historia Frisingensis Tom. I Pars altera instrumentaria (Quellenband) S. 22 ff. Meichelbeck druckt denselben Ordo dort nach Mabillon ab und kommentiert ihn. Benedikt habe in seiner Regel einen Ordo

1. Vetus calendarium seu breve martyrologium
   (von anderer Hand wie der Ordo)
2. Regula sancti Benedicti
3. Versus „Qui leni jugo" etc.
4. Ordo legendi libros sacros in ecclesia Romana
5. Ordo (wie oben) mit kirchlichen Hymnen
6. Kurze Beschreibung von Gewichtsmaßen
   „Unciae XII libram efficiunt..."

Wir wissen nicht, wann dieser Codex mit der Ordensregel und wichtigen ordines von Freising ins Kloster St. Ulrich und Afra kam. Man möchte jedoch annehmen, daß er mit dem allmählichen Übergang des Benediktinerklosters beim Freisinger Dom in ein Kanonikerstift für dort seine Bedeutung verlor. Das vollzog sich gegen Ende des 9. Jahrhunderts[286]. Vielleicht kam die Handschrift auch über Kloster Tegernsee nach Augsburg. Denn Tegernsee stand einerseits mit Freising in guter Verbindung, und es wirkte andererseits bei der Gründung von St. Afra entscheidend mit. Wir dürfen sie mit einem gewissen Vorbehalt zum mittelalterlichen Bücherbestand zählen.

Einen weiteren, sehr alten Codex erwähnt Mabillon aus St. Ulrich und Afra:

(68) Expositio in epistolas Pauli

(Incipit expositio Benedicti in epistolas Pauli etc.)[287]. Mabillon schrieb dieses Werk Benedikt von Aniane zu. Er bestimmte das Alter der Handschrift auf 700 Jahre. Sie wäre demnach im 10. Jahrhundert geschrieben. Einen näheren Hinweis, daß sie zu den mittelalterlichen Beständen der ulrikanischen Bibliothek gehörte, gibt es nicht.

Heinrich Canisius edierte in seinen Antiquae lectiones[288] auch Texte aus ulrikanischen Handschriften, entnahm sie aber zwei Papiercodices, die beide ins 15. Jahrhundert zu datieren sind[289]. Es handelte sich also bei diesen von Welser dem Canisius überlassenen Handschriften in keinem Fall um alte Stücke.

festgelegt, die Freisinger Mönche hätten diesen lokal abgewandelt. Bischof Germanus sei von Korbinian als Patron erwählt worden. Bei Faustinus und Jovita, den Bistumsheiligen von Brescia, habe es sich wohl um ein altes Patrozinium gehandelt, das zu seinen (Meichelbecks) Zeiten in Freising nicht mehr bestand.

286 Hemmerle, Benediktinerklöster S. 105.

287 Mabillon, Vetera analecta 4 S. 633.

288 Canisius, Lectiones antiquae 1 und 2. Ingolstadt 1601 f.

289 Braun, Notitia 2 S. 103 ff. und 108 ff. Der eine Codex, der unter verschiedenen Chroniken die des Hermannus Contractus enthält, ist heute Clm 4352.

d) Nachrichten von Bibliotheksbesuchern

Die Bollandisten Papebroch und Henschen berührten im 17. Jahrhundert auf ihrer Reise durch Deutschland nach Italien auch die Bibliothek von St. Ulrich und Afra und kopierten einige Handschriften, darunter ein

(69) Martyrologium[290].

Es war auf der Grundlage des Martyrologium Hieronymianum geschrieben und reichte vom Jahresanfang (Circumcisio domini) bis zum 5. November einschließlich. Der Rest fehlte oder war nicht abgeschrieben worden. Die Handschrift ist heute nicht mehr bekannt. Der Herausgeber des Acta-Sanctorum-Bandes (Sollerius) schloß auf ein Alter „nicht vor dem 12. Jahrhundert", da das Fest der „11000 Jungfrauen" am 21. Oktober vorhanden sei, das in älteren Kalendern fehle[291]. Das Bücherverzeichnis von 1616 vermerkt fol. 264^v ein „sehr altes Martyrologium mit anderen Texten". Ob es sich auf jenes Martyrologium bezieht?

P. J. Gamans S. J. kopierte um 1650 für die Edition der Acta Sanctorum die

(70) Vita s. Magni.

Er benützte dazu einen „sehr alten Pergamentcodex", dessen Alter er auf „800 Jahre und früher", d. h. 9. Jahrhundert, schätzte. Der Codex enthielt neben der Magnusvita die Viten des Wenzeslaus und Arnulf[292]. Mit „z 59" gibt Gamans wahrscheinlich eine Signatur der ulrikanischen Bibliothek zu seiner Zeit wieder. Aus den einzelnen tituli der Viten läßt sich unschwer entnehmen, daß es sich um die gleiche Vitensammlung handelt, die auch das Verzeichnis von 1616 erwähnt[293]. Im Alter hat sich Gamans wohl geirrt. Es muß mit Recht bezweifelt werden, daß die Vitensammlung in dieser Form schon im 9. Jahrhundert zusammengestellt wurde[294].

290 Ed. Acta SS Junii 6 S. 793–800. Beschreibung der Handschrift S. VIII und S. 772 sowie Acta SS Novembris 2,1 S. (XXII).

291 Acta SS Junii 6 S. 772. Schröder, Heiligenkalendarien S. 245.

292 Acta SS Septembris 2 S. 702: *ex Ms. codice pergameno vetustissimo ab annis 800 et pluribus conscripto, ex biblioth(eca) SS. Udalrici et Afrae, Augustae, tit. Vitae SS. Magni, Wenzelai, Arnolfi. z. 59.*

293 Vgl. oben unter Nr. (49).

294 Vgl. auch Suyskens, Acta SS Septembris 2 S. 702.

Gamans kopierte einen weiteren Text der Magnusvita aus einem anderen ulrikanischen Codex. Es handelte sich hierbei auch um eine andere Fassung der Vita, nämlich um die des Otloh von St. Emmeram[295].

(70a) Otloh, Vita s. Magni

Gamans schätzte seine Vorlage auf 10. Jahrhundert. Wie bei Nr. (70) hat er sich im Alter auch dieser Vorlage geirrt, denn die Otlohversion wurde erst ca. 1070 verfaßt[296]. Gamans gibt das Format (4°), den Titel des Buches „Legenden einiger Heiliger" und die Signatur „z 36" an.

Zweimal wenigstens war also die Magnusvita in der Bibliothek vorhanden, einmal in einer Vitensammlung, siehe unter Nr. (49) und (70), das zweite Mal in einem Buch mit Heiligenlegenden, siehe Nr. (70a). Diese zweite Sammlung enthielt die Magnusvita in der Fassung des Otloh[297].

Außer den genannten Gelehrten suchten im 17. Jahrhundert noch andere die Bibliothek von St. Ulrich und Afra auf und machten Mitteilungen über sie. Verschiedentlich gaben sie auch Texte aufgrund von Abschriften aus ulrikanischen Codices heraus. Ihre Nachrichten über diese Codices sind jedoch zu ungenau, um entscheiden zu können, ob sie bereits der Bibliothek des Klosters vor 1200 angehörten.

Die zum Teil sehr prominenten Bibliotheksbesucher des 18. Jahrhunderts äußerten sich unterschiedlich über den Zustand der Bibliothek. Kardinal Garampi beklagte 1763 ein Durcheinander in der Büchersammlung, da offenbar kein rechter Bibliothekar dafür zuständig war[298]. Martin Gerbert, der berühmte St. Blasier Wissenschaftler-Abt, hatte sich mehr versprochen und äußerte sich von seinem Besuch Anfang der 70er Jahre leicht enttäuscht[299]. Philipp Wilhelm Gercken, der 1779 kam, konnte über die Bibliothek „bey dem Stifte S. Ulrich" berichten, daß sie in guter Ordnung sei[300]. Von Handschriften

295 Acta SS Septembris 2 S. 701: *ex pergam(eno) antiquiss(imo) codice Ms. Augustae ad SS Udal(ricem) et Afram, ab anno 700 conscripto, in 4. Tit. Legendae aliquot SS. lit. z. n. 36.* Vgl. Coens, S. Magne S. 178ff.

296 Siehe unten S. 228.

297 Gamans' Kopie der Magnusvita in der Otloh-Fassung ist zweimal vorhanden. Das erste Exemplar, Bruxelles, Bibliothèque des Bollandistes, manuscrits 139 fol. 349–358^{v}, wurde von Gamans an Bollandus geschickt. Das zweite Exemplar, heute in der gleichen Handschrift, Bibl. des Boll. ms. 139 fol. 179–192 enthalten, ließ Gamans für seine eigenen Unterlagen anfertigen. Wahrscheinlich aus seinem Nachlaß gelangte auch diese Kopie zu den Bollandisten nach Brüssel. Vgl. Coens, S. Magne S. 178ff.

298 Garampi, Viaggio S. 242.

299 Gerbert, Iter Alemannicum S. 185.

300 Gercken, Reisen S. 245.

sah er drei Repositoria; die meisten seien Papiercodices. Die besten Stücke habe man am Beginne des 17. Jahrhunderts verloren. Der St. Galler Stiftsbibliothekar P. Johann Nepomuk Hauntinger, dessen Bibliotheksbesuch ins Jahr 1784 fällt, beobachtete ebenso, daß die Manuskripte meist aus jüngerer Zeit stammten und auf Papier geschrieben seien[301]. Wir dürfen also aus diesen letzten Jahrzehnten des Bestehens der Bibliothek kaum mehr Nachrichten über alte Pergamentcodices erwarten. F. A. Veith und G. W. Zapf werden als Kenner der Sammlung bezeichnet[302]. Ihre biobibliographischen Arbeiten[303] geben keinen Hinweis auf alte Handschriften, die vor 1200 im Kloster nachzuweisen oder anzunehmen wären.

Pater Placidus Braun hatte 1779 die Bibliothek übernommen, sie neu geordnet, katalogisiert und teilweise beschrieben. Außer den Mitteilungen Brauns, die bei erhaltenen Handschriften an der entsprechenden Stelle von mir berücksichtigt wurden, enthält seine Notitia im 2. Bande noch die Beschreibung eines alten

(71) Missale

in 8° (!), codex membranaceus, s. aut XI aut XII[304]. Diese Handschrift nennt Braun ein Zeugnis der „alten Liturgie". Sie hatte aber durch Brand gelitten, so daß Braun nur mehr Teile der Meßgebete veröffentlichen konnte.

Vier Titel (Notae ex curtio, de Lignano Joannis Tractatus super Clementinas, Proprium festorum, Rituale in quo ritus in Monasterio Salem dicto ubi Hymni et canticorum) erwähnt Braun in seinem Catalogus[305] und datiert sie ins 10. bzw. 11. Jahrhundert, was aber der Verfasser und Titel wegen ein Versehen sein muß. Sie scheinen aus jüngerer Zeit zu stammen. Anders die Textsammlung

(72) *Ex ss. patribus,*

praecipue Augustino, Ambrosio, Gregorio, Hieronymo, Beda, Leone P. ... Rabano, ex decretis Gelasii ... quaedam ex historia naturali Plinii ... in perg. s. XI vel XII, 4°. Sig. A 1[306]. Für diese Handschrift könnte aufgrund der Zusammenstellung der Autoren angenommen werden, daß sie im Zuge der Hirsauer Reform im 12. Jahrhundert ins Kloster gekommen oder dort geschrieben worden

301 Meier, Nepomuk Hauntinger S. 69.
302 Ruf, Augsburg S. 51.
303 Bibliotheca bzw. Bibliothek.
304 Braun, Notitia 2 S. 12 ff.
305 Augsburg, StadtA, Reichsstadt, Kath. Wesensarchiv G 39, S. 103, 87, 115 und 122.
306 Augsburg, StadtA, Reichsstadt, Kath. Wesensarchiv G 39 S. 60.

ist [307]. Sie dürfte mit der Handschrift Nr. (7) identisch sein, die den Besitzvermerk des 12. Jahrhunderts trägt.

Übersicht

Nachdem die Bücher des Klosters, erhaltene und in verschiedenen Quellen erwähnte, zusammengetragen und nach ihren Inhalten beschrieben wurden, sollen sie nun abschließend in einer Übersicht nach Autoren und Titeln aufgeführt werden. Bei dieser Rekonstruktion eines ,,Bibliothekskatalogs um 1200" folge ich in groben Zügen jener Systematik, die im 15. Jahrhundert für die Bibliothek geschaffen wurde. Sie tritt uns in den Polsterschen Versen entgegen und spiegelt sich noch im Bücherverzeichnis von 1616 wider. Wenn ich also die Bücher um 1200 nach dieser Systematik gruppiere, dann sollen damit der Vergleich mit später erleichtert werden und das Wachstum und der Wandel der Bibliothek leichter erkennbar sein. Ich setze den Sachgebieten der Bibliotheksbücher allerdings noch die Gruppe der im Gottesdienst verwendeten Bücher (Liturgica) voraus, die möglicherweise außerhalb der Bibliothek im Chor oder der Sakristei der Kirche aufbewahrt wurden. Die Zahl in Klammern hinter den einzelnen Werken verweist auf die von mir geschaffene, durchlaufende Zählung der Bücher innerhalb Kapitel II. Bücher, deren Vorhandensein in der Bibliothek vor und um 1200 nicht eindeutig oder nicht wenigstens mit großer Wahrscheinlichkeit festgestellt werden konnte, erhalten ein Fragezeichen.

1. Liturgica:
Sacramentarium Gregorianum (25)
II Missalia (51)
Liber Evangeliorum (52)
Lectionarium (53)
Evangelistarium pretiosissimum (59)
Epistolarium cum evangeliis (63)
Missale (64)
Missale (71)

2. Biblica:
S. Matthaei Evangelium cum glossa ordinaria (44 a)
Matthaeus glossatus (54)
Matthaeus cum glossa (16)

307 Vgl. unten S. 278 ff.

Marcus cum glossa (18)
Glossa super Lucam (10)
S. Lucae Evangelium cum glossa (11)
Lucas et Matthaeus cum glossis (12)
Glossa super Matthaeum, quaestiones super Lucam et I caput Genesis (27)
Johannes Evangelista (13)
? Expositio in epistolas Pauli (68)
Epistolae VII Catholicae (14)
Apocalypsis s. Johannis (15)
Evangelistae cum glossa (17)
IV Evangelia (19)
Glossen zur Bibel. Gregorius M., Cura pastoralis (26)
Psalterium cum titulis et glossis (55)
Proverbia Salomonis etc. cum glossa (8)
Daniel propheta cum glossa (9)

3. Historica:
Historia tripartita (20)
Otto Frisingensis, Chronicon. Catalogus Pontificum Romanorum (37)
Udalscalcus, Eginonis abbatis gesta (46)
Cronica (62)
Catalogus episcoporum Augustanorum Vindelicorum (66)

4. Patristica:
Auctoritates patrum (7), identisch mit (72)
Hieronymus, Commentarius in Jeremiam. Hrabanus Maurus, Expositio in Jeremiam (5)
Origenes, Super Cantica canticorum (21)
Origenes, Super Cantica canticorum (33)
Augustinus, Commentarius in Psalterium (40)
Gregorius M., Liber moralium (= Moralia in Job) (42)
Gregorius M., In Cantica canticorum (43)
Isidorus, In Pentateuchum (44)
Hieronymus, Epistola ad Fabiolam (56)
Ex ss. patribus (72), identisch mit (7)

5. Theologica:
Conflictus Arnobii et Serapionis de deo uno et trino (2)
Cassiodori Institutionum liber I (4 a)
Kommentar zu den Sentenzen des Petrus Lombardus (6)
Historia scolastica (61)

6. Vitae et passiones:
Berno, Vita Udalrici (31)
Berno, Vita Udalrici etc. („hagiographisches Hausbuch“) (32)
Passiones et vitae sanctorum (38)
Berno, Vita Udalrici (47)
Legenda Narcissi etc. (48)
Vita Magni etc. (49), identisch mit (70)
Otloh, Vita Magni (70a)
Martyrologium (69)

7. Regulae, ordines:
Ordo presbiterorum (58)
? Kalendarium et Regula s. Benedicti etc. (67)

8. Homiletica:
Sermo s. Bernardi (23)

9. Septem artes:
Beda, De ratione calculi (1)
Beda, De naturis rerum (22)
Musiktraktate (4)
Musiktraktate (39)
? Glossae in Martianum Capellam (34)
Glossarium Salomonis (60)

10. Poetae, rhetores, philosophi:
Seneca ad Lucilium. Cicero, De amicitia. Sallustius in Ciceronem. Seneca ad Paulum (28)
Ovid, Metamorphoses (35), (36)
Cicero, Libri tres officiorum (65)
? Arator, Actus apostolorum (29)
? Alcimus Avitus, Libri VI (30)
Prudentius, Opera (3)
Prudentius, Opera. Paulinus, Vita Martini (50)
Chalcidius in Timaeum (36)
Porphyrius contra Danielem (41)

11. Varia:
Epistolares literae ad varias personas (24)
Miscellanea sacra (45)
Epistolae Ivonis (57)

Zusammenfassung

Beim Nachweis des Bücherbestandes im Kloster St. Afra im 11. und 12. Jahrhundert und bei der Rekonstruktion eines Bibliothekskataloges um 1200 konnte man von Zeugnissen verschiedenster Art ausgehen. Sehr gut bezeugt ist eine Gruppe erhaltener Handschriften mit dem Besitzvermerk *Sanctae Afrae,* der sowohl im 11. wie im 12. Jahrhundert angebracht wurde. Einige Exemplare unter diesen sind noch zusätzlich mit einem Namen gekennzeichnet (Reginbald, Adelhalm, Herimann) und somit genauer zu datieren, da es sich um Persönlichkeiten des Klosters handelt. In Kenntnis dieser Besitzvermerke konnten dem Bücherverzeichnis von 1616 Hinweise auf Bücher mit ebensolcher Kennzeichnung entnommen werden.

Weitere Handschriften, die aus der Bibliothek von St. Ulrich und Afra erhalten sind, konnten in die rekonstruierte Bücherliste aufgenommen werden, da sie von ihrem Alter her dahin passen und nichts darauf hindeutet, daß sie später erworben wurden. Manchmal fanden sich in ihnen inhaltliche und paläographische Hinweise oder Beitexte, die die Wahrscheinlichkeit erhöhen, daß das Kloster zur fraglichen Zeit diese Bücher besaß.

Da nachweislich bereits die Klosterchronisten Adilbert, Meisterlin und Wittwer auf Eintragungen in älteren Handschriften zurückgriffen, wurde auf Bücher mit zeitgenössischen Beitexten geachtet. Es ließen sich aus dem Bücherverzeichnis von 1616 vor allem einige bedeutsame Väterschriften erheben, die heute verloren sind, die aber aufgrund erwähnter Eintragungen der Bibliothek des 12. Jahrhunderts zugewiesen werden konnten. Auch für eine zweite Prudentius-Handschrift (heute Paris) konnte wahrscheinlich gemacht werden, daß das Kloster sie besaß. Aus einer alten Schenkungsliste (Werinher), aus Erwähnungen in chronikalischen Quellen, Reiseberichten und späteren Beschreibungen der Bibliothek ließen sich Rückschlüsse auf alten Bücherbesitz ziehen. Leider erwiesen sich die Hinweise von frühen Editoren, die Drucke nach alten ulrikanischen Codices herstellten, meist als zu ungenau, als daß wir endgültig entscheiden könnten, wann die handschriftlichen Vorlagen in der Bibliothek vorhanden waren.

Somit gewährt die rekonstruierte Bücherliste zwar einen Einblick in die Verhältnisse, bleibt aber notwendig unvollkommen. Es wurde versucht, die Spuren der bibliothekarischen Überlieferung zu sichern im Wissen um jenen unbekannten Rest an Büchern, die spurlos verschwunden sind.

Gleichwohl läßt die Übersicht einige Schwerpunkte erkennen. Verhältnismäßig groß ist die Gruppe der liturgischen und biblischen Bücher, letztere in der Regel mit Erklärungen. Soweit Kirchenväter mit Kommentaren zu biblischen Schriften vertreten sind, wurden dieselben unter die Abteilung „Patristica" gestellt. Die Väterschriften bilden zusammen mit der Gruppe der Dichter, Rhetoren und Philosophen die nächststarke Autorengruppe. Letztere sollte allerdings differenziert nach heidnischen und christlichen Autoren betrachtet werden. Schwerpunkten der Bibliothek und damit auch Akzentuierungen der geistigen Interessen soll im folgenden nachgegangen werden.

Kapitel III

Die Bücher als Zeugnis geistiger Interessen

Es verwundert nicht, wenn in der rekonstruierten Bücherliste die liturgischen, biblischen, theologischen und aszetischen Schriften einen breiten Raum einnehmen[1]. Sie dienten in erster Linie den Bedürfnissen des Klosterlebens und können unter dem Begriff der geistigen Lektüre im weiteren Sinne zusammengefaßt werden. Unser Augenmerk richtet sich hier jedoch nicht so sehr auf die Spiritualität, sondern mehr auf geistige Interessen und wissenschaftliche Tätigkeit, wie sie das mittelalterliche benediktinische Mönchtum auszeichneten[2]. Beides wird sich jedoch nicht scharf voneinander trennen lassen, denn für einen Mönch, der sein Leben dem opus dei verpflichtet hat, gibt es kein profanes Werk.

1. Die Prudentius-Handschriften

Das Werk des christlichen Dichters Prudentius (gest. nach 405) aus Spanien, im Mittelalter eine „einzigartig verbreitete und vertraute Bildungsquelle"[3], war in der Bibliothek des Benediktinerklosters von St. Afra zweimal vorhanden. Eine dieser Prudentius-Handschriften ist der Codex 145 der Universitätsbibliothek Kiel. Dieses Buch war von Anfang an im Benediktinerkloster, denn es gehört zu der Gruppe, die durch den Besitzvermerk „St. Afra/Reginbald" ausgewiesen ist[4]. Die zweite Prudentius-Handschrift liegt heute in der Bibliothèque nationale in Paris. Gute Gründe sprechen dafür, daß diese Handschrift aus St. Afra in

1 Vgl. Christ/Kern, Mittelalter S. 263.

2 Vgl. Schmitz, Geschichte 2, und daselbst die Einteilung: 2. Buch: Wissenschaftliche Tätigkeit und 4. Buch: Die benediktinische Spiritualität; Leclercq, Wissenschaft und Gottverlangen.

3 Zur Beliebtheit des Prudentius als Schulschriftsteller Glauche, Schullektüre, passim und Silvestre, Aperçu S. 50.

4 Siehe Nr. (3).

Augsburg stammt[5]. In der Pariser Handschrift sind die Werke des Dichters mit der Vita Martini des Paulinus von Périgueux verbunden; das deutet an, daß die Handschrift zur Schullektüre verwendet wurde. Glauche bemerkte die Kombination dieser Schriftsteller schon unter den vorkarolingischen Ansätzen zur Bildung eines Schullektürekanons[6] . Venantius Fortunatus (gest. nach 600) zählt nämlich als seine Vorbilder auf: Juvencus, Orientius, Prudentius, Paulinus, Arator, Alcimus Avitus[7]. Auf ein Zeugnis aus dem 9. Jahrhundert sei verwiesen, das die Wertschätzung christlicher Dichter im Kloster St. Gallen aufzeigt. In seiner Notatio empfiehlt Notker Balbulus seinem Freund Salomo, dem späteren Bischof von Konstanz, zur nützlichen Lektüre: den *prudentissimus* Prudentius, Alcimus Avitus, Juvencus und Sedulius, und als allgemeine „Literaturgeschichte" die von Hieronymus begonnene und von Gennadius fortgesetzte Schrift De inlustribus viris[8]. Es mag für eine gewisse Tradition sprechen, wenn uns fast die gesamte Liste dieser christlichen Dichter mehrere hundert Jahre später in der Bibliothek des eben gegründeten Benediktinerklosters wieder begegnet[9].

Eine erste Frage gilt nun der Textform in den Prudentius-Handschriften Kiel 145 und Paris 241. Welchen Ort nehmen sie im Gesamt der Textüberlieferung ein?

a) Die Textüberlieferung

R. Stettiner grenzt unter den Prudentius-Handschriften eine süddeutsch-schweizerische Gruppe ein, der er auch unsere beiden Handschriften aus St. Afra zuzählt[10]. Diese Gruppierung deckt sich in etwa mit einer Gruppe von

5 Siehe Nr. (50).

6 Glauche, Schullektüre S. 5f. „Kanonbildung" oder „Lektürekanon" bei Glauche sind wohl nicht ganz zutreffende Begriffe, da es einen verpflichtenden Kanon von Schriften für die Schule im Mittelalter nicht gab. Man kann sie aber im Sinne von „Schwerpunkten der Lektüre" verstehen und akzeptieren.

7 Zit. Glauche, Schullektüre S. 5.

8 Dümmler, Formelbuch S. 73.

9 Arator Nr. (29); Avitus Nr. (30). Das „Testimonium Gennadii" als Accessus in beiden Prudentius-Handschriften! Vgl. Inhaltsbeschreibung zu Nr. (3) und (50). Leider konnte ich die beiden Dresdner Handschriften mit Arator und Avitus nicht auf Spuren ihrer Verwendung im Schulunterricht (Glossen etc.) untersuchen, da eine Gesamtverfilmung nicht möglich war. Beide Handschriften – besonders die Dc 159 – haben 1945 schwere Wasserschäden und Pergamentzerstörungen erlitten, die teilweise zu Textverlusten oder Unleserlichkeit geführt haben. Frdl. Mitteilung der Sächsischen Landesbibliothek vom 28. 5. 79.

10 Stettiner, Prudentiushandschriften S. 108. R. Stettiner hat als einer der ersten von kunsthistorischer Seite her das Gesamt der illustrierten Prudentiushandschriften behandelt. Obwohl Kiel 145 und Paris 241 nicht bebildert und nur gelegentlich mit kostbaren Initialen geschmückt sind, erwähnt Stettiner auch sie in seiner Gruppierung.

Handschriften, die M. P. Cunningham, der jüngste Herausgeber der Werke des Prudentius, mit Theta oder „Sankt Galler Gruppe" bezeichnet[11]. Seine Thetagruppe, hauptsächlich Handschriften des 9. Jahrhunderts, schart sich um den Codex Sangallensis 136, s. IX, aus St. Gallen. Eine Zuordnung der Handschriften des 11. Jahrhunderts erfolgt bei Cunningham nicht, da er nur die älteren berücksichtigt. Es läßt sich aber unschwer eine Beziehung unserer Handschriften aus St. Afra zu dieser Gruppe feststellen. Sie haben die gleiche Anordnung der Stücke wie der „Führer der Thetagruppe", der Sangallensis 136. Auf den aus Gennadius entnommenen Accessus folgen eine Praefatio, die Hymnen des Cathemerinon I–X, darauf das Peristephanon[12], dann die Hymnen XI–XII des Cathemerinon, darauf der Epilog Dittochaion, Apotheosis, Hamartigenia, Psychomachia und Contra Symmachum. Auch die beiden Carmina Damasiana hinter Peristephanon-Gedicht XIV, die von der Thetagruppe geboten werden, sind in den Handschriften aus St. Afra an dieser Stelle enthalten. Weitere Beobachtungen am Text bestätigen die Zugehörigkeit zur St. Gallener Überlieferung. In den Überschriften der Hymnen des Peristephanon kommt mehrfach die Formulierung *in honorem* vor, *in honorem sanctorum Martyrum* ... zum Beispiel. Die Handschriften aus St. Afra haben durchgehend das sprachlich fragwürdige *in honore* ... Auch der Sangallensis 136 überliefert im Unterschied zu anderen Textzeugen *in honore*[13]. Folgende Formulierungen, die nicht in allen Prudentius-Handschriften einheitlich sind, finden sich gemeinsam in unserer Gruppe: Nach den hinter dem Peristephanon eingeschobenen Hymnen XI und XII des Cathemerinon folgen ein *Finit Cathemerinon Prudentii clementis* ... und der Epilog, beginnend mit *Incipit de opusculis suis* ... Das Buch Apotheosis hat den erläuternden Zusatz *id est de divinitate,* und die Bücher Contra Symmachum haben die Überschrift *contra orationem Symmachi*. Beide Titulierungen dieser Bücher sind dem Sangallensis 136 eigen[14].

Es liegen jedoch auch Unterschiede innerhalb der Gruppe vor. Die Augsburger Codices stimmen an vielen Stellen in den Lesarten mit dem Sangallensis 136 überein, bieten vereinzelt aber auch andere Lesarten. Kiel 145 hat an mehreren Stellen Lesarten gleich richtig im Text, die in der St. Gallener Handschrift noch als Korrekturen eingefügt sind. Zur Thetagruppe gehört auch der Sangallensis 134, im 9. Jahrhundert in St. Gallen geschrieben[15]. Dieser weicht gelegentlich vom Sangallensis 136 ab. Beim Buch Cathemerinon fehlt im 136 die Inscriptio ad librum. Der 134 bietet *Incipit liber hymnorum Aurelii Prudentii clementis* mit

11 Cunningham, Prudentii Carmina S. XVI ff.

12 In der charakteristischen Reihenfolge der Gedichte, wie oben unter Nr. (3) beschrieben.

13 Cunningham, Prudentii Carmina S. 251 und öfter.

14 Cunningham, Prudentii Carmina S. 73 und 182.

15 Cunningham, Prudentii Carmina S. XVIII.

dem nur ihm eigenen Zusatz *nobilissimi ac facundissimi poetae*[16]. Auch der Parisinus 241 überschreibt mit diesem Incipit und dem Zusatz *facundissimi poetae*. Der Codex 136 nennt den ersten Hymnus des Cathemerinon *ad galli cantum*. Der Codex 134 dagegen hat die ihm eigentümliche Überschrift *ad gallicinium*[17]. Auch der Parisinus 241 bietet *ad gallicinium*, beim Kiel 145 ist die Stelle erloschen. Kiel 145 und Paris 241 bezeichnen das Buch Peristephanon als *liber secundus*. Diese Zählung „Buch II“ fehlt in der St. Gallener Überlieferung.

Ein geradezu berühmter Vertreter der Thetagruppe ist die Handschrift Bern 264 (s. IX^{ex}/X^{in})[18] von der Reichenau, berühmt wegen ihrer Illumination und der wissenschaftlichen Beschäftigung mit ihr[19]. Inhaltlich stimmt der Bern 264 (Bongarsianus) in der Abfolge der einzelnen Bücher und Stücke nicht genau mit den Inhalten der Augsburger und St. Gallener Handschriften überein. Das mag einerseits daher rühren, daß er das Prudentius-Werk lückenhaft überliefert. Andererseits kommen zwischen Vorlage und Abschrift stets Schwankungen vor, und es lassen sich über inhaltliche Beobachtungen und Erwägungen allein Abhängigkeiten unter Handschriften nicht endgültig klären[20]. Eine Verwandtschaft der Prudentius-Codices von St. Afra zu Vorgängern des 9. Jahrhunderts, die im Kloster St. Gallen entstanden sind, und gegebenenfalls zur Handschrift Bern 264, die aus der Reichenau des beginnenden 10. Jahrhunderts stammt, kann jedenfalls festgehalten werden.

b) Die Glossierung

Die beiden Prudentius-Handschriften, Kiel 145 und Paris 241, sind sehr reich glossiert. Vermutlich wurden Glossen bereits zusammen mit der Textabschrift aus der Vorlage übernommen. Andere wuchsen dem Text im Laufe der Lektüre zu. Es handelt sich dabei um lateinische Worterklärungen, d. h. ein lateinisches Wort im Text wird durch einen oder mehrere synonyme Begriffe erläutert. Wei-

16 Cunningham, Prudentii Carmina S. 3.

17 Ebd.

18 Cunningham, Prudentii Carmina S. XVII.

19 Bern, Burgerbibliothek, Cod. 264, auch Bongarsianus, weil zeitweilig im Besitze J. Bongars (gest. 1612). Zuletzt Beer, Überlegungen. Bereits O. Homburger hat diese Handschrift in die „Bodenseegegend (St. Gallen? Reichenau? Konstanz?)“ lokalisiert. E. J. Beer kann aufgrund stilistischer Untersuchungen der Initialen und Illustrationen überzeugend darstellen, daß Bern 264 sowohl aus St. Gallen wie aus Lotharingien Anregungen empfing (Vorlagen) und s. IX^{ex}/X^{in} im Skriptorium der Reichenau entstand.

20 Um konkretere Ergebnisse zu erzielen, müßte man die Handschriftengruppe paläographisch untersuchen. Eine Ähnlichkeit in der Schrift und den Initialen der beiden Augsburger Prudentiushandschriften mit Bern 264 scheint mir gegeben. Vgl. Beer, Überlegungen S. 60 ff.

ter findet man oft längere lateinische Kommentierungen zu Wörtern und Stellen im Text, die an den Rand geschrieben sind (Scholien). Häufig schließlich besteht die Glossierung in althochdeutschen Wortübersetzungen. Die lateinischen Worterklärungen und die althochdeutschen Glossen stehen überwiegend zwischen den Zeilen (interlinear) über dem Wort (lemma), die Scholien auf den Blatträndern (marginal) meist mit Verweisungszeichen auf die Bezugsstelle im Text. Regelmäßig wurden in den beiden glossierten Handschriften griechische oder griechischstämmige Wörter und Namen ins Lateinische übertragen[21]. Auch griechisch geschriebene Wörter wurden in der Glosse in lateinischer Umschrift wiedergegeben[22]. Scholien und Glossen finden sich in Kiel 145 vor allem zum Cathemerinon und Peristephanon, zu Apotheosis, Hamartigenia und Psychomachia. Im Parisinus 241 ist es ähnlich, allerdings erstreckt sich in ihm die Glossierung auch über die Bücher Contra Symmachum. Kaum glossiert sind die Tituli historiarum (Dittochaeon), überhaupt nicht die Vita Martini des Paulinus.

Unter den Glossatoren der Handschrift Kiel 145 lassen sich 4–5 Haupthände unterscheiden, die sich teilweise überschneiden, die aber schwerpunktmäßig einander ablösen. Der erste Glossator hat eine wohlgeformte, zierliche Minuskelschrift mit Verdickungen im Abstrich und merklich feineren Anstrichen. Er verwendet in der Regel Verweisungszeichen, Häkchen oder Punkte oder langes s, Zeichen, die er im Text über das glossierte Wort und am Rand vor die Glosse setzt. Als handschriftliche Besonderheit des Glossators begegnet an mehreren Stellen (fol. 16^{r}, 37^{v}, 39^{r}, 43^{v}) ein langes s mit einer Schleife. Fol. 20^{v} und 32^{v} steht ein großes R am Rand[23]. Der erste Glossator kommentiert im wesentlichen bis fol. 69. Danach ist er nur noch vereinzelt vertreten.

Die Hand, die ihn nun in der Glossierung ablöst, schreibt wesentlich feiner, dünner, farbloser. Die Tinte ist heller, und die Buchstaben sind weniger differenziert, Auf- und Abstriche annähernd gleich ausgeführt. Der zweite Glossator schreibt mehr Interlinearglossen, wenige Marginalglossen, er verwendet selten Verweisungszeichen. In einer Glosse findet das F mit dem Querstrich in Form einer Wellenlinie, das sonst im Text vorkommt, Verwendung. Mit fol. 102^{r}, wo ein Tinten-, wenn nicht gar Schreiberwechsel festzustellen ist, scheint auch die Glossatorenhand zu wechseln. Der dritte Glossator schreibt mit einer dünneren Feder als seine beiden Vorgänger. Seine Schrift ist wenig durchgeformt. Kürzungen wie beim zweiten Glossator, auch das beschriebene F, gelegentliche Verweisungszeichen sind vorhanden. Es ist nicht auszuschließen, daß der zweite und dritte Glossator identisch sind.

Während der dritte (oder zweite) Glossator noch einige Seiten weiter vertre-

21 Beispiel: Kiel UB 145 fol. 51^{r}: *Eulalia*. Dazu Glosse: *Eulalia graece, latine Boniloqua dicitur.*

22 Beispiel: Paris, BN, Nouv. acqu. lat. 241 fol. 5^{v}.

23 Vgl. dazu ein R bei einer Marginalglosse im Cod. Guelf. 335 Gud. lat. fol. 41^{r}.

ten ist, kommt fol. 138^r mit Beginn der Hamartigenia eine neue Glossatorenhand hinzu, die durch eine sehr regelmäßige, leicht gebrochen wirkende Schrift charakterisiert ist. Es findet sich st-Ligatur, nicht dagegen ligiertes ct. Das r geht mit dem Schaft unter die Zeile, und seine Schulter ist manchmal durch eine Wellenlinie verlängert. Dieselbe Form des r begegnet auch im Text (fol. 173). Möglicherweise enthält der letzte Teil des Codex, die Psychomachia, fol. 165^r/v sowie 173^v eine weitere Glossatorenhand, die vom vierten Glossator kaum zu unterscheiden ist, aber noch gebrochener wirkt und Oberlängen mit kleinen Häkchen versieht. Neben den ca. vier Hauptglossatoren finden sich noch mehrere Schreiber von Interlinearglossen oder auch Korrektoren, die jedoch so vereinzelt auftreten, daß eine Gruppierung nicht möglich ist.

Für die deutschen Interlinear- und Marginalglossen stellen Steinmeyer-Sievers fest, daß sie größtenteils von den Schreibern der lateinischen Scholien herrühren. Es gelingt ihnen aber auch nur, jeweils einen Hauptglossator zu erkennen, um von ihm die Einzelglossen verschiedener Hände abzusetzen[24].

Ähnlich lassen sich bei den Glossatoren des Parisinus 241 mehrere Hände unterscheiden. Vor allem die Zusätze und Korrekturen sind von verschiedenen Schreibern eingefügt, während die Hauptpartien der Scholien von einem Schreiber zu stammen scheinen. Die Frage ist nun, woher Scholien und Glossen genommen sind und wie der Glossierungsvorgang zu erklären ist. Läßt sich eine Beteiligung von Mönchen aus St. Afra an diesem Vorgang erkennen? Die Geschichte der lateinischen Kommentierung ist getrennt von jener der deutschen Glossierung zu betrachten.

Die lateinischen Kommentare zu Prudentius entstanden in der karolingischen Epoche[25], wobei unterschieden werden muß, ob sie sich an Leser des romanischen oder des germanischen Sprachraums richteten. Bei den Romanen, die mit der lateinischen Sprache weniger Schwierigkeiten hatten, zielten die Kommentare auf Sinnerschließung, bei den Germanen primär auf das Verstehen der Sprache. Das Verhältnis konnte sich jedoch umkehren, als die Romanen sich mehr vom klassischen Latein entfernten, während die Germanen die Sprache zwar erlernen mußten, aber sie dann verstanden. Die Kommentierung nach der germanischen Tradition geht vor allem aus zwei Quellen hervor, aus den Handschriften Bern 264 (Bongarsianus)[26] und London, BL, Add. 34248 (Widmannianus)[27]. Der Widmannianus ist im 11. Jahrhundert geschrieben[28], hat einige il-

24 Steinmeyer/Sievers, Glossen 4 S. 472 und 2 S. 478 ff. (Nr. DCCXCIII).

25 Manitius, Prudentiusglossen S. 142 ff.; Silvestre, Aperçu S. 50 ff.

26 Siehe oben S. 120.

27 Catalogue of Additions S. 260–263.

28 Bischoff, Studien 3 S. 130 im Unterschied zu Catalogue of Additions S. 262: frühes s. X. Von M. P. Cunningham wird er ebenfalls ins 11. Jahrhundert datiert und daher nur erwähnt, nicht näher behandelt (Prudentii Carmina S. XIX: Wid).

luminierte Initialen und auf fol. 4r die Zeichnung eines Hahns. Seine Textgestalt hinsichtlich der Anordnung der einzelnen Bücher und der Reihenfolge der Gedichte entspricht genau jener der St. Galler Gruppe. Auch einige Eigentümlichkeiten in der Formulierung finden sich in ihm wieder: *ad gallicinium, in honore,* Zusatz *id est de divinitate* und *contra orationem Symmachi*[29]. Er enthält lateinische und deutsche Glossen. Seine Provenienz ist unbekannt[30]. Nach diesen beiden Codices edierte Weitz[31] die Werke des Prudentius und einen lateinischen Prudentiuskommentar, den er und spätere zunächst dem Klosterlehrer Iso von St. Gallen (gest. 871) zuschrieben[32]. Silvestre konnte nachweisen, daß die Kommentare germanischer Tradition letztlich auf die der romanischen zurückgehen. Der maßgebliche Vertreter der romanischen Kommentierung war Remigius von Auxerre (gest. um 908), die Heimat dieser Kommentierung die Schule von Laon[33].

Bei einem Vergleich der lateinischen Worterklärungen[34] auf einigen Seiten des Cathemerinon und der Psychomachia ergab sich folgendes Bild: Die Codices aus Augsburg St. Afra entnahmen die Worterklärungen aus Bongarsianus und Widmannianus unvollständig. Sie bieten weitere Erklärungen oder erweitern die entnommenen Glossen. Sie lassen auch deutsche Erklärungen miteinfließen. Beispiele: 1. Zum Lemma *mapalia* (Psychomachia, praefatio) bietet Widmannianus: *mapalia et magalia idem sunt, id est casae pastorum quae et tugurium.* Parisinus 241 (fol. 101r): *Mappalia tabernacula rusticorum vel magalia, id est habitacula ex ramis facta, loupa vel hutta.* Kiel 145 (fol. 164r) hat eine längere Randglosse an der gleichen Stelle, die aber nicht mehr sinnvoll lesbar ist. 2. Zum Lemma *satellites* (Cathemerinon, ad Galli cantum) hat Widmannianus *sequaces*, Kiel 145: *id est ministri*, Parisinus 241 *sequaces, id est ministros*. 3. Das Lemma *strophio* (Cathemerinon, ante cibum) kommentiert Widmannianus mit *cingulo*

29 Catalogue of Additions S. 260 ff. Vgl. oben S. 119. Die Nähe des Widmannianus zum Sangallensis 136 drückt sich auch in einer Kleinigkeit aus: Der Sangallensis 136 enthält ein weiter nicht verständliches „cu cu" hinter dem Dichternamen (Cunningham, Prudentii Carmina S. 72). Dasselbe befindet sich an der gleichen Stelle im Widmannianus (Cat. of Add. S. 261).

30 Der Codex hat einen abenteuerlichen Weg durch halb Europa hinter sich. Er wurde 1523 in Kempten (Bayern) aufgefunden, gelangte dann in die Kartause Gaming in Österreich. Vorübergehend war er im Besitz des Augsburger Arztes Karl Widmann (gest. 1638; daher: „Widmannianus"), dann bei Baron Brandau (gest. 1813). Von dort kaufte ihn Graf Apponyi für seine Bibliothek in Preßburg. Nach deren Auflösung 1892 muß er in das British Museum in London gelangt sein.

31 Weitz, Prudentii Opera, Hanau 1613.

32 Cunningham, Prudentii Carmina S. 263.

33 Silvestre, Aperçu S. 50 ff.

34 Ich benützte dazu die Edition der „Isoglossen" von Weitz. Vgl. Anm. 31. Weitz unterscheidet noch jeweils zwischen der Herkunft aus Bongarsianus oder Widmannianus. Der Editor (PL 59 und 60) hat die Glossen in den Fußnoten aus Weitz übernommen, ohne jedoch ihre Herkunft aus dem einen oder anderen Codex anzugeben.

aureo, strophium est cingulum. strophos enim dicitur graece convertere: hinc dictum strophium eo quod a posterioribus ad anteriora convertitur. Kiel 145: interlinear: *gurtele*; marginal: *strophio, id est cingulo. Nam ut isidorus ait: strophium (est) aureum cingulum cum gemmis paratum. quibusdam autem aliis auctoribus placet strophium vel coronam esse vel hoc ornamentum insigni (...) habebatur in capitibus. sacerdotium illud ergo latine stroppus vocatur.* Die Abhängigkeit vom Widmannianus scheint bei beiden Handschriften aus St. Afra größer als die vom Bongarsianus. In einer Stichprobe hatten sie 18 lateinische Worterklärungen mit jenem gemeinsam gegenüber nur etwa 6, die im Bongarsianus enthalten sind. Die Abhängigkeit des Parisinus 241 vom Bongarsianus hat auch Silvestre festgestellt[35]. Weiter hat Silvestre bemerkt, daß der größte Teil der Handschriften, die deutsche Glossen enthalten, zu der Gruppe um Widmannianus und Bongarsianus gehören.

Die althochdeutschen Glossen der Codices Kiel 145 und Paris 241 wurden von Steinmeyer/Sievers ediert[36]. Steinmeyer konnte in einer eigenen Untersuchung[37] aufgrund des Glossenvergleichs für Prudentius-Handschriften des 10.–12. Jahrhunderts unter anderen eine bayerische und eine alemannische Klasse unterscheiden.

Zur bayerischen Klasse sind zu zählen
Clm 18 922 (aus Tegernsee), s. X,
Clm 475 (unbekannte Provenienz), s. XI,
Clm 14 395 (aus St. Emmeram in Regensburg), s. XI und
Cod. Kiel 145 (aus St. Afra), s. XI (!).

Zur alemannischen Klasse zählt Steinmeyer neben anderen den Widmannianus, s. XI (!).

Innerhalb der bayerischen Klasse konnte Steinmeyer noch eine besondere Nähe des Kiel 145 aus St. Afra zum Clm 18 922 aus Tegernsee feststellen. Er bemerkte dazu, die enge Verwandtschaft dieser beiden Handschriften verwundere nicht, da die ersten Mönche von St. Afra aus Tegernsee gekommen seien[38].

Durch einen direkten Vergleich dieser beiden Handschriften wird ihre Verwandtschaft durchaus erhärtet. Sie bieten an mehreren Stellen die gleiche Leseart, abweichend vom Text der Edition als Kontrolltext[39]. Mehrfach ist jedoch eben an diesen Stellen die Tegernseer Handschrift „berichtigt“, während in Kiel 145 die „Fehler“ belassen sind. Außerdem finden sich Stellen, an denen sich

35 Silvestre, Aperçu S. 53.

36 Glossen 2 S. 413 ff. und 478 ff.

37 Steinmeyer, Glossen zu Prudentius.

38 Steinmeyer, Glossen zu Prudentius S. 109 Anm.

39 Edition Cunningham, basierend im wesentlichen auf den Handschriften Paris, BN, Cod. lat. 8084 (s. VI) und 8087 (s. IX), Leiden, UB, Burmannus Q 3 (s. IX), Mailand, Biblioteca Ambrosiana, Cod. D 36 sup. (s. VI) und St. Gallen, Stiftsbibliothek, Cod. 136 (s. IX).

beide Handschriften in der Lesart unterscheiden. Die Überlegung Steinmeyers sollte also nicht dahin führen, daß die Handschrift Kiel aus dem Tegernseer Codex abgeschrieben und dann von den Mönchen nach Augsburg mitgenommen worden wäre. Beide Handschriften gehen eher auf eine gemeinsame Vorlage oder Vorlagen zurück.

Ähnlich verhält es sich mit der althochdeutschen Glossierung. Im Tegernseer Codex sind nur das Cathemerinon und das Peristephanon bis Hymnus II einschließlich bearbeitet, während sich die Glossierung in Kiel 145 in verschiedener Dichte bis ans Ende erstreckt. Entsprechend bringen es beide nur auf 25 gemeinsame deutsche Wortglossen im vorderen Teil der Bücher[40]. Es dürfte sich dabei um einen Teil eines Grundbestandes von althochdeutschen Glossen handeln, die von vorneherein in beide Abschriften, in Kiel 145 mehr, in die Tegernseer aus irgendwelchen Gründen nur eine Strecke weit, eingingen. Schließlich finden sich einige Komplexe lateinischer Marginalien parallel an der gleichen Stelle in beiden Handschriften; beide haben jedoch auch ihre eigenen lateinischen Erläuterungen. Der Tegernseer Codex bietet überdies Glossen in Geheimschrift. Beide haben also möglicherweise einen Ausgangspunkt, liegen aber am Ende ihrer Bearbeitung auseinander.

Eine andere Beziehung hat Steinmeyer unter den Glossen des Parisinus 241 und des Clm 14 395 (aus St. Emmeram) festgestellt. Die Glossen des ersten wurden in den Emmeramer Codex übertragen, nachdem schon einige Glossatoren an diesem gearbeitet hatten[41]. Der Clm 14 395 aus dem 11. Jahrhundert, der Schrift nach wohl der jüngste der hier genannten Prudentius-Codices, war von vorneherein als „Arbeitsexemplar" angelegt. Er ist von größerem Format und läßt breite Ränder, manchmal die halbe Seite zur Aufnahme von Glossen frei. Er hat denn auch wohl ziemlich alles an Glossen aufgenommen, was bis dahin erarbeitet war, und dieselben noch einmal vermehrt. Seine althochdeutschen Glossen decken sich mit den meisten in Kiel 145 und im Clm 18 922 (aus Tegernsee)[42]. Auch fast sämtliche lateinischen Scholien und Worterklärungen aus dem Parisinus 241 finden sich im Clm 14 395 wieder, so daß kein Zweifel besteht, daß der in den Codices von St. Afra erreichte Stand der Kommentierung an den Clm 14 395 weitergegeben wurde.

Gleichwohl kennzeichnet die von Steinmeyer aufgrund der althochdeutschen Glossen getroffene Klassifizierung der Handschriften in eine bayerische und

40 Vergleich der Wortlisten bei STEINMEYER/SIEVERS, Glossen 2 Nr. DCCXCII und DCCXCIII.

41 STEINMEYER/SIEVERS, Glossen 4 Nr. 384 S. 538 und Nr. 518 S. 600 sowie Nr. DCCXC = Edition der Glossen S. 413 ff.

42 Vergleich der Glossenlisten in STEINMEYER/SIEVERS, Glossen 2 Nr. DCCXC, DCCXCII und DCCXCIII S. 413–483.

eine alemannische Klasse nur den fortgeschrittenen Stand der Glossierung des 11. Jahrhunderts. Begibt man sich auf die Suche nach dem Ausgangspunkt der althochdeutschen Glossierung, dann hat man zunächst nur Steinmeyers Vermutung, daß als Heimat der deutschen Glossen das Kloster St. Gallen in Frage komme, daß sie möglicherweise die Übersetzung der lateinischen Kommentierung – Steinmeyer hielt noch den Mönch Iso für den Verfasser dieser „Ur-Glosa" – darstellten[43]. In der Tat sind in den Sankt Galler Codex 136 und in den Codex Neapolitanus IV. G. 68[44] noch im 9. Jahrhundert deutsche Glossen eingeschrieben worden[45]. Ganz allgemein kann gesagt werden, daß im 9. Jahrhundert die althochdeutsche Glossierung im Kloster St. Gallen in vollem Schwange war und daß sie sich schwerpunktmäßig neben dem Alten Testament auf das Werk des Dichters Prudentius erstreckte[46].

c) Die Metren

Eine Besonderheit unserer Gruppe von Prudentius-Handschriften sind die metrischen Erläuterungen. Sie sind zu den meisten Hymnen nach den Überschriften eingetragen. Teils sind sie in den Text integriert, teils erscheinen sie als Randnotizen, teils wird die in den Text integrierte Angabe zum Metrum als Marginalglosse noch einmal wiederholt oder erweitert. Eine gute Vergleichsmöglichkeit der Handschriften untereinander bieten die metrischen Angaben zum Buch Peristephanon. Sie erscheinen in den Handschriften unserer Gruppe wie folgt:

	Kiel 145	Parisinus 241	Clm 14 395	Sang. 136
Hymnus I:	im Text	im Text	im Text	
Hymnus V:	im Text	im Text	im Text	im Text
Hymnus II:	–	im Text	–	
Hymnus XI:	–	–	–	
Hymnus XIII:	im Text	im Text	im Text	im Text
Hymnus XII:	im Text	im Text	im Text	im Text
Hymnus IV:	–	–	–	
Hymnus XIV:	im Text	im Text	im Text	im Text
Hymnus III:	–	marg.	–	
Hymnus VI:	marg.	marg.	–	im Text
Hymnus VII:	im Text	im Text	im Text	
Hymnus IX:	–	?	–	
Hymnus VIII:	–	–	–	
Hymnus X:	–	?	?	

Im Clm 18 922 sind die Stellen verblaßt und lassen kein sichereres Urteil mehr zu, ob ein Metrum vorhanden war oder nicht[47]. Der Vergleich zeigt noch einmal, wie auffallend ähnlich die Handschriften unserer Gruppe in ihrer Textgestalt einander sind. Die Angaben zum Metrum scheinen wie die althochdeutschen Glossen im Kloster St. Gallen beheimatet gewesen zu sein. Die Metren zu den ersten beiden Hymnen des Cathemerinon bietet der Sangallensis 134, die zu den folgenden der Sangallensis 136. Zum Peristephanon gibt es metrische Angaben zu Hymnus III im Bongarsianus, zu Hymnus V, VI, XII, XIII und XIV im Sangallensis 136 und noch einmal zu X und XIV im Bongarsianus 264. Wie die Tabelle zeigt, konnten die meisten metrischen Angaben im Peristephanon schon in St. Galler Handschriften vorgefunden werden, vor allem im Sangallensis 136.

Es erhebt sich die Frage, wann und durch wen die metrischen Erläuterungen mit den Prudentiushymnen verbunden wurden. Schon die antike Schulpraxis hatte solche Erläuterungen zu Gedichten (des Horaz etwa) gekannt[48]. Schon der älteste uns bekannte und wichtigste Zeuge der Überlieferung des Prudentiustextes, der Parisinus 8084, geschrieben im 6. Jahrhundert in Italien, hat von einer Hand des nämlichen Jahrhunderts Bemerkungen zum Metrum am Rand[49]. Diese Bemerkungen waren jedoch sehr knapp gefaßt. Es ist bemerkenswert, daß ausführlichere metrische Erläuterungen gerade in St. Galler Handschriften vorhanden sind, vor allem im Sangallensis 136[50], und von dort möglicherweise in die Handschriften unserer Gruppe eingingen. Prudentius hat 18 verschiedene Versmaße für seine Gedichte verwendet außer den in Hexametern abgefaßten Büchern Apotheosis, Hamartigenia, Psychomachia, Contra Symmachum und Dittochaeum[51]. Gerade die lyrischen Maße wurden im 9. Jahrhundert wiederbelebt[52]. In St. Gallen dichtete Notker Balbulus in Anlehnung an metrische Formen des Prudentius[53]. Walahfrid Strabo auf der Reichenau ist nicht weit entfernt, der die lyrischen Maße nicht nur praktisch in seiner Dichtung handhab-

43 Steinmeyer, Glossen zu Prudentius S. 13 ff.; R. Stettiner, Prudentiushandschriften S. 108 ff. vermutet Kloster Reichenau als Heimat der Glossen.

44 Hinweis bei Glauche, Schullektüre S. 60.

45 Dieser Codex ist ebenfalls zur St. Galler Gruppe der Prudentiushandschriften (Thetagruppe) zu zählen. Cunningham, Prudentii Carmina S. XVIII. Er wurde vermutlich in St. Gallen geschrieben und ist ins 9. Jahrhundert zu datieren. Vgl. auch Bischoff, Studien 2 S. 45 und Anm. 30.

46 Sonderegger, Althochdeutsch S. 51 f.

47 Ein Vergleich mit dem Widmannianus war mir nicht möglich.

48 Klopsch, Verslehre S. 95.

49 Cunningham, Prudentii Carmina S. XI; Lowe, Codices 5 Nr. 571 a S. (16). Die Tafel läßt das an den Rand notierte Metrum gut erkennen.

50 Cunningham, Prudentii Carmina, passim.

51 PL 59 Sp. 744–748.

52 Klopsch, Verslehre S. 95.

53 Manitius, Geschichte 1 S. 361 und 366.

te[54], sondern auch ein Lehrgedicht über die metrischen Formen verfaßte[55]. Der Cod. Neapel IV. G. 68, den wir als der St. Galler Gruppe von Prudentius Handschriften zugehörig kennenlernten und der in St. Gallen anscheinend geschrieben wurde, enthält fol. 103^v–106^r polymetrische Mustertexte aus der Straboschule[56]. Schließlich findet sich die Schrift des Lupus von Ferrières über die Metren des Boethius im St. Galler Codex 844 des 9. Jahrhunderts[57]. Es ist daher zu vermuten, daß in St. Gallen metrische Theorie betrieben wurde, was die Aufnahme metrischer Erläuterungen in die St. Galler Gruppe der Prudentius-Handschriften erklären könnte. Im 11. Jahrhundert, dem unsere beiden Handschriften spätestens entstammen, gehörten die metrischen Angaben offensichtlich bereits zum festen Bestand der Prudentiustexte. Daß man sich aber auch in dieser Zeit erneut mit dem Versmaß befaßte, beweisen die Glossen. Dafür ein Beispiel aus dem Parisinus 241 (fol. 2^r): Text: *Incipit praefatio sequentis operis (id est Cathemerinon) de qualitate metri ode trikolos tristophos* (interlinear: *carmen trimetrum, trimembrum, tercio* (?) *versu repetitum ...) Nam primus versus clicenicus* (interlinear: *ab inventore*) *dicitur, consistans* (?) *ex spondeo, choriambo* (interlinear: *qui ex chorio id est trocheo etiam constat*) *et pirrichio. Scanditur autem sicut dimetrum iambicum archiloicum* (interlinear: *ab autore*), *acatelecton, monocolon. (id est uni distinctum vel uni membrum) Secundus versus asclepiadius (vel -eus; ab autore), constans ex spondeo et duobus choriambis et pirrichio. Tertius choriambicus saphicus, constans ex spondeo et tribus choriambis et pirrichio.* Randglossen zu *cliconicus: Cliconicum metrum ab inventore dictum;* zu *asclepiadius: Asclepiadeum metrum dicitur quia eo frequenter utebatur Asclepiadeus (vel Esculabius) filius apollinis;* zu *saphicus: Saphicum metrum dicitur quod Sapho mulier edidit. Choriambicum id est constans ex chorio id est trocheo et iambo.* Interlinear- und Marginalglossen sind von einer Hand. Man erkennt unschwer, wie in diese Glosse eine ganze Passage an metrischer Theorie hineingepackt wurde.

d) Ergebnis

Nach Betrachtung der Textüberlieferung, der lateinischen und althochdeutschen Glossierung sowie der metrischen Angaben läßt sich zusammenfassend sagen:

54 Klopsch, Verslehre S. 96.

55 Erhalten im Sangallensis 831 (s. XI), teilweise herausgegeben von Huemer, Walahfrid Strabo S. 166–168.

56 Bischoff, Sammelhandschrift S. 45 f. Anm. 30.

57 Manitius, Geschichte 1 S. 490. Lupus von Ferrières, der wie Walahfrid Strabo ein Schüler des Hrabanus war, hat einem Prudentius (Cod. Guelf. 56.18 Aug. 4°) „metrische Erklärungen und textkritische Randbemerkungen" hinzugefügt. Bischoff, Wolfenbüttel S. 306.

1. Die Überlieferung der Prudentius-Handschriften des Afraklosters und mit ihnen einer Gruppe bayerisch-alemannischer Handschriften weist nach St. Gallen als einem Zentrum der Prudentiusüberlieferung. Ob einige von ihnen auch dort geschrieben wurden, ist schwer zu sagen, da kein Schreibervermerk oder eine andere Notiz über eine direkte Beziehung zur dortigen Schreibschule festgestellt wurde. Die Handschriften aus St. Afra sind im Text und in der Glossierung fortschrittlicher als der Hauptvertreter der Gruppe, der Sangallensis 136. Sie scheinen dem fragmentarischen Sangallensis 134 näher zu stehen. Möglicherweise war auch der Widmannianus, dessen Heimat wir nicht genau kennen, der Vermittler, da er in seiner Textgestalt der bayerischen Gruppe sehr nahekommt.

2. Die Glossierung greift auf einen Urbestand an Glossen zurück, der den Abschriften von Anfang an mitgegeben wurde. Als wichtigster Autor der karolingischen Epoche hat für den lateinischen Bestandteil dieser Urglosse Remigius von Auxerre zu gelten. Die deutschen Glossen dürften ähnlich wie die ausführlicheren Angaben zum Metrum in St. Gallen ihren Ausgang genommen haben, wobei die Angaben zum Metrum auf die beiden Hrabanusschüler Walahfrid Strabo und Lupus von Ferrières zurückgehen könnten. Beide sind in St. Galler Handschriften mit ihrer Metrik vertreten. Was den Handschriften weiter an Glossen zugewachsen ist bis zum Stand etwa in Clm 14 395, ist das Werk vieler anonymer Klosterlehrer; auch die Mönche von St. Afra haben wohl ihren Anteil daran. Somit erwies sich die Glossierung als lebendiger Vorgang, der nur über eine vollständige Edition der Glossen aller Handschriften erforscht werden könnte.

3. Der Tegernseer Prudentius (Clm 18 922) ist eng verwandt mit jenem aus St. Afra (Kiel 145). Dies sagt jedoch nichts über die Beziehungen St. Afras zu Tegernsee aus, da beide Handschriften eher auf eine gemeinsame Quelle zurückgehen, die in St. Gallen oder auf der Reichenau anzunehmen ist. Der Clm 18 922 ist ,,wahrscheinlich in Südwestdeutschland“[58] geschrieben. Der paläographische Befund also weist ebenfalls in Richtung Bodensee. Für den St. Emmeramer Prudentius (Clm 14 395) dagegen besteht eine direkte Abhängigkeit von der Augsburger Überlieferung und Glossierung. Vor allem die Glossen des Parisinus 241 sind in den Clm 14 395 eingeflossen. Auch das Bibelglossar St. Paul/Kärnten 82/1, oben Nr. (26), verwies in seiner Entstehung nach St. Gallen. Ebenso ließ die Textüberlieferung der Senecabriefe im Cod. Guelf. 335 Gud. lat., oben Nr. (28), Beziehungen zu St. Gallen erkennen. Bei diesen beiden Handschriften scheint es mir noch schwieriger als bei der Prudentiusüberlieferung und -glossierung, direkte Verbindungen zwischen St. Afra und St. Gallen anzunehmen. Es wird damit bestenfalls belegt, daß St. Gallen mit seiner reichen Schreib- und

58 Eder, Tegernsee S. 140.

Wissenschaftstradition seit der karolingischen Epoche als Zentrum auf den alemannischen und süddeutschen Raum ausgestrahlt haben muß.

4. Was ergibt sich aus der Bearbeitung der Prudentius-Handschriften für die geistigen Interessen der Mönche? Die Glossierung ist von Anfang an und in ihren späteren Phasen weniger theologisch oder literarisch kommentierend und auslegend, sondern beschränkt sich weitgehend auf das Textverständnis. Sie kommentiert vor allem griechische Begriffe und Namen, was besonders deutlich wird in den Angaben zum Metrum sowie zu Sachverhalten der antiken Welt und Mythologie. Es zeigt sich ein starkes Anwachsen der deutschen Worterklärungen, vielleicht für einen Leserkreis unter den Mönchen und besonders unter den Schülern, der zunehmend der muttersprachlichen Brücke zum Verständnis des Dichters bedurfte. Hierfür stehen vor allem der Parisinus 241 und Clm 14 395, die innerhalb unserer Gruppe die weitaus meisten althochdeutschen Glossen aufweisen. Außerdem wird von den Glossatoren ein besonderes Augenmerk auf die Erläuterung der Metren gerichtet. Dies belegt die Bedeutung, welche der Lektüre des Dichters Prudentius für die Metrik in den Klöstern im 11. Jahrhundert zukam. Diese Aussage gilt freilich begrenzt, denn Ausgangspunkt meiner Untersuchung waren nur zwei Codices aus St. Afra, diese allerdings in Beziehung zu einer größeren Handschriftengruppe. Aber auch sie repräsentiert nur einen Ausschnitt aus den zahlreichen Prudentius-Handschriften, die auf uns gekommen sind, wenngleich der Ausschnitt spezifisch sein mag für den bayerisch-alemannischen Raum des 10./11. Jahrhunderts. Die beiden Prudentius-Handschriften mit ihren Glossen und Marginalien in Latein und in der Volkssprache tragen jedenfalls „Spuren des Gebrauchs" an sich und dürfen somit als „Bücher der Schule und des Studiums" gelten[59]. Vielleicht hat eben die Beschäftigung mit Prudentius und seinen Versmaßen in einer Notiz Sigmund Meisterlins in der Klosterchronik einen Nachhall gefunden, wenn er über den Dichterabt Udalschalk (1127–1151) schreibt, daß er seine Verse verfaßt habe *imitatus Prudentium*[60].

Nach H. Silvestre nahm die Prudentiuskommentierung ihren Ausgang bei Remigius von Auxerre. Es ist anzunehmen, daß bei jeder Abschrift der Werke des Dichters ein Grundbestand an Scholien und Glossen bereits in die neue Handschrift übernommen wurde. Blickt man sich jedoch in der Bibliothek von St. Afra um, so stand auch dort den Mönchen in Remigius' Kommentar zu Martianus Capellas De nuptiis Philologiae et Mercurii[61] ein Mittel zur Vermehrung

59 Vgl. Bischoff, Paläographie S. 254.

60 Meisterlin, Chronicon S. 675.

61 Ein längeres Fragment dieses Kommentars aus St. Ulrich und Afra ist im Cod. 60 der UB Leipzig, vgl. oben Nr. (34), erhalten; ein kürzeres Exzerpt ist in Cod. Guelf. 335 Gud. lat., vgl. oben Nr. (28), eingetragen.

der Scholien und Glossen zur Verfügung. Denn dieser Kommentar war eine Quelle für mittelalterliche Glossatoren[62]. Glossen in den Prudentius-Handschriften, die wir aus dem Afrakloster kennenlernten, haben Entsprechungen im Kommentar des Remigius[63]. Bei Remigius konnte man Hinweise auf die Verskunst finden, und sein Kommentar enthält Erläuterungen zur griechischen Mythologie, zu Musik und Astronomie, zu Mathematik und Grammatik. Wenn auch die direkte Benützung des Kommentars für die Prudentiusglossierung in St. Afra hypothetisch bleibt, so sind diese Schriften doch ein Beleg für die Beschäftigung mit Fächern der septem artes.

2. Die musiktheoretischen Schriften

Die Pflege der Musik im Kloster St. Afra ist im wesentlichen durch zwei Handschriften dokumentiert, deren eine zu Beginn des 11. Jahrhunderts im Kloster vorhanden war, während die andere im 12. Jahrhundert (wahrscheinlich) dort entstanden ist. Es sind dies die Wolfenbüttler Codices 72 und 334 der Sammlung Gude.

a) Der Wolfenbüttler Codex 72 Gud. lat.

Der Guelferbytanus 72 Gud. lat. wurde oben unter der Nr. (4) beschrieben[64]. Das Buch existierte zunächst in zwei getrennten Heften, von denen das eine die Musica Boetii, das andere die Musica Enchiriadis zum Hauptinhalt hatte. Beide Hefte tragen den Besitzvermerk *S. Afrae/Reginbald*, was den entscheidenden Hinweis liefert, daß diese Schriften unmittelbar nach der Gründung St. Afras als Benediktinerkloster, also sehr bald nach dem Jahre 1000, im Kloster vorhanden waren. Die Entstehung der Schriften wird noch ins 10. Jahrhundert gesetzt[65]. Die Schrift zeigt m.E. jedoch schon sehr stark das „geglättete“ Bild des 11. Jahrhunderts mit typischen Merkmalen des „schrägovalen Stils“[66]. Sie sind daher wohl richtig ins ausgehende 10. oder beginnende 11. Jahrhundert zu datieren. Leider gibt kein Schreibervermerk oder ähnliches einen Hinweis auf die Herkunft der Handschriften.

62 Vgl. LUTZ, Remigii S. 40ff.

63 Ein Beispiel: *strophium cingulum dicit.* Siehe oben S. 123f. und LUTZ, Remigii S. 78. Hier könnte allerdings nur ein Textvergleich auf breiter Basis mehr Aufschluß geben.

64 Siehe S. 53ff. Beschreibung des Inhalts auch bei PIPER, Schriften Notkers 1 S. XCII–XCV (fehlerhaft).

65 MLCHSACK, Gudiani latini S. 124.

66 Vgl. BISCHOFF, Paläographie S. 153f.

Das erste Heft wird fast ganz ausgefüllt von den fünf Büchern der Institutio musica des Boethius[67]. Der Traktat ist hier ohne Titel[68]. Er beginnt mit *Proemium. Musicam naturaliter nobis esse coniunctam, et mores vel honestare vel evertere.* Dies wird von einem Glossator noch einmal am rechten Rand wiederholt. Es steht gewissermaßen als Motto über dem ersten Kapitel, das mit einer kunstvoll geschlungenden Initiale zu *Omnium* ... anhebt. Fol. 2ᵛ beginnt Kapitel II mit römischer Zählung, einer Überschrift und einer ebenso kunstvollen Initiale zu *Principio* ... Ähnlich Kap. III, IV, V usw., wobei die Initialen kleiner und einfacher werden und schließlich nur noch aus schlichten Großbuchstaben bestehen. Die Kapitelzählung der Handschrift ist von jener der Edition verschieden[69]: Kap. 26 der Handschrift entspricht Kap. 25 in der Edition usw.

Der Traktat des Boethius im Gudianus 72 ist überaus reich mit lateinischen Marginalien versehen, während althochdeutsche Glossen fehlen[70]. Außer einer mit *vel* angegebenen Textvariante *(comparatos vel compactos)* finden sich fol. 1ʳ zwei Interlinearglossen: *a mathematico/a disciplinato* und *matheseos id est quadruvii*[71]. Die Glossierung erfolgte, wie mir scheint, ziemlich einheitlich von einer Hand in jener allgemeinen Glossenschrift[72], die auch in den anderen glossierten Handschriften des Klosters im 11. Jahrhundert begegnet. Die Glossenschrift ähnelt sehr stark der Schrift des Haupttextes. Einzelhände sind schwer zu unterscheiden. Lediglich in einer Randnotiz auf fol. 23ᵛ mit 12 Namen von *Uncia* (I) bis *Assis* (XII) glaube ich in dem runderen und größeren Duktus der Glossenschrift einen zweiten Glossator zu erkennen. Die Marginalien beziehen sich erläuternd auf Stellen im Text. Der Bezug ist durch eine Reihe sich wiederholender Verweisungszeichen angezeigt. Manchmal ist auch eine Textergänzung oder -korrektur unter den Randnotizen. Sie ist durch größere Schrift von den Glossen abgehoben und hat als Verweisungszeichen regelmäßig (wie ich es auch in der Handschrift Kiel 145 beobachtet habe) d mit durchkreuztem Schaft im Text, h mit durchkreuztem Schaft vor dem einzufügenden Textteil am Rande. Diese Verweisungszeichen für Textergänzungen können auch durch Punkte variiert

67 PL 63 Sp. 1167–1300; Friedlein (ed.), Boetii De institutione musica 1867.

68 Am unteren Rand der Handschrift hat ein späterer Schreiber (vielleicht 15. Jahrhundert) eine Inhaltsangabe notiert: *musica boetii et musica enchiriadis et opusculum wylhelmi de natura musice artis;* dies jedenfalls nachdem die beiden Hefte schon zu einer Handschrift vereinigt waren.

69 PL 63 Sp. 1167–1300.

70 Möglicherweise verbergen sich allerdings unter einigen Glossen in Geheimschrift althochdeutsche Wörter. Beispiele Piper, Schriften Notkers 1 S. XCII f.

71 Vgl. dazu Parisinus 241 (Prudentius), letzte Seite (fol. 223ʳ), unter den dort eingetragenen Worterklärungen: *Matemedraden quadruvium.*

72 Mit „allgemeiner Glossenschrift“ meine ich, was B. Bischoff, Paläographie S. 155 beschreibt.

sein. An zwei Stellen sind die Scholien so umfangreich, daß sie auf den Blatträndern keinen Platz mehr fanden; sie wurden auf kleinerformatigen Blättern den Textseiten zwischengebunden, so fol. 19r/v, 22r/v und 25r/v. Häufig findet sich am Rand eine *NOTA* mit einer Hinzufügung (Beispiel: fol. 18r *NOTA: Diatesseron cum diapason iunctam efficere non posse consonantiam*) oder einer Erläuterung (fol. 24r *NOTA: Schisma... id est dimidium comma. Diaschisma id est dimidium diesis.*) Mehrfach sind Alternativlesarten mit dem Verweis *IN Al* (in aliis vel alio) am Rande festgehalten, die sich häufig mit der Lesart, wie sie die Edition bietet[73], decken. Es scheint, daß der Benutzer und Glossator des Gudianus 72 Gelegenheit hatte, auch eine oder mehrere andere Handschriften mit der Musik des Boethius einzusehen. Weiter lassen sich einige schulmäßige Randbemerkungen beobachten. Fol. 5r macht eine *NOTA: Quod Pytagoras primus diapason, diapente et diatesseron proportionem repperit* auf einen besonders wichtigen Sachverhalt aufmerksam. Fol. 16r steht am Rande offenbar als Inhaltsangabe für Kap. XIX *Quid consonantia, quid sonus et unde pulsus.* An weiteren Stellen finden sich ähnliche Formulierungen, die wie Schulfragen oder Thesen klingen.

Die interlineare Glossierung bezieht sich mehr als die Scholien auf die Worterklärung. So wird auf fol. 1v f. das im Musiktraktat des Boethius enthaltene griechische Zitat aus Timotheos Milesios[74] durch Interlinearglossen so erläutert, daß es zur Gänze lateinisch wiedergegeben wird, und dort, wo griechische Begriffe beibehalten sind, dieselben in lateinischer Umschrift darübergesetzt werden. Das Zitat ist ursprünglich in griechischen Großbuchstaben geschrieben. Eine Interlinearglosse (fol. 2r) kommentiert die *tormenta ischiadici doloris* (von denen die meisten der Boecier geplagt waren) so: *morbus coxi(a)rum* (?) *id est h...f,* wobei der Zwischenraum zwischen h und f durch fünf Punkte ausgefüllt ist. Diese Art der Glossierung, bei der Buchstaben eines Wortes mit einer verschiedenen Anzahl von Punkten wiedergegeben werden, eine Geheimschrift[75], begegnet auch im weiteren Verlauf des Textes[76]. Das Textstück fol. 33r/v, das einem anderen Schreiber[77], wohl einem späteren Ergänzer, zuzuschreiben ist, hat keine Glossen.

Die Randnotiz auf fol. 50r ganz am Ende des Traktats *Tres enim comparationes intra tetrachorda sunt tria intervalla de quibus ea est maiorum quae fit ad eum nervum qui est gravissim(us)...* leitet über zu einem 16zeiligen, hexametrischen Gedicht, das (von einer anderen Hand als der Haupttext) auf dem freien Teil der letzten Seite des Boethius-Traktats hinzugeschrieben wurde. Es behan-

73 PL 63 Sp. 1167ff.

74 Vgl. PL 63 Sp. 1169f.

75 Bischoff, Paläographie S. 224f.; Ders., Geheimschriften S. 16.

76 Vgl. Piper, Schriften Notkers 1 S. XCIIf.

77 Milchsack, Gudiani latini S. 124.

delt, offensichtlich in der Art eines Merkgedichts, die acht Intervalle der Tonleiter, von denen her das ganze Singen zu verstehen ist[78]. Als Namen der Intervalle begegnen: Lichanos, Hypaton, Hypate, Meson und Parhypate. Ein Verfasser dieses Gedichts ist nicht genannt, und es bleibt vorläufig offen, ob diese 16 Verse aus einer anderen Handschrift übernommen wurden oder einen eigenen Beitrag derer darstellen, die mit der Handschrift gearbeitet haben. Paläographisch scheint das Gedicht sowohl von der Hand des Textschreibers wie jener der Glossatoren abgehoben (Bevorzugung der us-Ligatur, ct-Verbindung).

Es ist sehr schwer, über die Glossierung eine Aussage zu machen, da sich der Glossator nirgends zu erkennen gibt. Man darf vermuten, daß der Hauptbestandteil der Glossen aus der Vorlage in die Handschrift aufgenommen wurde. Wo jedoch *NOTAE* am Rand notiert sind bzw. Schulfragen, wie oben in einzelnen Beispielen erläutert, hat man wohl jemand dahinter zu suchen, der mit der Handschrift wissenschaftlich oder im Unterricht gearbeitet hat. Auch in der Schrift dieser „Lehrerbemerkungen" läßt sich ein Unterschied zu jener der übrigen Glossen erkennen.

Auf fol. 52^r des heutigen Codex beginnt ein Traktat mit den Worten *Sicut vocis articulatae elementariae atque individuae partes sunt litterae ...*, den man als Musica Enchiriadis kennt. Ursprünglich bildete dieser Teil der Handschrift ein eigenes Heft. Der Traktat hat wie die Musik des Boethius keine Überschrift. Eine spätere, zeitlich schwer zu bestimmende Hand schrieb darüber *Enchiriades Ottonis abbatis Cluniacensis*; an den Rand: *vel enchirias, adis,* womit der Traktat Odo von Cluny (gest. 943) zugewiesen wird, eine der irrigen Zuweisungen der bis heute anonymen Schrift[79]. Sie ist in unserem Codex schon deshalb ohne Bedeutung, weil sie von späterer Hand hinzugefügt wurde.

Fol. 62^r schließen sich die Scolica enchiriadis de musica an (von jener späteren Hand ebenfalls Odo von Cluny zugeschrieben), beginnend mit *M(athetes): Musica quid est? D(idaskalos): Bene modulandi scientia. M: Bene ...*

78 *(de) octo tonis totum constat perpendere cantum.*

79 Die Verfasserschaft der Musica Enchiriadis ist bis heute umstritten. Durch M. GERBERTS Edition des Traktates (1784) wurde auf lange Zeit Hucbald von St. Amand (gest. 930) als Verfasser der Musica Enchiriadis in der Forschung etabliert. H. MÜLLER, Hucbalds Schriften hat in einer gründlichen und vorläufig noch gültigen Untersuchung sowohl Odo von Cluny als auch Hucbald von St. Amand als Verfasser zurückgewiesen, ohne daß er einen anderen benennen konnte. J. SMITS VAN WAESBERGHE, Musikerziehung S. 195 brachte einen Hotgerus (Ende 9. Jahrhundert), allerdings mit Fragezeichen versehen, in die Diskussion und verlegte damit die Abfassung der Musica Enchiriadis ins 9. Jahrhundert. Darin trifft er sich mit J. HANDSCHIN, Musikgeschichte S. 153 ff., der die Musica Enchiriadis für älter als Hucbald hält. Sie entstamme wahrscheinlich dem 9. Jahrhundert und habe eine gewisse Nähe zu Johannes Scotus (gest. nach 870).

und endend: *tropique retinet modum* (fol. 82r)[80]. Nach Incipit und Explicit sind der Traktat und die Scholien ganz im Cod. Guelf. 72 Gud. lat. enthalten[81].

Der Raum für das Initial-S zur Musica Enchiriadis blieb frei und wurde nur behelfsmäßig statt einer kunstvollen Initiale mit einem kümmerlichen S nachträglich ausgefüllt. Gleich die erste Seite des Traktates bietet zwei Randglossen (Scholien) mit A und B als Verweisungszeichen. *A: Diastema est vocis spacium*... und *B: Sistema est magnitudo vocis*... Die Schrift dieses Glossators ist charakterisiert durch die langen s mit Schleifen, denen wir bereits begegnet sind. Fol. 48r im gleichen Codex schreibt der Glossator des Boethius dieses s (in *chromatis*). Dieselben s stehen auch im Text von Ciceros De amicitia und überhaupt in Beitexten und Glossen des Gudianus 335[82]. Außer unwesentlichen kleineren Korrekturen, einer erläuternden lateinischen Randglosse fol. 55r und der Bemerkung *satis est* fol. 56 zeigt die Musica Enchiriadis keine Spuren von Bearbeitung.

Was aber bedeutete es, wenn der Traktat des Boethius und die Musica Enchiriadis im Kloster St. Afra vorhanden waren?

Inhaltlich brachte die Musica Enchiriadis drei für die Zeit neuartige Dinge, nämlich eine Notenschrift, die die Abstände der Töne genau erkennen läßt, weiter eine Art schriftlicher Musikdarstellung, die erstmals Linien als Anhaltspunkte für das Auf- und Absteigen der Melodie verwendet, und drittens eine Beschreibung mehrstimmigen Musizierens[83]. So stellte dieser Traktat eine praktische Ergänzung[84] zu der mehr theoretischen Abhandlung des Boethius De institutione musica dar, und es ist bezeichnend, daß beide Schriften offenbar zur Erstausstattung des Benediktinerklosters St. Afra gehörten.

Es gilt, sich jene bekannte Unterscheidung vor Augen zu halten, daß Musik im Mittelalter in zwei Ausprägungen gepflegt wurde, einerseits als *cantus*, d.h. Gesang als Bestandteil oder Funktion der Liturgie (hauptsächlich der Liturgie; es gab daneben auch den weltlichen Gesang), und andererseits als Musiktheorie, Fach des Quadriviums im System der *septem artes liberales* und hierin eng ver-

80 So nach der griechischen Auflösung von M und D. Die lateinische Übersetzung der griechischen Termini lautet Discipulus und Magister, was zu einer Vertauschung der Rollen führen konnte. Es ist dann M = Lehrer, der den Dialog beginnt, was ebenfalls in Handschriften vorkommt, wie im Codex W 331 im Stadtarchiv Köln. Vgl. Müller, Hucbalds Schriften S. 27.

81 Edition von Musica Enchiriadis und Scholien: Gerbert, Scriptores 1 S. 152–212 und neuerdings Schmid, Musica enchiriadis.

82 Vgl. Nr. (28).

83 Nach einer Charakterisierung von Schmid, Musikhandschriften S. 72.

84 Fellerer, Musica S. 41: „Die Hebung der zeitgenössischen Gesangspraxis ist das Ziel dieser (des Hucbald und Pseudo-Hucbald) Schriften, doch fehlt nicht die Begründung im Sinne der theologischen und mathematischen Zusammenhänge".

wandt der Mathematik[85]. Der liturgische oder gregorianische Gesang[86] war wahrscheinlich einstimmig. Die Melodien wurden mit Tonzeichen, den Neumen, zunächst ohne Linierung über den Texten notiert. In karolingischer Zeit wurde die Vereinheitlichung des Kirchengesangs und die Ausbreitung des *cantus Romanus* im Reich gefördert. Ein wichtiger Vermittler war Bischof Chrodegang von Metz (gest. 760), der in seiner Stadt nach römischem Vorbild eine Sängerschule gründete, die Karl der Große als Ausgangspunkt für die Verbreitung des römischen Gesangs bestimmte[87]. Im Unterschied zum *cantus* geht die Musiktheorie auf die römisch-griechische Antike zurück. Ein Wiederaufleben der Musiktheorie zur mittelalterlichen *ars musica* im Karolingerreich erkennt Smits van Waesberghe zur Zeit Karls des Kahlen. Dafür verantwortlich waren vor allem die irischen Gelehrtenkolonien s. IX^{med} um Sedulius in Lüttich und am Hofe Karls des Kahlen in Laon. Es entstanden dort Traktate und Kommentare im Anschluß an Martianus Capella, den „Klassiker" der *septem artes,* Boethius und andere Autoren der antiken *ars-musica*-Literatur.

Im Mittelalter bestand ein Konflikt zwischen der Gesangspraxis und der Musiklehre. Der Theoretiker galt dem Praktiker überlegen, der *musicus* stand über dem *cantor* oder *instrumentista*, die *ratio* wurde höher bewertet als spontanes Singen. Gleichzeitig war die hochgeschätzte und ob ihres Alters autorisierte Musiktheorie auf die (wiederum kirchlich autorisierte) Gesangspraxis nicht voll anwendbar. Ein wichtiger Vertreter der Musiktheorie war die Musica des Boethius als Grundlage vor allem für den höheren Unterricht in der *ars musica.* Sie baute mit Hilfe der Arithmetik und Geometrie das System der Töne im Sinne der pythagoreischen Stimmung auf. Sie war das am meisten kopierte Musiklehrbuch des Mittelalters, doch schwer zu begreifen. Der Musiktheoretiker Guido von Arezzo (gest. um 1050) weist auf diese Tatsache hin, wenn er bekennt: „Die Schrift (De musica) des Boethius ist nicht für Sänger, sondern ausschließlich für die *philosophi* geeignet"[88]. Die Musica Enchiriadis, die als Neuerungen die Mehrstimmigkeit des Gesangs und eine Notenschrift anbot, verbesserte die Gesangspraxis und machte die Theorie besser anwendbar. An beidem bestand um 1000 ein Bedarf, denn es entwickelte sich die Musik im 11. Jahrhundert einerseits gerade in ihrer praktischen Richtung weiter[89]. Zum anderen ist in der zweiten Hälfte des 10. Jahrhunderts eine erneute Zuwendung zu den Quadriviumstu-

85 Ich folge bei diesen grundsätzlichen Darlegungen Handschin, Musikgeschichte und Smits van Waesberghe, Musikerziehung.

86 Der liturgische Gesang wird traditionell schon seit dem 8. Jahrhundert mit dem Namen des Papstes Gregors d. Gr. (gest. 604) in Verbindung gebracht. Gregor war aber höchstwahrscheinlich nicht der Schöpfer dieses Gesangs. Smits van Waesberghe, Musikerziehung S. 11 f.

87 Smits van Waesberghe, Musikerziehung S. 9 f.

88 Gerbert, Scriptores 2 S. 50. Vgl. Smits van Waesberghe, Musikerziehung S. 36.

89 Smits van Waesberghe, Musikerziehung S. 22.

dien und darin zur Musik festzustellen, vor allem in der Schule von Reims unter Gerbert von Aurillac (gest. 1003 als Papst Silvester II.)[90]. Vielleicht ist es dem praktischen Bedarf und dem Aufschwung der Quadriviumstudien zu danken, daß Boethius' De musica und die Musica Enchiriadis im Kloster St. Afra Verwendung fanden.

Die Musica Enchiriadis hatte im 11. Jahrhundert in Süddeutschland eine erstaunliche Verbreitung. Aus St. Emmeram sind vier Exemplare erhalten, ein Viertel aller bekannten Handschriften dieses Traktats stammt aus dem Gebiet des heutigen Bayern[91]. Für den Gudianus 72 ist durch den Besitzvermerk *S. Afrae/Reginbald* gesichert, daß er gleich zu Beginn des 11. Jahrhunderts in St. Afra war, also gut so alt ist wie die Handschriften Clm 14 372 und Clm 14 649 aus St. Emmeram, die ins 11. Jahrhundert datiert werden[92]. Ebenfalls aus dem 11. Jahrhundert datiert eine Freisinger Überlieferung im Clm 6409[93]. Eine Tegernseer Handschrift (Clm 18 914) mit der Musica Enchiriadis ist ins Ende des 11. Jahrhunderts zu setzen[94]. Ein weiterer St. Emmeramer Codex schließlich, der Clm 14 272, hat die beiden Hauptstücke, die Musik des Boethius und die Musica Enchiriadis, sowie einige kleinere Stücke wie der Gudianus 72. Vom Clm 14 272 weiß man, daß er von Mönch Hartwic geschrieben wurde. Hartwic besuchte von seinem Heimatkloster St. Emmeram aus den Unterricht des gefeierten Lehrers und Bischofs Fulbert von Chartres (1007–1029) und übertrug mit dieser Handschrift, die Texte aus nahezu sämtlichen *artes liberales* von Hartwics Hand enthält, Lehrstoffe der zeitgenössischen französischen Wissenschaft nach Regensburg[95]. Die Herstellung der Handschrift kann also erst nach 1007 (Fulbert in Chartres) erfolgt sein. Obwohl sie inhaltlich, vor allem durch Beifügung des Kurztraktats Commemoratio brevis, größte Ähnlichkeit mit der Handschrift aus St. Afra besitzt, hat sie offenbar mit derselben dennoch nichts zu tun, da zumindest zu der Zeit, als der St. Emmeramer Codex in Frankreich entstand, der Gudianus 72 schon im Augsburger Kloster vorhanden war.

Das Stemma von Hans Schmid gruppiert die Handschriften der Musica Enchiriadis in zwei Stränge, einen französischen und einen nordwestdeutsch-baye-

90 Vgl. LINDGREN, Gerbert von Aurillac. Gerbert wird als Vertreter der Musiktheorie im Anschluß an Boethius geschildert. Gestützt auf Zeugnisse bei Richer v. St. Rémi urteilt LINDGREN, Gerbert von Aurillac S. 23, daß Gerbert mit seinen „abstrakten" Musikkenntnissen in seiner Zeit ziemlich einzig dastand.

91 SCHMID, Musikhandschriften S. 72.

92 MÜLLER, Hucbalds Schriften S. 21: Clm 14 372 s. XI^{ex}; S. 19 ff.: Clm 14 649 „sicher" s. XI – gegen Datierung im Cat. Mon. lat. 4: s. XIII. SCHMID, Musica enchiriadis S. VIII.

93 MÜLLER, Hucbalds Schriften S. 21; Cat. Mon. lat. 3 hat s. X/XI. SCHMID, Musica enchiriadis S. VIII.

94 EDER, Tegernsee S. 107; MÜLLER, Hucbalds Schriften S. 22.

95 BISCHOFF, St. Emmeram S. 80 f.

rischen. Die Grenze des Verbreitungsgebiets der beiden Gruppen deckt sich etwa mit der deutsch-französischen Sprachgrenze. Während der Emmeramer Codex (Clm 14 272) ein Abkömmling der französischen Gruppe ist (eben wegen der Verbindung Hartwics zu Fulbert von Chartres), ist der Gudianus 72 sicher der nordwestdeutsch-bayerischen Gruppe zuzuzählen[96]. Da er sehr früh im 11. Jahrhundert schon in St. Afra auftaucht, könnte er oder seine Vorlage aus Nordwestdeutschland stammen. Auch ein anderes der vier Bücher, die sich in Reginbalds Besitz befanden, AdB, Hs. K 13[97], weist mit seiner Schrift nach Nordwestdeutschland[98]. Vielleicht hatte Reginbald Verbindungen zu diesem Raum, ähnlich wie sein Bekannter, der Mönch Froumund von Tegernsee, einen Studienaufenthalt in Köln verbracht hatte[99]. Von der Musica Enchiriadis gibt es nur wenige Handschriften, die älter sind als Reginbalds Exemplar. Für die Commemoratio brevis, die neben der Musica Enchiriadis im bayerischen Raum bekannt und u.a. in den St. Emmeramer Handschriften vertreten war, bietet Reginbalds Exemplar sogar die einzige komplette Überlieferung[100].

Im Gudianus 72 sind einige kleinere bemerkenswerte Stücke enthalten. Auf fol. 50^{v} folgt ohne Titel der althochdeutsche Text *Sid tu nu bechennest, uuio alle die suegela ein anderon encheden* ... Es ist ein Teil (Kap. 5) der von Notker dem Deutschen in St. Gallen (gest. 1022) verfaßten Abhandlung De musica[101], die nur eine sehr geringe Überlieferung hat. Sie ist in keiner Handschrift ganz enthalten, sondern läßt sich lediglich aus Bruchstücken in verschiedenen Handschriften zusammensetzen[102]. Das Kapitel *Sid tu nu bechennest* ... über die Mensurierung der Orgelpfeifen ist außer im Gudianus 72 in Cod. 242 der Stiftsbibliothek St. Gallen (s. XI) p. 14–16 enthalten sowie in Cod. Paul. 1493 der Universitätsbibliothek Leipzig (s. XI; deutscher, aber nicht näher bestimmter Provenienz) fol. 61$^{r/v}$[103]. Fragmente des (5.) Kapitels finden sich auf fol. 75$^{r/v}$ des Clm 27 300 (s. XI/XII) aus dem Frauenstift Niedermünster Regensburg, geschrieben wohl in St. Emmeram[104].

96 Freundliche Mitteilung von Dr. Hans Schmid, Bayerische Akademie der Wissenschaften, Musikhistorische Kommission, München. Vgl. Schmid, Musica enchiriadis S. X.

97 Siehe oben Nr. (2).

98 Bischoff, Schreibschulen 1 S. 15.

99 Strecker, Briefsammlung S. XVI; unten S. 222 Anm. 60.

100 Mitteilung von Dr. Hans Schmid, Bayerische Akademie der Wissenschaften, Musikhistorische Kommission, München.

101 Während Scherrer, Handschriften S. 88 zum Sangallensis 242 bezweifelt, ob der Traktat von Notker dem Deutschen sei und H. Hauke, Cat. Mon. lat. 4,5 S. 17 zu Clm 27 300 die Schrift Notker Balbulus zuweist, folge ich Schützeichel, Wörterbuch S. XI und Sonderegger, Althochdeusch S. 98, die Notker den Deutschen (Labeo) als Verfasser angegeben.

102 Vgl. Sonderegger, Althochdeutsch S. 98.

103 Sachs, Mensura S. 26.

104 Hauke, Cat. Mon. lat. 4,5 S. 14 ff.; Sachs, Mensura S. 31.

Der Cod. Guelf. 72 Gud. lat. aus St. Afra enthält das 5. Kapitel der Schrift vollständig[105]. Die ersten drei Zeilen sind mit Akzenten versehen. Eine Abschnittszählung bis Abschnitt VIII – offensichtlich Angabe der Pfeife, die jeweils beschrieben wird – ist nachträglich eingetragen. Der Text ist nicht glossiert, einmal ein *gib* in *kib* korrigiert. Die Schreiberhand ähnelt dem 2. oder 3. Glossator des Prudentius in der Handschrift Kiel 145. Sie ist gekennzeichnet durch glatte, wenig plastische Buchstaben und ein charakteristisches z. Der Lesartenvergleich ergibt, daß der Text aus St. Afra dem Leipziger Codex näher steht als dem St. Galler oder jenem aus Regensburg. Von dieser Schrift Notkers wurden, so möchte man aus der Überlieferung schließen, jeweils nur die Kapitel übernommen, für die man sich gerade interessierte. Im Gudianus war es das 5. Kapitel über die Stimmung der Orgel, das wohl aus praktischen Gründen zwischen den anderen Musiktraktaten seinen Platz fand[106].

Nach der Notkerschen, in althochdeutscher Sprache verfaßten „Stimmung der Orgel" folgt fol. 51r/v eine Descriptio monochordi, die beginnt mit *Super unum concavum lignum* ...[107]. Das Monochord ist ein Musikinstrument oder Lehrmittel, das im Unterricht eingesetzt wurde, um die Abfolge der Töne erklingen und sie benennen zu lassen[108]. Der mit einer Saite bespannte Holzkörper war eine audio-visuelle Hilfe zur Veranschaulichung der Intervall- und Konsonanzenlehre. Es wurden Monochordmensuren erarbeitet, gesammelt und in den Handschriften weitergegeben. Der spätere Cod. Guelf. 334 Gud. lat. aus St. Afra enthält neben der Abbildung der Frau Musica mit dem Monochord eine Sammlung von Monochordmensuren[109]. Die nämliche Descriptio monochordi wie im Gudianus 72 befindet sich (im Anschluß an die Musica Enchiriadis übrigens) in den Handschriften Paris BN lat. 7210 (s. XI) und 7212 (gegen 1080 geschrieben) sowie in Clm 14 272 (s. X/XI)[110] und Clm 14 649 (s. XI) aus St. Emmeram in Regensburg, hier ebenfalls kombiniert mit der Musica Enchiriadis[111]. Im Gudianus 72 ist jedoch die Descriptio monochordi von reichlich ungelenker Hand auf ursprünglich freien Seiten von Heft I nachgetragen. Die Augsburger Überlieferung der Musica Enchiriadis ist ja auch von der Regensburger unab-

105 Gedruckt Gerbert, Scriptores 1 S. 101–102; Piper, Schriften Notkers 1 S. 857–859; neueste Edition Sachs, Mensura S. 99 ff. in Synopse mit lateinischen Orgelmensurtexten aus verschiedenen Handschriften.

106 Vgl. auch die Mitteilung bei Wittwer, daß Abt Adelhalm (s. XI²) eine Orgel bauen ließ. Siehe unten S. 231.

107 Gedruckt von Schlecht, Hucbald S. 45–47; Schmid, Musica enchiriadis S. 179–181.

108 Vgl. Smits van Waesberghe, Musikerziehung S. 23.

109 Siehe unten S. 147 ff.

110 Clm 14 272 enthält Lehrstoffe, die der Mönch Hartwic aus der Schule Fulberts von Chartres (1007–1029) nach St. Emmeram brachte. Siehe oben S. 138.

111 Müller, Hucbalds Schriften, passim und oben S. 137.

hängig, wie oben dargelegt. Für den Eintrag der Descriptio monochordi ist aber ein späterer Textaustausch zwischen St. Afra und St. Emmeram nicht auszuschließen.

Mit einer Aufzeichnung der *Decem nomina dei* fol. 51v schließt der erste Teil des Gudianus 72. Dieser kurze Beitrag, der offensichtlich mit Musik nichts zu tun hat, sondern zufällig hier seinen Platz fand, ähnelt in seinem Schriftcharakter der letzten Glossatorenhand in Kiel 145.

Auch der zweite Teil des Gudianus 72 mit der Musica Enchiriadis und ihren Scholien als Haupttext wird durch einen kleineren Beitrag ergänzt. Dieser ist allerdings nicht nachgetragen, sondern gleichzeitig und vom gleichen Schreiber wie die Haupttexte geschrieben. Zu dieser Commemoratio brevis de tonis et psalmis modulandis hat eine spätere Hand am Rand hinzugefügt *sive Otto de tonis*, was besagen will, daß auch dieser kleine Traktat Odo, dem Abt von Cluny, zugeschrieben sein sollte[112]. M. Gerbert veröffentlichte ihn unter dem Autorennamen Hucbald[113]. In diesem Traktat werden Teile von Psalmversen den acht verschiedenen Tönen unterlegt. Dies wird graphisch so dargestellt, daß die Silben der Verse auf 4–5 Notenlinien in der jeweiligen Tonhöhe eingetragen werden. Dabei stehen buchstabenähnliche Tonzeichen und Bezeichnungen wie Noanoeane; Noeais usw. Der Traktat schließt mit einer Tabelle der acht Töne I. NOANOEANE, II. NOEAGI usw. und mit dem Distichon

Mira vides lector minoris verba Catonis
Has cole virtutes, salva sit alma fides.

Schon Gerbert weist darauf hin, daß die Commemoratio brevis nur in einigen Handschriften der Musica Enchiriadis angefügt sei und daß am Ende des Sanblasianer Codex (s. X) mit der Musica Enchiriadis (ohne Scholien) und der Commemoratio brevis das oben genannte Distichon zu lesen sei[114]. Dieser Sanblasianer Codex ist vermutlich beim Brande des Klosters 1768 vernichtet worden[115].

Die Bibliothek des Klosters St. Paul in Kärnten verwahrt ein Handschriftenfragment (132/6) mit der Commemoratio brevis, das im Schriftcharakter und in der Anlage dem Gudianus 72 frappierend ähnlich ist[116]. Während seine Schriftheimat bislang auf der Reichenau vermutet wurde[117], identifizierte H. Schmid

112 Über die an Odo von Cluny in unserem Codex vorgenommenen Zuweisungen vgl. oben S. 134.

113 Scriptores 1 S. 213–229. Jetzt gültige Edition: Schmid, Musica enchiriadis S. 157–178.

114 Gerbert, Scriptores 1 S. 103.

115 Müller, Hucbalds Schriften S. 33; Gerbert, Scriptores 1 praefatio; Schmid, Musica enchiriadis S. IX.

116 Gröchening, Ausstellung S. 107–110.

117 Ebd. S. 110.

dieses Fragment als die letzte Lage des Cod. Vat. Palat. lat. 1342[118], der ansonsten die Musica des Boethius und die Musica Enchiriadis nebst den Scholien enthält und den H. Schmid als unmittelbare Abschrift des 11. Jahrunderts aus dem Gudianus 72 betrachtet[119]. Er hat annähernd das Format des Gudianus, ist nur etwas größer (33 cm x 25 cm). Er hat in Kap. I der Musica Enchiriadis die gleichen Randglossen wie der Gudianus, nämlich *A: Diastema est vocis spatium ...* und *B: Systema est magnitudo vocis ...* Aus dem weiteren Vergleich von Gudianus und Palatinus ergibt sich: Nachträgliche Textkorrekturen im Gudianus sind im Palatinus in den Text integriert (Beispiel fol. 7v), was den Eindruck verstärkt, daß der Palatinus vom Gudianus abgeschrieben wurde. Die zahlreichen Glossen und Marginalien in der Musica Boetii des Gudianus sucht man vergeblich im Palatinus. Da aber der Palatinus einige Glossen mit dem Gudianus gemeinsam hat (siehe oben), sie also aus ihm abgeschrieben hat, dürften die zahlreichen anderen Glossen, die nur im Gudianus 72 stehen, im Kloster St. Afra selbst hineingekommen sein. Da man die Provenienz des Palatinus nicht kennt, dürfte es schwierig sein zu bestimmen, wo der Abschreiber saß. Vielleicht hat er in St. Afra für St. Blasien gearbeitet. Dort hat Martin Gerbert allem Anschein nach den jetzt in St. Paul befindlichen Teil der Handschrift benützt[119a], und dieses Fragment wird später mit den Mönchen von St. Blasien in die Kärntner Abtei gelangt sein.

b) Der Wolfenbüttler Codex 334 Gud. lat.

Diese Handschrift[120] erweckt rundum den Eindruck, daß sie als Handbuch zur Theorie und Praxis der Kirchenmusik angelegt wurde. Die Sammlung mehrerer Musiktraktate, aber auch kleinerer Gesangsteile bildet ein einheitliches Buch, das schon durch seine Eingangsillustrationen den gestalterischen Willen des Sammlers oder Schreibers erkennen läßt. Der Handbuchcharakter wird nicht zuletzt unterstrichen durch das handliche Oktavformat.

Den Musiktraktaten gehen sechs ganzseitige Federzeichnungen voraus, die koloriert sind. Sie stellen dar: St. Gregor, die Schmiede des Pythagoras, Pythagoras, Frau Musica mit dem Monochord, Guido von Arezzo und die sog. Guidonische Hand. Es handelt sich um den ersten bekannten Zyklus mit Darstellungen von Meistern der Musik im Mittelalter[121]. Ähnliche Beispiele bieten

118 Beschrieben Müller, Hucbalds Schriften S. 24f.; Schmid, Musica enchiriadis S. VIII.
119 Freundliche mündliche Mitteilung.
119a Gröchening, Ausstellung S. 107.
120 Beschrieben oben unter Nr. (39).
121 Seebass, Musikdarstellung S. 96.

später Clm 2599 (s. XIII) und Wien, ÖNB 51 (s. XII). J. Smits van Waesberghe, der vier dieser Darstellungen in den Tafelteil seiner Musikerziehung übernahm[122], gibt dem Bilderzyklus eine geistvolle Interpretation. Der hl. Gregorius (fol. 1^{r}) und Frau Musica (fol. 2^{v}) verkörpern die beiden Aspekte der mittelalterlichen Musik: einerseits den kirchlichen Gesang *(cantus Romanus)* und andererseits die mathematisch-philosophisch orientierte Musiklehre aus antiken Wurzeln. Der Hl. Geist sitzt dem hl. Gregor in Gestalt einer Taube auf der Schulter und inspiriert ihn, während Gregor das Vernommene in ein Buch schreibt: Die gregorianische Musik ist vom Himmel gegeben. Frau Musica hält das Monochord auf ihrem Schoß, teilt es mit dem Stilus im Verhältnis 2:3 und zupft es mit der rechten Hand: Die Gesetze der Harmonie des Kosmos und damit griechisch-mythologische Vorstellungen stehen dahinter.

Die Wertschätzung der antiken Musiklehre wird weiter betont auch die Darstellung fol. 1^{v}, die „Schmiede des Pythagoras". Fünf Gesellen schlagen mit verschieden großen Hämmern auf den Ambos, woran Pythagoras nach der Legende die Zahlenverhältnisse der Töne abgelesen hat. Über den Personen ist in einem Schema die Oktave dargestellt mit den Tonbezeichnungen

A	Diatesseron oder Sesquitertia (= Quart)	Diapente oder Sesquialtera (= Quinte)	Diapason oder Dupla proportio (= Oktave)[123]
D			
E	Diatesseron oder Sesquitertia (= Quart)		
a			

Fol. 2^{r} zeigt den Philosophen Pythagoras selbst mit einem Wanderstab in der linken Hand, die rechte erhoben in der sprechenden Geste des Lehrers.

Die Darstellung fol. 4^{r} stellt den Musikwissenschaftler Guido von Arezzo (kurz vor 1000 – um 1050) dar, der in der Handschrift selbst durch sein Hauptwerk, den Micrologus, und andere musiktheoretische Schriften vertreten ist. Dargestellt ist Guido als Mönch am Schreibpult. Die Rechte führt die Feder, während die Linke das Tintenhorn hält. Der schreibende Mönch ist mit

122 Smits van Waesberghe, Musikerziehung S. 51 und 61.

123 Nach Smits van Waesberghe, Musikerziehung S. 60.

GUIDO überschrieben, und auf dem mit zwei Klammern auf dem Schreibpult befestigten Blatt liest man *gliscunt corda meis hominum mollita camenis*, den ersten Vers der Regulae rhythmicae, die Guido geschrieben hat[124].

Auf fol. 4^v ist die sog. Guidonische Hand abgebildet. Mit Hilfe der linken Hand und der Fingerglieder wurde im Mittelalter und noch in der Neuzeit bis ins 17. Jahrhundert musiktheoretisches Wissen memoriert. Man merkte sich damit Bezeichnungen der Töne und ihre Verhältnisse. Guido von Arezzo gab diesem didaktischen Hilfsmittel seinen Namen, obwohl das Verfahren schon älter ist als er und obwohl nicht erwiesen ist, ob Guido es als erster auf die Musik angewandt hat. Zahlreich sind die Darstellungen der Guidonischen Hand in mittelalterlichen Handschriften[125].

Zwischen die Federzeichnungen, die das musiktheoretische Handbuch einleiten, wurden fol. 3^r[126] wohl bei der Anlage der Handschrift selbst (das läßt sich aus dem Schriftcharakter schließen) die sog. O-Antiphonen eingefügt, die im römischen Stundengebet noch heute an den Tagen vor Weihnachten (17.–23. Dez.) in der Vesper zum Magnifikat gesungen werden[127]. Diese Antiphonen sind hier in stark verkürzter Form aufgeführt. Es werden von jeder Antiphon nur der O-Titel genannt (z. B. *o sapientia*) und bei den sieben ersten die Bitte (z. B. *veni ad docendum nos viam)*. Während gewöhnlich die Antiphon mit dem Titel beginnt, ist hier umgestellt. Die Bitte geht dem Titel voraus: *Veni ad docendum nos viam, o sapientia!* Die Antiphonen begegnen schon im Liber responsalis sive antiphonarius s. Gregorii Magni[128]. Es sind ursprünglich sieben, später kam eine achte dazu. Hartker von St. Gallen (um 1000) bezeugt als erster vier weitere[129], so daß die Zahl auf 12 anstieg. 11 bezeugt auch unser Cod. Guelf. 334 Gud. lat., die offenbar im Bistum Augsburg üblich waren[130]. Die Notation besteht aus Neumen auf Terzlinien, wobei die F-Linie hervorgehoben ist. Die vier Linien haben am Anfang die Bezeichnungen c – a – f – d bzw. e – c – a – f[131]. Der Text:

Veni ad docendum nos viam, o sapientia.
Ad redimendum nos in brachio Adonay.
Ad liberandum nos iam Radix iesse.
Et educ vinctos Clavis david.

124 Siehe unten S. 144.

125 Vgl. Smits van Waesberghe, Musikerziehung S. 23 f. und S. 120 ff.

126 Nicht fol. 5^r wie bei Smits van Waesberghe, Aribo S. XI; fol. 3^v und 5^r sind unbeschrieben.

127 H. Frank, O-Antiphonen, in: $LThK^2$ 7 Sp. 1075 f.

128 PL 78 Sp. 732 f.

129 H. Frank, O-Antiphonen, in: $LThK^2$ 7 Sp. 1075 f.

130 Vgl. Hoeynck, Liturgie S. 199 f.

131 Vgl. Wien, ÖNB 573 fol. 19^r: *Hymnus in laudem S. Udalrici* von Abt Udalschalk in ähnlicher Notation und Schreibweise.

Illumina. Oriens. splendor. Salva Rex gentium.
Ad salvandum nos domine deus. O emmanuel.
Virgo virginum. Gabriel nuntius caelorum.
Rex pacifice. Jerusalem civitas dei summi.

Fol. 5v–57r enthalten vier Schriften des Guido von Arezzo:

1. *Incipit micrologus id est brevis sermo in musicam Guidonis.* Nach Inc./Expl. zu schließen enthält der Gudianus 334 den Micrologus de musica des Guido von Arezzo (gest. um 1050) ganz. Er besteht aus einem hexametrischen Vorspruch, der epistula Guidonis ad Theodaldum episcopum, einem Prolog, einer Inhaltsangabe über 20 Kapitel und den 20 Kapiteln selbst[132].

2. *Alius micrologus domni Guidonis.* Dieser Traktat ist bei Gerbert auch als *Regulae musicae rhythmicae* überschrieben[133]. Auch er hat einen hexametrischen Vorspruch, worauf die Regeln folgen, die im Gudianus 334 ganz enthalten sind.

3. *Consideratio discendi musicae canendi*, bei Gerbert *aliae Guidonis regulae de ignoto cantu*[134] genannt.

4. *Epistola ad Michaelem,* bei Gerbert mit dem verlängerten Titel: *Michaeli monacho de ignoto cantu*[135].

In der Handschrift folgen nun verschiedene Exzerpte aus der Musik des Aribo. Der weltliche Adelige Aribo hatte in St. Emmeram in Regensburg seine Ausbildung genossen und schrieb um 1080 einen Musiktraktat[136]. Daraus ist fol. 57r–61r eine *collectio figurarum gravium superiorum finalium excellentium* enthalten, entnommen dem Kapitel *De perversa tetrachordum collectione*, beginnend mit *In ista figura collectae sunt* ... und mit einer Figur *Caprea Aribonis*[137]. Die Überschrift in unserem Exzerpt kommt so im Text des Aribo nicht vor. Sie wurde wohl vom Exzerptor nach dem Inhalt des ersten Abschnitts gebildet. Eine spätere Hand vermerkte am Rand: *Ista sunt ex caprea Aribonis.* Nach einer Lücke folgt ein weiteres Exzerpt aus Aribo beginnend mit *Qualiter tetrachorda species operatur* ... und endend mit ... *et diatesseron esse diapente.*

Auf fol. 127v–128v, also weiter hinten in der Handschrift, steht ein weiteres zusammenhängendes Aribo-Fragment: *Capream, domine, quam ... aliud mea caprea dicit*, entnommen dem Kap. *De caprea repetitio commendationis*[138]. Die

132 Gerbert, Scriptores 2 S. 2–24; Smits van Waesberghe, Guido.

133 Gerbert, Scriptores 2 S. 25–34.

134 Gerbert, Scriptores 2 S. 34–37.

135 Gerbert, Scriptores 2 S. 43–50. Ein bei Gerbert Epilogus genannter Text des Guido (Scriptores 2 S. 37–42) fehlt in der Handschrift Gudianus 334.

136 Smits van Waesberghe, Musikerziehung S. 102.

137 Smits van Waesberghe, Aribo S. 3–16.

138 Smits van Waesberghe, Aribo S. 59–65.

Schreiberhand für dieses Fragment unterscheidet sich von der Haupthand des Codex, ist aber sicher gleichzeitig.

Schließlich befinden sich Auszüge aus Aribo unter den *Mensurae monochordi et cymbalorum* (fol. 90ᵛ–105ᵛ) sowie unter den *Mensurae fistularum* (fol. 106–112)[139] also Mensuren für Monochord, Glockenspiel und Orgel.

Derjenige, der den Cod. Guelf. 334 Gud. lat. zusammenstellte, hat also wahrscheinlich aus einer Handschrift mit der Musica Aribonis exzerpiert und die einzelnen Fragmente unter sachlichen Gesichtspunkten in seine Traktatsammlung aufgenommen. Eine Vorstellung von dem, was ihn inhaltlich an der Musica des Aribo besonders interessierte, gibt folgender Überblick der übernommenen Teile: Es fehlen die Einleitung mit der Widmung an Bischof Ellenhard sowie die ersten vier Kapitel ohne erkennbares Motiv. Der erste Komplex handelt hauptsächlich vom Tetrachord. Allerdings wurde eine Auswahl getroffen, denn im Aribo-Traktat handeln erheblich mehr Kapitel vom Tetrachord. Der zweite Komplex enthält a) Monochord-Mensuren (und wählt dafür entsprechende Kapitel aus Aribo aus), b) Cymbeln-Mensuren (ausgewählte Kapitel) und c) Fistulae-Mensuren (entsprechende Kapitel). Die Aribo-Kapitel wurden mit anderen Traktatauszügen unter systematischem Gesichtspunkt zusammengestellt.

Auf die Fragmente aus der Musik des Aribo folgt fol. 61ᵛ eine Notenzeile mit vier Linien und den Tonbuchstaben F a F e G a F D F E D. Darübergeschrieben ist am Anfang und am Ende der Zeile *diesis*. Darunter steht als Text *desiderium*. Im Anschluß an die Notenzeile folgt ein Textstück *IN NULLO enim sono valet fieri ... reliqui vacant* (endend fol. 62ᵛ). Bei Gerbert[140] findet sich die Notenzeile mit dem Textstück innerhalb von Kapitel X des Micrologus-Traktats von Guido von Arezzo, der *de modis et falsi meli agnitione et correctione* handelt. Smits van Waesberghe[141] dagegen setzt in seiner Edition diesen Abschnitt ab dem Worte *inchoamus*, also einige Zeilen vor der Notenzeile, bis *opponunt tonum* in den Apparat mit dem Hinweis auf eine bestimmte Gruppe von Handschriften, die jene Textpassage innerhalb des Micrologus-Kapitels enthalten. Der Gudianus 334 ist nicht erwähnt. Er hat eben diese Notenzeile mit dem Text völlig abgetrennt vom Micrologus-Traktat, gewissermaßen als Nachtrag. Das würde bedeuten, daß der Gudianus 334 eher mit solchen Guido-Handschriften in Beziehung stand, die diese Passage von vorneherein nicht enthielten.

Die Handschriften, die vor dem 13. Jahrhundert geschrieben wurden und die den Text außer dieser Passage enthalten, sind Darmstadt 1988 (ca. 1100, aus Lüttich), Leipzig, UB lat. 431 (s. XI–XIII, aus St. Jakob in Pegau), London, BL

139 Siehe unten S. 148.

140 Gerbert, Scriptores 2 S. 10f.

141 Smits van Waesberghe, Guido S. 134ff.

Add. 17 808 (s. XI), Clm 9921 (s. XII, aus Ottobeuren), Clm 14 965 a (s. XI, aus St. Emmeram), Montecassino 318 (s. XI, aus Santa Maria di Albaneta) und Rom, Vallicelliana B 81 (s. XI).

Auf fol. 62v beginnt der Musiktraktat des Theoger oder Dietger, des Abtes von St. Georgen im Schwarzwald und späteren Bischofs von Metz[142]. Theoger war Mönch in Hirsau und Prior von Reichenbach im Murgtal gewesen und wurde 1088 von Wilhelm von Hirsau mit der Leitung von St. Georgen betraut. Er konnte sich, 1118 zum Bischof von Metz geweiht, gegen die kaisertreue Partei nicht durchsetzen und trat schließlich als Mönch in Cluny ein, wo er 1120 starb. Wie sein Lehrer, Wilhelm von Hirsau (gest. 1091), hat auch Theoger eine musikwissenschaftliche Schrift verfaßt[143]. Die Musikabhandlung des Theoger ist eine Bearbeitung des Traktats seines Lehrers Wilhelm[144]. Sie handelt von der Monochordteilung, von den Tetrachorden, von den Tonabständen *(modi)*, von den Tonarten *(tropi)* und fügt sich damit gut in die gesamte Thematik des Gudianus 334 ein. Sie beginnt mit der Aufzählung der Kapitel, wobei im Incipit der Verfasser als *domnus Dietgerus abbas sancti Georii* tituliert wird, während im Incipit zum Traktat selbst *abbas ac Metensis episcopus* in die Anrede aufgenommen wurde.

Der volle Titel des nächsten Stückes in der Handschrift lautet Breviarium officiorum ad missam: *Quibus modis regantur quibusque literis in monochordo secundum modernos exarato ordiantur.* Es handelt sich um eine Aufstellung – zweispaltig angeordnet – von Teilen des Meßoffiziums mit den entsprechenden Tonarten, die sich von fol. 83r bis fol. 89r erstreckt. Unter den Namen der acht Kirchentonarten, wie sie im Mittelalter gebräuchlich waren[145], *Dorius, Ypodorius, Frigius, Ypofrigius, Lydius, Ypolydius, Myxolydius und Ypomixolydius* stehen die Anfänge von Texten des Meßoffiziums, etwa *Gaudete in domino* (Introitus vom 3. Adventsonntag) usw. Innerhalb der Liste finden sich an mehreren Stellen die Großbuchstaben D, F, C, A, E, G, B, die sich offensichtlich auf das Monochord beziehen, wie es die Titelzeile ankündigt[146].

Auf fol. 89r schließen sich an die Liste der Meßgesänge nach Kirchentonarten unmittelbar die Nomina neumarum an. Es sind bis fol. 90v zwei Tabellen mit Neumenzeichen und ihren Namen. Die Neumen dienten etwa seit dem 9. Jahrhundert zur Aufzeichnung von Melodien für den liturgischen Gesang. Erst die Musikschriftsteller des 11. und 12. Jahrhunderts haben Bezeichnungen für die

142 H.-J. Wollasch, Theoger, in: LThK² 10 Sp. 54.

143 Ed. Gerbert, Scriptores 2 S. 183–196.

144 H. Hüschen, Theogerus, in: MGG 13 Sp. 322f.

145 Ursprung, Kirchenmusik S. 89.

146 Vgl. die *Nomina chordarum* in der gleichen Handschrift fol. 97v, die in zwei Reihen einmal mit Kapital-, einmal mit Uncialbuchstaben bezeichnet werden.

Neumen eingeführt[147]. Unter den Listen mit Bezeichnungen für die Neumen unterscheidet die Überlieferung aus Süddeutschland eine längere und eine kürzere Liste. Beide Listen sind im Gudianus 334 vertreten. Die längere Tafel mit insgesamt 55 Neumennamen und ihren Figuren ist zweispaltig angelegt. Die Zeichen stehen hinter dem Namen. Von einem Neumenzeichen werden jeweils das Grundelement *(Punctum, Stropha vel Apostropha, Virga, Gutturalis, Flexa, Pes, Emivocalis* (sic), *Quilisma)* und seine Erweiterung angegeben, so daß Kombinationen entstehen wie *Punctum* (.), *Bipunctum* (:), *Tripunctum* (. :), *Tripunctum subpuncte* (· : ·) usw. „Diese Terminologie wird seltener verwendet als die der kurzen Tabelle; dennoch vermag sie manchmal deutlicher die einzelnen Bestandteile der Neumen anzugeben“[148]. Die kürzere Liste ist fol. 90ʳ durch das Wort *aliter* von der vorausgehenden längeren abgesetzt. Die Namen stehen in fortlaufenden weiten Zeilen, so daß das Zeichen jeweils über der Bezeichung Platz findet. Diese Liste enthält 41 Neumen und deren Namen. Für sie ist der Gudianus 334 der einzige erhaltene Textzeuge, allerdings stellt er bereits eine interpolierte Fassung dar[149].

Beide Tabellen in unserer Handschrift zeigen das Anliegen des Sammlers, nämlich möglichst umfangreiches Wissen zur Musik und ihrer praktischen Ausübung in sein Buch aufzunehmen. Die *Nomina neumarum* schließen nahtlos an das *Breviarium officiorum ad missam* an. Beide Tabellen sind mit Sicherheit vom gleichen Schreiber in einem Zuge geschrieben. Zu den Neumen der längeren Tabelle gibt der Verfasser den Hinweis, daß man die Namen der Neumen entsprechend der Anzahl der Punkte, aus denen sie bestehen, erweitern könne: *cetera formabis ex punctis*. Durch ein *aliter* weist er darauf hin, daß die „kurze Tabelle“ andere Bezeichnungen enthalte. Er beschließt seine Aufzählung mit dem Vermerk, daß, wer noch mehr Ableitungen bilde, sich in den Neumenzeichen irre. Der gleiche Schreiber fügt 90ᵛ den Text *de variis monochordi mensuris* an.

Es folgen Mensuren für Monochord, Zimbeln und Orgelpfeifen. Die Zusammenstellung der „Maße“ oder Stimmungen *(mensurae)* des Monochords als wichtigstem Demonstrationsmittel der Musiklehre, der Zimbeln *(cymbalae, nolae)*, im Unterricht gebrauchter Glöckchen, sowie der Orgelpfeifen *(fistulae)* unterstreicht wiederum das praktische Anliegen dessen, der die Handschrift Gudianus 334 zusammenstellte. Die Texte fol. 90ᵛ–112ʳ unter dem Titel *de variis monochordi mensuris* stellen eine Sammlung von Zitaten aus verschiedenen Autoren dar[150]. Es sind dies:

147 Pfaff, Gestalt S. 313.
148 Ebd.
149 Ebd.
150 Nach Smits van Waesberghe, Aribo S. XII.

1. Der Anonymus I[151]. Nach der Einleitung *ad mensurandum monochordum* setzt ein erstes Zitat ein mit *duo hemisperia quae magadas vocant*..., das Gerbert unter der Bezeichnung Anonymus I edierte „aus Handschriften unserer sanblasianischen Bibliothek"[152]. Die Identität der Stücke bei Gerbert und im Gudianus 334 ist zwar gegeben, wenn auch die Lesarten oft erheblich voneinander abweichen.

2. Die *mensura monochordi Boetii*. Es handelt sich um zwei Zitate aus Boethius zur Monochordmensur. Ähnlich finden sie sich bei Gerbert, der sie einem Codex des 12. Jahrhunderts aus Sankt Blasien entnommen hat[153].

3. Drei verschiedene Monochordmensuren, die vorläufig nicht zu identifizieren sind.

4. Aus der Musik des Aribo:
– Mensuren für Monochord und Zymbeln
– Mensuren für Orgelpfeifen, nämlich *antiqua fistularum mensura* ... fol. 107^{v}[154], *nova fistularum mensura* ... *domnus Willihelmus* ... fol. 107^{v}–108^{r}[155], *aribunculina fistularum* . . . fol. 108–109[156] und *qualiter ipse* . . . fol. 109^{v}–110^{v}[157].

In der Überlieferungsform, wie sie der Gudianus 334 bietet, wird in einer längeren Einleitung die Mensur *nova fistularum mensura* ... dem *domnus Willehelmus, prius Emmeramensis Ratisponae monachus, nunc autem alibi abbas venerandus* ... zugeschrieben, eine Zuschreibung, die sich außerdem nur noch im Ottobeurer Musikcodex (Clm 9921) findet, wenngleich kürzer, aber mit dem Zusatz *abbatis Hirsaugensium*. In einer anderen Überlieferungsform, repräsentiert in Clm 14 965 b (s. XII; aus St. Emmeram) und Clm 18 914 (s. XI–XIII; aus Tegernsee), kommt der Hinweis auf die Verfasserschaft Wilhelms in der Einleitung nicht vor, der St. Emmeramer hat jedoch *domnus Wilhelm* in der Überschrift[158].

5. Eine andere Mensur für Zymbeln fol. 105^{rv}–106^{r}[159].

6. Zwei weitere Mensuren für das *organistrum*.

7. Eine Mensur des Oktochords. Dieses Textstück hebt sich durch die Schreiberhand vom übrigen Text ab. Es könnte nachträglich eingefügt worden sein.

151 Gerbert, Scriptores 1 S. 331–338.
152 Gerbert, Scriptores 1 S. 330.
153 Gerbert, Scriptores 1 S. 346 f.
154 Ed. Sachs, Mensura S. 126–128 und Smits van Waesberghe, Aribo S. 40–41.
155 Ed. Sachs, Mensura S. 84 ff. und Smits van Waesberghe, Aribo S. 42–43.
156 Ed. Sachs, Mensura S. 90 f. und Smits van Waesberghe, Aribo S. 43–44.
157 Ed. Sachs, Mensura S. 91 f. und Smits van Waesberghe, Aribo S. 45–46.
158 Sachs, Mensura S. 84 ff.
159 Ed. Smits van Waesberghe, Cymbala S. 49–51.

8. *Quomodo organice moduletur*. Dieser Text steht ebenso im Vindobonensis 787, einem Codex, der auch die Musica Theogeri enthält.

Der Dialogus Oddonis steht auf fol. 112r–127r und scheint vollständig in der Handschrift enthalten, wenngleich er verglichen mit der Edition bei Gerbert[160] früher endet, nämlich mit dem Explicit... *qui est benedictus in secula seculorum. amen.* Bei Gerbert folgt noch *D: Age ergo, obsecro, et de modis, quae sequuntur edicito. Explicit MUSICA ENCHIRIDIONIS*. Dieser Traktat, der bedeutsamste unter den sog. odonischen Traktaten, wurde lange Zeit dem bekannten Abt Odo von Cluny (gest. 942) zugeschrieben, was inzwischen nicht mehr aufrecht erhalten wird, ohne daß ein anderer Odo als Verfasser eindeutig bewiesen werden könnte[161]. Schon im Mittelalter herrschte Unklarheit über die Verfasserschaft. Neben Odo wurde der Dialogus de musica sowohl in Handschriften wie bei Schriftstellern auch Guido von Arezzo zugeschrieben. Nun weist aber Guido selbst in seiner Epistola Michaeli auf einen Odo als Verfasser eines Enchiridion, wie der Dialogus de musica auch heißt, hin.

Der Gudianus 334 gehört zur Gruppe mit der Zuschreibung an Guido von Arezzo, denn sein Incipit lautet: *a domno Guidone dyalogus compositus de arte musica*, wobei noch hinzukorrigiert wurde *micrologus* (von gleichzeitiger Hand), möglicherweise weil Zweifel bestanden, ob der Titel ,,Dialogus de musica" von Guido stammen konnte. Schon diese Zuschreibung bringt den Gudianus 334 in die Nähe des Codex Darmstadt, Hessische Landes- und Hochschulbibliothek 1988[162], der auch sonst die meisten Stücke mit unserem Codex gemeinsam hat. Allerdings ist der odonische Traktat außerdem in sehr vielen Handschriften überliefert.

Auf fol. 129r–139v befinden sich Notenlinien mit Neumen, denen ein musiktheoretischer Text unterlegt ist, unter anderem auch noch einmal eine Monochord-Mensur. Die Notenlinien, manchmal bis zu fünf, sind durch je vier Tonbuchstaben in wechselnder Abfolge gekennzeichnet. Die F-Linie ist hervorgehoben. Bei diesen in Musik gesetzten Texten befinden sich fol. 133r–135v die Verse Hermanns von der Reichenau *de novem intervallis* (incipit *Ter terni* ...) und *de notulis* (incipit *E voces unisonas* ...) sowie *Item de novem intervallis* (incipit *Ter tria iunctorum sunt* ...)[163]. Es handelt sich wohl bei den Versen

160 Gerbert, Scriptores 1 S. 252–264.

161 H. Hüschen, Odo, in: MGG 9 Sp. 1850ff. M. Huglo, Odon (zit. nach der Rezension in Scriptorium 25. 1971 S. 148f.): Das Werk bleibt anonym; das mittelalterliche Bedürfnis nach einer ,,auctoritas" rief nach einem Namen.

162 Smits van Waesberghe, Aribo S. IVf.: aus St. Jakob in Lüttich, um 1100. M. Huglo: Die Zuschreibung an Guido von Arezzo begleitet auch die ,,citations" der Theoretiker der Schule von Lüttich, bs. Jakobs von Lüttich. Huglo, Odon, zit. nach der Rezension in Scriptorium 25. 1971 S. 148f.

163 Gerbert, Scriptores 2 S. 149–153.

Hermanns um Memoriermelodien, die sich auf den folgenden Seiten (fol. 136ʳ–139ᵛ) fortsetzen. Der Hymnentext *Ut queant laxis* mit dreierlei Notierung: 1. mit deutschen Neumen auf Linien, 2. mit den Solmisationssilben ut, re, mi, fa, sol, la, 3. mit den Tonbuchstaben C, D, E, F, G, a zeigt die Vielseitigkeit der Notierung von kirchlichen Melodien, die zu diesem Zeitpunkt zur Verfügung stand[164].

Als ein Hauptwerk des ganzen Codex beginnt fol. 139ᵛ die Schrift des Abtes Udalschalk von St. Ulrich und Afra mit folgendem Incipit: *Registrum tonorum secundum praescriptum piae memoriae Domni Ŏdalschalchi abbatis cenobii s. Ŏdalrici et sanctae Afrae.* Udalschalk, der von 1127 bis 1151 Abt von St. Afra war, ist der erste Mönch dieses Klosters, von dem literarische Arbeiten größeren Umfangs bezeugt und erhalten sind[165]. Daß er ein musikalisches Werk verfaßte, bezeugen Meisterlin[166] und Wittwer[167]. Es wurde von A. Steichele im Gudianus 334 im Jahre 1857 entdeckt und von Ph. Jaffé unter Weglassung der Noten und einiger Teile veröffentlicht[168]. Das Autograph Udalschalks kann die Aufzeichnung des Registrum im Gudianus 334 nicht sein, da sie dort als Werk des Herrn Udalschalk *piae memoriae* eingeleitet wird. Udalschalk war also zum Zeitpunkt der Niederschrift schon tot. Auch kann das Vorwort nicht von Udalschalk selbst geschrieben sein, denn darin wird von ihm in der 3. Person gesprochen. Aus der Formulierung „gemäß der Vorschrift des Herrn Udalschalk" möchte ich allerdings schließen, daß die Aufzeichnung im Kloster St. Ulrich und Afra erfolgte. Denn hier war Abt Udalschalk als Klostervorsteher in erster Linie „weisungsbefugt".

Der Tonar ist so aufgebaut, daß nach einer theoretischen Erklärung, einem „Paragraphen", ein Text unter Notenlinien mit Neumen steht. Es sind vier bzw. fünf Notenlinien, die mit D F A C oder F A C E bezeichnet werden. Die F-Linie ist hervorgehoben. Oder es folgen auf den Paragraphen, der innerhalb einer Tonart die *differentia* bzw. *varietas* erläutert, die Listen der Antiphonanfänge in alphabetischer Reihenfolge ohne Notation.

Ein Tonar hatte im Mittelalter zunächst einen praktischen Zweck für den *cantor*, als ein Verzeichnis der Tonarten und ihrer Untergliederungen, wie die liturgischen Gesänge, vor allem die Antiphonen der Messe und des Stundengebets, jeweils zu singen seien[169]. Das erforderte auch Überlegungen, wie die Kadenzen der Psalmodie an den Antiphonbeginn angepaßt werden könnten, weshalb man

164 Vgl. B. Stäblein, Choral, in: MGG 2 Sp. 1277/78.
165 Bühler, Schriftsteller S. 16. Vgl. unten S. 157 ff.
166 Elogium auf Udalschalk, zit. Berschin, Historia S. Kŏnradi S. 114.
167 Wittwer, Catalogus S. 97: *Scripsit etiam librum egregium de arte musica.*
168 Jaffé, Registrum tonorum.
169 W. Lipphardt, Tonar, in: MGG 13 Sp. 522 ff.

Tonare auch als Bestandteile musiktheoretischer Abhandlungen findet. Der Tonar Udalschalks scheint noch eine weitere Zielrichtung besessen zu haben. Im Vorwort ist davon die Rede, daß eine Neuordnung gegenüber der alten Gesangspraxis geschaffen werden solle, und der Titel sagt aus, daß „gemäß der Vorschrift des Herrn Udalschalk gesungen werden soll"[170]. Damit kommt der Tonliste eine besondere Autorität zu.

Fol. 174ᵛ scheint ursprünglich die letzte Seite des Codex gewesen zu sein. Sie enthält einen Dreizeiler, offensichtlich die Schlußbemerkung eines Schreibers:

Tulit ergo dominus,
Quis (quid?) michi tribuat.
Laudabilis perpetuus

Es folgt beigeheftet noch ein Doppelblatt (fol. 175/176), das liturgische Fragmente enthält (175ʳ: *In pentecosten. Sancti spiritus assit nobis gracia ...),* die in einem verhältnismäßig groben Duktus geschrieben sind und sich von der Hand des übrigen Codex abheben. Smits van Waesberghe setzt sie ins 12. Jahrhundert[171]; ich möchte annehmen, daß sie älter sind, vielleicht noch s. X.

Die Handschriften Cod. Guelf. 72 und 334 Gud. lat. lassen erkennen, daß man sich im Kloster mit Musiktheorie befaßte. Das scheint fürs erste nicht überraschend, denn der liturgische Gesang ist wesentlicher Bestandteil des Klosterlebens, und das praktische Singen brauchte bis zu einem gewissen Grade auch eine theoretische Fundierung. Es mußte gelehrt und erlernt werden. Dazu waren musikalische Aufzeichnungen sehr hilfreich. Tonare konnten dem *cantor* als Hilfsmittel bei der Intonation von Psalmodien und Meßgesängen dienen. Vor allem der im 12. Jahrhundert aller Wahrscheinlichkeit nach im Kloster selbst entstandene Gudianus 334 macht den Eindruck eines musikalischen Handbuches. Er enthält zahlreiche sehr praktische Stücke wie die O-Antiphonen (mit Neumen auf Notenlinien), ein Breviarium zu Teilen des Meßoffiziums mit den entsprechenden Kirchentonarten, Neumenlisten, Mensuren für Monochord, Zimbeln und Orgelpfeifen, Merkverse zur Intervallehre und schließlich einen umfangreichen Tonar. Diese musikpraktischen Teile werden im gleichen Codex ergänzt durch einige bedeutende musiktheoretische Traktate wie die Schriften Guidos von Arezzo, Auszüge aus Aribo, den Musiktraktat des Theoger von St. Georgen und den sog. Dialogus Oddonis[172].

170 Udalschalk, Registrum tonorum S. 69; vgl. unten S. 262f.

171 Smits van Waesberghe, Aribo S. XIII.

172 Über mögliche Zusammenhänge der musiktheoretischen Handschrift Gudianus 334 mit der allgemeinen Klostergeschichte vgl. unten S. 284ff.

Die beiden Hefte des Gudianus 72, die wenigstens 150 Jahre vor dem Gudianus 334 entstanden und die sich in der Hand des ersten Abtes Reginbald befanden, waren stärker der Musiktheorie als Fach der *septem artes liberales* verpflichtet. Enthalten sie doch als Hauptgegenstände die Musik des Boethius und die Musica Enchiriadis mit den Scholien. Erstere ist reich mit Glossen und Marginalien versehen, was darauf hinweist, daß ein schulmäßiges und wissenschaftliches Interesse an dem Werk bestand. Letztere, die Musica Enchiriadis, gehört sicherlich zu den frühesten Exemplaren in unserem Raum. Der Gudianus 72 diente aber auch der praktischen Ausübung der Musik, wie nicht zuletzt Notkers althochdeutscher Text zur Mensurierung der Orgelpfeifen beweist.

3. Die Geschichtsschreibung

Im 11. Jahrhundert galt das Interesse der Mönche von St. Afra offenbar mehr der Geschichte ihrer Heiligen als der eigentlichen Klostergeschichte. In der Bücherliste für diese Zeit fehlen ausgesprochene Geschichtsdarstellungen wie Annalen oder ähnliches. Das erste klostereigene Chronicon stammt erst aus der zweiten Hälfte des 12. Jahrhunderts. Vorläufig dominieren die Lebensbeschreibungen der Heiligen, die Vitenliteratur.

a) Geschichte der Heiligen

Es ist wahrscheinlich, daß das Kloster Exemplare der Ulrichsvita in der ersten Fassung, der Fassung des Gerhard[173], besaß. Die bibliothekarischen Überlieferungen ergeben dafür einige Anhaltspunkte. Markus Welser edierte 1595 Gerhards Werk als erster und zog dazu drei Handschriften aus St. Ulrich und Afra heran, zwei davon in Pergament, eine in Papier. Möglicherweise ist das Autograph Gerhards darunter gewesen[174]. Die Handschriften waren jedoch bereits im 19. Jahrhundert nicht mehr aufzufinden. Auch P. Braun (am Ende des 18. Jahrhunderts) hat den Verlust der Codices beklagt[175].

173 MG SS 4 S. 377–425. Dompropst Gerhard, der Ulrich selbst kannte, ist mit größter Wahrscheinlichkeit der Verfasser der Vita. Es wird hier diese Erstfassung als Vita des Gerhard bezeichnet, wobei offenbleibt, daß auch ein vom Dompropst verschiedener Dompriester namens Gerhard der Verfasser sein könnte. Vgl. AReg 1 Nr. 103 S. 64 und 65.

174 Waitz, Vita s. Oudalrici S. 380.

175 Braun, Notitia, zit. von Waitz, Vita s. Oudalrici S. 380.

Unter den erhaltenen Handschriften mit Gerhards Vita, die vor 1200 geschrieben wurden[176], läßt sich von keiner nachweisen, daß sie aus der Klosterbibliothek von St. Ulrich und Afra stammt. Lediglich beim Codex latinus 10867 der Bibliothèque nationale in Paris spricht einiges dafür, daß er einstmals der Bibliothek von St. Afra angehörte. Er war später bei den Augustinerchorherren in Rebdorf vor Eichstätt und gelangte von dort in französische Hände (1800)[177]. Er enthält die Conversio und Passio der heiligen Afra (fol. 2^r–10^v), die Vita s. Magni (fol. 12^r–38^r) und die Vita et miracula s. Udalrici (fol. 38^v–106^r). In Text und Bild (Federzeichnung) bringt er die Widmung des Buches an Bischof Narzissus durch eine Stifterin „Friderun" zum Ausdruck. In dieser Stifterin ist nun entweder Friderun, Äbtissin des Kühbacher Magnusklosters, oder die Nonne eines Augsburger Frauenkonvents bei St. Ulrich und Afra zu erblicken. Obwohl Bauerreiß die Äbtissin von Kühbach als mögliche Schenkerin „entdeckt" hatte, neigte er dazu, die Handschrift einem Frauenkonvent bei St. Ulrich und Afra zuzuweisen, den er nur vermutete, da „im Zuge der Gorze-Trierer Reform des XI. Jahrhunderts aggregierte Frauenkonvente die Regel waren"[178]. Für Anton Steichele war es eine „feststehende Tatsache", daß der Pariser Codex eine jener verschwundenen Vorlagen Welsers sei, denn es gebe Lesarten, die sich im Texte Welsers und in dieser Handschrift, sonst aber in keiner anderen fänden[179]. Schon Ignaz Meichelbeck hatte im 18. Jahrhundert die Welser-Edition mit dem Parisinus latinus 10867 verglichen und nur wenige Varianten entdeckt[180]. Eine Entscheidung darüber, ob von erhaltenen Handschriften der Ulrichsvita des Gerhard jene in Paris oder andere aus der ulrikanischen Bibliothek stammen, könnte nur ein Vergleich aller überlieferten Texte einschließlich der Welser-Edition untereinander bringen, vielleicht anläßlich einer Neuausgabe der Vita[181]. Die Zusammenstellung der Viten der heiligen Afra, Magnus und Ulrich paßt

176 Bisher vollständigste und noch gültige Zusammenstellung der Überlieferung der Ulrichsviten von W. Wolf, Ulrichsvita. Vgl. auch Pötzl, Ulrichsverehrung S. 103 f.

177 Paris, BN, Catalogus 2 S. 614; Bauerreiss, Augsburger Handschrift; Duft, St. Magnus S. 84 f.

178 Bauerreiss, Augsburger Handschrift S. 167. Von einem Doppelkonvent bei St. Ulrich und Afra weiß man nichts. Es ist ein Benediktinerinnenkloster von St. Nikolaus bekannt, das südöstlich der Stadt „auf dem Gries" lag und bis ins späte 15. Jahrhundert der Jurisdiktion des Abtes von St. Ulrich und Afra unterstand. Es wird jedoch erst 1262 erwähnt. Vgl. Kiessling, Gesellschaft S. 38. Ein Hinweis auf einen Doppelkonvent könnte aus der Widmung eines von Hermann geschenkten Evangelienbuches herausgelesen werden: ... *istorum memores fratres sint atque sorores* ..., siehe oben Nr. (19) S. 60 f.

179 Steichele, Bistum 4 S. 582.

180 Ruland, Domstiftsbibliothek S. 7 Anm. 22.

181 Angesichts von drei alten, bisher nicht berücksichtigten Überlieferungen der „wertvollsten Ulrichsvita" wäre eine Textrevision und Neuausgabe wünschenswert. Pötzl, Ulrichsverehrung S. 104.

selbstverständlich am besten auf unser Kloster. Sollte je der Nachweis gelingen, daß der Parisinus latinus 10867 dem Kloster St. Afra angehörte, dann hätte das Kloster mindestens ein weiteres Exemplar der Afravita besessen[182]. Auch eine andere (ältere) Version der Magnusvita wäre nachgewiesen, verschieden von der Bearbeitung des Otloh von St. Emmeram, die auf alle Fälle vorhanden war[183]. Denn der Vitentext, den der Parisinus bietet, ist jedenfalls nicht identisch mit jenem des Otloh[184].

Eine ähnliche, für das Afrakloster typische Zusammenstellung von Viten bietet die Handschrift Nr. 109, die der Bibliothek des Zisterzienserstifts Wilhering oberhalb Linz in Österreich gehört[185]. Sie enthält fol. 1–8 Conversio s. Afrae, fol. 8–11 Passio s. Afrae, fol. 12–85 Vita s. Udalrici (von Gerhard) und fol. 85–102 die Miracula. Also ist nicht ausgeschlossen, daß die Handschrift ursprünglich in St. Afra beheimatet war, vielleicht hier geschrieben wurde[186]. Es fehlt dem Codex allerdings jegliches Merkmal der ulrikanischen Bibliothek[187].

Die Vita des Gerhard genügte offensichtlich später nicht mehr den Anforderungen der Heiligenverehrung. Schon Bischof Gebehard von Augsburg (996–1000) hatte sich an eine Neufassung der Lebensbeschreibung St. Ulrichs

182 Einmal ist die Afravita im ,,hagiographischen Hausbuch" enthalten. Siehe Nr. (32) und gleich anschließend.

183 Nr. (70a).

184 Coens, S. Magne S. 162. Nach Coens ist die Magnusvita im Parisinus latinus 10867 am Anfang des 11. Jahrhunderts geschrieben.

185 Grillnberger, Handschriften S. 59 (falsche Angabe: ,,Papier"); Keplinger, Wilhering S. 70ff.

186 Ruf, Augsburg S. 54 hält die Wilheringer Handschrift für einen ehemaligen Codex des Afraklosters.

187 Die Handschrift könnte allerdings schon sehr früh aus dem Kloster gekommen sein; vielleicht wurde sie dort im Auftrag geschrieben. In der Geschichte des Zisterzienserstiftes Wilhering zeigen sich einige Ansatzpunkte, die begründen könnten, daß die Handschrift nach Österreich und schließlich in die Bibliothek der Zisterzienser von Wilhering gelangte. Das Kloster wurde 1146 von Ulrich (II.) und Cholo von Wilhering gestiftet. Der Vater der Stifter hieß Ulrich (I.). Ulrich war also ein Leitname in der Stifterfamilie. Die Neugründung wurde vom Zisterzienserkloster Rein in der Steiermark (gegr. 1129) aus besiedelt. Seit den Ungarnkriegen im 10. Jahrhundert gab es eine Ulrichsverehrung auf dem Ulrichsberg bei Rein. Dieser Kult nahm einen neuen Aufschwung unter Friedrich III. 1453 wurde die heutige Ulrichskirche auf dem Ulrichsberg geweiht. Auch die Vorgängerin dieser Kirche, eine Burgkapelle, war schon dem heiligen Ulrich geweiht. Da am Kultort in der Regel auch eine Vita vorhanden war, konnte das Exemplar der Ulrichsvita im 12. Jahrhundert von Augsburg über Rein nach Wilhering gelangt sein. Zur Geschichte siehe G. Rath. Studien zur Gründungsgeschichte der Cisterze Wilhering und ihrer rechtlichen Stellung zu den Gründern und zum Hochstifte Bamberg (Festschrift zur Feier des 200jährigen Bestandes des Haus-, Hof- und Staatsarchives = MittÖsterrStaatsarch. Erg.-Band 2,1) Wien 1949 S. 263–288. Zur Ulrichsverehrung: L. Grill, Zum 1000jährigen Gedenken des Todes des hl. Bischofs Ulrich von Augsburg, Stift Rein 1973; Ders., Runaburg und Turmberg – Ulrichs- und Kalvarienberg (Mitt. d. Steirischen Burgenvereins 14. 1972) S. 3–21.

gemacht. Die historischen Tatsachen der Vita Gerhards erschienen ihm als Ballast. Er wollte den wahren Charakter des Heiligen deutlicher herausstellen. Sein Unternehmen blieb jedoch ein Fragment[188]. Abt Fridebold von St. Afra (1020–1030) richtete an Abt Berno von der Reichenau (1008–1048) die Bitte, ein Leben des heiligen Ulrich zu schreiben. Berno kam diesem Wunsche nach und lieferte eine dritte Fassung der Ulrichsvita mit einem Prolog, der an Fridebold gerichtet war[189]. Berno erklärte in seinem Schreiben, daß er sich mit seiner Bearbeitung in der Mitte zwischen dem feinen Stil Bischof Gebehards und dem allzu schlichten Stil des Erstbearbeiters (Gerhard) halten wolle, daß er nichts hinzufügen wolle, außer Väter- und Bibelstellen. Dennoch flossen schließlich genug Visionen und Wunder ein, so daß uns heute die Erstfassung als die historisch wertvollere erscheint[190]. Die Fassung Bernos kam wohl Fridebolds Wunsch entgegen und erfüllte des Verfassers Absicht, der Erbauung zu dienen. In der Bibliothek des Klosters von St. Afra war die Ulrichsvita in Bernos Fassung zwei- bis dreimal vorhanden[191].

Ähnlich bekam das Kloster im 11. Jahrhundert auch eine Neufassung der Magnusvita, die der gelehrte Otloh von St. Emmeram in Regensburg geschrieben hatte. Er teilt in seinem Liber de temptatione mit, daß er (nach seiner Rückkehr von einem Aufenthalt in Fulda ins Heimatkloster St. Emmeram) ein „Leben des heiligen Magnus" geschrieben habe[192]. Er sei dazu von zwei Mitbrüdern gedrängt worden, einmal von Wilhelm (dem späteren Reformabt von Hirsau) und zum anderen von einem gewissen Adelham(!), der vom Magnuskloster (in Füssen) herkommend *discendi causa* im Kloster St. Emmeram geweilt habe und jetzt zum Abt von St. Afra bestellt worden sei[193]. Wenn Otloh weiter unter den Klöstern und Freunden, denen er Bücher schenkte, vermerkt: *abbati de Sancta Afra unum librum*[194], so ist dies aus dem Zusammenhang auf diesen Abt Adelhalm zu beziehen. Der Gedanke liegt nahe, Otloh habe ihm die Vita s. Magni gewidmet und übersandt.

Tatsächlich kopierte P. J. Gamans S. J., der um 1650 für die Bollandisten zur Edition der Acta sanctorum Abschriften anfertigte, die Magnusvita aus zwei verschiedenen ulrikanischen Codices[195]. Zum einen davon gab er an: *Ex pergameno antiquissimo codice ms. Augustae ad SS. Udalricum et Afram, ab anno 700*

188 AReg 1 S. 64.

189 Ed. Welser, Opera S. 596–617. Prolog auch MG SS 4 S. 381 f.

190 Vgl. Manitius, Geschichte 2 S. 68; Wattenbach, Sachsen und Salier S. 257 f.

191 Nr. (32) = Widmungsexemplar, Nr. (31) = Abschrift, und davon zu unterscheiden vielleicht Nr. (47).

192 MG SS 11 S. 391.

193 Über diesen Abt Adelhalm in der ulrikanischen Klostertradition siehe unten S. 226 ff.

194 MG SS 11 S. 393.

195 Vgl. oben unter Nr. (70) und (70 a).

conscripto, in 4. titulo legendae aliquot SS. lit. z. n. 36[196]. Dem Text in dieser Handschrift war ein Prolog beigegeben, der den Verfasser als „einen aus dem Kloster von St. Emmeram" vorstellt. Der Prolog ist an Adelhalm gerichtet: *Iuxta intelligentiae meae parvitatem complevi, quod tibi, dilecte frater Adelhalme, promisi. Te enim petente una cum alio charissimo fratre nostro, ut S. Magni vitam, visioso* (verm. *vitioso) nutantique in pluribus locis ab institutione grammatica stylo antiquitus prolata emendarem etc.*[197]. Dieses Zitat aus der Textüberlieferung, wie sie die Acta Sanctorum aufbewahren, zusammengelesen mit dem Zitat aus Otlohs De temptatione ist nicht nur der entscheidende Hinweis darauf, daß Otloh der Bearbeiter der Magnusvita im 11. Jahrhundert war, sondern nennt Abt Adelhalm als Empfänger der Fassung Otlohs. Damit werden Verbindungen des Abtes von St. Afra zum gelehrten Schreiber von St. Emmeram offenkundig. Es wird verständlich, daß ein altes Exemplar dieser Version der Vita im Afrakloster lag, in dem wahrscheinlich sogar das Widmungsexemplar für Adelhalm zu erblicken ist. Leider haben wir es nicht mehr, sondern nur die Abschrift des P. J. Gamans.

Das Interesse an Heiligenleben und insbesondere an der Geschichte der Hausheiligen ist erneut gegen Ende des 11. Jahrhunderts bezeugt. Eine Gesandtschaft wurde nach Gerona in Spanien geschickt, um von dort *legendae, historiae, gestae et reliquiae*[198] über bestimmte Heilige zu erhalten. Vorausgegangen war die Auffindung der hl. Digna, Eunomia und Eutropia. Ein Konverse des Klosters machte sich mit einem Empfehlungsschreiben nach Gerona auf den Weg. In Gerona lag der hl. Narzissus begraben, der Bischof dieser Stadt gewesen war und sich zusammen mit seinem Diakon Felix aufgemacht hatte, um die hl. Afra zu bekehren. Er war dann wieder nach Spanien zurückgekehrt[199]. Die Gesandtschaft nach Gerona hat sich in Büchern des Klosters niedergeschlagen. Die Handschrift Basel B VIII 32[200] könnte gar das Begleitschreiben für diese Reliquienreise gewesen sein. Sie ist zu dieser Zeit im Kloster St. Afra zusammengestellt. Das hagiographische Hausbuch[201] des Klosters, das im 11. Jahrhundert mit Bernos Exemplar der Vita Udalrici und dem Afraleben begonnen wurde, bekam in der 1. Hälfte des 12. Jahrhunderts die Vita et passio s. Narcissi dazu. Das Rückschreiben, das der Konverse von Bischof Berengar aus Gerona mit-

196 Acta SS Septembris 2 S. 701. Coens, S. Magne S. 179 bezeichnet diese Abschrift als B (= Bruxelles, Bibliothèque des Bollandistes ms. 139 fol. 349–358ᵛ). Ob in *z. n. 36* eine ulrikanische Signatur zu lesen ist?

197 Acta SS Septembris 2 S. 701.

198 Wittwer, Catalogus S. 86.

199 Wittwer, Catalogus S. 29 ff.

200 Vgl. Nr. (31).

201 Vgl. Nr. (32).

brachte, überliefert Wittwer[202]. Demnach erhielt das Kloster Reliquien des hl. Felix (nicht des Diakons des Narzissus, der in die Nähe von Paris überführt worden ist, sondern eines in Gerona verehrten Märtyrers Felix), Kleiderreliquien des hl. Narzissus, dazu Knochenreliquien des heiligen Romanus, des Gefährten des Märtyrers Felix. Außerdem war die Passio des heiligen Felix beigefügt. Über Narzissus, so das Schreiben, könne man nicht viel mehr schicken; das Buch mit seiner Passio sei bei Verwüstungen verloren gegangen. Dennoch war später eine *Historia vitae S. Narzissi* im Kloster, wie das Verzeichnis von 1616 vermerkt[203]. Eine Vita und Passio s. Narcissi wurde in der 1. Hälfte des 12. Jahrhunderts in das ,,hagiographische Hausbuch" des Klosters eingetragen[204]. Eine Legenda Narcissi begegnet noch einmal in einer weiteren Vitensammlung, die dem 12. Jahrhundert zuzuweisen ist[205].

b) Die ,,Biographien" Udalschalks

Ein stärkeres historisches Interesse an den Geschicken des Klosters können wir in der ersten Hälfte des 12. Jahrhunderts beobachten. Udalschalk, erst Mönch und später Abt des Klosters (1127–1151), verfaßte über die Auseinandersetzungen, die sein Amtsvorgänger Abt Egino (1109–1120) mit dem Augsburger Bischof Hermann (1096–1133) zu bestehen hatte, eine Schrift, die unter dem Titel De Eginone et Herimanno bekannt ist[206]. Sie ist uns aus zwei Quellen überliefert, einmal dem Catalogus des W. Wittwer von 1497[207], der die ,,Erzählung über Egino und Hermann" mit folgenden Worten seiner Klosterchronik einfügte: *Si quis autem plenius wult agnoscere appellacionem eiusdem patris Eginonis contra scismaticum Augustensem episcopum et eius labores ac sanctitatem ipsius, legat eius dulcissimam hystoriam ac perutilem, que a socio et comite indiviso successoreque eius Udalscalco conscripta est, que sequitur infra immediate* ...[208]. Eine zweite, indirekte Quelle ist der Abdruck von H. Canisius, der die Erzählung *e codice manuscripto Augustano* übernahm[209]. Es war dies nicht Wittwers Catalogus, denn Canisius bietet eigene Lesarten[210]. Vielleicht war Canisius' Vorlage der im Verzeichnis von 1616 genannte Codex *Eginonis abbatis gesta a*

202 Wittwer, Catalogus S. 86ff.

203 Clm 1880 fol. 254v: *Historia Vitae s. Narcissi episcopi et martyris ... anno 1087 sub abbate Sigehardo missus est nuncius Gerundam ad episcopum Gerundensem Berengarium* ...

204 Vgl. oben unter Nr. (32).

205 Nr. (48).

206 Unter diesem Titel ediert von Ph. Jaffé in MG SS 12 S. 429–448.

207 Augsburg, AdB, Hs. K 78 fol. 48v–66v.

208 Wittwer, Catalogus S. 94. Steichele hat bei seiner Edition von Wittwers Catalogus die Schrift Udalschalks ausgespart, weil ihre Edition kurz vorher durch Jaffé erfolgt war. Vgl. Anm. 206.

209 Antiqua lectio 2 S. 204ff.

210 Jaffé, Uodalscalcus, De Eginone, passim.

Udalscalco[211]. Canisius, P. Braun[212] und Jaffé sprechen von Udalschalks Schrift als einer *narratio*. Sie wurde später als „Streitschrift" oder „Bericht" unter die historiographischen Quellen eingereiht[213]. Damit wird man jedoch der literarischen Eigenart von Udalschalks Werk vermutlich nicht ganz gerecht. Einerseits ist es stark der Vitenliteratur verhaftet, andererseits setzt es sich nach Art der Geschichtsschreibung mit Ereignissen auseinander. Der Verfasser des Verzeichnisses von 1616 nahm seinen Titel *gesta Eginonis* aller Wahrscheinlichkeit nach von einem älteren Manuskript als die spätmittelalterliche Quelle Wittwer. In diesem Titel kommt zum Ausdruck, daß Udalschalk von einer Person handeln wollte[214]. Egino ist der Held der Erzählung.

Das Vorwort in Form eines Briefes, den Udalschalk an den Augsburger Konvent richtet, rückt vier Anliegen und Zielsetzungen der Schrift in den Vordergrund: 1. die Verfolgungen für Egino geschahen um der Gerechtigkeit willen, 2. die Ordinationen des schismatischen Bischofs Hermann sind laut päpstlicher Verfügung gültig, 3. Abt Egino und das Kloster sollen verherrlicht werden und 4. die Tyrannis der Gottlosen soll nicht verschwiegen, vielmehr verbreitet werden als Ansporn für die Nachwelt, sich für die Gerechtigkeit einzusetzen[215]. Udalschalk schrieb dieses Vorwort, als er selbst noch fern dem Kloster war, also vor Antritt seines Amtes als Abt[216]. Er mußte den Brüdern die päpstliche Bestätigung der von Hermann erteilten Weihen übermitteln. Diese Bestätigung zu erlangen war mit ein Zweck der Romreise des Abtes Egino gewesen. Eginos Reise war erfolgreich verlaufen, wie das von Wittwer mitgeteilte Papstschreiben beweist[217]. Egino konnte das Schreiben selbst nicht mehr überbringen, da er auf der Rückreise in Pisa starb. Sein Begleiter Udalschalk übernahm den Auftrag, indem er gleichzeitig das Leben und die Taten des Abtes bis zu seinem Tod würdigte.

Es ist überhaupt nicht zwingend anzunehmen, daß Udalschalk schon auf der Reise schrieb und beim Tode unvermittelt abbrach, wie vermutet wird[218].

211 Siehe Nr. (46).

212 Braun, Notitia 3 S. 6.

213 Wattenbach, Sachsen und Salier S. 537; Volkert, Hermann S. 24; AReg 1 S. 223.

214 Zu Gesta vgl. van Caenegem/Ganshof, Quellenkunde S. 28 ff.

215 MG SS 12, S. 432: Praefatio. König Heinrich IV. wird mit dem aus der Hölle auferstandenen Kaiser Nero verglichen, der gegen die Kirche wüte. Udalschalk bewegt sich hierbei auf der Linie der gregorianischen Publizistik. Vgl. Hübinger, Worte S. 15.

216 Der Ausdruck *locus noster* für das Kloster in Zeile 23 heißt bei Canisius *locus vester* (MG SS 12 S. 432 Anm. d). Canisius hat gegenüber Wittwer wahrscheinlich die ältere Lesart aufbewahrt.

217 Wittwer, Catalogus Hs. K 78 fol. 65^{v}; MG SS 12 S. 446 Anm. 81; Jaffé, Reg. Pont. Rom. 6854; Germania pont. 2,1 Nr. 5 S. 57 f.

218 Vor allem Manitius, Geschichte 3 S. 561. Auch das Zitat aus Kap. 7 bei Manitius, a. a. O. Anm. 3 bedeutet m. E. nicht, daß Udalschalk noch zu Lebzeiten Eginos schrieb. Wohl aber gibt es das Ziel seines Schreibens an: Verherrlichung des Abtes.

Wahrscheinlich ist vielmehr, daß Udalschalk in seinen „Konstanzer Jahren"[219] nach der Romreise die Vorgänge aufarbeitete und bald nach 1120 die Schrift verfaßte. Die Bestätigung der Weihen duldete keinen Aufschub. Udalschalk schrieb aber in diesem Sinne keine, wenn auch noch so engagierte „narratio" oder Chronik der Ereignisse, sondern eher eine Biographie mit Merkmalen einer Vita. Der letzte Brief Eginos und das Carmen *de itinere obituque* sind nicht ohne inneren Bezug zum Hauptinhalt angehängt[220]. Es ist vielmehr so, daß in jener kunstvollen Komposition von erzählenden Kapiteln und eingestreuten „Aktenstücken" (Wattenbach-Holtzmann) die biographische Richtung im letzten großen Aktenstück, dem Schreiben Eginos, mit anschließender panegyrischer Würdigung durch den Biographen nebst dem Grabgedicht zu ihrem Ziel kommt.

Nach drei Kapiteln mit biographischen Angaben bis zum Aufstieg zur Abtwürde wird der Held Egino und sein Kloster durch Heilungsgeschichten und Wunderberichte verherrlicht (Kap. 4–9). Nach einem zehnten Kapitel über die Wohltaten, die Egino durch Reliquienerwerb dem Kloster erwiesen, setzen die Erzählungen über die Nachstellungen durch den Bischof ein (Kap. 11–24). Nach dem Konflikt wegen des Heiligen Öles (Kap. 24) folgt die Verbannung (Kap. 25–31) *propter iustitiam* (S. 442 Z. 41)[221].

Udalschalk referiert die Ereignisse mit historischer Treue und durchsetzt seinen Bericht mit authentischen Dokumenten, was sein Werk in die Nähe einer Chronik rückt. Aber Egino bleibt der *alter Ieremias* (S. 434, Z. 14), der seinen Leidensweg zu Ende gehen muß. Das Negativbild des Bischofs offenbart Udalschalks politische Tendenz: Er schreibt als Verfechter der päpstlichen Sache. Hermann aber ist auch der Bedränger schlechthin, der zum Wolf für die Herde Christi wird (S. 436 Z. 41 ff.), während Egino als *pastor bonus dolens* seine Herde vor dem Bösen bewahrt (S. 443 Z. 72). Das Ziel der Schrift läßt sich mit einem Zitat des Vorwortes zusammenfassen: *Ut autem pater idem (Egino) magis ac magis honoretur vel ametur* ... (S. 432 Z. 20 f.).

Mit dem Titel *gesta Eginonis* läßt sich die Schrift Udalschalks am besten in jene Gattung einordnen, die man als chronologisch-biographische Quelle[222] bezeichnen kann. Chronologisch, näherhin chronographisch ist das Schildern der Umstände, das Einstreuen von Dokumenten. Das biographische Moment liegt darin, daß der Held Egino im Mittelpunkt steht und Züge seiner Persönlichkeit

219 Vgl. unten S. 260 f.

220 MANITIUS, Geschichte 3 S. 561.

221 Die Seiten- und Zeilenangaben beziehen sich auf MG SS 12. Die „Verbannung wegen der Gerechtigkeit", wie Udalschalk formuliert, läßt an Gregor VII. denken. Vgl. HÜBINGER, Worte S. 54 ff.

222 VAN CAENEGEM/GANSHOF, Quellenkunde S. 28.

zum Leuchten gebracht werden. Seine tugendhafte Gestalt vor dem Hintergrund der Bosheit seiner Verfolger sowie die Mirakelgeschichten, wodurch er und sein Kloster verherrlicht werden, sind Elemente der Vitenliteratur, der mittelalterlichen Biographie[223].

Wohl bald nach seiner politischen Eginobiographie verfaßte Udalschalk das Leben des hl. Konrad von Konstanz[224]. Zur Zeit der Abfassung der Konradsvita weilte Udalschalk als Verbannter bei Bischof Ulrich von Konstanz[225] und ging zusammen mit dem *vicedominus* Heinrich zur Lateransynode 1123 nach Rom, um mit Hilfe der Vita die Heiligsprechung Konrads zu erlangen. W. Berschin unterscheidet nun eine erste „Petitionsredaktion" der Vita, die nur Vita und Miracula umfaßte und anstelle eines Prologs das bischöfliche Bittschreiben zur Erlangung der Heiligsprechung hatte. Udalschalk fügte „in seiner dokumentarischen Art" nach der Rückkehr aus Rom zu dieser „Petitionsfassung" noch das Rückschreiben des Papstes Calixt II. hinzu und schloß mit dem Bericht von Konrads Translation ab. In dieser Endform von drei Büchern ist die Vita Konradi aus der Klosterbibliothek von St. Afra überliefert. So wurde sie noch 1127, als Udalschalk bereits Abt von St. Afra war, in das „hagiographische Hausbuch" des Klosters, den Vindobonensis 573[226], eingetragen. Sie scheint sich allein in diesem Codex ganz erhalten zu haben.

Während Udalschalk mit seiner „politischen Biographie" dem Streiter und Dulder Egino ein literarisches Denkmal setzen wollte, verfolgte die Vita Konradi dagegen das Ziel, dem Konstanzer Bischof Konrad zur Heiligsprechung zu verhelfen. Der Vorgang hat Ähnlichkeit mit der Kanonisation des Bischofs Ulrich, wozu ebenfalls eine Vita nach Rom geschickt worden war[227]. In formaler Hinsicht haben beide Bischofleben den zweiteiligen Aufbau in a) Lebensbe-

223 van Caenegem/Ganshof, Quellenkunde S. 45ff. Eine Vita im engeren Sinne darf das Werk Udalschalks nicht genannt werden, da kein Heiliger Gegenstand der Beschreibung ist. Aber es gab auch Mischformen. Mit dem literarischen Zweck der Erbauung mischen sich gattungsfremde Tendenzen, politische Absichten oder materielle Ziele. Die Vita Gregors VII. des Paul von Bernried ist ein Beispiel. Vgl. Lampen, Heiligenleben S. 121–129. Gerade zu dieser wenig später verfaßten Gregorvita zeigen sich Parallelen: Heinrich IV. wird dort als Nero bezeichnet, Urkunden und Briefe sind eingestreut. Vgl. Manitius, Geschichte 3 S. 590f.

224 Es handelt sich hier um die sog. ältere Konradsvita, auf die schon Leibniz aufmerksam machte, als er eine zweite, spätere Konradsvita edierte. Die spätere, sog. Vita altera ist herausgegeben in MG SS 4 S. 436–445. Zur Vita S. Kŏnradi des Udalschalk vgl. Berschin, Vita S. Kŏnradi. Edition: Teile I und II Pertz in MG SS 4 S. 431–436; Teil III Berschin, Vita S. Kŏnradi S. 98–106.

225 Daß er als *capellanus* im Dienste des Bischofs stand, ist nur durch den Vermerk des 17. Jahrhunderts eines Wiener Bibliothekars belegt (Berschin, Vita S. Kŏnradi S. 84). Die Viten nennen ihn nur *exul,* und in den Regesten ist kein *capellanus* Udalschalk zu finden. Ladewig/Müller, Regesta 1.

226 Nr. (32).

227 AReg 1 S. 64.

schreibung und b) Wunderberichte *(miracula)* gemeinsam. In seiner Konradsvita wählte Udalschalk also jene Vitenform, für die er Vorbilder, vor allem ein großes Vorbild in seinem eigenen Heimatkloster hatte und die dem Zweck der Erlangung der Heiligsprechung angemessen war[228].

Ein drittes Mal machte sich Udalschalk an die Ausführung einer Lebensbeschreibung, jetzt als Abt von St. Afra. Mit einer Widmung an Bischof Walther von Augsburg (1133–1152) schrieb er das Leben des Bischofs Adalbero (887–909), des Vorvorgängers des hl. Ulrich: Vita beati Adalberonis[229]. Zusammen mit dem Widmungsschreiben an den genannten Bischof fand auch diese Vita Aufnahme in das „hagiographische Hausbuch" des Klosters und zwar auf den ersten Seiten. Es ist dies der zeitlich letzte größere Eintrag. Er läßt sich aufgrund der Widmung an Bischof Walther auf bald nach dessen Amtsantritt (1133) datieren. Es hat den Anschein, als hätte man mit dieser Vita beginnend die gesamte Sammlung im Vindobonensis 573 in Anpassung an früher geschriebene Stücke zusammengestellt[230]. Die Schrift dieser Vita fällt gegenüber anderen Händen des 12. Jahrhunderts aus den Rahmen und scheint der ca. 100 Jahre früher geschriebenen Ulrichsvita des Berno angepaßt. Die letzten Einträge des Vindobonensis 573, fol. 106^{v}–107^{r}, die sicher erst nach seiner Zusammenstellung eingefügt wurden, tragen deutlich die Züge des späten 12. oder des 13. Jahrhunderts.

Die Vita beati Adalberonis ist historisch ohne größeren Wert[231], da Udalschalk als Quelle die Adalbero betreffenden Kapitel der Ulrichsvita benützte und nur Wiederholungen in „teils gehobener, teils geschraubter Sprache" (Wattenbach/Holtzmann) bietet sowie einige Wunder hinzufügt. Udalschalk gibt ja selbst zu, daß er über die Abstammung Adalberos nichts wisse[232]. Das *beatus* in der Titulatur und die Widmung an den regierenden Bischof deuten an, daß durch die Vita die Verehrung des heiligmäßigen Adalbero gefördert werden sollte, der außerdem der Dienstherr und damit auch geistliche Ziehvater des hl. Ulrich gewesen war[233].

Die Schriften des Abtes Udalschalk, die in der ersten Hälfte des 12. Jahrhunderts entstanden sind, bilden m. E. einen gewissen Wendepunkt in der Interessenlage der Mönche. Vorher haben wir nur Vitenliteratur. Der Geschichte der

228 Die Translatio des hl. Ulrich fand 1183 statt. Danach (zwischen 1184–1202) schrieb ein Mönch vermutlich des Ulrich- und Afraklosters (MG SS 4 S. 383) einen Translationsbericht (ed. MG SS 4 S. 427–428).

229 Ed. Ph. Jaffé in: Steichele, Archiv 3, S. 2–9. Praefatio auch MG SS 4 S. 383.

230 Berschin, Vita S. Kŏnradi S. 90 ff. und Nr. (32).

231 Wattenbach, Sachsen und Salier S. 258 f. und 538; Manitius, Geschichte 3 S. 562.

232 Jaffé, Vita beati Adalberonis S. 3.

233 Gerhard, Vita Kap. 1, MG SS 4 S. 386 f. Adalbero wurde neben Ulrich und Simpert als dritter heiliger Bischof verehrt. Wittwer, Catalogus S. 144.

Klosterheiligen und ihrem wundersamen Wirken galt die Aufmerksamkeit. Die nach unseren Begriffen durch wertvolle historische Fakten angereicherte Ulrichsvita des Gerhard wurde auf Wunsch des Abtes Fridebold in der ersten Hälfte des 11. Jahrhunderts durch die erbauliche Fassung Bernos ersetzt. Udalschalk bleibt mit seinen Lebensbeschreibungen Bischof Konrads von Konstanz und Adalberos von Augsburg noch stark der Vitenliteratur mit ihrer Wundergläubigkeit und Erbaulichkeit verpflichtet. Mit seinen *gesta Eginonis* schuf er eine Zwischenform von Vita und Dokumentation und markiert damit einen Übergang zu einem geschärfteren Geschichtsbewußtsein. Über das Bücherverzeichnis von 1616 sind uns auch wenigstens zwei Werke, möglicherweise verteilt auf mehrere Bücher[234], bekanntgeworden, die aufgrund ihrer beigeschriebenen zeitgenössischen Dokumente in die Zeit Udalschalks weisen, wenn sie sich nicht gar in seinem eigenen Besitz befanden. Auch diese Bücher belegen Udalschalks dokumentarische Art und allgemein wacheren Geschichtssinn.

c) Chroniken

Folgerichtig setzte ab der Mitte des 12. Jahrhunderts eine stärkere Beschäftigung mit der Geschichte und der Geschichtsschreibung im Kloster ein. Man besaß im heutigen Hannoveranus 774[235] das Chronicon des Bischofs Otto von Freising (gest. 1158), das dieser in den Jahren 1143 bis 1146 auf Bitten des Mönches Isengrim aus St. Ulrich und Afra, der 1145 Abt von Ottobeuren wurde, geschrieben hatte[236]. Otto hatte dieses bedeutende Werk der mittelalterlichen Weltchronistik in Abhängigkeit von Frutolf verfaßt. Seine Stärke liegt allerdings weniger in der Chronologie als in einer Geschichtstheologie, die sich an Augustin (Civitas dei) orientiert, jedoch eine positivere Einstellung zur irdischen Geschichte (Imperium) entwickelt, als es bei Augustin der Fall ist[237].

Die Überschrift *Otto Frisingensis* im Hannoveranus 774 fol. 1ʳ am oberen Rand ist von moderner Hand. Eine ursprüngliche Überschrift fehlt. Aber das Incipit *Domino suo Friderico victori inclito triumphatori Romanorum ...* sagt, daß wir das Chronicon vor uns haben, und zwar in seiner zweiten Fassung. Die erste Fassung mit dem Titel *Historia de duabus civitatibus* war für Isengrim bestimmt[238]. Der Titel der zweiten Fassung lautet *Liber de mutatione rerum*, und

234 Vgl. die Nrr. (40) und (42).

235 Nr. (37).

236 HOFMEISTER, Praefatio zu Ottonis Chronica S. XII; LAMMERS/SCHMIDT, Otto von Freising S. XIV.

237 WATTENBACH, Heinrich V. bis Interregnum S. 51 f.

238 Das Widmungsexemplar ist nicht mehr vorhanden; vielleicht ist es in Ottobeuren 1152 verbrannt. HOFMEISTER, Praefatio zu Ottonis Chronica S. XIII.

es geht ihr ein Schreiben an Kaiser Friedrich I. mit dem erwähnten Incipit voraus[239]. Unter dem zweiten Titel zitierte das Werk auch Gastel im Verzeichnis von 1616[240].

Das Chronicon des Bischofs Otto von Freising wurde ergänzt durch einen Bischof- und Abtkatalog[241], von dem wir aufgrund der lokalen Mitteilungen annehmen dürfen, daß er im Kloster selbst geschrieben wurde. Es ist durchaus möglich, daß der Schreiber den in Ottos Chronik dem 7. Buch angeschlossenen Papst- und Kaiserkatalog benützte bzw. diesen um die Augsburger Bischöfe und Äbte erweiterte[242]. Einzelnen Päpsten wurden Nachrichten hinzugefügt, die einer bis zu Leo IX. (gest. 1057) reichenden Papstgeschichte entnommen sind[243]. Die Ergänzung der Papst- und Kaiserliste durch die Ortsbischöfe und schließlich die eigenen Äbte darf als eigene Leistung eines Klosterhistorikers angesehen werden. Der Katalog der Bischöfe beginnt synchron zu Papst Marcellinus und den Kaisern Diokletian und Maximian auf fol. 120v mit der Geschichte der hl. Afra: *Quo regnante beata AFRA* . . . , die Reihe der Äbte synchron zu Bischof Bruno mit Abt Reginbald.

Hier liegen die Anfänge der klösterlichen Geschichtsschreibung, wobei nicht nur die bloßen Namen aufgezählt, sondern aus anderen, wenn auch meist legendären Quellen weitere geschichtliche Nachrichten hinzugesetzt werden[244]. Der Verfasser benützte die Passio s. Afrae, die Vita et Translatio s. Magni, die Vitae Herlucae et Udalrici. Besonders deutlich wird das Verfahren des Chronisten in dem, was das Chronicon zu Bischof Wikterp berichtet.

Der Autor versucht die Rechte des Afraklosters gegenüber dem Bischof zu verteidigen und dabei St. Afra als von der Gründungsausstattung her dem Domstift ebenbürtig darzustellen. Er bedient sich dabei gewisser Nachrichten aus der Vita s. Magni. Magnus sei nach Augsburg gekommen, habe ein Kloster errichtet und Kanoniker sowohl beim Dom wie bei St. Afra eingeführt. Bischof Wikterp habe dafür von König Pippin ein Privileg und Stiftungen erwirkt. Diese Grün-

239 Wattenbach, Heinrich V. bis Interregnum S. 53; Hofmeister, Praefatio zu Ottonis Chronica S. XIII ff.

240 Siehe Nr. (37).

241 Ed. MG SS 13 S. 278–280 als Catalogus episcoporum Augustensium et abbatum s. Afrae und noch einmal SS 14 S. 556–559 als Chronicon breve episcoporum Augustensium et abbatum sanctae Afrae.

242 Wilmans, Ottonis Chronicon S. 102.

243 Ed. Eccardus, Corpus Sp. 1629–1640.

244 Ein Katalog, der nur die Augsburger Bischöfe enthält, war in einer ulrikanischen Handschrift enthalten. Vgl. Nr. (65). Er stimmt im Beitext zu Bischof Embriko mit dem Chronicon breve überein. Er scheint in seiner früheren Partie (bis Bischof Embriko einschließlich) schon im 11. Jahrhundert geschrieben, wäre demnach älter als das Chronicon breve. Es ist jedoch keineswegs erwiesen, daß dieser Katalog im Afrakloster entstand. Er bietet außerdem – vom Zusatz zu Bischof Embriko abgesehen – nur die Namenreihe der Bischöfe. Ed. MG SS 13 S. 333 ff.

dungsausstattung sei für immer der hl. Maria (Dom) und der hl. Afra übergeben worden, und St. Afra habe die gleichen Rechte wie die Domkirche.

Damit verfolgte der Klosterchronist, der in den 70er Jahren des 12. Jahrhunderts schrieb[245], deutlich eine Tendenz. Das Kloster wollte gewisse Rechte gegenüber dem Bischof durchsetzen[246]. Es scheint, daß der Chronist aus dieser Tendenz heraus Nachrichten aus ihm zugänglichen Quellen auf die Gründungsgeschichte seines Klosters bezog, die der historischen Kritik nicht standhalten. Magnus kam nach der Magnusvita nicht nach Augsburg, sondern begegnete Bischof Wikterp in Epfach[247]. Die Schenkung Pippins, die Wikterp dem heiligen Magnus vermittelte, ist nicht auf St. Afra, sondern auf die Gründung des Magnus (Füssen) zu beziehen[248]. Schließlich ist die Faktizität der Schenkung Pippins, wie sie die Magnusvita überliefert, sehr unsicher, da sie vermutlich als Topos aus der Vita s. Galli des Walafried Strabo in die Magnusvita Aufnahme fand[249].

245 Vgl. unter Nr. (37).

246 In diese Zeit fallen die Gesandtschaft zu Papst Hadrian IV. in einer Streitsache zwischen Kloster und Bischof Konrad von Hirscheck (Zoepfl, Mittelalter S. 137) und das Privileg Papst Alexander III. vom 6. August 1177, durch das Abt Heinrich II. päpstlichen Schutz und Konfirmation für das Kloster erreichte (Hipper, Urkunden Nr. 10 S. 7; Jaffé, Reg. Pont. Rom. 2 Nr. 12909; Germania pont. 2,1 Nr. 9 S. 59; Endrös, Reichsunmittelbarkeit S. 45 ff.).

247 Es scheint mir wichtig, die Magnusvita in der Version des Otloh zur Beurteilung heranzuziehen, denn sie war dem Verfasser des Chronicon breve auf alle Fälle verfügbar. Siehe unter Nr. (70 a). Magnus kam das erste Mal zu Wikterp nach Epfach, um den Missionsauftrag für Füssen zu erhalten (Coens, S. Magne S. 209), das zweite Mal, um Wikterp zur Kirchweihe nach Kempten einzuladen (Coens, S. Magne S. 215), das dritte Mal, um das Erbe *ad sanctam Mariam et ad sanctam Afram* zugesprochen zu erhalten (Coens, S. Magne S. 216). Wikterp hielt sich ja auch nicht in St. Afra oder Augsburg auf. Er war immer in Epfach, sein Leib wurde frühestens im 11. Jahrhundert nach St. Afra überführt. Vgl. Zoepfl, Mittelalter S. 35 ff. An der dritten Stelle ließ Otloh den Namen *Eptaticus* aus. Etymologische Überlegungen veranlaßten ihn dazu, wie er in seinem Prolog darlegt. Die Stelle lautet nun: *Post discessum meum hanc hereditatem tradere Mariam cupio ad sanctam Mariam et ad sanctam Afram, ut locus iste quasi mediator sit successoribus nostris inter monasterium tuum et civitatem sancte Augustensis ecclesiae.* Damit konnte dieser Satz Bischof Wikterps, der ursprünglich auf Epfach sich bezog *(locus iste Eptaticus)* bzw. auf das Magnus-Kloster Füssen *(monasterium tuum)*, ohne Schwierigkeiten auf St. Afra bezogen werden.

248 Auch Wittwer, Catalogus S. 54 überliefert „fälschlich" diese Schenkung.

249 Coens, S. Magne S. 173. Die nicht ganz einfache Entstehungs- und Überlieferungsgeschichte der Vita s. Magni (vgl. E. Gebele, Der heilige Magnus von Füssen, Diss. phil. München 1953 Masch.) wurde erneut von M. Coens aufgegriffen, S. Magne. Coens kommt zu folgendem Ergebnis: Die Magnusvita ist eine Kompilation aus verschiedenen Texten, darunter Anleihen aus der Columban- und Gallusvita. Es bestand eine längere Version entsprechend den Füssener und Augsburger Verhältnissen, die vielleicht in diesem Bereich entstand. Diese Version ist repräsentiert durch die Edition von H. Canisius, Lectiones antiquae 5. Ingolstadt 1604 S. 913–947 und in deren Gefolge durch C. Suyskens, in: Acta SS Septembris 2 S. 700–781. Handschriften fehlen. Vgl. oben unter Nr. (49), (70) und (70 a). In St. Gallen erfolgte eine Überarbeitung, zugeschnitten auf St. Galler Verhältnisse, repräsentiert durch die Handschrift Sangallensis 565 und die Edition von M. Goldast,

In der „älteren" Vitenfassung ist das Motiv allgemein auf die Magnusgründung (Füssen) bezogen, die von den Augsburger Bischöfen unter ihren besonderen Schutz genommen wurde. Dort wie in der Othlohfassung heißt es, daß Privileg und Schenkung erfolgt seien, *ut in eodem cenobio ordinem canonice vite in honore sancte Marie et sancte Afre institueret.* Diese Formulierung nun benützte der Verfasser des Chronicon im 12. Jahrhundert, um für die ursprünglich gleichen Rechte der Kanoniker beim Dom und bei St. Afra zu argumentieren und die gleichwertige Stellung des jetzigen Benediktinerklosters zu dokumentieren. Damit wird die Arbeitsweise des Chronisten deutlich. Seine Mitteilungen sind für die frühe Geschichte des Klosters nicht zuverlässig. Noch bei Wittwer findet sich der Hinweis auf eine angebliche Pippinsche Stiftung für St. Afra. Er verquickt dabei mögliche richtige Mitteilungen der Magnusvita, etwa über die Gründung von Füssen oder Wikterps Vermächtnis seines Epfacher Besitzes an den Augsburger Dom (und St. Afra) mit den falschen des Chronicon, nämlich von der Errichtung des kanonischen Lebens bei St. Afra durch Magnus und die Stiftung Pippins[250].

Eine weitere Erinnerung daran, daß man sich im Kloster St. Afra des ausgehenden 12. Jahrhunderts mit Geschichtsschreibung befaßte, hat Wittwer aufbewahrt, wenn er mitteilt, daß Abt Heinrich III. (1187–1190) eine Historia scolastica und eine Cronica schreiben ließ[251]. Es könnte bei dieser Nachricht, die im übrigen auf Prior Adilberts Klostergeschichte zurückgeht, auf das Chronicon Ottos von Freising mit dem ihm angefügten Chronicon breve (Hannoveranus 774) angespielt sein. Prior Adilbert hat das Chronicon breve sicherlich gekannt. Er mochte es deshalb auch der Erwähnung für wert erachten, wobei er sich des genauen Zeitpunkts der Abfassung vielleicht nicht bewußt war und Abt Heinrich den Dritten mit dem Zweiten dieses Namens vertauschte.

Exkurs: Zur Frage des Skriptoriums

Geistige Interessen sind verbunden mit Schriftlichkeit, und so stellt sich nun die Frage nach einem Skriptorium, das auch in St. Afra vermutet werden darf. Unter allen erhaltenen Handschriften ist allerdings keine, in der ein Schreiber durch ei-

Rerum Alemannicarum scriptores aliquot vetusti. 1606 S. 297–317. Gebele sah (im Gegensatz zu Coens) im zweiten Teil der St. Galler Version den (von Ermerich v. Ellwangen überarbeiteten) „Urtext" der Vita. Ähnlich wie die Sankt Galler Version eine Bearbeitung der längeren Urversion darstellt, so lag die längere Urversion der Bearbeitung durch Otloh von St. Emmeram zugrunde. Diese ist noch erhalten in den Abschriften der Bollandisten und ediert durch Coens, S. Magne S. 184–227.

250 Wittwer, Catalogus S. 53 f.

251 Wittwer, Catalogus S. 144 und Nr. (61) und (62).

nen Vermerk sich namentlich zu erkennen gäbe. Daher kann vorläufig nur in einem Exkurs die Frage nach einem Skriptorium erörtert werden. Aus den bibliothekarischen Überlieferungen ergeben sich zwar Hinweise auf Schreibtätigkeit im Kloster. Es zeichnen sich auch Gruppierungen von Handschriften nach Schreiberhänden ab. Aber nur weiterführende paläographische Untersuchungen könnten die Frage nach dem Skriptorium einer Antwort näher bringen.

a) Schreibtätigkeit im 11. Jahrhundert

Für das 11. Jahrhundert bietet sich an, von der Conversio et passio b. Afrae auszugehen, die man im Vindobonensis 573 fol. 91r–105r findet[252]. Dieses Afraleben wurde in der zweiten Hälfte des 11. Jahrhunderts als Ergänzung zu der auf der Reichenau entstandenen, von Berno dem Abt Fridebold gewidmeten Ulrichsvita im Kloster St. Afra hinzugefügt[253]. Die Umstände sprechen dafür, daß der Schreiber dieser Ergänzung im Kloster St. Afra selbst beheimatet war.

Ebenfalls aus St. Afra stammt wahrscheinlich ein Missale ecclesiae Augustae cum calendario, das heute in London liegt[254]. Aufgrund bestimmter Angaben im Kalendar (28.9.: *dedicatio matricis ecclesiae apud Augustam* als Feiertag, 10. 11.: Weihe der Kirche der hl. Afra, 4. 7.: Ulrich, 6. 9.: Magnus (beide festlich hervorgehoben), 7. 8.: namentlich die Genossinnen der hl. Afra; außerdem nekrologische Einträge einiger Augsburger Bischöfe bis Eberhard, der 1047 starb) nahm Schröder an, daß das Kalendar aus der Domkirche zu Augsburg kommen müsse[255]. Dies scheint mir jedoch keineswegs zwingend, denn die Nennung und festliche Hervorhebung der genannten Tage ist eher typisch für das Afrakloster. Außerdem fehlt im Kalendar die *Commemoratio fratrum defunctorum* am 14. 11., die eben am Domstift und nur dort gefeiert wurde, wie Schröder an anderer Stelle hervorhebt[256]. Die Entstehung des Kalendars setzt Schröder aufgrund inhaltlicher Erwägungen um die Mitte des 11. Jahrhunderts an.

Ein Schriftenvergleich, den A. Merton angestellt hat, bringt uns dem Entstehungsort des Missales und damit der Schreibstube möglicherweise näher. Merton verglich den Beginn der Conversio s. Afrae aus dem Vindobonensis 573 mit dem Missale, dem Harleianus 2908[257]. Er kam zu dem Ergebnis, daß die Schrei-

252 Vgl. Nr. (32).

253 Berschin, Vita S. Kŏnradi S. 91.

254 London, BL, Harl. Ms. 2908; vgl. Catalogue of the Harleian Mss. 2 S. 719.

255 Schröder, Heiligenkalendarien S. 253 f.

256 Ebd. S. 250.

257 Merton, Buchmalerei, Tafel XCI Nr. 1 und 2 sowie S. 84. Dazu auch Berschin, Vita S. Kŏnradi S. 86.

ber höchstwahrscheinlich in Augsburg beheimatet seien, da der Schriftcharakter des Wiener Codex mit jenem des Londoner übereinstimme. Er weist ferner darauf hin, daß Bilder und Initialen der Londoner Handschrift auch in einem gewissen Zusammenhang mit der Reichenau stehen. Nachdem W. Berschin festgestellt hat, daß die Ergänzung der von der Reichenau gelieferten Ulrichsvita durch Conversio und Passio der hl. Afra in Anlehnung an die Reichenauer Partie vorgenommen worden ist[258], liegt es auf der Hand, als Schreiber für jenen Teil des Vindobonensis 573 wie für den Harleianus 2908 Mönche des Klosters St. Afra anzunehmen, die um die Mitte des 11. Jahrhunderts geschrieben haben. Es sei daran erinnert, daß die beiden Prudentiushandschriften des Afraklosters sowohl nach Textgestalt und Glossierung wie paläographisch Bezüge zur Reichenau erkennen lassen[259]. Vielleicht sind von dort Bücher und auch Anregungen zur Gestaltung von Büchern nach St. Afra gedrungen. Auf einen anderen Einfluß macht E. F. Bange aufmerksam. Auch er nimmt Augsburg als Entstehungsort der Hs. London 2908 an. Der Künstler des Pfingstbildes darin sei von einer bayerischen Malerschule beeinflußt, die „in den Jahren der Jahrhundertmitte" besondere Wirksamkeit entfaltete[260].

Diese Handschriften mit hagiographischem oder liturgischem Inhalt sind gekennzeichnet durch eine größere, sehr ebenmäßige und sorgfältig ausgeführte Schrift, die etwas kahl wirkt. Eine ähnlich glatte, kahle Schrift findet sich auf einem Pergamentfragment in einem ulrikanischen Codex in der Staats- und Stadtbibliothek Augsburg (4° Cod. 55; vorderer Spiegel). Das gleiche Schriftbild zeigt die Handschrift der Wilheringer Stiftsbibliothek mit den Viten der Augsburger Klosterheiligen[261]. Es unterscheidet sich von den vorgenannten Schriften durch konsequentere Anwendung der et-Ligatur. Der Wilheringer Codex scheint zeitlich noch vor der Vita des Berno, also vor 1020 geschrieben, denn er bietet den Text der Ulrichsvita in der Fassung Gerhards. Aber wegen seines Schriftcharakters läßt er sich in die Gruppe der hagiographischen und liturgischen Schriften des Afraklosters einreihen, was die Wahrscheinlichkeit erhöht, daß diese Handschrift in unserem Kloster entstand und auf irgendeine Weise ins österreichische Kloster gelangte.

Neben der größeren und sorgfältigeren Schrift für hagiographische Texte ist auf eine Eigentümlichkeit hinzuweisen. Das Martyrologium mit den Augsburger Heiligen im Verbund mit spanischen im Codex Basel, UB, B VIII 32 fol. 1^{r} hat den Schriftcharakter einer Urkunde mit überzogenen Oberlängen und Schleifen und verspielten st-Ligaturen. Vielleicht sollte damit der offizielle oder

258 Berschin, Vita S. Kŏnradi S. 89.

259 Vgl. oben S. 120ff., vor allem S. 120 Anm. 20.

260 Bange, Malerschule S. 55 und Tafel 21 Nr. 52 (Pfingstbild).

261 Siehe oben S. 154.

dokumentarische Charakter dieses Schreibens betont werden. Schröder hat die Abfassung dieses Schreibens von der Schriftform her und aus inhaltlichen Erwägungen um 1070 angesetzt[262]. Das Schreiben dokumentiert also eine Art Urkundenschrift, die im Afrakloster im 11. Jahrhundert angewandt wurde.

Weitere Rückschlüsse auf Schreibtätigkeit im 11. Jahrhundert lassen sich aus Schriftvergleichen an kleineren Texten in Handschriften und Glossen ziehen. Die Hs. K 13 in Augsburg, AdB, ein Buch aus dem Besitze Reginbalds, kam von einer auswärtigen Schriftprovinz (Nordwestdeutschland) ins Kloster. Sie hat jedoch zwei Nachträge. Fol. 101^{r}/^{v} steht das Fragment *ex Anglorum gestis,* und fol. 102^{r} sind wirtschaftliche Einnahmen des Klosters aufgezeichnet[263]. Ohne Zweifel sind diese Einträge im Kloster selbst gemacht. Die Schrift ist die karolingische Minuskel des schrägovalen Stils, wie sie den süddeutschen Schreibern seit der ersten Hälfte des 11. Jahrhunderts eigen war. Sie fand Verwendung als Buchschrift von mäßiger Höhe, kleinzeilig ausgeführt, aber auch in leichter Abwandlung für Glossen[264]. Der gleiche Schriftcharakter begegnet auch in den weiteren Büchern Reginbalds sowie den Handschriften Kiel 145 und Gudianus 72 sowohl im Haupttext wie in den kleineren Beitexten. Das Carmen *Qui cupias*, Notkers *Mensura fistularum,* die *Descriptio monochordi* und das kleine Gedicht *Decem nomina dei* sind in dieser Schrift auf freien Seiten des Gudianus 72 eingetragen. Ähnlich in der Schriftart sind die Ovidfragmente der Codices Clm 4409 und London Harl. Ms 2610, der platonische Dialog Timaeus in der Übersetzung des Chalcidius im Harleianus 2610, die Glossen zu Martianus Capella im Leipziger Codex 60 und der Prudentius im Parisinus 241[265]. Diese Schriftart zeichnet sich durch solche Einheitlichkeit aus, daß es schwer sein dürfte, Lokalisierung und Datierung rein paläographisch zu bestimmen[266]. Allerdings finden sich in der Glossierung dieser Handschriften einige bemerkenswerte Gemeinsamkeiten. Über die Bearbeitung der beiden Prudentiushandschriften wurde bereits oben ausführlich gehandelt[267]. Eine sehr ähnliche Arbeitsweise ist auch im Clm 4409 zu erkennen. Die interlinearen Glossen sind ähnlich eingeschrieben, die gleichen Verweisungszeichen werden verwendet.

Der Wolfenbüttler Gudianus 335 ist von seinen Haupttexten her schwer einzuordnen. Es bieten sich praktisch keine Anhaltspunkte dafür, daß er in St. Afra entstanden ist. Aber in den Beitexten begegnet wiederum die schrägovale Minuskel. In dieser Schriftart sind geschrieben: die auf dem Kopf stehenden Glos-

262 Schröder, Eine Basler Handschrift S. 785 f.
263 Oben Nr. (2).
264 Bischoff, Paläographie S. 154 f.
265 Nr. (35), (36), (34) und (50).
266 Vgl. Autenrieth, Lokalisierung.
267 Siehe oben S. 120 ff.

sen am unteren Rand fol. 43^r–45, die Fulgentiusglossen fol. 54^r, 56^v, die Exzerpte aus dem Kommentar des Remigius zu Martianus Capella fol. 56^v–58^v und der Sermo fol. 86^r–87^v. Wiederum ist es formal die Ansammlung von kleineren Texten zwischen den Haupttexten, die es gestattet, Schreibertätigkeit anzunehmen. Für den Nachweis einer Schreibschule größeren Stils reichen unsere Belege nicht aus.

b) Schreiber im 12. Jahrhundert

Unter Abt Egino (1109–1120) ist ein Schreiber Engilpold namentlich nachzuweisen. Der Verfasser des Bücherverzeichnisses von 1616 notierte nämlich bei der Beschreibung des Liber Moralium s. Gregorii (Jobkommentar) einen Vermerk am Ende des 6. Teiles: *Job tu sancte dolens scriptoris tolle dolores, lectores etiam vos illi poscite vitam. Dona requiem (aeternam) Engilpoldi*[268]. In diesem Vers am Schluße des Buches gibt sich ein Schreiber Engilpold zu erkennen. In einem Brief des Abtes Egino, den Udalschalk überliefert[269], begegnet ein *senior Engilbold*. Es hindert nichts daran, in beiden Nennungen eine und dieselbe Person zu erblicken. Der Jobkommentar war den zeitgenössischen Einträgen zufolge im 12. Jahrhundert im Kloster[270]. Er dürfte also noch unter Egino von einem Engilbold geschrieben worden sein. Zu zwei Handschriften mit dem Besitzvermerk *Liber S. Afrae*, Bücher spätestens des 12. Jahrhunderts also, erwähnt das Verzeichnis von 1616 einen Schreiber *Wittegů*. Einen Witego vermerkt auch das Nekrolog[271]. In der zweiten Hälfte des 12. Jahrhunderts ist ein Abschreiber *Conradus sacrista* bei Wittwer genannt[272]. Der nämliche Konrad schenkte nach dem Verzeichnis von 1616 ein Buch mit einer Pentateucherklärung des Isidor[273]. Leider sind die genannten Bücher allesamt verloren, so daß wir die Hände der erwähnten Schreiber nicht kennenlernen können.

Unter den Schriften des 12. Jahrhunderts selbst lassen sich Gruppen von Schreiberhänden bilden. Eine Verwandtschaft scheint bei der Handschrift 2° Cod. 36 der Staats- und Stadtbibliothek Augsburg und der Hs. K 8 des Archivs des Bistums Augsburg gegeben. Die erste ist durch den Besitzvermerk *Liber S. AFRAE* für das 12. Jahrhundert in St. Afrae nachgewiesen[274]. Eine Federzeichnung, die in der Kopfleiste neben Christus die beiden Patrone Ulrich und

268 Clm 4414 fol. 48^v und oben Nr. (42).
269 MG SS 12 S. 443.
270 Oben Nr. (42).
271 Nr. (9), (10). MG Necr. Germ. 1 S. 123.
272 Wittwer, Catalogus S. 131.
273 Oben Nr. (44).
274 Oben Nr. (5).

Afra zeigt, läßt darauf schließen, daß die Handschrift im Kloster selbst geschrieben wurde. Die zweite Handschrift[275] hat in der Schreiberhand so viele Gemeinsamkeiten mit der ersten, daß man den gleichen Schreiber, zumindest aber die gleiche Schriftheimat annehmen darf. Die Gemeinsamkeiten beziehen sich auf den Gesamtduktus, auf die Kürzungszeichen, insbesondere auf den Kürzungsstrich (feiner Anstrich mit einem Köpfchen rechts nach unten), den der Schreiber von 2° Cod. 36 nur geringfügig variiert (Köpfchen gelegentlich nach oben). Weitere Schriften des 12. Jahrhunderts mit ähnlichem Duktus befinden sich im Gudianus 334 (Hauptschreiber) und in Fragmenten wie dem Kalendar (Haupttext; davon zu unterscheiden spätere Eintragungen) im 4° Cod. 35 der Staats- und Stadtbibliothek Augsburg, auf den vorderen Innendeckel geklebt und hinten dazugebunden.

Auch im Buchschmuck, besonders in den kunstvoll in verschlungenem Flechtwerk gezeichneten Initialen lassen sich formale Beziehungen unter den Handschriften des 12. Jahrhunderts erkennen. Zu vergleichen sind Initialen in den Codices 573 Wien, ÖNB fol. 1ᵛ, 9ᵛ, 109ʳ, 2° Cod. 36 Augsburg, StB fol. 3ʳ, Hs. K 8 Augsburg, AdB, fol. 1ʳ. Die Initialen im Gudianus 334 sind einfacher, derber. Als Schmuckelement fallen durch Punkte verzierte Großbuchstaben in Titelzeilen auf, die ein Hinweis auf eine Schreibwerkstatt sein mögen, soweit sie nicht Allgemeingut mittelalterlicher Schreibkunst sind. Verwandtschaft zeigen auch die Federzeichnungen im 2° Cod. 36 Augsburg StB und im Gudianus 334. Nicht zuletzt lassen sich die Notation der liturgischen Gesänge und ihre Schreibweise, deren sich Udalschalk bediente, zu einer Gruppe zusammenfassen, für die wir Belege von verschiedenen Stellen beibringen können.

Obwohl die Musica Enchiriadis im Gudianus 72 bereits eine Theorie anbot, um die Melodie auf Linien aufzeichnen zu können, stehen in den Handschriften des 11. Jahrhunderts Melodien allenfalls als linienlose Neumen über dem Text[276]. In der musiktheoretischen Handschrift Gudianus 334 befindet sich der Hymnentext *Ut queant laxis...* in dreifacher Notierung, nämlich mit deutschen Neumen auf Linien, mit den Solmisationsbuchstaben und den alphabetischen Tonbuchstaben. Man erkennt daran, daß zur Zeit des Abtes Udalschalk die Technik der Liniennotenschrift in vollem Umfange im Kloster verfügbar war. Sowohl der Gudianus 334 wie der Vindobonensis 573 bieten infolgedessen ein Notationssystem auf vier Notenlinien, die mittels vorgesetzter Schlüsselbuchstaben aus der alphabetischen Reihe die Tonhöhe jeweils festlegten. Dabei verwendete Udalschalk in seinem Ulrichsoffizium (Vind. 573 fol. 19ʳff.) die sog. Metzer Neumierung. Dieselbe Neumierung kommt wieder im Gudianus 334

275 Oben Nr. (33).

276 Ein Beispiel ist der Cod. 185 aus Leipzig fol. 1ᵛ in seinen Teilen, die älter sind als das fol. 3ʳ beginnende Buch mit dem Vermerk *S. Afre/Herim.* und mit diesem später vereinigt wurden.

vor[277] sowie in Deckelfragmenten aus Handschriften der ulrikanischen Bibliothek[278].

So sind es nur sehr vage Spuren, die zu einem Skriptorium bei St. Afra führen. Für einige Texte sprechen die Umstände und die Art, wie sie in Büchern vorkommen. Im 12. Jahrhundert sind einige Schreiber namentlich bekannt. Der Buchschmuck läßt Rückschlüsse auf formale Beziehungen zu. Aber selbst Gemeinsamkeiten im Gebrauch der Notenschrift lassen die Frage offen, ob sie typisch sind für dieses Kloster oder als Gemeingut der Epoche in einem größeren Raum angesehen werden müssen.

Zusammenfassung

Die längere Reihe der liturgischen, biblischen und patristischen Werke wurde aus unserer Betrachtung ausgeklammert, da es sich um Bücher geistlichen Inhalts handelt und in diesem Kapitel nach den geistigen Interessen gefragt wurde, die über die religiösen Bedürfnisse hinaus erkennbar sind. Eine kleinere Gruppe heidnisch-römischer Dichter zeigt keine Spuren der Bearbeitung. Es konnten daher keine Rückschlüsse auf die Beschäftigung mit ihnen gezogen werden. Die Lektüre und Bearbeitung des christlichen Dichters Prudentius scheint mir jedoch im Kloster einen Schwerpunkt gebildet zu haben. Vor allem der Glossierungsprozeß, der in unserem Raum, ausgehend vom Kloster St. Gallen, innerhalb einer Gruppe bayerischer-alemannischer Handschriften zu verfolgen war und an dem auch die Mönche von St. Afra ihren Anteil hatten, weist die Prudentiushandschriften als viel gebrauchte Bücher, vielleicht Bücher der Schule aus.

Auf Artes-Studien gibt es unter Abt Reginbald zu Beginn des 11. Jahrhunderts einige spärliche Hinweise. Vor allem scheint damals Musiktheorie betrieben worden zu sein (Musica Boetii, Musica Enchiriadis). Allerdings deutete sich schon im Gudianus 72 praktisches Interesse an der Musik an. Der im 12. Jahrhundert wahrscheinlich im Kloster entstandene Gudianus 334 enthält zwar theoretische Traktate, legt aber den Schwerpunkt auf die Praxis des Singens und den Instrumentenbau.

277 Verse Hermanns d. Lahmen auf fol. 129r–139v. Die Neumierung des *Ut queant laxis* ..., abgebildet in MGG 2 Sp. 1277/78, ist ein Beispiel für Metzer Neumenschrift. W. Lipphardt, Notation, A. Einstimmige Musik, in: MGG 9 Sp. 1616. Die Neumierung des Ulrichsoffiziums folgte dem System des Registrum tonorum. Berschin, Vita S. Kŏnradi S. 88 Anm. 25. Diese Notation außerdem Gudianus 334 fol. 3r *Veni ad docendum* ...

278 Fragment in 4° Cod. 30 Augsburg, StB, hinterer Deckel: liturgische Texte zum Johannes- und Stephanusfest.

Historische Werke fehlen im 11. Jahrhundert. Es dominiert eindeutig die Vitenliteratur. Man glaubt im Zusammenhang mit den Erschütterungen, die die lokalen Auswirkungen des sog. Investiturstreits über das Kloster brachten, ein verstärktes historisches Bewußtsein festzustellen. Udalschalk verfaßte seine politische Egino-Biographie. Die Ansammlung von Dokumenten in Handschriften nahm im 12. Jahrhundert zu. Man besaß das Chronicon des Otto von Freising, das man durch einen Bischof- und Abtkatalog ergänzte. Dieser Katalog griff auf älteren Vitenstoff zurück, soweit er nicht nur die Namen der Bischöfe und Äbte festhielt.

Ein Skriptorium ist ziemlich sicher anzunehmen. Denn es sprechen Umstände und Vergleiche dafür, daß gewisse Texte und Notationen zu liturgischen Gesängen im Kloster geschrieben wurden. Auch einige Schreiber sind bekannt. Der nachgewiesene Anteil des Selbstgeschriebenen am gesamten Bibliotheksbestand ist jedoch gering. Die Bücherliste ist allerdings sicher nicht vollständig. Auch kennen wir kaum etwas von dem, was weitergegeben wurde. Eine Aussage über die wahre Leistungsfähigkeit des Skriptoriums ist also vorläufig nicht möglich.

KAPITEL IV

Das Verhältnis Wittwers zu seinen Vorlagen

In den nun folgenden Kapiteln sollen die bibliothekarischen Überlieferungen für die Darstellung der Geschichte des Klosters St. Afra im 11. und 12. Jahrhundert ausgewertet werden. Von den erzählenden Quellen hat sich am nachhaltigsten der Catalogus abbatum monasterii ss. Udalrici et Afrae Augustensis des Klosterchronisten Wilhelm Wittwer vom Ende des 15. Jahrhunderts auf die klösterliche Geschichtsschreibung ausgewirkt[1]. Auch eine neuere Darstellung der Klostergeschichte wird immer auf Wittwer als auf eine Hauptquelle zurückgreifen, obwohl er in der Vergangenheit nicht sehr günstig beurteilt wurde. Bevor man also unter Berücksichtigung weiterer Quellen wie der bibliothekarischen Überlieferungen etwas zur Klostergeschichte sagen will, muß man sich mit Wittwer auseinandersetzen, um sich Klarheit darüber zu verschaffen, mit welchen Quellen und nach welcher Methode er gearbeitet hat.

1. Die Abhängigkeit von Sigismund Meisterlin

P. Joachimsohn hat vor allem festgestellt, daß Wittwer von Sigismund Meisterlin abhängig ist[2]. In allen Hauptpunkten seines Catalogus fuße Wittwer auf Meisterlin. Ein ganz bedeutender Teil seines Werkes sei einfach ein Plagiat aus Meisterlins Index, verbunden mit Partien aus der Chronographia Augustensium und dem Chronicon ecclesiasticum. Durch gedankenloses Zusammenschweißen und mechanisches Abschreiben sei oft ein greulicher Unsinn entstanden. Außerdem habe Wittwer den meisterlinschen Text „durch nichtssagende oder auch störende Zusätze verwässert“ und schreibe einen schlechteren Stil als sein Vorbild[3].

1 Siehe oben S. 18 und JOACHIMSOHN, Die humanistische ... S. 127.
2 Dessen Werke oben S. 18.
3 JOACHIMSOHN, Zur städtischen ... S. 36ff., DERS., Die humanistische ... S. 127.

In Sigismund Meisterlin war dem Kloster nach der Mitte des 15. Jahrhunderts ein Geschichtsschreiber erstanden, der zur Avantgarde der humanistischen Chronistik gezählt werden darf[4]. In seiner früh (1456) entstandenen Stadtgeschichte, der Chronographia Augustensium, verankert er die Gründung der Stadt Augsburg in der antiken Mythologie (Amazonenthese) und stellt die Ortsgeschichte in einen weltgeschichtlichen Zusammenhang. Das Werk ist die Frucht planmäßig betriebener Lektüre und Sammlertätigkeit. Den Stoff der Klostergeschichte von St. Ulrich und Afra behandelte Meisterlin insgesamt dreimal. Zuerst geschah dies in der erwähnten Stadtgeschichte, die vier Teile hat, im vierten Teil. Wir lesen vom ersten (legendären) Glaubensboten Lucius, vernehmen die Afralegende, und immer wieder fließen Daten der Klostergeschichte in die Darstellung der kirchlichen und weltlichen Geschichte Augsburgs und des Reiches ein. Im Ulrichskloster war diese Stadtgeschichte Meisterlins sehr geschätzt. Seine Arbeit belebte das historische Interesse der Mönche[5].

1482 war Johann von Giltlingen Abt geworden, und er beauftragte Meisterlin, eine Klostergeschichte zu schreiben. 1483 entstand nun zunächst – Meisterlin war zu diesem Zeitpunkt nicht mehr im Kloster, sondern wirkte als Pfarrer in Gründlach bei Würzburg – das Chronicon ecclesiasticum Augustanum. Es ist dies eine komprimierte Darstellung der Klostergeschichte, für deren Abfassung der Neubau der St. Ulrichskirche den Anlaß gab. Sie beginnt mit der Schilderung der Lage der alten Kirche, wie sie bis 1466 bestanden hatte, und bezieht auch die Kapellen und die Bibliothek mit ein. Dann folgen die Afralegende, das Leben, die Kanonisation und Translation des hl. Ulrich, eine knappe Geschichte der Äbte und Nachrichten über die neue Kirche, über Reliquien und Wunder.

Abt Johann von Giltlingen war offensichtlich mit dem Chronicon nicht zufrieden. 1484 bekam er von Meisterlin dessen Index monasterii ss. Udalrici et Afrae gewidmet, in welchem die Klostergeschichte am ausführlichsten behandelt ist. Der Index gliedert sich in drei Teile. Der erste beinhaltet die Afralegende und die Geschichte des alten Klosters oder Kanonikerstifts, der zweite überwiegend die Geschichte der Bischöfe und der dritte die Geschichte von St. Ulrich und Afra seit der Umwandlung in ein Benediktinerkloster bis zu Abt Konrad Mörlin.

Die Inhalte der Klostergeschichte in den drei Werken sind teilweise gleich. Gelegentlich wurden sie von Meisterlin abgewandelt[6], umformuliert, oder er

4 Joachimsohn, Die humanistische ...; ders., Zur städtischen ...; Bauerreiss, Kirchengeschichte 5 S. 127 (mit Fehlern in der Datierung der Meisterlin-Werke); R. Newald, Meisterlin, Sigismund, in: W. Stammler/K. Langosch, Die deutsche Literatur des Mittelalters. Verfasserlexikon 3. 1943 Sp. 345–349.

5 Joachimsohn, Die humanistische ... S. 77.

6 Vgl. das Beispiel, das Joachimsohn, Zur städtischen ... S. 37 anführt.

setzte andere Schwerpunkte. Auch die Exposition der drei Schriften ist unterschiedlich. Im Schlußwort des Index macht Meisterlin auf seine Quellen aufmerksam. Er nennt darunter die Schriften des „hervorragenden“ Abtes Udalschalk, die Klostergeschichte des Prior Adilbert und „das, was aus den letzten Seiten von Büchern hervorgeht“. Er habe dies alles als erster zu einer Klostergeschichte zusammengetragen. Zu diesen Schriftquellen kam noch die Auswertung von in Augsburg gefundenen römischen Inschriften[7].

Es liegt auf der Hand, daß Wilhelm Wittwer, der in Meisterlin einen trefflichen Vorgänger hatte, seine eigene Methode finden mußte, wenn er kurze Zeit später ebenfalls eine Klostergeschichte vorlegen sollte oder wollte. Im Blick auf die bibliothekarischen Überlieferungen lassen sich die Arbeitsweise Wittwers und das Verhältnis zu seinen Vorlagen besser als bisher beurteilen.

Zunächst ist zu beachten, daß Wittwer gegenüber dem Chronicon oder Index Meisterlins einen neuen Titel wählte: Catalogus abbatum monasterii ss. Udalrici et Afrae Augustensis. Auch der Aufbau ist ein anderer. Der Catalogus Wittwers ist so angelegt, daß er zunächst in einem Summarium einen Überblick über alle Äbte von Reginbald bis Konrad Mörlin (1496–1510) bietet, wobei Wittwer das Todesjahr Abt Konrads noch nicht kennt, also den Abtkatalog nach 1496 zu Lebzeiten Abt Konrads wohl mit diesem Summarium abgeschlossen hat[8]. Die letzten Nachrichten stehen unter dem Jahre 1497. Das Summarium nennt von den Äbten den Namen, die Ordnungszahl in der Gesamtreihe, die Sedenzzeit und meist die Stätte des Grabes.

Danach beginnt die Vorgeschichte des Klosters mit der Erörterung der Herkunft der heiligen Afra. Sie endet mit der Umwandlung des Kanonikerstifts St. Afra in ein Benediktinerkloster. Der längste Abschnitt schließlich behandelt ausführlich die Geschichte der Äbte von Reginbald bis in Wittwers Zeit (1497). Nach Wittwers eigenen Angaben wurde der Catalogus 1495 begonnen; doch sind spätere Partien schon früher (1494) geschrieben. Auch die Vorgeschichte stammt von 1494[9]. Der Catalogus hat also zwei Hauptteile: I. Vorgeschichte und II. Geschichte des Benediktinerklosters[10].

Während der II. Teil sich zwanglos nach der Reihenfolge der Äbte gliedert, nahm Wittwer in der Vorgeschichte gegenüber Meisterlin eine Neugestaltung vor. Die Vorgeschichte wollte er so kurz wie möglich halten, beginnt dann aber

7 Vgl. Joachimsohn, Die humanistische ... S. 125f.

8 Vgl. auch Joachimsohn, Zur städtischen ... S. 35.

9 Vgl. Joachimsohn, Zur städtischen ... S. 35 mit Angabe der Belege bei Wittwer.

10 Warum Steichele das Wittwer-Werk anders einteilt, nämlich Teil I vom Beginn (einschließlich Summarium und Vorgeschichte) bis 1458 (Abt Johannes Hohensteiner), Teil II von 1458 (Melchior von Stamheim) bis 1497 (Konrad Mörlin), ist unerfindlich und hat keinen Grund in Wittwers Original.

doch mit der Afralegende (Herkunft, Conversio, Passio). Eingefügt sind Nachrichten über den legendären Lucius und die Anfänge des christlichen Glaubens in Augsburg. Es folgen Abschnitte über das alte Kloster und die alte Kirche, über die Kapellen, über Zerstörungen und Brände (hier griff Wittwer auch schon in den späteren Zeitraum aus) und über Schenkungen, insonderheit die Gunstbeweise König Pippins. Schließlich wird verherrlichend Bischof Bruno von Augsburg (1006–1029) eingeführt, der Verfall des Kanonikerstifts beschworen und die Umwandlung in ein Benediktinerkloster berichtet. Anschließend werden Dokumente zitiert, die die Gunstbeweise der Könige Heinrich II. und Konrad II. belegen. Endlich verweist Wittwer auf Leben und Tod des hl. Ulrich. Mit seiner Grablege habe sich der Klostername St. Afra in die Doppelbezeichnung St. Ulrich und Afra gewandelt.

Die neue Anordnung des Stoffes ist auf alle Fälle die Leistung Wittwers. Inhaltlich hatte ihm Meisterlin vorgearbeitet, und Wittwer half sich damit, daß er ganze Passagen überwiegend aus dem Index, aber auch aus Chronicon und Chronographia abschrieb[11]. So lehnen sich die Geschichte von der hl. Afra, ihrer Mutter Hilaria und ihren Gefährtinnen sowie die Schilderung der alten Kirche und des Klosters St. Afra ganz an Meisterlin an. Wittwer nahm nur unwesentliche Umstellungen vor und montierte gelegentlich Stellen aus der Chronographia zwischen die wörtlich abgeschriebenen Indexpassagen. Dies schien ihn nicht zu bekümmern. Meisterlin erwähnte er nur beiläufig in einer Note, in der er sich – ähnlich wie sein Vorgänger – mit dem Zeitpunkt des Martyriums der hl. Afra auseinandersetzt[12]. Für die Berechnung dieses Zeitpunktes und der Regierungszeit Kaiser Diokletians beruft er sich teilweise auf andere Gewährsmänner (Eusebius, Beda, Orosius, Eutropius und Otto von Freising) als Meisterlin (Eusebius, Hieronymus, Beda, Helinandus)[13].

Sowohl Meisterlin wie Wittwer fußen in diesem Teil der Vorgeschichte auf Legenden, und wir werden ihnen keine größere historische Bedeutung beimessen. Beide folgten dem Beispiel des Prior Adilbert, der als erster seine Klostergeschichte mit der Afralegende begann. Auch der an sich kritische P. Braun wollte nicht auf diese Einleitung verzichten[14].

Wittwer berichtet von fünf Verwüstungen, denen das Kloster in seiner frühen Zeit zum Opfer fiel, und verweist dabei teilweise auch auf seine Quellen: 450 Zerstörung durch den Hunnenkönig Attila, 924 durch die Arsaciden (?), 955

11 Vgl. dazu vor allem die Zusammenstellung der abgeschriebenen Passagen bei JOACHIMSOHN, Zur städtischen ... S. 37 Anm. 3.

12 Wittwer, Catalogus S. 34 f.

13 Meisterlin, Index Teil I Cap. 3.

14 BRAUN, Geschichte der Kirche und des Stiftes.

durch die Ungarn (Vita Udalrici, Kap. 12), 1080 Klosterbrand (Adilbert, Vita et miracula s. Simperti), 1183 Klosterbrand (Translatio s. Udalrici[15]).

Die frühen Schenkungen für das Kloster wurden von Meisterlin sehr knapp angegeben. Der Frankenkönig Dagobert gründete viele Klöster über dem Rhein und dotierte sie. Auch St. Afra sei von ihm begünstigt worden. Wittwer wird konkreter, indem er von Gütern in *Winterheim* berichtet, die von Dagobert geschenkt worden seien. *Winterheim* wird später verschiedentlich unter den ulrikanischen Besitzungen genannt[16]. Aber daß es Schenkung Dagoberts[17] gewesen wäre, gehört rein der Legende an. Ebenso sind die Schenkungen Pippins des Frankenkönigs (gest. 768) legendär. Wittwer hat die angebliche Rolle, die König Pippin für die Geschichte des Klosters St. Afra gespielt haben soll, breiter dargestellt als Meisterlin. Beide Chronisten geben an, sie hätten dies in der Vita s. Magni gelesen[18].

Sie befinden sich damit in der Tradition der ältesten greifbaren Geschichtsschreibung von St. Afra, dem Chronicon breve, das unter dem Augsburg-Epfacher Bischof Wikterp berichtet, daß König Pippin diesem Bischof Rechte in einem gewissen Waldgebiet *(in quodam saltu)* gegeben habe, die er darauf der hl. Maria (Domkirche) und der hl. Afra (Kloster) übertrug[19]. In der Magnusvita bezieht sich die angebliche Schenkung jedoch auf die Magnusgründung (Füssen). Sie wurde durch die Geschichtsschreibung bei St. Afra fälschlicherweise auf das eigene Kloster übertragen. Selbst für Magnus ist die Schenkung wahrscheinlich nicht haltbar, da sie als Motiv ursprünglich aus der Gallusvita stammt und auf St. Gallen zu beziehen ist[20]. Wittwer zitiert an dieser Stelle das Chronicon breve, verstrickt sich dabei aber in einige Anachronismen[21], wie auch seine Chronologie zu Pippin nicht den Realitäten entspricht.

15 In der Translatio s. Udalrici (MG SS 4 S. 427) wird von einem Brand 1183 berichtet. Dieser Brand wird auch im Bücherverzeichnis von 1616 erwähnt (Clm 4414 fol. 62v: *Hrabani collectanea expositio in libros Regum inizio habetur praeclara memoria conflagrationis nostri monasterii a° 1183 16 Kal. Iulii ...)* Auch die Annales ss. Udalrici et Afrae (MG SS 17 S. 430) berichten von diesem Brand. Wittwer hat die Translatio direkt verwendet, wie seine Formulierung zeigt. Wittwer, Catalogus S. 51.

16 Siehe S. 93.

17 Gemeint ist vermutlich Dagobert I. (629–639). Wittwer zitiert an dieser Stelle Otto von Freising, Sigebert (von Gembloux), Petrus Damiani, Vinzenz (von Beauvais) und Ekkehard von Aura. Vom letztgenannten übernahm er die (falschen) Regierungsdaten von Dagobert I. Vgl. MG SS 6 S. 153 ff.

18 Meisterlin, Index Teil II Cap. 4; Wittwer, Catalogus S. 53.

19 Chronicon breve, MG SS 14 S. 557.

20 Vgl. oben S. 164. Die Echtheit dieser Schenkung für St. Afra wurde schon von Siegfried Hirsch, Jahrbücher des Deutschen Reiches unter Heinrich II. 2 S. 254 Anm. 3 bezweifelt.

21 Wittwer, Catalogus S. 54.

Er betritt festeren historischen Boden, wenn er das Privileg Kaiser Konrads II. von 1033 im vollen Wortlaut zitiert, das als erste sicher echte Urkunde für St. Afra erhalten ist[22]. Diese Urkunde ist im Catalogus nicht ganz korrekt wiedergegeben[23]. Wittwer fügte zu dieser Urkunde noch eine zweite hinzu, die er irrtümlicherweise dem gleichen Kaiser Konrad II. (gest. 1039) zuwies. In Wahrheit handelt es sich jedoch um eine Urkunde des Hohenstaufen Konradin für St. Ulrich und Afra von 1266[24]. Weiter wurde Kaiser Heinrich II. von Wittwer als großer Wohltäter des Klosters herausgestellt. Trotz einiger Ungenauigkeiten und Verwechslungen wird für die Arbeitsweise Wittwers deutlich, daß er sich nicht mit dem Kompilieren seiner Vorgänger begnügte, sondern zusätzlich Dokumente in seine Darstellung einfügte. Er verweist mehrfach darauf, daß er sich unter den Privilegien des Klosters umgesehen habe[25].

Mehr Eigenständigkeit als in der Behandlung der Vorgeschichte ist Wilhelm Wittwer für den Abtkatalog, den Hauptteil seiner Klostergeschichte, zuzubilligen. Für das 11. und 12. Jahrhundert übernahm er Stellen aus Meisterlin als einem seiner Vorgänger, verband diese aber mit anderen Quellen. Der meisterlinsche Anteil bei Wittwer ist sogar verhältnismäßig gering, und das Urteil, Wittwer habe nur Meisterlin ausgeschrieben, stellt ein Fehlurteil dar. Die beiden Klostergeschichten Meisterlins, Chronicon und Index, bieten schon vom Umfang her wesentlich weniger an historischen Nachrichten als der Catalogus von Wittwer. Wittwer mag sich unzulässiger Wiederholungen schuldig gemacht haben, indem er Quellen, die schon Meisterlin benützte, noch einmal heranzog. Er ist aber dennoch der ausführlichere Chronist.

2. Weitere Quellen und Wittwers Methode

Unter seinen Quellen ist neben Meisterlin das Augenmerk vor allem auf die Klostergeschichte Adilberts[26] und auf Chronik und Abtkatalog der Brüder Konrad und Ulrich Welling[27] zu richten. An der Verwendung dieser Quellen wird Wittwers Arbeitsweise deutlich. Wittwer war nämlich bemüht, in seinem Geschichtswerk Meisterlin, Adilbert und Welling zu einem

22 Mon. Boic. 22 Nr. 3 S. 167; Hipper, Urkunden Nr. 3 S. 2; DK II 191 S. 253.

23 Vgl. Steichele, Archiv 3 (= Wittwer, Catalogus) S. 68 Anm. 26.

24 Mon. Boic. 22 Nr. 32 S. 223 f.; Hipper, Urkunden Nr. 40 S. 25; Reg. Imp. Konradin 4810.

25 Wittwer, Catalogus S. 83, 84, 131, 151 und 190. Vgl. auch Joachimsohn, Zur städtischen ... S. 35.

26 Siehe oben S. 17.

27 Chronik Wellings = Annales ss. Udalrici et Afrae. Abtkatalog: Vgl. die Handschriftenbeschreibung zu Nr. (38) und Anhang.

Text zu verarbeiten. Als Beispiel diene der Abschnitt über den siebten Abt des Klosters, Adelbero, mit dem Adelhalm gemeint ist[28]. 1050, das Jahr seiner Wahl, nahm Wittwer aus Welling. Von Meisterlin stammt die Nachricht, daß unter diesem Abt das Kloster in den Mauerbereich der Stadt Augsburg einbezogen wurde. Auf alle drei Quellen geht zurück, daß das Kloster mit einer Mauer umgeben worden sei und daß Adelbero-Adelhalm die Kapelle der hl. Agnes errichtet habe, während die Anschaffung einer Orgel, einer Himmelskugel (vermutlich ist ein astronomisches Gerät gemeint) und einer Glocke vor Wittwer nur von Adilbert und Welling überliefert wird[29]. Der von Wittwer mitgeteilte Satz, daß jene exkommuniziert seien, die bei verheirateten Priestern die Messe hörten, fehlt bei Meisterlin, wird aber von Adilbert und Welling überliefert. Das gleiche gilt für die Episode, Adelbero-Adelhalm sei in einer Streitsache mit den Augsburgern nach Rom gereist und auf dem Heimweg gestorben. Meisterlin berichtet nur *Obiit in itinere*, ohne näher zu erläutern, wohin die Reise geführt hatte.

Den achten Abt, Dietmar, der von Bischof Embriko eingesetzt wurde, übergeht Meisterlin als nicht erwähnenswert. Wittwer hat einige Nachrichten über ihn, teils aus Adilbert, teils aus Welling. Er berichtet von Schenkungen an das Kloster in dieser Zeit, was er aus Adilbert entnimmt. Während Adilbert aus unerfindlichen Gründen unter Dietmar einen Einschub über Abt Fridebold (den vierten Abt des Klosters) bringt, zieht Wittwer diesen Einschub heraus und stellt ihn „verbessernd" zu Fridebold[30]. Diese Verbesserung zeigt Wittwers Bemühen, den Stoff zu gestalten.

Die erstmalige Spende der Mönche von St. Afra an die Domkanoniker (zwei Krüge italienischen Weines am Ulrichstag) setzt Meisterlin zu Abt Hartmann (zehnter Abt). Wittwer überliefert sie unter Abt Sigehard (neunter Abt), unter welchem sie auch Adilbert erwähnt. Wittwer greift also an dieser Stelle gegenüber Meisterlin auf die ältere Quelle zurück.

Die Beispiele ließen sich vermehren. Sie zeigen, wie Wittwer nicht etwa sklavisch Meisterlin folgte, so daß er dessen Plagiator genannt werden könnte, sondern wie er ein Mehr an Quellen eigenständig, teilweise gegen Meisterlin, verarbeitete.

Auch in den Formulierungen weicht Wittwer von Meisterlin ab. Er polstert gewissermaßen die dürren Chroniknotizen aus und stellt Bezüge her. Der Versuch, die Formulierungen seiner Vorgänger unter einen Hut zu bringen, gestaltete sich manchmal allerdings zu krampfhaft und hat ihm möglicherweise den

28 Vgl. unten S. 226ff.

29 Wittwer, Catalogus S. 80ff.; Adilbert, Klostergeschichte, Augsburg, AdB, Hs. K 80 fol. 12v/13r; Welling, Abtkatalog, Kopenhagen, Kongelige Bibliotek, Gl. kgl. Saml. 3442, 8° fol. 66r; Meisterlin, Index, Augsburg, StB, 2° Cod. Aug. 320 fol. 171v.

30 Adilbert, Klostergeschichte, Hs. K 80 fol. 13r Zeile 15–20; Wittwer, Catalogus S. 84 bzw. 77.

Ruf eines schlechten Stilisten eingebracht. Als Beispiel sei noch einmal die Weinstiftung für die Domkanoniker unter Abt Sigehard in ihrer vierfachen Formulierung herangezogen:

Adilbert: *Instituit (Sigehardus) hoc iste in loco Christo servientibus praebenda victualium ut hodie ministratur dominis quoque de choro maiori in festo sancti Udalrici constituit duas urnas vini et LII simulas panis* (fol. 13^{v}).

Welling (Abtkatalog): *Instituit iste canonicis obsonium IIII et commemoracionem omnium parentum eius fieri* (fol. 66^{r}).

Meisterlin (Index): *Decimus abbas Hartmannus. Hic instituit praebendas fratribus et quod vinum detur canonicis in festis patronorum* (fol. 171^{v}).

Wittwer: *Hic (Sigehardus) primus hoc in loco Christo servientibus ut hodie ministratur prebendam victualium instituit. Hic dominis sive canonicis de choro maiori scilicet beate Virginis Marie in festo sancti Udalrici constituit dare obsonium, scilicet duas urnas vini Italici et quinquaginta simulas panis. Memoriam eciam omnium parentum eiusdem patroni nostri...* (S. 85).

Die von Joachimsohn kritisierte, stilistisch aufgeblasene Wortwiederholung und Neigung zu Umschreibungen[31] entpuppt sich als der Versuch, die Formulierungen seiner Vorläufer zu einer umfassenden Information zusammenzubringen und den einen durch den anderen zu interpretieren.

Außer den Quellen Adilbert/Welling/Meisterlin hatte Wittwer zur Klostergeschichte noch das allerdings sehr dürftige Chronicon breve des 12. Jahrhunderts zur Verfügung, das zwar die älteste Klosterchronik darstellt, aber zu den betreffenden Äbten nicht mehr als die Namen bietet[32]. Unter seinen Vorläufern in der Geschichtsschreibung hat Meisterlin Abt Udalschalk genannt (Schlußwort des Index). Er bezog sich dabei wohl auf Udalschalks Gesta Eginonis. Wittwer hat diese Schrift als Ganzes in seinen Catalogus aufgenommen. Ihm verdanken wir ihre Überlieferung.

Die zu Beginn des 12. Jahrhunderts von Kanonikern der Domkirche geschriebenen Annales Augustani[33] mochten im Kloster bekannt gewesen sein. Sie enthalten jedoch nur ganz wenige Nachrichten zur Klostergeschichte. Bischof Embriko (1063–1077) wird als Wohltäter des Klosters und Erbauer der Kirche herausgestellt. Die Auffindung der hl. Afra sowie die Reliquiengesandtschaft nach Gerona[34] werden erwähnt. Teilweise sind diese Nachrichten auch im Chronicon breve enthalten. Bis zu Wittwer sind sie zum festen Bestand der Klostergeschichtsschreibung geworden, und wenn Wittwer davon berichtet, ist nicht mehr klar zu erkennen, welcher Quelle er die Mitteilung entnahm.

31 Joachimsohn, Zur städtischen... S. 38.

32 Siehe Handschrift Nr. (37), MG SS 14 S. 556–559 und oben S. 163 ff.

33 MG SS 3 S. 123–136. Vgl. Wattenbach, Sachsen und Salier S. 535 f.

34 Siehe S. 156 f.

Eine weitere Quelle sowohl für Meisterlin wie für Wittwer waren Texte, die in Handschriften der Klosterbibliothek beigeschrieben waren. Beide weisen auf diese „Fundgrube" für Klosterchronisten hin. So berichtet Wittwer, daß der Augsburger Bischof Heinrich (II., 1047–1063) dem Kloster die Opfergaben streitig machte, bis er durch den Papst aufgefordert wurde, den Mönchen ihre Rechte zu belassen und das Entwendete zurückzugeben. Das päpstliche Privileg in dieser Sache – so Wittwer – sei abschriftlich im sechsten Teil der Moralia am Ende vorhanden. Er könne es leider nicht finden. Es müßte bei anderen Privilegien liegen[35]. Bereits Prior Adilbert berichtet von dieser Sache und vom entsprechenden Privileg, *cuius exemplar scripsimus in sexta parte moralium*[36]. Meisterlin setzt hinzu *in fine*, was doch wohl heißt, daß er das Privileg gelesen hat, da er die Fundstelle *in fine* (eines Buches) genau kennt[37]. Ähnlich verweist auch Wittwer auf diese Fundstelle. Er hätte aber wohl auch gerne das Original gefunden, wenn man seine Ausführungen, die etwas unklar sind, so verstehen darf. Das Original ist jedenfalls nicht mehr erhalten[38]. An anderer Stelle weist Wittwer abermals auf Einträge in Büchern hin. Von den Schriften des Abtes Udalschalk, so sagt er, sei vieles verloren gegangen. Einiges aber könne man in verschiedenen Büchern finden, vor allem am Anfang und am Ende der Bände mit den Moralia des Papstes Gregor[39].

Eine Bestätigung dieser Angaben brachte das Bücherverzeichnis von 1616, dessen Auswertung für das 11. und 12. Jahrhundert einen Teil dieser Arbeit darstellt. Es enthält konkrete Hinweise auf Handschriften, die heute verschollen sind, die aber der Beschreiber 1616 noch vor sich hatte, so daß er auf Einträge in diesen Handschriften aufmerksam machen konnte. Dazu gehören auch die 6 Teile (Bände?) der Moralia Gregors d. Großen[40], die Papstschreiben u. ä. enthielten. Das fragliche Privileg ist nicht ausdrücklich genannt. Aber der Handschrift mit dem Werk Gregors d. Großen waren Verse des Abtes Udalschalk beigeschrieben, die Wittwer möglicherweise von hier seinem Catalogus einfügte. Er erwähnt das Testament des Priors Adilbert, das ebenfalls den Moralia Gregors beigegeben war, so daß wir mit Recht vermuten, Wittwer habe selbständig Einträge in Klosterhandschriften als Quellen herangezogen bzw. als Textzitate übernommen. Zu solchen Einträgen gehörten auch Schenkungsur-

35 ... *ac privilegio confirmavit, cuius exemplar scriptum est in sexta parte moralium in fine, tamen non potui invenire, habetur tamen illud apud alia privilegia* (Wittwer, Catalogus S. 83).

36 Augsburg, AdB, Hs. K 80 fol. 12v.

37 Chronographia Cap. IV; vgl. Joachimsohn, Zur städtischen ... S. 41.

38 Vgl. AReg 1 Nr. 294 S. 172 f.; Germania pont. 2, 1 Nr. 1 S. 56 f.

39 Wittwer, Catalogus S. 98: *Certa de suis scriptis vetustate ac negligencia incolarum abolita sunt, aliqua per alios transcopiata, certa in libris aliquibus precipue moralibus beati Gregorii pape in principio et fine inserta sunt.*

40 Vgl. Nr. (42).

kunden, wie ebenfalls das Bücherverzeichnis von 1616 klar aufweist. Diese stimmen wiederum mit Mitteilungen Wittwers überein[41].

An einer anderen Stelle erwähnt Wittwer, daß auf Bischof Embriko Siegfried gefolgt sei, der zweimal belagert und schließlich gefangen gesetzt wurde[42], und schließt mit dem Vermerk: *Alia quere in Papia*[43]. Dies dürfte als Hinweis verstanden werden, daß im Buche mit dem Titel „Papias“ Nachrichten über diese Vorgänge enthalten waren. Ein Buch „Papias“ oder „Glossarium Salomonis“ war aber in der Klosterbibliothek vorhanden[44] und somit Wittwer zugänglich. Ein letztes deutliches Zeugnis, daß Wittwer Einträge in Handschriften als Quellen heranzog, ist sein Abschnitt über die *servicia custodis*, die er zur Regierungszeit Abt Marquards von Hageln mitteilt[45]. Eine Aufzeichnung der *servicia custodis* lesen wir auch in der Hs. Kopenhagen, Kongelige Bibliotek, Gl. kgl. Saml. 3442, 8° fol. 66^{v}. Sie schließt sich hier an den Abtkatalog des C. Welling an, der bis Abt Marquard reicht. Die wittwersche Überlieferung ist mit jener in der Kopenhagener Handschrift weitgehend identisch. Allerdings sind auch so viele Unterschiede vorhanden, daß wir annehmen müssen, Wittwer habe seine Vorlage stark bearbeitet oder noch eine zweite Quelle zur gleichen Sache besessen.

3. Wittwers Chronologie

Eine weitere Frage bleibt noch zu klären: Woher nahm Wittwer seine detaillierte Chronologie? Beinahe zu jedem Abt kennt er das Jahr der Erhebung, des Todes bzw. der Resignation, meist auch den Todestag. Dazu gibt er die Sedenzzeiten an *(prefuit ...)*. Leicht sind die Todestage zu erklären. Sie stimmen nämlich vollständig mit dem Nekrolog von St. Ulrich und Afra überein, das der Angehörige des Klosters Leonhard Wagner 1514, also kurz nach Wittwers Tod, aufgezeichnet hat[46]. Es ist anzunehmen, daß Wagner die Todestage aus älteren Kalendarien abgeschrieben hat. Sie waren also in der Klostertradition verankert und fanden so Eingang in Wittwers Catalogus.

Während des Chronicon breve (Catalogus abbatum) des 12. Jahrhunderts zu den einzelnen Äbten keine Regierungsjahre verzeichnet, kann man solche zuerst

41 Vgl. die Querverweise zu Wittwer vor allem bei den Handschriften Nr. (40), (41) und (42).
42 durch Welf IV. 1080/81 und 1088; vgl. Zoepfl, Mittelalter S. 104ff.
43 Wittwer, Catalogus S. 85.
44 Nr. (60).
45 Wittwer, Catalogus S. 168f.
46 MG Necr. Germ. 1 S. 120–128.

bei Prior Adilbert und ähnlich im Abtkatalog des Konrad Welling finden. Es liegen allerdings zwischen diesen Quellen Differenzen von ein bis zwei Jahren vor. Darüber hinaus geben Adilbert und Welling einige absolute Jahreszahlen: 1050 Erhebung des Abtes Adelbero-Adelhalm, 1080–1099(!) Abt Sigehard, 1122 Erhebung Wollemars und 1175 Heinrichs von Maisach. Für das 12. Jahrhundert bieten vor allem die Annalen von St. Ulrich der Brüder Welling die Sedenzzeiten und Todesjahre fast aller Äbte. Wittwer hat alle diese Daten übernommen, allerdings so, daß er in dem Bestreben, für den gesamten Abtkatalog Lebensdaten zu erhalten, entsprechende Berechnungen anstellte und die Angaben wohl auch harmonisierte. Dabei konnten Widersprüche nicht ausbleiben. Die angegebene Sedenzzeit stimmt manchmal mit dem Zeitraum zwischen dem Jahr der Erhebung und dem Todesjahr nicht überein. Manchmal gab Wittwer auch Alternativen an, z. B. Ulrich von Biberbach *prefuit ... annis 7* (Adilbert), *alias 12* (Annales ss. Udalrici et Afrae)[47] oder Heinrich III. *prefuit ... annis 6* (Adilbert) ... *alias 7* (Annales)[48]. Diese Alternativen mußten Wittwers Gesamtberechnung stören. Wellings falsche Angabe des Regierungsantritts des Abtes Egino (1106) korrigierte Wittwer richtig in 1109[49], ein Datum, das durch die Gesta Eginonis des Udalschalk sicher bezeugt ist[50], die auch Wittwer bekannt waren. Für die ersten Äbte dürfte gelten, was schon Steichele feststellt: Wittwer habe lediglich seine Phantasie spielen lassen[51]. Es ist durchaus anzunehmen, daß Wittwer und seinen Vorgängern Adilbert und Welling Urkunden und Aufzeichnungen bekannt waren, die uns heute verloren sind, denen sie ihre Jahresangaben entnehmen konnten. Insgesamt liegen aber innerhalb der Chronologie Wittwers und zwischen seinen Angaben und denen seiner Vorgänger so viele Widersprüche, daß diese Chronologie höchstens bedingt gelten darf und häufig nur als relative Zeitbestimmung genommen werden kann.

Zusammenfassung

Die Abhängigkeit Wittwers von seinem Vorgänger Meisterlin in der Klostergeschichtsschreibung ist in der Tat sehr groß bezüglich der Vorgeschichte. Meisterlin hatte Grundlegendes geleistet, und Wittwer scheute sich nicht, seinen

47 Wittwer, Catalogus S. 19. *Alias 12* ist späterer Beisatz von der Hand des Verfassers. In Klammern habe ich Hinweise auf Wittwers Vorlagen hinzugesetzt.

48 Wittwer, Catalogus S. 20.

49 Wittwer, Catalogus S. 91 f.

50 MG SS 12 S. 432.

51 Steichele, Archiv 3 S. 14. Vgl. auch Joachimsohn, Zur städtischen ... S. 42.

Vorgänger abzuschreiben. Er begnügte sich damit, den Stoff neu zu gliedern und ihn gelegentlich zu erweitern.

Den Katalog der Äbte, die eigentliche Geschichte des Benediktinerklosters, hat Wittwer gegenüber Meisterlin bedeutend vermehrt, indem er sich bemühte, möglichst alle ihm zugänglichen Quellen zu berücksichtigen. Er suchte in erster Linie die chronikalischen Zeugnisse vor ihm (Udalschalk, Chronicon breve, Adilbert, Annales ss. Udalrici et Afrae, Welling und Meisterlin) miteinander zu verbinden, so daß keine Nachricht verloren ging. Er sah sich außerdem nach Einträgen in Büchern um und bezog die Privilegien des Klosters und andere Dokumente mit ein.

Somit bleibt Wilhelm Wittwers Catalogus die ergiebigste Quelle zur Geschichte des Klosters in den Jahrhunderten, die verhältnismäßig arm an Urkunden sind. Auch gegenüber Meisterlin muß Wittwer aufgewertet werden – nicht so sehr, was den Stil und die Methode, sondern vielmehr, was die Berücksichtigung älterer Quellen betrifft. Die Hereinnahme von Quellen muß aber den Historiker mehr interessieren als deren stilistische Verarbeitung. Wenn man die Vorlagen Wittwers, die durch die Untersuchung der bibliothekarischen Überlieferung besser greifbar werden, in die Betrachtung einbezieht, wird die Klostergeschichte, wie sie sich nach dem Catalogus darstellt, an vielen Stellen bestätigt, gelegentlich korrigiert, teilweise ergänzt. Man wird also richtig verfahren, wenn man die Klostergeschichte weiterhin den Linien Wittwers folgend schreibt, aber im kritischen Rückblick auf seine Vorlagen und unter Berücksichtigung der bibliothekarischen Überlieferungen.

Kapitel V

Vom Kanonikerstift zum Benediktinerkloster

Die Bezeichnungen *coenobium* oder *monasterium* für die beim Afragrab angesiedelte Gemeinschaft in den ältesten Quellen zur Klostergeschichte[1] lassen nicht sogleich erkennen, um welche Art von Gemeinschaft es sich gehandelt hat, ob wir es mit einem Kanonikerstift oder einem Mönchskloster zu tun haben. Vom 8. bis zum Beginn des 12. Jahrhunderts können *monachi* und *monasterium* auch für Stifte und deren Angehörige stehen[2]. Vom Kanonikerstift in des Wortes engerer Bedeutung sollte man erst nach dem Jahre 816 sprechen, nachdem Kaiser Ludwig der Fromme im Zusammenhang mit seinen Reformbestrebungen in Aachen eine Verfassung für Stifte hatte beschließen lassen[3]. Von da an hat man auch mit gegründeten Stiften zu rechnen, während man für die Zeit davor lieber von „gewachsenen" Klerikergemeinschaften ausgeht. Sie konnten an Märtyrergedenkstätten oder Heiligengräbern entstehen[4]. So scheint es auch beim Grab der hl. Afra der Fall gewesen zu sein.

In der Ulrichsvita des Gerhard, einem Zeugnis des ausgehenden 10. Jahrhunderts und damit unmittelbar vor dem Zeitpunkt der Umwandlung von St. Afra in ein Benediktinerkloster entstanden, wird die Gemeinschaft als *congregatio* bezeichnet[5], ihre Mitglieder sind *clerici* genannt, ebenso wie auch von den Domgeistlichen als von *clerici* gesprochen wird. In den Mirakelberichten, die in den ersten zwanzig Jahren nach Ulrichs Tod (973) aufgezeichnet wurden[6], heißt ein Mitglied der *congregatio s. Afrae: presbyter,* ein anderes *praepositus*[7]. Man wird

1 Siehe oben S. 1 ff.

2 Vgl. Siegwart, Chorherrengemeinschaften S. 99–136. Nach J. F. Niermeyer, Mediae latinitatis lexicon minus. 1976 S. 702 ist *monasterium* für eine Kanonikergemeinschaft in den Quellen bis in die Mitte des 11. Jahrhunderts zu belegen. Vgl. auch Schaefer, Stift S. 121 f.

3 Moraw, Typologie S. 11; Schaefer, Stift S. 109.

4 Moraw, Typologie S. 14.

5 Kap. 4: MG SS 4 S. 391 ff.; Kallfelz, Vita S. 70 ff. und Kap. 27: MG SS 4 S. 414 f.; Kallfelz, Vita S. 148 ff.

6 Volkert, Schriftquellen S. 104.

7 Miracula, MG SS 4 S. 420 ff.

also mit Recht den späteren Quellen zustimmen, wenn sie davon ausgehen, daß bei St. Afra ein Kanonikerstift (unter einem Propst und in enger Verbindung mit dem Augsburger Bischof) bestand, das zu einem bestimmten Zeitpunkt in ein Benediktinerkloster umgewandelt wurde[8].

1. Umwandlung in ein Benediktinerkloster 1012?

Der Zeitpunkt, zu dem die Umwandlung geschah, ist unsicher. Auf Anregung Bischof Brunos (1006–1029) – so führte F. Zoepfl in den Regesten der Augsburger Bischöfe aus – wurde ein bei St. Afra bestehendes Kanonikerstift aufgelöst. Am gleichen Orte sei unter der Leitung des Abtes Reginbald mit zwölf Mönchen (wohl aus Tegernsee) ein Benediktinerkloster entstanden[9]. Das Gründungsjahr 1012, dessen Jubiläum vom Kloster beispielsweise noch 1712 feierlich begangen wurde[10], wurde von Zoepfl in 1013 korrigiert, aber gleichzeitig mit einem Fragezeichen versehen. Das in den Regesten erwähnte, von Clemens Sender[11] im 16. Jahrhundert angenommene Gründungsjahr 1025 konnte sich gegenüber 1012 bzw. 1013 in der späteren Geschichtsschreibung nicht durchsetzen.

Es ist keine Urkunde erhalten, die den genauen Zeitpunkt der Benediktinergründung nennt. Das Chronicon des 12. Jahrhunderts sowie die Klostergeschichte des Adilbert gehören zur ältesten Schicht der klösterlichen Geschichtsschreibung. In beinahe wortgleicher Formulierung berichten sie über die Gründung des Benediktinerklosters St. Afra, daß in der Zeit Bischof Brunos (1006–1029) an Stelle von Klerikern, deren geistliches Leben nachgelassen und deren Zahl sich verringert hatte, Mönche unter Abt Reginbald bei St. Afra eingesetzt wurden[12]. Die Klostergeschichte des Adilbert berichtet allerdings noch weiteres hinzu. Sie geht darauf ein, wie die Besitzverhältnisse des Klosters beim Wechsel von den Klerikern zu den Benediktinern lagen, und nennt namentlich gewisse Güter. Sie führt Ausstattungsgegenstände der Kirche sowie Bücher an.

8 Mit „späteren Quellen“ sind die Klostergeschichte Prior Adilberts vom Beginn des 13. Jahrhunderts und deren Nachfolgerinnen gemeint. Vgl. oben S. 17ff.

9 AReg 1 Nr. 225 S. 132. Ich nehme die Regesten zum Ausgangspunkt, da hier die bis heute geltende Meinung aufgrund der wichtigsten Literatur referiert wird.

10 Vgl. Festschrift zum Dankfest, oder achttaegige Solemnität in dem kayserlich freyen Reichs Closter zu St. Ulrich und Afra in Augsburg wegen des anno 1012 eingeführten Benediktiner Ordens. Angefangen am 4. Juli 1712. Augsburg 1712.

11 Sender, Chronik S. 15.

12 MG SS 13 S. 280 und SS 14 S. 588: *Pruno. Cuius tempore clerici Beatae Afrae sive religionis abiectione sive numeri paucitate deficientes, monachi abbate Reginbaldo inibi sunt constituti.* Augsburg, AdB, Hs. K 80 fol. 11v: *Prunone vero XXV praesule constituto beatae Afrae clerici sive religionis abiectione sive numero deficientes, monachi cum abbate Reginberto inibi sunt constituti ...*

Sie spricht von einer Schenkung König Heinrichs aus seinem väterlichen Erbe und erwähnt dabei bestimmte Orte. Damit geht die Klostergeschichte des Adilbert über die kurzen Angaben des Chronicons aus dem 12. Jahrhundert hinaus und bildet ein wichtiges Bindeglied zwischen der ältesten chronikalischen Überlieferung (Chronicon des 12. Jahrhunderts) und den späteren Geschichtsschreibern des Klosters.

Im Gefolge der ersten Überlieferungsschicht steht eine Quelle, die, wie mir scheint, geringen eigenständigen Wert besitzt, aber nicht unerwähnt bleiben soll. In der Frankengeschichte des Ademar von Chabannes[13], näherhin in dem Textteil, den ein späterer Kompilator, der nach 1159 schrieb[14], eingefügt hat, wird berichtet, daß Bruno, der Bruder Kaiser Heinrichs, als Nachfolger Sankt Ulrichs diesem außerhalb der Stadt ein Kloster habe errichten lassen[15]. Seine Überlieferung ist nicht frei von Irrtümern: Er verwechselt zuvor[16] Bruno von Augsburg mit dem Ostmissionar Bruno von Querfurt (gest. 1009). Er überliefert einen falschen römischen Namen für Augsburg[17]. Dies zeigt, daß er mit den Augsburger Verhältnissen nicht sehr vertraut war. Dennoch ist auch seine Notiz ein Hinweis, daß nach der Mitte des 12. Jahrhunderts die Meinung stark vertreten war, Bischof Bruno von Augsburg sei der Gründer des Klosters St. Ulrich und Afra gewesen.

Die Zeugnisse des 15./16. Jahrhunderts unterscheiden sich von der frühen Schicht der klösterlichen Geschichtsschreibung vor allem dadurch, daß die vage Bestimmung des Zeitpunktes der Gründung „unter Bischof Bruno" nun zugunsten einer genaueren Zeitangabe verändert ist. In seinem Chronicon ecclesiasticum Augustanum (1483) beschreibt Meisterlin die Gründung so: *Acta sunt haec sub Imperatore sancto Heinrico Bambergensi, et eius fratre Brunone Episcopo, circa annum Domini millesimum*[18]. 1484 verfaßte Meisterlin seinen Index monasterii sanctorum Udalrici et Afrae. Dort heißt es: *Acta sunt hec anno a virgineo partu parum plus minusve millesimo sub sancto Hainrico cesare quem Bamberga colit, et eius fratre Brunone episcopo Augustensi, reliquerant praefati occupatores (huius) sancti loci tantum praedia in Winterhaim a rege Tagoberto ...*[19]. Meisterlin wollte damit wohl eine ungefähre zeitliche Bestimmung bieten: „um das Jahr

13 Ademari Historiarum Libri III, MG SS 4 S. 106–148.

14 MG SS 4 S. 111. Stark interpoliert ist die Chronik des Ademar im Parisinus 5926 s. XII (vgl. den kritischen Apparat bei Waitz); Manitius, Geschichte 2 S. 292.

15 MG SS 4 S. 130: *Ideoque monasterium foris civitatem Osburg eius nominis construxit episcopus item Brunus, successor eius, frater Eenrici* (!) *imperatoris.*

16 MG SS 4 S. 129.

17 MG SS 4 S. 130: *Valentina*. Dieser Name findet sich jedenfalls nicht bei Miedel, Augsburgs Namen.

18 Meisterlin, Chronicon S. 674.

19 Augsburg, StB, 2° Cod. Aug. 320 fol. 171r.

Tausend". Immerhin läßt diese Angabe offen, daß die Benediktinergründung schon vor 1006, dem Regierungsbeginn Bischof Brunos, hätte erfolgt sein können, wenngleich der zweite Teil der Zeitbestimmung daran festhält, daß die Gründung unter Kaiser Heinrich und Bischof Bruno erfolgt sei.

Im Catalogus abbatum Wilhelm Wittwers liest es sich so: *Acta sunt hec* (die Umwandlung des Kanonikerstifts in ein Benediktinerkloster) *videlicet a virgineo partu parum plus minusve, quod abbas Reginbaldus est institutus, millesimo duodecimo, alias millesimo decimo, tempore Benedicti pape et Hainrici imperatoris...*[20]. Wir finden das meisterlinsche *plus minusve* wieder, dazu aber die Jahreszahlen 1012 bzw. 1010, und man hat den Eindruck, Wittwer ist sich des Datums nicht ganz sicher. Hätte er nicht bereits im ersten Satz seines Werkes[21] geschrieben, sein Katalog nehme seinen Anfang beim ersten Abt des Klosters im Jahre 1012, dann hätte dieses Jahr als festes Gründungsjahr wohl nicht unangefochten in die weitere Klostergeschichtsschreibung Eingang gefunden. Den Beleg, woher er seine Zeitangaben hat, bleibt Wittwer schuldig. Wenn es stimmt, daß die von Wittwer gebotenen, exakten Regierungszahlen der ersten sechs Äbte, die er selbst als unsicher bezeichnet, gar „reine Phantasie"[22] darstellen, dann steht und fällt mit diesen Zahlen auch das Gründungsjahr 1012. In den weiteren Mitteilungen Wittwers zu den Anfängen des Benediktinerklosters werden die Angaben der ältesten Schicht stark verändert: Nach der ersten Schicht der Überlieferung werden Kleriker durch Mönche abgelöst. Bei Wittwer heißt es: Regularkanoniker nach der Augustinerregel (!) werden durch Benediktiner ersetzt. Nicht etwa nur „zur Zeit Bischof Brunos", sondern von Bruno, Diözesanbischof und Bayernherzog (!), unter Zustimmung Kaiser Heinrichs „des ersten dieses Namens" (!) wird Abt Reginbald berufen. Auch das liederliche Leben der Kanoniker, das eine Umwandlung des Klosters nötig machte, wird stärker hervorgehoben[23]. Das mag genügen, um anzudeuten, wie Wittwer die Überlieferung veränderte. Indem man aber seine Zustätze als solche erkennt, nähert man sich auch gleichzeitig wieder dem offenbar echten historischen Kern. Man findet aus der Klostergeschichte des Adilbert die Nennung der Besitztümer in zwei Gruppen wieder: erstens jene Güter, die von den Klerikern den Mönchen überlassen wurden[24], sowie zweitens jene, die auf eine Schenkung Heinrichs zurückgehen[25]. Auch auf das Erbe Heinrichs in Bayern, das an das Kloster

20 Wittwer, Catalogus S. 62.

21 Wittwer, Catalogus S. 15: *exordium a primo sumens abbate, (anno) M° duodecimo.*

22 Joachimsohn, Zur städtischen ... S. 42. Wittwer selbst (Catalogus S. 80): *Sed dubitatur ymo ex toto ignoratur de eorum* (der ersten sechs Äbte) *confirmacione sew consecracione, vel qua die electi fuerint, excepto prout dictum est supra de ipsis in speciali.*

23 Wittwer, Catalogus S. 15f. und S. 60ff. und S. 73f.

24 Wittwer, Catalogus S. 64f. und S. 76.

25 Wittwer, Catalogus S. 66.

übergegangen sei, wird angespielt[26]. Schließlich wird die Episode erzählt, wonach König Heinrich bei Bischof Bruno, seinem Bruder, anregte, daß er Kirche, Kloster und Grab der Hl. Ulrich und Afra näher zur Stadt hin verlege, was Bruno verweigerte[27].

Aus Wittwer schöpften spätere Geschichtsschreiber des Klosters, wie im 18. Jahrhundert Corbinian Khamm im 3. Teil der 1715 veröffentlichten Hierarchia Augustana und schließlich Placidus Braun, der kurz vor der Säkularisierung des Klosters Archivar und Bibliothekar in St. Ulrich und Afra war[28]. Corbinian Khamm bereicherte die Überlieferung noch um einige „Fakten", deren fragwürdigste sind, daß Reginbald, der erste Abt von St. Afra, aus dem Kloster St. Gallen gerufen wurde und daß er sich 12 Mönche aus Tegernsee von Abt Burckhard erbeten habe[29]. Bezüglich des Jahres der Umwandlung des Kanonikerstiftes in ein Benediktinerkloster halten Khamm wie Braun an 1012 fest[30]. Braun schreibt über die Umwandlung: „Bruno, Bischof von Augsburg, hob im J. 1012 das Kanonikatstift von St. Afra auf. Ob ihn zu diesem Schritt die schlechte Disciplin, oder die Abnahme der Individuen, oder die Absicht, die Zahl der Kanoniker an der Kathedralkirche und ihre Praebenden zu vermehren, bewogen habe, ist wegen der mangelnden Urkunden nicht zu bestimmen. Er übergab das Stift mit Einwilligung des Kaisers Heinrich II., seines Bruders, den Benediktiner-Mönchen, deren zwölfe er aus der berühmten Abtey Tegernsee nach Augsburg hatte kommen lassen"[31].

Die klösterliche Geschichtsschreibung zeigt also, daß das Gründungsjahr 1012 in der ältesten Quellenschicht nicht enthalten ist, sondern als Zutat Wittwers angesehen werden muß, der dafür einen Beweis schuldig blieb. Man könnte ihm zugute halten, daß auch er sich der Datierung nicht sicher war und im Grunde genommen einen Spielraum um die Jahrtausendwende belassen wollte, wie sein Vorläufer Meisterlin. *Tempore Brunonis* allerdings ist die Zeitangabe der frühesten Überlieferungsschicht. Dies wurde bei Meisterlin und Wittwer neben dem *plus minusve 1000* beibehalten und würde damit den Spielraum um die Jahrtausendwende so einschränken, daß man sagen müßte terminus ante quem non ist 1006 (Regierungsantritt Brunos). Gemeinsam ist aber auch allen Quellen die Erwähnung des ersten Abtes Reginbald. Es soll versucht werden, durch eine Betrachtung seiner Lebensdaten den Zeitpunkt der Benediktinergründung bei St. Afra genauer zu bestimmen.

26 Wittwer, Catalogus S. 65.
27 Wittwer, Catalogus S. 65 f.
28 Siehe oben S. 20.
29 KHAMM, Hierarchia 3 S. 4.
30 KHAMM, Hierarchia 3 S. 4.
31 BRAUN, Geschichte der Kirche und des Stiftes S. 229.

2. Die Chronologie des ersten Abtes Reginbald

Als erster Abt des Benediktinerklosters St. Afra ist Reginbald[32] bezeugt. Insgesamt vier Handschriften sind uns bekannt, die neben dem Besitzvermerk St. Afra den Namenszug *Reginb. (Reginp.)* tragen[33]. Das Chronicon von St. Afra aus dem 12. Jahrhundert[34] nennt ihn als „Gründungsabt" ebenso wie Prior Adilbert in der Klostergeschichte des 13. Jahrhunderts[35]. Braun, der die älteren Quellen referiert, findet überschwengliche Worte des Lobes über die Tugend dieses Mannes. Nach dreijähriger Abtszeit in Augsburg sei er nach Ebersberg und 1019 nach Lorsch versetzt, 1039 schließlich auf den bischöflichen Stuhl von Speyer berufen worden, wo er am 21. August 1039 im Rufe der Heiligkeit starb[36]. Bei Wittwer liest es sich etwas anders: Vom Ernennungsjahre 1012 an habe Reginbald in Augsburg St. Afra drei Jahre und zwei Monate regiert. Er sei darauf Bischof von Speyer geworden und habe die Kirche von Speyer 25 Jahre geleitet. Seinen Tod setzt Wittwer auch auf den 21. August 1039[37]. Erst aus der späteren Überlieferungsschicht, aus Corbinian Khamms Hierarchia Augustana nämlich, rührt die Angabe, Reginbald sei aus dem Kloster St. Gallen nach Augsburg St. Afra berufen worden[38], was P. Braun übernahm, während er eine weitere Angabe Khamms, Reginbald stammte aus dem Geschlechte der Grafen von Kyburg-Dillingen, in Frage stellte[39].

Die Abstammung Reginbalds ist weder nach Ort noch Geschlecht eindeutig zu bestimmen. Auch für St. Gallen als Mönchsheimat gibt es kein Zeugnis. Es fällt zumindest auf, daß Reginbald im St. Galler Totenbuch nicht verzeichnet ist; denn die St. Galler hätten es wohl nicht versäumt, einen ihrer Mönche, der als Abt in drei Klöstern wirkte und schließlich zur Würde eines Bischofs, ja Heiligen emporstieg, im Nekrolog einzutragen[40]. Zu einfach ist es, ihm Herkunft aus

32 Auch unter den Namensformen Reginbert (Augsburg, AdB, Hs. K 80), Reginb(p)old (Ebersberger Quellen), Reinpold.

33 Handschriften Nr. (1)–(4).

34 MG SS 14 S. 558 und Handschrift Nr. (37).

35 Augsburg, AdB, Hs. K 80 fol. 11v.

36 Braun, Geschichte der Kirche und des Stiftes S. 231 f.

37 Wittwer, Catalogus S. 16. In Bezug auf Reginbalds Todestag unterliegen Wittwer und seine Nachfolger in der ulrikanischen Geschichtsschreibung der gleichen Verwechslung wie das Nekrolog von St. Ulrich und Afra, das unter dem 21. 8. seinen ersten Abt (MG Necr. Germ. 1 S. 125) und unter dem 13. 10. einen „Reginbald Bischof" (MG Necr. Germ. 1 S. 126) vermerkt. Richtig dürfte jedoch der 13. 10. als Todestag für den ersten Abt von St. Afra und Bischof von Speyer, Reginbald, sein, wie ihn andere Nekrologe überliefern. Vgl. unten S. 191 und Remling, Bischöfe zu Speyer 1 S. 272.

38 Khamm, Hierarchia 3 S. 4.

39 Braun, Geschichte der Kirche und des Stiftes S. 230. Es spricht jedoch auch einiges für diese Annahme, vgl. unten S. 220.

40 MG Necr. Germ. 1 S. 462–487. Vgl. auch Bauerreiss, Spirensia S. 145: Es findet sich nirgends ein Beleg, daß Reginbald St. Galler gewesen sei.

Tegernsee zu bescheinigen, nur weil er im Tegernseer Totenbuch vermerkt ist[41]. Es führt ihn nämlich außer den Nekrologen an Orten seiner Wirksamkeit ebenso das Nekrolog von Füssen[42]. Zoepfl vermutete in Abt Reginbald einen ehemaligen Augsburger Geistlichen[43]. Das Hauptproblem ist die Chronologie in Reginbalds Biographie sowie die Reihenfolge seiner Aufenthalte. Schwierigkeiten bereiten vor allem die Aufenthalte in Augsburg und Ebersberg, zumal dann, wenn man am Jahre 1012 für die Umwandlung von S. Afra in ein Benediktinerkloster und damit dem Beginn von Reginbalds Abtszeit im gleichen Jahre festhält. Man wird also am besten von den gesicherten Daten in Reginbalds späterem Leben ausgehen, um mehr Klarheit für die frühere Chronologie zu gewinnen.

Reginbald beschloß sein Leben als Bischof von Speyer[44]. Er ist im Nekrolog von Ebersberg am 13. 10. als *Spirensis episcopus* aufgeführt[45], das Füssener Nekrolog vom Ende des 11. Jahrhunderts vermerkt ihn zum 14. 10. als *episcopus*[46], jenes von Tegernsee führt zum 14. 10. einen *Reinpoldus episcopus Speirensis*[47]. Im Afrakloster zu Augsburg teilt bereits das Chronicon breve des 12. Jahrhunderts mit, daß der erste Abt des Klosters Reginbald zum Bischof von Speyer erhoben worden sei[48]. Er ist auch in Speyrer Quellen bezeugt[49]. Reginbald regierte die Speyrer Kirche von 1032 oder 1033 bis 1039[50].

Eine erste Frage ist, ob Reginbald unmittelbar von Augsburg nach Speyer überwechselte. Darauf deutet ein in einer Nachschrift des 16. Jahrhunderts überliefertes Grußwort der Speyrer Kirche an ihren neuen Bischof Reginbald[51]. Es schildert überschwenglich den Schmerz der Augsburger bei Reginbalds Scheiden und klingt so, als ob der Abschied von der einen Stadt der Ankunft in der anderen soeben vorausgegangen sei. Dieses Speyrer Grußwort scheint auf den ersten Blick Wittwer zu bestätigen, dem zufolge Reginbald von 1012 bis 1015 Abt von St. Afra gewesen ist, um dann unmittelbar nach Speyer zu ziehen

41 So Bauerreiss, Kirchengeschichte 2 S. 32.

42 MG Necr. Germ. 1 S. 85.

43 Zoepfl, Mittelalter S. 88.

44 Remling, Bischöfe zu Speyer 1 S. 264–273; Gugumus, Reginbald. Daß Reginbald Erzbischof von Mainz geworden wäre, ist nicht richtig und bei F. Zoepfl sicherlich ein Versehen. Vgl. Das Bistum Augsburg und seine Bischöfe im Mittelalter S. 88 sowie Lebensbilder 2 S. 57.

45 MG Necr. Germ. 3 S. 78.

46 MG Necr. Germ. 1 S. 85.

47 MG Necr. Germ. 3 S. 152.

48 MG SS 14 S. 558.

49 Bischofskatalog MG SS 13 S. 318 f.; Annales Spirenses MG SS 17 S. 80 f.

50 Bresslau, Jahrbücher unter Konrad II. 2 S. 3 ff., mit einem Exkurs „Zur Chronologie der Bischöfe von Speyer im Anfange des 11. Jahrhunderts" in Band 1 S. 465–467.

51 Abgedruckt bei Remling, Bischöfe zu Speyer 1 S. 266 Anm. 478: *Ecquis locus aut quae regio ignorat aut non unicis laudibus celebrat affectum ardentissimum, gemitum acerrimum Augustae vestrae, quae vos, e sinu suo avulsum, est prosecuta?*

und dort 25 Jahre als Bischof zu wirken. 1039 verzeichnet Wittwer – richtig – als Reginbalds Todesjahr. Einen Zwischenaufenthalt an anderen Orten kennt Wittwer nicht[52]. H. Breßlau hält das erwähnte Grußwort jedoch für phrasenhaft und damit für eine reine stilistische Übung, deren Aussage nicht mit der historischen Wirklichkeit übereinstimmen müsse[53]. Auch S. Hirsch[54] nahm an, daß es sich um eine Stilübung handelt. Durch diese „Stilübung" wird immerhin die Identität des Augsburger Reginbald mit dem Speyrer Bischof, dem zweiten dieses Namens, bezeugt[55]. Das Grußwort der Speyrer Kirche ist aber kein Grund, Zwischenstationen auf dem Weg Reginbalds von Augsburg nach Speyer zu bezweifeln.

Reginbald ist nämlich auch als Abt von Lorsch gut bezeugt, und zwar im Chronicon Laureshamense[56], im Catalogus abbatum Laureshamensium[57] und im Necrologium Laureshamense[58]. Das Chronicon vermerkt, wenn auch schlecht leserlich und von einer Hand des 16. Jahrhunderts eingefügt, 13 Abtjahre in Lorsch, was mit dem Lorscher Abtkatalog übereinstimmt[59]. Rechnet man von Reginbalds Erhebung zum Bischof 1032 oder 1033 (siehe oben) 13 Jahre zurück, so wäre er 1019/20 Abt von Kloster Lorsch geworden. Da Reginbalds Vorgänger in Lorsch, Bobbo, am 7. 4. 1018 gestorben ist, erfolgte Reginbalds Amtsantritt dort frühestens 1018, wahrscheinlich also 1019 oder 1020.

Außerdem finden wir Reginbald in den Ebersberger Quellen als Abt verzeichnet, und zwar im älteren Chronicon Ebersbergense, das bald nach 1048 von Abt Williram (1048–1085) verfaßt wurde[60], sowie im Catalogus abbatum Eberspergensium, ebenso aus dem 11. Jahrhundert[61], und schließlich in einem späteren, reichhaltigeren Chronicon Eberspergense, dessen Abfassungszeit kurz nach 1246 anzusetzen ist[62].

52 Wittwer, Catalogus S. 16.

53 Bresslau, Jahrbücher unter Konrad II. 2 S. 3 Anm. 5.

54 Hirsch, Jahrbücher unter Heinrich II. 2 S. 257 f.

55 Über die Identität dieses Mannes vgl. auch Bauerreiss, Spirensia S. 145 ff.

56 MG SS 21 S. 406 f.; Codex Laureshamensis 1 S. 378.

57 MG SS 13 S. 317.

58 Böhmer, Fontes 3 S. 150.

59 Codex Laureshamensis 1 S. 378.

60 MG SS 20 S. 9–15. Vgl. Wattenbach, Sachsen und Salier S. 558 mit Verweis auf Hirsch, Jahrbücher. Ebenso Repertorium fontium 3 S. 324.

61 MG SS 20 S. 15 f.

62 MG SS 25 S. 867–872. Zur Datierung dieser Ebersberger Quellen vgl. Hirsch, Jahrbücher unter Heinrich II. 1 S. 151 Anm. 1. Mit guten Gründen weist Hirsch entgegen der Meinung des Erstherausgebers der Ebersberger Chroniken Oefele (1763) nach, daß das von Oefele als „antiquius" bezeichnete Chronicon später, nämlich nach 1246, anzusetzen sei, während das „posterius" zusammen mit dem Catalogus im 11. Jahrhundert entstand. Der Herausgeber in den MG schloß sich Hirsch voll an. So auch Wattenbach, Sachsen und Salier S. 558 und Repertorium fontium 3 S. 324.

Nach den genannten Quellen läßt sich sagen, daß im 10. Jahrhundert bei der Burg der Grafen von Ebersberg, auf der Hochebene zwischen Isar und Inn gelegen, von Graf Eberhard ein Hauskloster gegründet wurde, das der Stifter mit Kanonikern besetzte, denen ein Propst vorstand. Graf Ulrich, der Sohn Eberhards, wandelte diese Gründung zu Beginn des 11. Jahrhunderts aus einem Kanonikerstift in ein Benediktinerkloster um. Die Mönche wurden aus anderen, nicht näher bezeichneten Klöstern zusammengeholt. Sie erhielten als ersten Abt einen Reginbaldus. Die Ebersberger Quellen lassen keinen Zweifel daran, daß Reginbald aus Augsburg nach Ebersberg kam, denn er wird sowohl im älteren Chronicon wie im Catalogus, beide wenige Jahrzehnte nach der Umwandlung des Klosters entstanden, als *Reginbaldus Augustensis* bezeichnet. Das ältere Chronicon meldet weiter, daß er von König Heinrich II. nach 11 Jahren Abtszeit in Ebersberg zur Leitung der Abtei Lorsch bestellt wurde. Ähnlich der Catalogus: *Reginbaldus Augustensis abbas (annos) 11, et preficitur abbatiae Laureshamensi, deinde Spirensi episcopio.* Die Jahreszahl 990, mit der das ältere Chronicon Reginbalds Abtszeit in Ebersberg beginnen läßt, ist ohne größere Bedeutung, da sie auf Rasur steht und von einem späteren Schreiber, vielleicht des 14. Jahrhunderts, eingesetzt wurde[63]. Entscheidendes Gewicht hat dagegen die Angabe der Dauer von 11 Jahren für Reginbalds Abtszeit in Ebersberg. Ausgehend vom Amtsantritt in Lorsch zwischen 1018 und 1020 läge der Beginn der Ebersberger Jahre – 11 Jahre zurück gerechnet – zwischen 1007 und 1009.

Ausführlich mit der Ebersberger Chronologie zur Klostergründung befaßten sich S. Hirsch[64] und F. H. Graf von Hundt, der Herausgeber des Cartulars von Ebersberg[65]. Beide kamen jedoch zu widersprüchlichen Ergebnissen. Die Widersprüche stecken allerdings schon in den Angaben der Ebersberger Quellen selbst; sie betreffen sowohl die absoluten Jahreszahlen wie die Dauer der Regierungszeiten der Pröpste und Äbte.

Im älteren Chronicon sind gewisse Jahreszahlen von späterer Hand korrigiert worden[66]. Hirsch will deshalb mehr dem jüngeren Chronisten Glauben schenken, der Stiftung und Kirchenbau in Ebersberg auf 928 setzt. Für die Pröpste, die Reginbald vorangingen, überliefert der jüngere Chronist insgesamt 77 Jahre, sie reichen also bis zum Jahr 1005, in dem die Epoche der Kanoniker im Kloster Ebersberg zu Ende ging. Hirsch rechnet mit einer Vakanzzeit von zwei Jahren, ehe das Benediktinerkloster mit Abt Reginbald 1007 seinen Anfang nahm; denn 11 Jahre hat Reginbald in Ebersberg gewirkt, bevor er nach Lorsch berufen wurde, wo sein Vorgänger Bobbo 1018 gestorben war.

63 Vgl. Vorwort zur Edition: MG SS 20 S. 9.

64 Hirsch, Jahrbücher unter Heinrich II. 1 S. 151 Anm. 1.

65 Hundt, Cartular.

66 Vgl. Vorwort zur Edition: MG SS 20 S. 9 und Hirsch (wie Anm. 64).

Die Rechnung Hirschs wird jedoch von F. H. Graf v. Hundt in der Einleitung zu seiner Edition des Ebersberger Cartulars (der Handschrift, die neben dem genannten älteren Chronicon und dem Abtkatalog Urkunden über durch Kauf und Tausch erworbenen Besitz enthält) kritisiert. Während Hirsch auf Grund der jüngeren Chronik ab dem Gründungsjahr 928 rechnete, geht Graf von Hundt von 934 als dem Jahr der ersten Stiftung aus, wie es das Cartular überliefert[67]. Die Summe der Regierungsjahre der Pröpste errechnet Graf von Hundt nach dem Catalogus. Dort sind es 79 gegenüber 77 in der Chronik. Somit ergibt sich für den Beginn von Reginbalds Abtszeit das Jahr 1013. An der Regierungsdauer von 11 Jahren für Reginbald in Ebersberg will auch Graf von Hundt festhalten. Ein Wechsel nach Lorsch schiene damit für 1018 nicht möglich. Diese Schwierigkeit löst sich für Graf von Hundt dadurch, daß Abt Altmann, Reginbalds Nachfolger in Ebersberg, der Überlieferung nach zu selbständiger Amtsführung anfangs als zu jung befunden worden sei. Von 1018 bis 1024 habe Reginbald die Oberhoheit in Ebersberg noch behalten und gleichzeitig Lorsch geleitet. Die eigentliche Abtszeit Altmanns beginne erst 1024. Da für ihn 21 Abtjahre überliefert sind, gelange man genau zu seinem Todesjahr 1045, das anderweitig gut bezeugt sei. Also müsse man für 1018–1024 noch mit einer Amtsführung Reginbalds in Ebersberg rechnen[68].

Versucht man auf Grund dieser Berechnungen zu einem befriedigenden Ergebnis zu kommen, so muß man wohl offen lassen, ob die Gründung von Ebersberg 928 oder 934 erfolgte, und die Berechnungen von hier aus zum Amtsantritt Reginbalds einstellen. Gesichert scheint, daß Reginbald 11 Jahre als Abt in Ebersberg wirkte. So überliefern übereinstimmend Chronik und Abtkatalog, damit argumentieren sowohl Hirsch wie von Hundt. Die Frage ist, ob man mit Graf von Hundt annehmen darf, daß Reginbald von 1018 bis 1024 gleichzeitig Abt von Lorsch und Ebersberg war. Dies vorausgesetzt hätte seine Abtszeit in Ebersberg 1013 begonnen. Daß er aus Augsburg nach Ebersberg kam, ist wohl nicht zu bezweifeln, denn die Ebersberger Quellen nennen ihn *Reginbaldus Augustensis*. Er muß also zumindest vor 1013 in Augsburg gewirkt haben, und hier doch wohl als Abt des Benediktinerklosters S. Afra, als der er bezeugt ist. Würde man mit der Augsburger Geschichtsschreibung seit Wittwer an 1012 festhalten, bliebe für die Regierungszeit als Abt von St. Afra nur ein Jahr.

Lehnt man aber die von F. H. von Hundt nur erschlossene, nicht urkundlich belegte gleichzeitige Abtszeit in Ebersberg und Lorsch von 1018–1024 ab, dann wäre Reginbald bereits 1007 Abt von Ebersberg gewesen, wie die Berechnung von Hirsch nachweisen will. Dann aber müßte Reginbald bereits vor 1007 Abt in Augsburg gewesen sein, denn er kam ja als „Augustensis" nach Ebersberg.

67 Hundt, Cartular S. 136.
68 Hundt, Cartular S. 122.

Oder aber das *Reginbaldus Augustensis* der Ebersberger Quellen meint Reginbalds Herkunft allgemein. Als Augsburger wäre er 1007 oder 1013 Abt in Ebersberg geworden. Damit hätte man die Frage nach Reginbalds Heimat beantwortet, nicht jedoch das Problem gelöst, in welchem Jahre er in seiner Heimatstadt die Leitung des Klosters St. Afra übernahm.

3. Der Briefwechsel Reginbalds mit Froumund von Tegernsee

Die erst spät (seit C. Khamm) auftauchende Nachricht, daß Reginbald mit 12 Mönchen aus Tegernsee das monastische Leben in St. Afra Augsburg eröffnet habe, ist von der Zahl her wohl nicht wörtlich zu nehmen, sondern als Topos zu verstehen (Zwölfzahl der Apostel). Denn Tegernsee hat 1024 nachweislich eine zwölfköpfige Kolonie nach Benediktbeuren entsandt, und man fragt wohl mit Recht, ob es über einen solchen Kräfteüberschuß verfügte, daß ein gleiches auch für Augsburg möglich gewesen wäre[69]. Dennoch sind Verbindungen und vielleicht Unterstützung von Tegernsee her bei der Umwandlung von St. Afra in ein Benediktinerkloster sehr wahrscheinlich.

Kurz vor der Jahrtausendwende waren die Tegernseer im Bistum Augsburg wirksam geworden. Mit Wigo an der Spitze einer kleinen Schar von Mönchen hatten sie begonnen, das Salvatorkloster in Feuchtwangen zu erneuern, und fanden dabei die Unterstützung des Augsburger Bischofs Liutold (988–996). Dies geht aus dem Briefwechsel hervor, den die Mönche von Feuchtwangen aus mit dem Bischof führten[70]. Dem Bischof war an der Wiederbelebung des Klosters viel gelegen, und wahrscheinlich hatte er die Mönche schließlich gewinnen können, obwohl der Tegernseer Abt Gozbert dem Unternehmen anfänglich zurückhaltend gegenüber gestanden war[71]. Im Jahre 995 oder 996 wurde der Versuch der Erneuerung Feuchtwangens von den Tegernseer Mönchen wieder aufgegeben[72].

Unter den Mönchen der Tegernseer Kolonie in Feuchtwangen befand sich auch Froumund, der die Briefe von Feuchtwangen aus teils für Wigo entwarf, teils selbst schrieb und sie später in seiner Briefsammlung mit anderen Briefen vereinigte und aufbewahrte[73]. Wohl um das Formelhafte, Exemplarische seiner Sammlung zu unterstreichen, kürzte er die Namen der Absender und Empfän-

69 Bauerreiss, Spirensia S. 147.
70 Strecker, Briefsammlung Nr. 7, 8, 4, 13; AReg 1 Nr. 191, 192, 194, 196 S. 108ff.
71 AReg 1 S. 111.
72 Strecker, Briefsammlung S. XV.
73 „Tegernseer Briefsammlung“, ed. K. Strecker (MG Epistolae selectae 3).

ger meist mit einem Großbuchstaben ab. Die Identifizierung dieser Personen ist seit dem ersten Erscheinen der Froumund-Briefe mit Irrtümern belastet[74]. In älteren Editionen[75] waren die Stücke überdies nach Adressaten und Empfängern geordnet, während Strecker es für eine „unerschütterliche Erkenntnis" hält, daß die Briefe ursprünglich chronologisch nach ihrer Abfassungszeit zusammengestellt wurden, zumindest der Grundraster der Sammlung. Danach sind die Briefe Nr. 1–48 aus der Zeit des Abtes Gozbert (982–1001), Nr. 49–57 aus der Zeit Godehards (1001–1002), Nr. 58–68 aus der Zeit Eberhards (1002–1003) und Nr. 69–93 aus der Zeit Peringers (1003–1013). Die Briefe Nr. 1–16 stehen in Verbindung mit Froumunds Aufenthalt in Feuchtwangen. In Brief Nr. 93 bricht die Handschrift mitten im Satz ab. Damit endet auch die Sammlung, die Froumund selbst angelegt hat, und es folgen Briefe, die vermutlich in Froumunds Nachlaß gefunden und vielleicht von Froumunds Freund und Schüler Abt Ellinger der Sammlung angefügt wurden, die Strecker als Codex II bezeichnet. In unserem Zusammenhang interessieren aus Codex II vor allem die Briefe Nr. 100–102, die von einem mit vollem Namen genannten Reginbald an Froumund gerichtet sind. Strecker sieht in diesem Reginbald einen Mönch Reginbald von St. Emmeram in Regensburg[76]. In drei Fällen innerhalb des Codex I wird von Strecker die Initiale „R" der Grußformeln mit dem nämlichen St. Emmeramer Mönch identifiziert. Es sind dies die Briefe Nr. 43, 45 und 79. Lediglich für Brief Nr. 45 räumt der Herausgeber ein, daß man den R. möglicherweise in Augsburg zu suchen habe.

Man vermutete ursprünglich hinter dem „R" der Froumund-Briefe einen „Mönch und Bibliothekar im St. Emmeram-Kloster zu Regensburg"[77]. Diese Annahme geht letztlich auf Pez zurück und hat sich in der Literatur bemerkenswert gut gehalten[78]. In ausdrücklichem Gegensatz zu Strecker hat Schmeidler 1938 in einer sehr gründlichen Arbeit über Abt Ellinger von Tegernsee (1017–1026 und 1031–1041) die Identifizierung des „R" mit einem Bibliothekar Reginbald in St. Emmeram zurückgewiesen. Er beruft sich dabei auf B. Bischoff, der mit guten Argumenten den Nachweis führte, daß es einen Bibliothekar Reginbald in St. Emmeram nicht gegeben hat[79]. Ein Mönch dieses Namens kommt

74 Zu den grundsätzlichen Ausführungen über die Froumundsche Briefsammlung vgl. vor allem Kempf, Froumund und Strecker, Briefsammlung (Vorrede).

75 Mabillon (1685), Meichelbeck (1724) und Pez (1729), jeweils Teileditionen.

76 Strecker, Briefsammlung S. 103.

77 Schepss, Boethius S. 12 Anm. 25 mit Verweis auf Hirsch, Jahrbücher unter Heinrich II. 1 S. 119 Anm. 4; Riezler, Geschichte 1 S. 399 u. 486.

78 Vgl. Bauerreiss, Kirchengeschichte 2 S. 56 und Glaser, Wissenschaft S. 446. Beide übernehmen die Zuschreibung von Strecker.

79 Schmeidler, Ellinger S. 76. Auch Glauche, Schullektüre S. 91 Anm. 68 warnt mit Berufung auf B. Bischoff vor einer „leichtsinnigen Zuschreibung" der Froumundbriefe an einen „St. Emmeramer Mönch Reginbald". Ähnlich Eder, Tegernsee S. 25 Anm. 14.

in den einschlägigen Quellen nicht vor, weder im St. Emmeramer Nekrolog[80] noch in der Mönchsliste aus Abt Ramwolds Zeit im Verbrüderungsbuch von St. Peter in Salzburg[81] noch im ältesten Nekrolog von Tegernsee[82], das zahlreiche Namen von St. Emmeramer Mönchen dieser Zeit enthält[83]. Gleichzeitig legt Schmeidler in der nämlichen Untersuchung nahe, daß wir in Reginbald bzw. dem „R" der Froumundbriefe Abt Reginbald aus Augsburg St. Afra erblicken dürfen.

Auch diese Annahme hat eine gewisse Tradition. Schon Kempf hatte in seiner Froumundbiographie die Vermutung geäußert, daß der Briefpartner Froumunds, Reginbald, mit dem Augsburger Abt identisch sein könnte[84]. Zum ersten Mal hat jedoch Schmeidler die wichtigsten Argumente für diese Gleichsetzung zusammengestellt, soweit sie aus den Inhalten der Briefe gewonnen werden können[85].

Er sieht in den Briefen Nr. 43, 45 und 79 aus Codex I der Sammlung – jenen von Froumund an einen „R" – und den dreien aus Codex II – von einem gewissen Reginbald an Froumund – eine Gruppe, da sie an den gleichen Adressaten gerichtet sind. Er gelangt aufgrund von inhaltlichen Erwägungen zu der These, daß dieser „R" bzw. „Reginbald" in Augsburg zu suchen sei[86]. Seine wichtigsten Argumente sind: Die „geistliche Anstalt", an der Reginbald lebte, könne nicht allzu weit von Tegernsee entfernt gewesen sein. Es geht ein lebhafter Austauschverkehr von Handschriften, Pergament, Briefen und Botschaften aller Art zwischen Tegernsee und diesem Orte Reginbalds einher. Man weiß aber aus anderen Froumundbriefen von Büchertausch zwischen Tegernsee und – ausdrücklich – Augsburg (Nr. 8, Nr. 17). Weiter verweist Schmeidler auf Froumunds „Augsburger Erkrankung" und die lebhaften persönlichen Beziehungen, die Froumund zu Augsburg hatte.

Aufgrund seiner stilistischen Untersuchungen mußte Schmeidler erkennen, daß die drei Briefe in Codex II (Nr. 100–102), die Reginbald mit vollem Namen als Absender nennen und an Froumund bzw. Froumund und Mitbrüder gerichtet sind, nicht von Reginbald verfaßt und diktiert worden sind. Gewisse Stilmerkmale sprächen für Ellinger als Verfasser, allerdings unter Mitwirkung Reginbalds. Wenn man an Reginbalds Verfasserschaft festhalten wolle, müsse Reginbald Froumundschüler gewesen sein. Denn die Briefe zeigen den gemeinsa-

80 MG Necr. Germ. 3 S. 301–334.

81 MG Necr. Germ. 2 S. 52.

82 MG Necr. Germ. 3 S. 136–157.

83 Die Belege nach Schmeidler, Ellinger S. 76, der sich auf ungedruckte Teile des Aufsatzes von Bischoff, St. Emmeram stützen konnte.

84 Kempf, Froumund S. 47 Anm. 1.

85 Schmeidler, Ellinger S. 33 ff.

86 Schmeidler, Ellinger S. 77 ff. und 209.

men Stil der Froumundschule. Das aber würde bedeuten, Reginbald und Froumund müßten schon früh miteinander in Verbindung gestanden sein.

Die Argumente Schmeidlers lassen sich durch weitere Hinweise in den Briefen ergänzen, wodurch die These, es habe sich bei Froumunds Briefpartner um Reginbald von Augsburg gehandelt, erhärtet wird. In Brief Nr. 17, den Froumund kurz nach seiner Rückkehr aus Feuchtwangen nach Tegernsee dort geschrieben hat, teilt er einem (nicht bekannten) „P" mit, daß er zwei Exemplare eines Buches des Boethius abgeschrieben und glossiert habe. Es muß die Consolatio philosophiae des Boethius gemeint sein, da später im Brief die Arithmetik eigens erwähnt wird.

Eine Consolatio, von Froumund nach eigener Angabe in Köln geschrieben, war lange erhalten[87]. Diese Handschrift enthielt auf dem ersten von zwei Vorsatzblättern eine „epistola formata", auf dem zweiten eine Windrose mit eingeschriebenen deutschen Windnamen. Auf diese beiden Vorsatzblätter nimmt Froumund in seinem Briefwechsel Bezug. In Brief Nr. 17 an „P" führt er aus, daß er ein Boethius-Exemplar in Augsburg zurückgelassen, an Augsburg im Tausch gegen andere Bücher „verliehen" habe. In Brief Nr. 45, den Froumund an den von uns vermuteten Reginbald in Augsburg richtete, schreibt er etwas ungehalten, daß er ein Buch in schlechtem Zustand zurückbekommen habe. Diesem Buch seien zwei Blätter hinzugefügt gewesen, von denen eines einen Kreis mit den vier Weltgegenden, das andere eine Briefformel enthalten habe. Er bitte kniefällig, ihm auch die Blätter zurückzuschicken. Die von Froumund reklamierte Handschrift mit den Weltgegenden ist also wohl identisch mit dem jetzt verlorenen Öttingen-Wallersteinschen Codex (später Berlin). Strecker hat den Codex wohl noch gesehen, denn er teilt mit, daß die beiden Vorsatzblätter einmal abgerissen waren und mit einem Pergamentstreifen wieder eingeklebt wurden[88]. Wenn aber die nach Brief 17 in Augsburg gelassene Handschrift und die nach Brief 45 von dort zurückgeforderte Handschrift identisch sind, dann scheint mir der Beweis erbracht, daß der Adressat „R" von Brief 45 in Augsburg saß.

Dies wird auch bestätigt durch die Einleitung zu Brief Nr. 45. Froumund bittet den „R", daß er einen seiner Verwandten, der das Augenlicht fast verloren hat, „vor den Altar des hl. Bischofs führe und für seine Gesundheit im Angesicht Gottes bete"[89]. Aus verschiedenen Gründen kann man an Bischof Ulrich den-

87 Sie stammte aus dem Kloster Tegernsee, gehörte zeitweilig zur Fürstlich Öttingen-Wallersteinschen Bibliothek in Maihingen (Cod. I 2 lat. 4°3), war dann in Berlin (Lat. 4° 939) und ist seit dem Zweiten Weltkrieg vermißt. Es liegen Beschreibungen vor. Vgl. Eder, Tegernsee S. 37 ff. Fol. 3r: *Hunc ego Froumundus librum ecce Colonie scripsi atque huc devexi tibi sancte Quirine decrevi.*

88 Strecker, Briefsammlung S. 49 Anm. 1.

89 Strecker, Briefsammlung S. 49.

ken: Die Heiligsprechung Ulrichs lag erst kurz zurück[90]. Sie fällt in den Zeitraum, da Froumund in Feuchtwangen weilte, von wo aus er mit Bischof Liutold von Augsburg brieflich in Verbindung stand[91]. Liutold aber hatte sich für die Heiligsprechung Ulrichs besonders eingesetzt und sie erreicht. Er hatte auch das Oratorium für Ulrich bei St. Afra errichten lassen[92]. Überdies hatte Froumund, wie Brief Nr. 74 beweist[93], ein besonderes persönliches Vertrauen in die Wundertätigkeit der Augsburger Heiligen. Er hatte nämlich in Tagen der Krankheit in Augsburg zu ihnen erfolgreich ein Gelübde getan. Schließlich könnte man sich an Kap. 16 der Ulrichsvita[94] erinnern, wo berichtet wird, daß das von Bischof Ulrich geweihte Öl gerade bei Augenleiden eine heilende Wirkung hatte, Ulrich also womöglich als Augenheiler angerufen wurde. Die Miracula berichten von vier Blindenheilungen (Kap. 15, 17, 19, 25)[95]. Zwar gab es auch in Regensburg einen heiligen Bischof (Erhard), der bei Augenleiden angerufen wurde. Aber seine Erhebung erfolgte erst in der Mitte des 11. Jahrhunderts[96]. Es liegt näher, die Formulierung „vor den Altar des hl. Bischofs führen" auf den soeben kanonisierten Ulrich zu beziehen.

So läßt sich zwischen Froumund und R(eginbald) von Augsburg folgender Briefwechsel rekonstruieren[97].

In Brief Nr. 101[98] knüpft Reginbald an einen Besuch Froumunds bei ihm an. Vielleicht machte Froumund diesen Besuch auf seiner Rückkehr von Feuchtwangen, als er die Bücher nach Brief Nr. 17 tauschte. Reginbald seinerseits erbittet Pergament, und diese Pergamentanforderung ist sehr konkret. Sie erweckt den Anschein, als ob Reginbald mit den Verhältnissen am jetzigen Orte Froumunds, d. h. Tegernsee, bestens vertraut wäre: *illas tamen septem pelles ibidem inventas, si non plus opis habeas, mihi transmittens* – wenn er nicht mehr habe, so sollte er wenigstens die betreffenden sieben Häute übersenden.

Es folgt Brief 43[99], in dem Froumund um ein Buch des Horaz ersucht, um daraus noch ein Stückchen abzuschreiben. Gleichzeitig bittet er um Rücksendung eines dringend benötigten anderen Buches. Vielleicht handelte es sich um die genannte Consolatio philosophiae des Boethius. Froumund kündigt einen Besuch an.

90 993. AReg 1 Nr. 187 S. 106.
91 993–995/96. Vgl. Strecker, Briefsammlung S. XV.
92 AReg 1 Nr. 188 S. 107.
93 Strecker, Briefsammlung S. 83 f.
94 MG SS 4 S. 405.
95 MG SS 4 S. 419 ff.
96 Bauerreiss, Kirchengeschichte 1 S. 53.
97 Vgl. auch Schmeidler, Ellinger S. 80 f.
98 Strecker, Briefsammlung S. 104.
99 Strecker, Briefsammlung S. 48.

In Brief Nr. 102[100] entschuldigt sich Reginbald, daß er einen versprochenen Besuch in Tegernsee habe nicht machen können. Die Gründe, die er angibt, sind schwer zu deuten: Sein Oberer sei dagewesen. Er selbst ist noch nicht Abt. War es also der Bischof von Augsburg, der noch als Oberer des Afraklosters angesehen werden könnte? Oder war es der Obere aus dem Heimatkloster Reginbalds (für welches dann Tegernsee allerdings nicht in Frage käme)? Obendrein wolle er zu der Jahreszeit nicht reisen, da das Futter knapp sei, sondern bis nach Ostern warten. Konnte die Futterfrage auf der kurzen Strecke zwischen Augsburg und Tegernsee eine solche Rolle spielen? Aber dann nimmt er Bezug auf ein Buch, das er dem Froumund durch den Pergamentboten zukommen lassen wolle, damit er es schnell abschreibe, weil er es dem „Herrn des Buches" zurückgeben müsse.

Diese Passage paßt sehr gut auf Brief Nr. 43, wo Froumund um das Buch (des Horaz) bittet mit dem Zusatz: „wenn Ihr es noch in Händen habt". Es könnte also der gewünschte Horaz sein, den Reginbald selbst ausgeliehen hatte, möglicherweise aus der Dombibliothek. Schließlich wendet sich Reginbald im gleichen Brief an den „Herrn und Lehrer Meginhelm"[101], der auch ein Buch begehrte. Er, Reginbald, habe es zwar in der eigenen Bibliothek gefunden, ob es jedoch korrekt sei, zweifle er.

In Brief Nr. 100[102], der hierher zu setzen ist, nimmt Reginbald wieder Bezug auf Brief Nr. 43 und Nr. 101. Er entschuldigt sich bei Froumund, daß ein erster Bote vorschnell abgereist sei und versäumt habe, das Buch (die Consolatio?) mitzunehmen. Man schicke es durch einen zuverlässigeren Boten zurück. Weiter wird ein „Persius" zurückgefordert (jener aus Brief Nr. 17?). Schließlich dankt Reginbald für das durch Brief Nr. 101 erbetene Pergament.

Es folgt noch Brief Nr. 45[103], in dem Froumund sich beklagt, daß „unser Buch" (eben die Consolatio) in so schlechtem Zustand zurückgekommen sei und daß er unbedingt noch die beiden Blätter mit den Weltgegenden und der Briefformel nachgeschickt haben wolle.

Schließlich geht aus dem Briefwechsel hervor, daß Froumund sich die Invektiven des Tullius Cicero auf Sallust in Augsburg ausgeliehen hat[104]. Diese Schrift bildet auch einen Teil des Gudianus 335 (s. X), der möglicherweise um 1000 in der Klosterbibliothek vorhanden war[105].

100 Strecker, Briefsammlung S. 105.

101 Zimmermann, Familia S. 197: als *magister* (in Tegernsee) in den Froumundbriefen mehrfach erwähnt sowie in den Nekrologen von Tegernsee (MG Necr. Germ. 3 S. 139), St. Emmeram (MG Necr. Germ. 3 S. 306) und Niederaltaich (MG Necr. Germ. 4 S. 32).

102 Strecker, Briefsammlung S. 103.

103 Strecker, Briefsammlung S. 49.

104 Strecker, Briefsammlung Nr. 17 S. 18.

105 Handschrift Nr. (28).

Ein Letztes: In Brief Nr. 43 schreibt Froumund an seinen geliebten Mitbruder R. (Reginbald), daß er das Buch des Horaz gern hätte, damit man das Textstück, das den Tegernseern vom nämlichen Buch noch fehle, abschreiben könne: *si adhuc ad manus habetis librum Oratii* – ,,wenn ihr das Buch des Horaz noch zur Hand habt"[106]. Im Rückschreiben (Nr. 102) nimmt Reginbald auf dieses Buch Bezug und schreibt, daß er den erbetenen ,,Rest des Büchleins" durch den Pergamentboten schicke. Man möge es aber schnell abschreiben, da ,,der Herr eben dieses Buches zufriedengestellt werden müsse"[107]. Das klingt so, als wäre Reginbald für Froumund auch der Vermittler von Büchern aus einer anderen Bibliothek gewesen. Es ist naheliegend, an die Dombibliothek zu denken, mit deren Beständen Froumund bestens vertraut war[108], und der ,,Herr des Buches" wäre dann der Bischof. Wenn das Verzeichnis von 1524 der Dombibliothek einen Horaz verzeichnet[109], so beweist das freilich für die Zeit um 1000 nicht viel. Bemerkenswert ist eher, daß Bischof Gebehard (996–1000), der Bearbeiter der Ulrichsvita, seinen Prolog mit einem Zitat aus Horaz[110] beschließt. Er hatte also wohl den römischen Dichter zur Hand, und es würde zeitlich sogar passen, daß Gebehard der ,,Herr des Buches" war, den Reginbald nicht lange ohne seinen Horaz lassen wollte.

Wenn die Rekonstruktion dieser Korrespondenz stimmt, bleibt noch die zeitliche Einordnung des Briefwechsels zu klären. Er muß vor 1008 stattgefunden haben, denn in diesem Jahre wird der Tod Froumunds angenommen[111]. Auch fällt der Briefwechsel sicher in die Jahre nach 995 oder 996, nachdem die Erneuerung Feuchtwangens aufgegeben worden und Froumund nach Tegernsee zurückgekehrt war. Der Zusammenhang der Briefe Nr. 100–102 mit den Nrr. 43 und 45 verweist die ganze Gruppe noch in die Zeit des Abtes Gozbert, also vor 1001[112]. Der ,,Herr des Buches" war vielleicht Bischof Gebehard (996–1000). Um das Jahr 1000 saß also Froumunds Briefpartner Reginbald in Augsburg und trat mit ihm in Austausch. War er aber damals schon Abt von St. Afra? Schmeidler, der am Jahr der Klostergründung 1012 nicht zweifeln wollte, löste das Problem so, daß Reginbald vor 1012 Mitglied eines der Stifte der Stadt gewesen sei, als er mit Froumund in Verbindung trat, und daß er dann 1012 Abt des neugegründeten Benediktinerklosters St. Afra wurde[113].

106 Strecker, Briefsammlung S. 48.

107 Strecker, Briefsammlung S. 105 f.

108 Er rühmte in einem Schreiben von Feuchtwangen aus einmal die *inexhausta abundantia* der Augsburger Dombibliothek: Strecker, Briefsammlung Nr. 8 S. 10.

109 Ruland, Domstiftsbibliothek S. 25.

110 Manitius, Geschichte 2 S. 207.

111 Strecker, Briefsammlung S. XIX.

112 Schmeidler, Ellinger S. 80 f.

113 Schmeidler, Ellinger S. 209.

Es spricht einiges dafür, daß Reginbald ein Augsburger Kleriker war. Er wird vom Ebersberger Chronicon „Augustensis" genannt[114]. F. Zoepfl vermutete in Reginbald – leider ohne nähere Begründung – einen früheren Augsburger Geistlichen[115]. Mit einem gewissen Nachdruck hat sich R. Bauerreiß dafür ausgesprochen, daß nichts gegen die Überlieferung spreche, Reginbald stamme aus dem Geschlechte der Grafen von Kyburg und Dillingen, der Sippe des heiligen Ulrich, wie der späte Geschichtsschreiber C. Khamm berichtet. Danach war Reginbald der Enkel des Ulrichsbruders Dietpald[116]. Der Name Reginbald ist auch anderweitig in der Ulrichssippe vertreten[117]. Als adliger Sproß mußte er eine entsprechende Ausbildung erhalten[118]. Sein späteres Wirken, seine Bücher und seine Verbindungen zum gelehrten Froumund zeigen, daß er gut gebildet war. Die Freundschaft mit Froumund rührte wohl von einer gemeinsamen Studienzeit her, oder Froumund als der wahrscheinlich ältere war Reginbalds Lehrer. Die Briefe Reginbalds teilen den Stil der Froumund-Schule[119]. Froumund gehörte jedenfalls schon in den Jahren vor seinem Feuchtwanger Aufenthalt dem Konvent von Tegernsee an (seit wann ist unbekannt)[120], und die Bekanntschaft mit Reginbald könnte aus diesen Jahren herrühren. Brief 102 richtete Reginbald an seine „Herren und Brüder W. P., Meginhelm und Froumund". Froumund spricht er als *frater amantissimus* an, Meginhelm als *dominus et magister*[121]. Sollte Meginhelm beider Lehrer gewesen sein? Für Froumund ist aber auch ein Aufenthalt in diesen Jahren im Magnuskloster Füssen bezeugt[122]. Reginbald, Froumund und Liutold sind im Nekrolog von Füssen eingetragen[123]. Auch im Schwäbischen liegen also Ansatzpunkte für eine Bekanntschaft zwischen Reginbald und Froumund. Wahrscheinlich jedoch ist eine gemeinsame Zeit der beiden im Kloster Tegernsee. Ähnlich wie Wigo, Froumund und Gefährten seinerzeit in Feuchtwangen hat Reginbald mit Tegernseer Mönchen, vom Mutterkloster unterstützt, die Aufbauarbeit in St. Afra zu Augsburg geleistet. Hier steckt vermutlich der „wahre Kern" der Augsburger Tradition, das Benediktinerkloster St. Afra habe mit „12 Tegernseer Mönchen" seinen Anfang genommen.

Wann aber liegt dieser Anfang?

114 Vgl. oben S. 193.

115 Vgl. oben S. 191.

116 Bauerreiss, Spirensia S. 145 ff. und Khamm, Hierarchia 3 S. 6.

117 Vgl. unten S. 220.

118 Vgl. Ulrichs Aufenthalt im Kloster St. Gallen! AReg 1 Nr. 102 S. 63.

119 Vgl. oben S. 197 f.

120 Eder, Tegernsee S. 24.

121 Strecker, Briefsammlung S. 105 f.

122 Strecker, Briefsammlung Nr. 6 S. 8 f. und Vorrede S. XV.

123 MG Necr. Germ. 1 S. 79–87. Erwähnt in jenem Teil, der im 11. Jahrhundert einem Martyrologium beigeschrieben wurde. Dieser Teil nennt nur drei Bischöfe: Reginbald, Poppo und Liutold.

In diesem Zusammenhang wurde Brief Nr. 79 bisher kaum beachtet, der von Froumund an einen „Herrn R." gerichtet ist[124]. Auch in diesem Brief geht es um einen Büchertausch. Er paßt also im Charakter durchaus zum Briefwechsel zwischen Froumund und Reginbald in Augsburg. Während aber die Anrede in der eben betrachteten Briefgruppe stets lautet „Mitbruder", „Freund" oder „Verwandter", nennt Froumund den Reginbald in Nr. 79 „Herr" und spricht ihm eine Fülle von Glückwünschen aus. Er verweist auf ihre schon lange währende, herzliche Verbundenheit, die erhalten bleiben möge. Sollte dieser Brief ein Hinweis darauf sein, daß Froumunds ehemaliger Mitbruder nun eine höhere Stufe in der Hierarchie und Stellung im Kloster erlangt hätte? Oder die Glückwünsche beziehen sich darauf, daß Reginbald Abt von St. Afra geworden ist. Zeitlich müßte man – der Anordnung der Sammlung folgend – dieses Schreiben in die erste Hälfte der Abtszeit Peringers (1003–1013) setzen. Von Abt Peringer haben wir in Brief Nr. 90 ein kurzes sachliches Schreiben an einen „Herrn Abt R.", der bislang nicht identifiziert wurde, da der Inhalt des Briefes kaum Anhaltspunkte liefert. Er muß aber in einem Kloster sein, das mit Tegernsee in enger Verbindung stand. Ramwold von Regensburg war 1000 gestorben, das Kloster Niederaltaich, das wir aus der Briefsammlung als in engerem Verbund mit Tegernsee stehend kennen, regiert kein „R". Also gehen wir wohl nicht fehl, auch in jenem Abt von Brief Nr. 90 Reginbald, den Abt von St. Afra, zu sehen. Der Brief ist einer der letzten der Froumundschen Sammlung, liegt also spätestens im Jahre 1008, das als Todesjahr Froumunds angenommen wird. Demnach wäre Reginbald zwischen 1003 und 1008 Abt von St. Afra geworden. Vielleicht ist der Umwandlungsvorgang analog zum Wiederbesiedelungsversuch in Feuchtwangen zu sehen. Eine kleine Mönchsgemeinschaft, die personenrechtlich weiterhin dem Mutterkloster Tegernsee unterstand, bildete die Tochtergründung Feuchtwangen. Wigo, der Vorsteher der Mönchsgemeinschaft, wird zunächst nicht Abt genannt[125]. Erst später nennt er sich in einem Brief *nomine abbatis indignus*[126]. Sachenrechtlich allerdings war für Feuchtwangen der Bischof von Augsburg zuständig. Er hatte den Altargrund und Stiftungsgut gegeben, und darin lagen seine eigenklösterlichen Rechte begründet[127]. Ähnlich mochte der Augsburger Bischof als Oberherr über das Kanonikerstift St. Afra diesen Ort an die Mönche von Tegernsee übergeben haben. Reginbald war während der Phase des Aufbaus zunächst vielleicht nur Vorsteher dieser Mönchsgemeinschaft und wurde später zum Abt gewählt oder bestellt. In diesem Sinne

124 Strecker, Briefsammlung S. 87. Strecker löste auch dieses „R" mit „Reginbald von St. Emmeram" auf.

125 Stecker, Briefsammlung Nr. 2 *(provisor)*, 4, 5, 7, 11 *(provisor)*, 12 *(custos)*, 13 S. 2ff.

126 Strecker, Briefsammlung Nr. 14 S. 15.

127 Vgl. AReg 1 Nr. 191 S. 108f.

könnte man von einem fließenden Übergang vom Kanonikerstift zum Benediktinerkloster sprechen.

Die zahlreichen Verweise in der Froumundschen Briefsammlung bringen somit leider kein eindeutiges Ergebnis, das uns das Jahr der Umwandlung von St. Afra in ein Benediktinerkloster bestimmen ließe. Sie machen jedoch wie die biographischen Zeugnisse für Reginbald sehr wahrscheinlich, daß wir schon vor 1012, wohl kurz nach der Jahrtausendwende mit Reginbald als Gründer und späterem Abt von St. Afra rechnen dürfen. Reginbald war wahrscheinlich ehemaliger Tegernseer Klosterschüler, vielleicht Mönch dieses Konvents und stand weiterhin in regem wissenschaftlichen Austausch mit dem Kloster Tegernsee, was wiederum die Rolle Tegernsees für die Gründung St. Afras unterstreicht. Die Zuwendungen von Pergament etwa finden in der Phase des Aufbaus eines neuen Klosters eine besonders gute Begründung. Der Bücherleihverkehr zwischen Augsburg und Tegernsee liefert wertvolle Aufschlüsse über die Bildungssituation im neugegründeten Benediktinerkloster, da die Identität des R(eginbald) der Froumundbriefe für den ersten Abt von St. Afra so gut wie gesichert ist.

4. Das Benediktinerkloster als Werk der Klosterreform

Bei der Errichtung des Benediktinerklosters von St. Afra handelte es sich nicht um eine Neugründung, sondern um die Umwandlung einer bestehenden Institution (Kanonikerstift) in eine andere. Die Kanonikergemeinschaft sei an Zahl geschrumpft und an geistlicher Gesinnung heruntergekommen gewesen, so begründen die frühesten Quellen diese Umwandlung[128]. Die Absicht also, die bei St. Afra bestehende Kommunität zu erneuern, läßt daran denken, daß das Werk der Umwandlung im Rahmen mönchischer Reformbestrebungen sich vollzog, vorangetrieben von mönchischen Kreisen selbst, gefördert aber auch vom Bischof, dem das Kanonikerstift unterstand und dem Kult und Seelsorge bei der Kirche mit den Gräbern der Bistumsheiligen nicht gleichgültig sein konnten[129].

128 Chronicon breve, MG SS 14 S. 558: *clerici beate Afre sive religionis abiectione sive numeri paucitate deficientes.* Ähnlich Adilbert, Klostergeschichte, Augsburg, AdB, Hs. K 80 fol. 11v.

129 Bei aller Tendenz sagt das Chronicon breve wohl richtig: *Locus igitur ille* (sc. *cenobium cum clericis s. Afrae) episcopis Augustensibus commendatus est, ut locus matricis ecclesiae* ... MG SS 4 S. 557. Über die Verbindung des Kanonikerstiftes St. Afrae mit dem Bischof vgl. auch Endrös, Reichsunmittelbarkeit S. 16 f. Zoepfl, Mittelalter S. 89 Anm. 1: „Die Domherrn und die Priester von St. Afra waren bis zur Aufhebung des St. Afrastiftes ein Collegium und Kapitel. Cgm 1714 Bl. 34r". Die Umwandlung eines Kanonikerstifts in ein Benediktinerkloster als Werk von Klosterreformern gab es auch andernorts. Bulst, Wilhelm von Dijon S. 16 spricht geradezu von einer typischen Ausgangsposition, auf welche die Reform treffen konnte, wenn eine Klerikergemeinschaft aufgelöst und durch einen Mönchskonvent ersetzt wurde. Die französischen Klöster Fécamp und

Um das Jahr 1000 stehen wir inmitten der großen monastischen Erneuerungsbewegung, die „auf dem Reichsgebiet im zehnten Jahrhundert einsetzt" und sich „in Wellenringen von der Abtei Gorze bei Metz aus im zehnten und elften Jahrhundert über das gesamte Reichsgebiet in ruhig-stetem Weiterschreiten ausgebreitet hat"[130]. Auch Augsburg St. Afra ist von diesen Wellenringen erfaßt worden[131].

Das lothringische Reformkloster Gorze hatte St. Maximin in Trier beeinflußt, von wo aus die Reform, durch Abt Ramwold vermittelt, nach St. Emmeram in Regensburg kam. Durch ihn wurde Regensburg seinerseits zu einem Reformzentrum, das zahlreiche, vor allem süddeutsche Klöster erfaßte, unter ihnen Tegernsee. Tegernsee hatte zwei Verbindungslinien zum Gorze-Trierer Ursprung: sein erster Reformabt Hartwig entstammte dem Kloster St. Maximin in Trier, sein Nachfolger war ein Schüler Ramwolds von St. Emmeram. Auch der dritte Abt des reformierten Klosters, Godehard, gehörte dem Ramwoldkreis an. Die Tegernseer waren kurz vor der Jahrtausendwende im Bistum Augsburg wirksam geworden. Sie hatten unter Bischof Liutold ca. 991 begonnen, das Salvatorkloster in Feuchtwangen zu erneuern, ein Versuch, der wenige Jahre später, 995 oder 996, wieder aufgegeben wurde[132]. Die Mitwirkung Tegernsees bei der Umwandlung von St. Afra bis hin zu einem sehr wahrscheinlichen Aufenthalt Reginbalds in diesem Kloster wurde in den vorhergehenden Abschnitten erörtert.

Im Juli 996 starb in Augsburg Bischof Liutold[133]. Ihm folgte Gebehard wohl noch im Jahre 996 auf dem Augsburger Bischofsstuhl nach. Abt Gozbert von Tegernsee richtete an Gebehard einen Gratulationsbrief, vermutlich zu seiner Erhebung, den er wahrscheinlich im Winter 996 schrieb[134]. In diesem Brief

Mont-Saint-Michel sind typische Beispiele dafür, und es gibt deutliche Parallelen zu St. Afra. A. a. O. S. 147 ff. und S. 167 ff.

130 Hallinger, Gorze-Kluny S. 33.

131 Hallinger, Gorze-Kluny S. 278 f. und öfter. Hallinger folgen Bauerreiss, Kirchengeschichte 2 S. 32 und Prinz, Klöster und Stifte S. 378. Bereits Endrös, Reichsunmittelbarkeit S. 17 ff. fragte nach dem Grund, weshalb das Kanonikerstift in ein Benediktinerkloster umgewandelt wurde, und stellte dabei ein Einwirken der in dieser Zeit zu beobachtenden Klosterreformen fest. In einer längeren Anmerkung (S. 19 Anm. 2) spricht er sich aufgrund des damaligen Forschungsstandes dafür aus, daß der oberlothringischen oder gorzischen Reform gegenüber der cluniazensischen im Falle von St. Afra größere Beachtung zu schenken sei. Inzwischen ist der Reformgegensatz zwischen Gorze und Kluny durch Hallinger, Gorze-Kluny grundlegend untersucht worden. Hallingers Darstellung ist teilweise als überzeichnet kritisiert worden. Vgl. v. a. Wollasch, Mönchtum und Ders., Methoden. Bei der Darstellung des Reformzusammenhangs für St. Afra glaube ich, Hallinger folgen zu können.

132 Strecker, Briefsammlung S. XV und oben S. 195.

133 AReg 1 Nr. 199 S. 114.

134 Strecker, Briefsammlung Nr. 32 S. 34 f. Wir wollen Augsburg besuchen „im nächsten Sommer, wenn das Grünfutter für die Reisen wieder ausreicht".

bringt Gozbert zum Ausdruck, daß Gebehards Vorgänger den Tegernseer Mönchen immer sehr günstig gesinnt gewesen seien. Umso brennender bitte er um seine, Gebehards, Gunst. Gebehard war Abt im Kloster Ellwangen gewesen, bevor er auf den Augsburger Stuhl erhoben wurde[135]. Daß er allerdings zusammen mit Gozbert in Augsburg bei der Kathedrale erzogen wurde, darf aus seinem Brief wohl nicht herausgelesen werden[136]. Das *quia gremio Augustensis ecclesiae nutriti sumus a puero*... bezieht sich auf Gozbert allein, da der Brief durchgehend in der ersten Person Plural gehalten ist. Er schulde Augsburg, der heiligen Stätte seiner Erziehung, häufiger einen Besuch. Das Briefzitat sagt also nur aus, daß Gozbert sich als ehemaliger Schüler der Domschule mit Augsburg verbunden fühlte, nicht aber daß Gebehard etwa sein „Mitschüler" war. Aber Gozbert spielt im Brief Gebehard gegenüber auf mönchische Ideale an, wenn er rühmend hervorhebt, daß er, Gebehard, „auch in der bischöflichen Würde den Namen und die Haltung des benediktinischen Lebens in Sitte und Lebensweise bewahre"[137]. Man geht wohl nicht fehl, wenn man diese Stelle in Gozberts Gratulationsbrief so deutet, daß er vom ehemaligen Benediktinerabt erwartet, daß er nun auch als Bischof das benediktinische Leben fördere. Schwieriger ist zu entscheiden, ob sich dies allein auf die persönliche Einstellung des neuen Bischofs beziehen sollte oder ob Gozbert damit ein Reformanliegen aussprach oder gar die Frage einer erneuten Benediktinergründung im Auge hatte, nachdem das Unternehmen Feuchtwangen abgebrochen worden war. In der Person des ehemaligen Abtes von Ellwangen konnte er sein Anliegen in besten Händen wissen. Gerade unter den unmittelbaren Vorgängern Gebehards in der Äbtereihe von Ellwangen waren Reformer vertreten[138]. Leider ist die Abtreihe mangelhaft überliefert, und es ist fraglich, ob der Reformmann Sandrat aus St. Maximin in Trier als Abt von Ellwangen eingereiht werden darf. Aber der unmittelbare Vorgänger Gebehards, Abt Winitkerus, ist im St. Emmeramer Totenbuch verzeichnet. Verbindungen zur Trierer Gruppe sind jedenfalls sichtbar[139]. Vielleicht blieb der Gedanke einer erneuten Benediktinergründung gerade zwischen Tegernsee und Bischof Gebehard als vormaligem Abt eines Klosters der Trierer Gruppe besonders im Gespräch.

Fassen wir zusammen: Das von Bischof Liutold geförderte Werk der Klostererneuerung durch die Tegernseer Mönche in Feuchtwangen war gescheitert.

135 AReg 1 Nr. 200 S. 115. Neuerdings auch P. J. Geary, Der Münchener Cod. lat. 3851 und Ellwangen im 10. Jahrhundert (DA 33. 1977) S. 167–170.

136 AReg 1 Nr. 200 S. 115.

137 *quo vos nomen religiositatemque Benedictine vite positum in apostolica dignitate pro aliis exornare moribus habituque sentimus*, Strecker, Briefsammlung Nr. 32 S. 35. Vgl. AReg. 1 Nr. 202 S. 116.

138 Hallinger, Gorze-Kluny S. 118f.

139 Hallinger, Gorze-Kluny S. 119.

In Gebehard bestieg ein ehemaliger Benediktiner den Augsburger Bischofsstuhl. Diesem wird von Abt Gozbert von Tegernsee die Förderung des benediktinischen Lebens besonders ans Herz gelegt. Stift und Kirche von St. Afra, die als Grabstätte des durch Wunder ausgezeichneten und 993 kanonisierten Bischofs Ulrich an Bedeutung gewonnen hatten, waren durch Kleriker besetzt, die an Zahl und Einstellung der Würde des Ortes nicht mehr entsprachen. In Reginbald stand ein in Tegernsee geschulter oder zumindest mit Tegernsee geistig eng verbundener Reformer zur Verfügung. Es ist also anzunehmen, daß Bischof Gebehard die Umwandlung des Kanonikerstifts in die Wege leitete, den Reformer Reginbald vielleicht mit Mönchen aus Tegernsee einsetzte und daß Reginbald zwischen 1003 und 1008[140] Abt des Klosters St. Afra wurde.

Gegenüber dieser Sicht der Vorgänge bleibt die Rolle des in der Klostertradition etablierten Gründerbischofs Bruno (1006–1029) ausgesprochen blaß, ja widersprüchlich. Schon Endrös hat darauf hingewiesen, in der ältesten chronikalischen Quelle[141] heiße es lediglich: „zur Zeit des Bischofs Bruno... kamen Mönche nach St. Afra (nicht: vom Bischof wurden sie dorthin verpflanzt!)"[142]. Erst S. Meisterlin und vor allem W. Wittwer haben in einer gewissen Überschwenglichkeit Bruno als Gründer hochgelobt, nach Endrös verständlich, weil sie zur Zeit der Melker Reform aus einer „episkopatfreundlichen Reformstimmung heraus" schrieben. Prior Adilbert, der gegenüber der dürftigen Chronik des 12. Jahrhunderts ausführlichere Chronist, hat es in seiner Klostergeschichte bei der Zeitangabe *Brunone vero XXV praesule* ... bewenden lassen[143]. Die Berichterstattung des Chronicon breve aus dem 12. Jahrhundert ist überdies tendenziös[144]. Sein Verfasser war Mönch im Kloster St. Afra und hat mit seinem Werk Alter und Rechte des Klosters gegenüber den Bischöfen zu verteidigen gesucht[145]. In der Tat hatte das Kloster damals die stürmische Epoche des Investiturstreits hinter sich, für die vor allem die heftige Auseinandersetzung des Abtes Egino (1109–1120) mit Bischof Hermann (1096–1133) in die Klosterannalen eingegangen ist[146]. In den Jahren 1142/43 hatte das Kloster Besitzbestätigungen durch Konrad III. erfahren[147]. 1156 nahm Papst Hadrian IV. auf Bitten des Abtes Hezilo das Kloster *Sancta Afra* in seinen Schutz, bestätigte ihm alle Besitzungen und verbot dem jeweiligen Bischof, diese zu entfremden oder von sich aus

140 Vgl. vor allem Strecker, Briefsammlung Nr. 79 S. 87 und oben S. 203.

141 Chronicon breve, MG SS 14 S. 558.

142 Endrös, Reichsunmittelbarkeit S. 15.

143 Augsburg, AdB, Hs. K 80 fol. 11v.

144 Siehe oben S. 164 f.

145 MG SS 14 S. 556.

146 Udalschalk, De Eginone et Herimanno, MG SS 12 S. 429–448 und oben S. 157 ff.

147 Stumpf, Reichskanzler 2 Nr. 3445 S. 296; DK III 78 S. 138 ff. und Stumpf, Reichskanzler 2 Nr. 3461 S. 298; DK III 88 S. 156 f. Vgl. Hipper, Urkunden Nr. 4 und 5 S. 2 f.

als Pfründen zu vergeben[148]. Weiter wurde dem Abt 1169 das Präsentationsrecht in der Pfarrkirche zugesprochen. Zuvor hatte es zwischen Bischof und Kloster einen Streit gegeben wegen der Besetzung der Pfarrerstelle in der Kirche St. Ulrich und Afra, der 1169 vom Domkapitel geschlichtet worden war[149]. Dieser Blick auf die urkundliche Überlieferung zeigt, daß das Kloster in der Zeit, aus der die erste chronikalische Notiz datiert, sich wichtige Rechte von Kaiser und Papst bestätigen ließ. Es ist durchaus denkbar, daß der Klosterchronist in Ermangelung einer Gründungsurkunde dennoch einen festen und überzeugenden Gründungszeitpunkt bestimmen wollte und so auf die Formulierung „unter Bischof Bruno" verfiel. Bruno, aus königlichem Geschlecht stammend und immerhin 23 Jahre lang auf dem Augsburger Stuhl, hatte sich der Überlieferung vielleicht stärker eingeprägt als vergleichsweise seine Vorgänger und mochte als Gründerpersönlichkeit geeignet erscheinen.

Wenn man jedoch aus der Distanz die Quellen betrachtet, so scheint die Gründung zu Bruno gar nicht recht zu passen. Er war eine vorwiegend politische Persönlichkeit und hielt sich wenig an seinem Bischofssitz auf[150]. Wir finden bei ihm keine besondere Nähe zum Benediktinischen, wie sie oben bei den Bischöfen Liutold und Gebehard festgestellt werden konnte. Sein Bruder Herzog Heinrich IV. (später König Heinrich II.) hat die Kirche des heiligen Ulrich – und damit auch das im Entstehen begriffene Kloster – aus seinem väterlichen Erbe in Bayern beschenkt; Bruno gab sein Besitztum zu Straubing am Ende seines Lebens an die Domkanoniker[151]. Man hört bei Bruno von keiner Vergünstigung für St. Afra. Bruno war der Gründer des Kollegiatstiftes St. Moritz, und es scheint eher eine Konkurrenz zwischen den beiden Gründungen bestanden zu haben. Dies jedenfalls möchte man jener Episode entnehmen, die in der Klostergeschichte des Adilbert berichtet und von späteren Chronisten wiederholt wird: Kaiser Heinrich habe das Ulrichsgrab und Ulrichskloster von außerhalb in die Stadt selbst hereinverlegen und prächtig ausstatten wollen. Diese Absicht habe Bischof Bruno durchkreuzt, weil er Konkurrenz für seine Stiftung St. Moritz fürchtete[152].

Auch Wittwer, der auf die Klostergeschichtsschreibung späterer Zeit so großen Einfluß genommen hat, geht von dem „Wohltäter" Pippin für St. Afra gleich zum *episcopus illustrissimus Bruno* über, als ob sich dazwischen nichts für das Kloster Entscheidendes ereignet hätte. Das Herausstellen Brunos bei den

148 Germania pont. 2,1 Nr. 58; Jaffé, Reg. Pont. Rom. Nr. 10 181. Vgl. Hipper, Urkunden Nr. 6 S. 3 f.

149 Hipper, Urkunden Nr. 7 S. 4 f.

150 Zoepfl, Mittelalter S. 84.

151 AReg 1 Nr. 261 S. 149 f.

152 Augsburg, AdB, Hs. K 80 fol. 11v–12r; Wittwer, Catalogus S. 65 f. und Zoepfl, Mittelalter S. 89.

Späteren ist zu handgreiflich. Er habe am Ende seines Lebens den Mönchshabit genommen, ließ sich dann aber in St. Moritz bei den Kanonikern bestatten[153]!

Bei Herzog Heinrich IV. ist dagegen ein ausgesprochenes Wohlwollen St. Afra gegenüber festzustellen. Die genannte Stiftung, die er für das Kloster gemacht hat und die angeblich sein ganzes väterliches Erbe *(omne patrimonium)* betraf, wird schon von Adilbert berichtet[154]. Für die Schenkung Heinrichs stehen zwei gute chronikalische Zeugen, wonach er im Jahre 1002, damals noch als Herzog von Bayern, der Kirche des hl. Ulrich eine Zuwendung von 100 Höfen machte. Es geschah dies anläßlich der Beisetzung der Eingeweide König Ottos III. im Oratorium des hl. Ulrich[155]. Die beiden Zeugen sind das Chronicon des Thietmar von Merseburg, in den Jahren 1012–18 geschrieben, und, wenige Jahre später, die Vita Kaiser Heinrichs II. von Adalbold (1010–1026)[156]. Beide vermerken zu dieser Schenkung, daß sie aus dem Erbe des Königs *(propria hereditas)* erfolgt sei. Auch wenn Urkunden fehlen, so ist nicht zu zweifeln, daß 1002 für St. Afra eine mit 100 Höfen recht bedeutende Schenkung Heinrichs aus seinem bayerischen Erbe erfolgte. Die beiden Geschichtsschreiber des frühen 11. Jahrhunderts machen glaubhaft, was rund 200 Jahre später Adilbert, der Hauschronist von St. Ulrich und Afra, überliefert, auch wenn er leicht übertrieben schreibt, der König habe sein ganzes väterliches Gut *(omne patrimonium)* dem hl. Ulrich gegeben.

Adilbert kommt auf Heinrichs Schenkung zu sprechen gleich im Anschluß an die Feststellung, daß dem Kloster bei seiner Umwandlung nicht viel von der alten Ausstattung geblieben sei[157]. Er will damit wohl zum Ausdruck bringen, daß auch vom Güterbesitz her mit der Schenkung Heinrichs ein Neubeginn gesetzt wurde. Diese Schenkung weist nicht nur auf die Wertschätzung des Ulrichsgrabes bei Herzog Heinrich hin, der noch im gleichen Jahr König wurde, sondern sollte wohl auch der Förderung der dort befindlichen Kommunität dienen. Sie dürfte daher kaum für eine Klerikergemeinschaft bestimmt gewesen sein, die sich „zahlenmäßig und nach ihrer geistigen Verfassung" in Auflösung befand. Man wird eher vermuten dürfen, daß diese Güterzuwendung für das im Entstehen begriffene Benediktinerkloster gedacht war.

153 Wittwer, Catalogus S. 60ff.

154 Augsburg, AdB, Hs. K 80 fol. 11v; Wittwer, Catalogus S. 65.

155 AReg 1 Nr. 214 S. 122.

156 MG SS rer. Germ. NS 9 S. 190/91 bzw. MG SS 4 S. 684. Adalbold hat die Chronik Thietmars für sein Leben Heinrichs II. „ausgiebig herangezogen" (vgl. WATTENBACH, Sachsen und Salier S. 54 und 58), so daß letztlich vielleicht nur Thietmar als Gewährsmann übrig bleibt. Nach Thietmars Chronik handelt es sich um eine Verlegung *(traditio)* der Eingeweide vom ersten Ruheplatz im Oratorium des hl. Ulrich in den östlichen Teil des Afraklosters. Adalbold schreibt vereinfachend von der Bestattung in „der Afrabasilika neben dem Grab des hl. Ulrich".

157 Adilbert, Klostergeschichte, Augsburg, AdB, Hs. K 80 fol. 11v; Wittwer, Catalogus S. 64f.

Von da an erfuhr das Kloster weitere Gunstbeweise aus der Königsfamilie. Nachdem Bischof Bruno sich dem Wunsche seines Bruders Heinrich widersetzt hatte, St. Ulrich in die Stadt hineinzuverlegen, wollte Heinrich nicht fürderhin sein Seelenheil, das er mit den Schenkungen an St. Ulrich und Afra verband, seinem Bruder anvertrauen, und er gab darauf an den Altar des heiligen Ulrich die Orte *Roetenbach, Scheinbach, duo Holenbach* und *Magenberg*[158]. Kunigunde, Heinrichs Gemahlin, schenkte das Gut in Todtenweis, dessen Besitz Konrad II. 1033 bestätigte[159]. Fridebold, der zweite Abt des Afraklosters, war Vertrauter und Beichtvater Kaiser Heinrichs II.[160], und den Namen *Chunegunt* vermerkt nicht von ungefähr das Bücherverzeichnis von 1616 zusammen mit einer Evangelienhandschrift nebst Glossen[161]. 1074 machte König Heinrich IV. eine Schenkung an das Kloster[162]. Das Kloster stand zu Beginn seines Bestehens klar in der Gunst der Könige.

Im 12. Jahrhundert, als der Klosterchronist sein Chronicon breve schrieb, war die Situation verändert. Das Kloster hatte mit den Bischöfen Auseinandersetzungen durchgestanden. Es versuchte, mehr Freiheiten gegenüber dem Episkopat zu erreichen[163]. Der Chronist suchte daher, die Klosterrechte nicht aus bischöflicher Vollmacht, sondern „von alters her" und den Bischöfen vorausliegend zu begründen. Er griff deshalb auf die Afravita zurück[164]. Die Hirsauer Reform war im Kloster durchgeführt worden[165]. Aus hirsauischer Gesinnung mochte man sich auf Gunstbeweise der Könige bei der Umwandlung in ein Benediktinerkloster nicht allzusehr berufen. Die Königsreihe hat im Chronicon keine rühmenden Zusätze[166]. Aber der große Bischof Bruno, aus königlichem Geschlecht, durfte mit der Umwandlung, für die es keine Urkunde gibt und deren genauen Zeitpunkt man vielleicht nicht kannte, in Verbindung gebracht werden. *Tempore Brunonis ...* lautet im Katalog die unverdächtige Formulierung für den Zeitpunkt der Umwandlung in ein Benediktinerkloster. *Sub Brunone ...*, so drückte sich Prior Adilbert aus, der einige Jahrzehnte später seine Klostergeschichte schrieb. Die Rolle, die dieser Bischof jedoch in Wahrheit für

158 Adilbert, Klostergeschichte, Augsburg, AdB, Hs. K 80 fol. 12r; Wittwer, Catalogus S. 66. Auf die Schenkungen Heinrichs beriefen sich auch die Fälscher des 17. Jahrhunderts. Vgl. HIPPER, Urkunden Nr. 1 S. 1.

159 DK II 191 S. 253f. Vgl. HIPPER, Urkunden Nr. 3 S. 2; Augsburg, AdB, Hs. K 80 fol. 12r; Wittwer, Catalogus S. 66.

160 Wittwer, Catalogus S. 77.

161 Clm 4414 fol. 12v.

162 DH IV 274 S. 350f. Vgl. AReg 1 Nr. 326 S. 196.

163 Vgl. oben S. 207f.

164 *Non enim ab episcopatu fundatus est, quippe cum episcopatu, immo ante episcopatum cepit, ut in Passione beatae Afre legitur,* MG SS 14 S. 557.

165 Siehe unten S. 256ff.

166 Hannover, Niedersächsische Landesbibliothek, Ms. 774 fol. 129r.

die Ansiedlung von Benediktinern in St. Afra spielte, die von den späteren Chronisten und Historikern übertrieben deutlich herausgestellt wurde, scheint viel geringer veranschlagt werden zu müssen.

Zusammenfassung

Beim Grab der heiligen Afra zu Augsburg bestand aller Wahrscheinlichkeit nach ein Kanonikerstift, das dem Bischof unterstellt war und das in ein Benediktinerkloster umgewandelt wurde. Das Jahr 1012, das sich seit dem Chronisten des 15. Jahrhunderts, Wilhelm Wittwer, in der Klostergeschichtsschreibung als Zeitpunkt der Umwandlung eingebürgert hat, ist heute nicht mehr haltbar. Man schließt sich besser der Zeitbestimmung des anderen humanistischen Geschichtsschreibers von St. Ulrich und Afra, Sigismund Meisterlin, an, der die Umwandlung *plus minusve 1000*, also um das Jahr 1000, ansetzt, ohne daß aus früheren Quellen ein genaueres Gründungsdatum ersichtlich wäre. Die früheste Überlieferung, datierend aus der zweiten Hälfte des 12. Jahrhunderts, gibt an, daß „unter Bischof Bruno", also frühestens 1006, Benediktinermönche nach St. Afra geholt worden seien. Doch steckt auch hinter dieser Angabe nur eine ungefähre Zeitbestimmung, und die Rolle Bischof Brunos als Initiator der Umwandlung des Kanonikerstifts in ein Benediktinerkloster muß in Zweifel gezogen werden. Die Umstände sprechen eher dafür, daß die Bischöfe Liutold und Gebehard, beide noch vor dem Jahre 1000, an einer Benediktinerniederlassung in oder bei Augsburg interessiert sein mußten.

Die Niederlassung wurde Reginbald anvertraut, der vielleicht Mönch im Kloster Tegernsee gewesen war oder sich dort zu Studien aufgehalten hatte. Er war jedenfalls mit dem Tegernseer Mönch Froumund freundschaftlich verbunden. Reginbald von St. Afra wurde frühestens 1007, spätestens 1013 Abt des vom Kanonikerstift in ein Benediktinerkloster verwandelten Ebersberg, wurde 1019/20 Abt in Lorsch und 1032/33 Bischof von Speyer. Die Rekonstruktion seiner Lebensdaten und des Briefwechsels, den er aller Wahrscheinlichkeit nach mit Froumund führte, brachte keine volle Klarheit über den zeitlichen Ansatz seiner Wirksamkeit in Augsburg. Seine Aufbautätigkeit bei St. Afra begann vielleicht schon um das Jahr 1000, und er wurde noch vor 1008, dem angenommenen Todesjahr Froumunds, zum Abt bestellt. Es ist vielleicht richtig, für die Benediktinergründung keinen festen Zeitpunkt anzunehmen, sondern an einen fließenden Übergang zu denken. Ähnlich wie seinerzeit bei der Wiederbesiedlung des Salvatorklosters in Feuchtwangen durch Tegernseer Mönche ist eine Gründungsgruppe aus Tegernsee nach St. Afra entsandt worden, der Reginbald vorstand. Er wurde nach einigen Jahren der Aufbautätigkeit zum Abt bestellt, womit das

Kloster in die Selbständigkeit entlassen wurde, nachdem es zunächst dem Mutterkloster unterstellt war.

Die Besiedelung von Tegernsee aus ist in der Geschichtsschreibung des Klosters überliefert und wird durch den Briefwechsel Reginbalds mit Froumund bestätigt. Die Verbindung mit Tegernsee läßt erkennen, daß das Kloster St. Afra im Zusammenhang mit Klöstern der gorzischen Reformrichtung steht. Auch die Gunstbeweise durch den König und das von den Ortsbischöfen bekundete Interesse passen in dieses Bild.

St. Ulrich und Afra stand seit dem Jahre 1002 in der Gunst insbesondere Heinrichs II., der eine beachtliche Schenkung aus seinem väterlichen Erbe machte, die zur Gründungsausstattung des Klosters gehört haben muß. Die Gründung ist jedoch ebenfalls – wenn nicht materiell, so doch ideell – von den Bischöfen von Augsburg gefördert worden. St. Afra, das ,,dauernd mit dem Bischof von Augsburg verbunden war, sowohl was den Grundbesitz, als auch was die geistliche Oberhoheit anlangt", blieb auch nach der Benediktinergründung ,,bischöfliches Eigenkloster"[167]. Dies kann aufrechterhalten werden, selbst wenn man nicht geneigt ist anzuerkennen, daß Bischof Bruno es war, der sich das Eigenkloster geschaffen hat[168].

167 Endrös, Reichsunmittelbarkeit S. 17–20 hat diese These pointiert herausgearbeitet.

168 Endrös, Reichsunmittelbarkeit S. 20.

Kapitel VI

Gelehrte Äbte und Mönche

Schon das Chronicon breve deutet an, daß die Umwandlung des Kanonikerstifts St. Afra in ein Benediktinerkloster wegen gewisser Zerfallserscheinungen in spiritueller und personeller Hinsicht erfolgt sei[1]. Wir dürfen vermuten, daß es auch um Gelehrsamkeit und Wissenschaftspflege zu diesem Zeitpunkt im Kloster nicht gut bestellt war. Zum Zustand der Bibliothek jedenfalls teilt Prior Adilbert mit, daß den Mönchen, welche die Kanoniker ablösten, nur „Bücher der sieben freien Künste" verblieben seien[2]. Zwar ist die Stelle nicht ganz eindeutig, aber wahrscheinlich wollte Adilbert einen allgemein dürftigen Bücherbesitz kennzeichnen. Das sollte unter den Benediktinern anders werden.

1. Abt Reginbald

Mit dem Gründungsabte Reginbald bekam das Kloster gleich zu Beginn einen Mann von geistigem Format. Das bezeugt in erster Linie der Briefwechsel, den er mit dem Tegernseer Mönch Froumund unterhielt – immer vorausgesetzt, daß unser Beweis schlüssig ist, den wir zur Identifizierung des „R" bzw. „Reginbald" in der Froumundschen Briefsammlung geführt haben[3]. In Brief Nr. 101 der Briefsammlung aus Tegernsee knüpft Reginbald an sein letztes Gespräch mit Froumund an. Man habe über die literarischen Projekte *(compositiunculae litterarum)* gesprochen. Außerdem brauche er Pergament, um die ihm geliehenen Bücher abschreiben zu können[4]. Verbundenheit in den geistigen Interessen spricht auch aus dem Schreiben Froumunds an Reginbald (Nr. 43), wenn er um ein „Buch des Horaz" bittet oder, falls dies nicht zur Hand sei, um ein anderes,

1 Vgl. oben S. 186 Anm. 12.

2 Siehe oben S. 23.

3 Kap. V, Abschnitt 3.

4 Strecker, Briefsammlung S. 104.

quem nobis utilem scitis[5]. Im gleichen Brief hören wir von einem weiteren Buch, wahrscheinlich der Consolatio philosophiae des Boethius, die Froumund „dringend benötigte". In der Einleitungsformel zu Brief Nr. 102[6] bezeichnet sich Reginbald in Demut als *litteratorie professionis neglectissimus* und gibt sich damit indirekt als Mann der Wissenschaft zu erkennen. Dabei spricht er Meginhalm von Tegernsee[7] als Herrn und Lehrer an und sichert ihm zu, daß er ein (nicht näher bestimmtes) gewünschtes Buch aus seiner Bibliothek mitbringe. Brief Nr. 100[8] spiegelt erneut den engen geistigen Austausch zwischen Froumund und Reginbald wider. Wie in Brief 101 werden die *compositiunculae litterarum* erwähnt, denen sich beide Mönche widmeten.

Vor allem lernt man aus jenem Briefwechsel einige Buchtitel und Autoren kennen. An erster Stelle steht Boethius mit seiner Arithmetik und der Consolatio philosophiae. Es begegnen weiter die Autoren Horaz, Persius, vielleicht auch Juvenal und die Invektiven Ciceros auf Sallust (Brief Nr. 17) sowie ein Statius (Brief Nr. 79), also eine Gruppe lateinisch-antiker Autoren, mit denen sich Froumund und Reginbald beschäftigt haben. Froumund als Literat und Schreiber ist gut erforscht[9]. Er hat nachweislich die Consolatio philosophiae selbst abgeschrieben, und wir kennen das Exemplar, das zwischen Augsburg und Tegernsee getauscht wurde[10]. Von Reginbald haben wir kein eigenhändiges Erzeugnis, doch sind wenigstens vier Handschriften bekannt, die aus seinem Besitze stammen. Darunter ist das Werk des Boethius über die Musik[11]. Doch soll ein Vermerk *Boethius de geometria arte* auf dem Vorsatzblatt dieser Handschrift nicht übersehen sein, der auch diesen Titel mit Reginbald in Verbindung bringt. Außerdem sind im Tafelkatalog von 1474 die Geometrie und Arithmetik des Boethius aufgeführt, so daß diese Schriften eine gewisse Tradition im Kloster haben, die auf Reginbald zurückreichen könnte. Sowohl Musik wie möglicherweise Geometrie und Arithmetik deuten auf ein mathematisches Interesse bei Reginbald. Bedas De ratione calculi (Multiplikationstabellen)[12], ein Werk, das im Bücherverzeichnis von 1616 unter den Schriften mit Reginbalds Besitzeintrag überliefert ist, bestärkt diesen Eindruck. Dazu kommen weitere Schriften zur Musik, wobei mir das Heft mit der Musica Enchiriadis besonders bemerkenswert erscheint. Unter den erhaltenen Exemplaren dieses Traktats aus dem süddeutschen Raum ist es eines der frühesten. Es kam nicht wie die Abschriften des

5 Strecker, Briefsammlung S. 48.
6 Strecker, Briefsammlung S. 105.
7 Zimmermann, Familia S. 197.
8 Strecker, Briefsammlung S. 103.
9 Eder, Tegernsee S. 36 ff.
10 Siehe oben S. 198.
11 Nr. (4).
12 Nr. (1).

Klosters St. Emmeram von der Schule in Chartres hierher, sondern steht eher mit der rechtsrheinisch-deutschen Überlieferung in Beziehung[13]. Neben diesen Schriften, die Reginbalds Interesse für Fächer des Quadriviums belegen, hatte er ein Exemplar mit den Werken des Prudentius[14], das mehr dem Bedarf nach geistlicher Lektüre im Kloster Rechnung trug. Die Bedeutung dieses Dichters für das Kloster wird dadurch unterstrichen, daß im 11. Jahrhundert eine zweite, ausführlichere Abschrift seiner Werke mit größter Wahrscheinlichkeit vorhanden war[15].

Was aber hat Reginbald selbst geschrieben? Diese Frage ist von den Büchern her nicht zu beantworten, da er sich nirgendwo als Schreiber zu erkennen gibt. Lediglich der Gedanken- und Erfahrungsaustausch mit Froumund legt nahe, daß er ähnlich wie dieser gearbeitet hat. Die Erwähnung der Pergamentlieferungen deutet darauf hin, daß im Kloster geschrieben wurde, und wenigstens die Musikhandschriften sowie die Prudentiushandschriften sind nach dem paläographischen Befund aus Reginbalds Zeit. Auch in den Glossenhänden sind da und dort Ähnlichkeiten zu erkennen. Weitere paläographische Untersuchungen könnten vielleicht Aufschluß geben. Man müßte auch an die Lorscher Kloster- und Speyrer Dombibliothek denken, wo Reginbald in späteren Jahren wirkte und möglicherweise deutlichere Spuren hinterlassen hat[16]. Von den späteren Wirkungsstätten Reginbalds – Lorsch und Speyer – weiß man, daß er als kunstsinniger Mann Bau und Ausstattung von Kloster bzw. Dom vorangetrieben hat, wobei der Grad seiner Beteiligung, ob mehr organisatorisch oder selbst kunstschaffend, nicht ganz ersichtlich wird[17]. Jedenfalls runden diese Tätigkeiten und Fertigkeiten das Bild des vielseitig gebildeten und fähigen Reformabtes ab.

Von Reginbalds fünf nächsten Nachfolgern ist – außer von Fridebold[18] – wenig überliefert. Der Abtkatalog des 12. Jahrhunderts (Chronicon breve) bietet nur ihre Namen[19], ebenso die Klostergeschichte des Priors Adilbert[20]: *Secundus abbas Dego. Tertius Gegensteten* (!). *Quartus Frideboldus. Quintus Hainricus. Sextus Dieto.* Wittwer charakterisiert diese Äbte mit allgemeinen Worten als fromme, gelehrte Männer[21]. Seine Angaben lassen sich aus der bibliothekari-

13 Siehe oben S. 138.

14 Nr. (3).

15 Nr. (50).

16 R. Bauerreiss, Spirensia S. 147ff. regt solche Untersuchungen zu Lorsch und Speyer an, nachdem er aufgrund der Handschriften Reginbalds für St. Afra eine Schreibschule postuliert.

17 Gugumus, Reginbald S. 327ff.; Bauerreiss, Spirensia S. 148f.; Graf, Architekten S. 155–225.

18 Siehe unten S. 224ff.

19 MG SS 13 S. 280 bzw. MG SS 14 S. 558: *Ŏgo. Gotesdegen. Frideboldus. Heinricus. Tieto.*

20 Augsburg, AdB, Hs. K 80 fol. 12r.

21 Wittwer, Catalogus S. 76ff.

schen Überlieferung nicht überprüfen, obwohl er sich selbst auf alte Bücher beruft[22].

Zur Zeit der ersten Benediktineräbte in St. Afra hielt sich möglicherweise ein junger Mann in Augsburg auf, der vielleicht auch über Schriften aus der Bibliothek des Klosters seinen Weg zur Wissenschaft fand: Hermannus de Veringen, der spätere Mönch und Gelehrte von der Reichenau, wegen seines körperlichen Gebrechens auch *Contractus* (der Lahme) genannt. Da mögliche Beziehungen Hermanns zu St. Afra bestanden, soll der seit langem offenen Frage nachgegangen werden, wo Hermann der Lahme seine Ausbildung erhielt.

Exkurs: Hermanns des Lahmen „Schulzeit" in Augsburg

Drei Orte sind denkbar, an denen Hermann in die Wissenschaften eingeführt wurde: St. Gallen, Reichenau oder Augsburg[23]. St. Gallen als Hermanns Schulort ist auf unkritische Weise durch Trithemius in die Historiographie eingeführt worden, kann aber nach neueren Feststellungen nicht aufrecht erhalten werden[24]. Jedoch sowohl die Reichenau, wo Hermann spätestens seit ca. 1043 als Mönch lebte, wie Augsburg kommen als Schulorte in Frage.

Die Vita Hermanns, von seinem Lieblingsschüler Berthold verfaßt[25], berichtet, daß Hermann seit frühester Jugend an einer Lähmung aller Glieder litt, geistig aber eine wunderbare Begabung besaß. Er habe die freien Künste und die Versmaße beherrscht und habe dies „aus sich selber" gelernt. Dies ist eine verklärende Begründung seines Talentes, enthält aber leider keinen konkreten Hinweis auf seine Vorbildung. Die Vita läßt einen hier im Stich. Lediglich Hermanns eigenes Werk, das Chronicon[26], liefert einige Ansatzpunkte: 1013 wurde er geboren, 1020 wurde er zur Ausbildung geschickt *(ego Herimannus litteris traditus sum);* er entstammte dem Geschlechte der Grafen von Al(t)shausen, die sich später „von Veringen" nannten, und war über seine Großmutter väterlicherseits mit den Grafen von Dillingen verwandt[27]. Die Vita Bertholds berich-

22 Wittwer, Catalogus S. 80: *sicut de ipsis invenitur in antiquissimis libris scriptum nostre liberarie.* Die Äbte Dego, Gotesdegen und Fridebold sollen zusammen mit den ersten Mönchen aus Tegernsee gekommen sein. Zimmermann, Familia S. 197 hält dies für eine Konjektur Wittwers, da diese Äbte weder in den Nekrologen noch in der Chronik von Tegernsee verzeichnet sind.

23 Einen guten Überblick über die Kontroversen zu Hermanns des Lahmen Erziehungsstätte gibt Oesch, Berno S. 128 ff. Die Auseinandersetzung St. Gallen oder Reichenau geht zurück bis auf die Zeit des Dreißigjährigen Krieges.

24 Trithemius, Catalogus illustrium virorum; vgl. Oesch, Berno S. 129.

25 MG SS 5 S. 267–269; vgl. Oesch, Berno S. 117 ff.; Wattenbach, Sachsen und Salier S. 516.

26 MG SS 5 S. 67–133.

27 Zur Genealogie: Oesch, Berno S. 122.

tet, daß Hermann auf Anraten des Abtes Berno von der Reichenau (gest. 1048) etwa dreißigjährig, d.h. um 1043, Kleriker geworden sei[28], was besagt: die Mönchsgelübde abgelegt oder die Priesterweihe empfangen habe[29]. Es muß aber nicht heißen, daß er zu diesem Zeitpunkt erst auf der Reichenau eingetreten ist.

Seine Lähmung von Kindesbeinen an wird in einer Legende, die sich in einer Legendensammlung wahrscheinlich des 12. Jahrhunderts befindet[30], so erklärt: Beim Spielen als Kind habe ihn ein Bär von hinten erwischt und mißhandelt, bis ihn die Diener seines Vaters befreit hätten. Von diesem Unfall sei eine Lähmung zurückgeblieben. Im Anschluß an den legendären Unfall wird weiter erzählt, die Eltern hätten den gelähmten Sohn der Kirche der hl. Maria bei/in Augsburg zum Studium übergeben *(in ecclesia beatissimae dei Genitricis semperque virginis Mariae quae apud Augustam Vindelicam habetur liberalibus studiis tradiderunt imbuendum)*[31]. Es wird daraufhin anschaulich geschildert, wie Träger den Gelähmten vor den Füßen des Lehrers *(scholasticus)* absetzten. Schließlich wird berichtet, daß Hermann ein großer Musiker und Komponist gewesen sei und sich mehr des diatonischen als des chromatischen oder enharmonischen Monochords bedient habe.

An diese Legende knüpft sich nun hauptsächlich die Kontroverse: Augsburg oder Reichenau als Schulort. Oesch glaubt die Mirakelgeschichte dadurch widerlegt, daß er die Krankheit, für die er ein regelrechtes medizinisches Gutachten erstellen ließ, natürlich erklären kann. Den eindeutigen medizinischen Befund auf Lähmung setzte er gegen die legendäre Geschichte von der Verletzung durch den Bären, um damit auch die Annahme, Hermann sei in die Augsburger Domschule gebracht worden, zu entkräften. Dies scheint mir nicht schlüssig, denn bei der Legende handelt es sich offensichtlich um eine aitiologische Erklärung: der natürliche Befund der Krankheit wird legendär gedeutet. Damit kann er aber nicht mehr gegen diese Deutung ausgespielt werden. Die Krankheit mag medizinisch begründbar sein. Das berührt nicht die Legende als solche. Außerdem müssen nicht alle Angaben einer Legende dem Bereich des Legendären angehören. Es bleibt die Frage: Welchen Wahrheitsgehalt haben die Mitteilungen, die über den Unfall beim Spielen hinaus in diesem Bericht zur Biographie Hermanns gemacht werden? Es ist unbestreitbar, daß Hermann Musiktheoretiker und Verfasser von liturgischen Gesängen war[32]. Ja, der Autor der Legende

28 MG SS 5 S. 267.

29 Vor der Zeit des Papstes Zacharias (741–752) galt ein Lebensalter von 30 Jahren als notwendig für den Empfang der Priesterweihe. Zacharias setzte es „für den Notfall" auf 25 herab (Briefe an Bonifatius von 751). Vgl. J. Delmaille, Age, in: Dictionnaire de droit canonique 1 Sp. 340f.

30 Cambridge, Corpus Christi College, Ms. 111 p. 47f. Auf die Legende hat zuerst J. Handschin aufmerksam gemacht und sie abgedruckt: Handschin, Legenden S. 2f.

31 Handschin, Legenden S. 2.

32 Manitius, Geschichte 2 S. 774f.

kennt sogar ein wichtiges sachliches Detail, nämlich daß Hermanns Musiklehre im Unterschied zu anderen Lehren des 11. Jahrhunderts nur vom diatonischen, nicht vom chromatischen und enharmonischen Tongeschlecht handelte[33]. Warum also sollte der erwähnte Schulaufenthalt in Augsburg nicht unter die sachlichen Mitteilungen der Legende zu zählen sein und der Realität entsprechen? Außer in der Legende, die in der Cambridger Handschrift überliefert ist, hat ein Schulaufenthalt Hermanns in Augsburg auch andernorts eine Stütze. In den Flores musicae des Hugo von Reutlingen (1285– nach 1359) in der Handschrift Basel, Universitätsbibliothek, F VIII 16 fol. 158 wird von der Strenge des Lehrers berichtet, den Hermann in Augsburg hatte, von seiner Aussicht, Bischof dieser Stadt zu werden, sowie von einer Erscheinung der hl. Afra[34].

Selbst wenn auch diese Tradition legendäre Züge trägt, schließe ich mich gegen Oesch denen an, die für Ausburg als Schulort eintreten[35]. Für einen Schulaufenthalt in Augsburg spricht, daß Hermann die Augsburger Verhältnisse des beginnenden 11. Jahrhunderts recht gut kannte, wie sein Chronicon beweist: Zum Jahr 1002 weiß er von der Beisetzung der Eingeweide Ottos III., zu 1023 teilt er mit, der neue Regensburger Bischof sei *canonicus Augustensis* gewesen, und zu 1029 notiert er, Bischof Bruno sei in der erst im Baubeginn stehenden Basilika von St. Moritz beigesetzt worden[36].

Für den Zeitraum der 20er Jahre, zu dem sich lokale Angaben über Augsburg in Hermanns Chronik finden, fehlen solche über die Reichenau. Die Zäsur liegt ungefähr beim Jahre 1030. Noch 1027 hatte Abt Berno eine Auseinandersetzung mit Hermanns Vater, dem Grafen Wolfrat von Al(t)shausen, worüber Hermann nichts berichtet, obwohl er sonst familiäre Nachrichten durchaus einfließen läßt[37]. Zu 1030 wird über Graf Mangold, der im Kampf gegen Herzog Ernst fiel, berichtet, daß er auf der Reichenau begraben liege. Zu 1032 teilt Hermann den Streit Abt Bernos mit Bischof Warmann von Konstanz über das „Sandalenprivileg" mit. Zu 1044 vermeldet er nicht etwa wie eine seiner Quellen, die Annales Sangallenses[38], nur „große Hungersnot", sondern setzt hinzu, daß der Winter

33 Vgl. Handschin, Legenden S. 3.

34 Vgl. Literaturbericht Nr. 681 über Handschin, Legenden (ArchLiturgiewiss 1. 1950) S. 408 f.

35 Hauptsächlich Werner, Briefe. Dieser Aufsatz erschien gleichzeitig mit der Untersuchung von Oesch, ohne daß beide aufeinander Bezug nehmen. Vgl. auch Lindgren, Gerbert von Aurillac S. 58.

36 Herimanni Augiensis Chronicon, MG SS 5 S. 116, 118, 120 und 121. Diese Angaben hat Hermann nicht seinen Vorlagen entnommen! Vgl. noch Wattenbach, Sachsen und Salier S. 232 ff. Auch aus den Annales Augustani können die Zusätze nicht stammen, da nicht Hermann die Annalen benützte, sondern die Annalenschreiber sein Chronicon. Vgl. Loewe, Annales passim.

37 Oesch, Berno S. 38.

38 Über die Benützung der Annales Sangallenses durch Hermann vgl. Schmale, Weltchronistik S. 142 f.

so hart und schneereich gewesen, daß ein großer Teil der Weinstöcke zugrundegegangen sei[39], – eine Nachricht, die sich gut auf die Reichenau beziehen läßt. Dort konnte er Augenzeuge der erfrorenen Weinstöcke werden, anderswo nicht. Besonders detailliert sind die Angaben über die Reichenau zum Todesjahr Bernos 1048.

Wahrscheinlich schrieb Hermann seit 1037/38 an seiner Chronik, denn von da an nehmen seine Aufzeichnungen die chronologische Gliederung an, wie wenn er den Jahresablauf tagebuchartig mitgeschrieben hätte, um im Jahr seines Todes 1054 abzubrechen. Vor 1037/38 hat die Chronik eher eine systematische Gliederung[40]. Das würde bedeuten, daß Hermann nicht erst 1043 auf die Reichenau kam, sondern schon kurz nach 1030, jedenfalls in den dreißiger Jahren. Vielleicht hat ihn seine schwere Krankheit daran gehindert, sogleich als Mönch aufgenommen oder zum Priester geweiht zu werden. Berno mußte ihn erst dazu ermutigen oder es ihm gestatten. So jedenfalls möchte ich die Stelle bei Berthold interpretieren: Er war äußerst andächtig bei der Psalmodie ... vor und nach dem Zeitpunkt, da Berno ihm anriet, in den Klerikerstand einzutreten[41]. Er war also schon im Kloster, ehe er endgültig die Gelübde ablegte oder zum Priester geweiht wurde. Demnach ergäbe sich folgender Lebensweg: 1013 Geburt, 1020 Beginn der Studien in Augsburg, 1030 oder bald danach Wechsel auf die Reichenau, ab ca. 1043 Mönch bzw. Priester auf der Reichenau, 1054 Tod.

Weitere Beobachtungen sprechen für enge Beziehungen Hermanns zu Augsburg.

Die literarische Geschichte der Ulrichsvita kennt er in allen Einzelheiten: Zuerst schrieb sie *Gerhardus canonicus et praepositus,* dann begann sie Bischof Gebhard zu bearbeiten, und schließlich brachte sie Berno von der Reichenau auf Bitten Abt Fridebolds von St. Afra neu heraus[42]. Man könnte ins Feld führen,

39 MG SS 5 S. 124.

40 Das könnte allerdings auf die Quellenbenützung zurückzuführen sein. Auf das Problem der Quellen soll hier nicht eingegangen werden. Vgl. Oesch, Berno S. 184–203 (Beitrag v. Arno Duch); Schmale, Weltchronistik S. 132 ff. Gerade weil F. J. Schmale nachgewiesen hat, daß die angebliche Schwäbische Weltchronik, die Hermann benützt haben soll, vielmehr als dessen „Erstentwurf" anzusehen ist, hat man mit einem Prozeß der Niederschrift zu rechnen. Vielleicht spiegelt sich in der Zäsur bei 1037/38, beim Übergang von einer mehr distanziert zurückschauenden zu einer die Ereignisse begleitenden chronologischen Jahresberichterstattung die Tatsache wider, daß Hermann jetzt gleichzeitig schrieb. Die Endredaktion des Erstentwurfs (Chronicon Suevicum universale bzw. Epitome Sangallensis) mag 1044/45 erfolgt sein, die endgültige Chronik frühestens 1048 geschrieben worden sein. Vgl. Schmale, Weltchronistik; auch Dietrich, Geschichtsschreibung S. 790, der sich in den Grundthesen eng mit F. J. Schmale berührt.

41 *et ante et post clericatum susceptum, quem Bern abbate Augiensi ... adhortante circa annum trigesimum subierat.* MG SS 5 S. 267.

42 Hermann in seinem Zusatz zum Martyrologium des Notker Balbulus, vgl. Manitius, Geschichte 2 S. 210.

daß Hermann von seinem Abt Berno diese Informationen bekommen habe. Berno erwähnt jedoch in seinem Widmungsschreiben an Fridebold nur Bischof Gebehard als seinen literarischen Vorläufer[43], während wir der detaillierten Angabe des Hermann im Martyrologium des Notker Balbulus ... *hujus* (Udalrici) *vitam primo Gerhardus ejusdem Augustae urbis canonicus et prepositus plenius quidem, sed rustico sermone descripsit* einen entscheidenden Hinweis auf Gerhards Verfasserschaft für die Ulrichsvita in ihrer ersten Version verdanken[44]. Die Ulrichsvita diente Hermann als eine Quelle für sein Chronicon[45].

Unter den Kompositionen Hermanns über verschiedene Heilige des näheren und ferneren Umkreises von Kloster Reichenau befand sich auch die Historia s. Afrae, ein Offizium auf die Augsburger Klosterpatronin[46].

Schließlich sprechen die Verbindungslinien seiner Familie zu Augsburg dafür, daß Hermann hierher zum Studium gebracht worden sein könnte. Über seine Großmutter Bertha war er mit den Grafen von Dillingen verwandt. Diesem Geschlecht entstammte auch der hl. Ulrich, dessen Großnichte Bertha war[47]. Hiltrud, Hermanns Mutter, hatte beim Schloß Al(t)shausen eine Ulrichskapelle bauen lassen, wo sie 1052 begraben wurde[48].

Es ist auch möglich, daß Hermann mit Reginbald, dem Abt von St. Afra, verwandt war. Berthas Onkel hieß Reginbald und war jener Ulrichsneffe, der in der Ungarnschlacht das Leben lassen mußte. Der nicht zu häufige Name „Reginbald" wurde also in der Familie geführt[49]. Deshalb ist die späteren Quellen entstammende Nachricht, auch Reginbald, der erste Abt des Afraklosters, gehöre dem gleichen Geschlechte an, nicht von der Hand zu weisen. Diese verwandtschaftliche Beziehung hat sowohl in der Speyrer wie Augsburger Überlieferung Tradition[50]. So wäre Hermann mit Abt Reginbald verwandt gewesen. Daß er ihn kannte, auch als Mönch kannte, das scheint mir aus der Nachricht zu Reginbalds Tode zu erhellen. Hermann teilt nämlich im Chronicon zum Todesjahr des Speyrer Bischofs, 1039, den genauen Tag *III Idus Octobris* (= 13.10.) mit, nebst einem würdigenden Zusatz: *vir vita et habitu monachico verendus.* Gerade daß Hermann am verstorbenen Bischof den Mönch hervorhebt, heißt doch, daß er von ihm als Mönch wußte. Allerdings konnte er ihm in Augsburg kaum

43 MG SS 4 S. 381 f.

44 Der Zusatz Hermanns zitiert aus Dümmler, Martyrologium S. 211. Vgl. AReg 1 Nr. 102 S. 64.

45 Wattenbach, Sachsen und Salier S. 236; Schmale, Weltchronistik S. 147.

46 Bertholdi Annales, MG SS 5 S. 267; Bigelmair, Afralegende S. 159 ff.; Handschin, Legenden. Zit. im Literaturbericht Nr. 681 (ArchLiturgiewiss 1. 1950) S. 408.

47 Zur Genealogie: Oesch, Berno S. 122.

48 Herimanni Chronicon zu 1052, MG SS 5 S. 130.

49 Vgl. auch Bauerreiss, Spirensia S. 146 f.

50 Vgl. oben S. 190.

mehr begegnet sein, denn Hermann kam 1020 nach Augsburg, als Reginbald bereits in Lorsch war. Aber er kannte ihn als Verwandten, und die Erinnerung an ihn war sicherlich in Augsburg noch lebendig. Was schließlich die genaue Angabe des Todestages betrifft, so ist Hermann hierfür der erste chronikalische Zeuge, während das Datum ansonsten aus schwäbisch-bayerischen Nekrologen bekannt ist[51].

Neben der Auskunft der Legende und den Wahrscheinlichkeitsgründen, die sich für den Augsburger Schulaufenthalt Hermanns ins Feld führen lassen, muß noch gefragt werden: Konnte Hermann in Augsburg sein spezielles Wissen erhalten, nachdem die Erklärung des Biographen Berthold, er habe es „aus sich selbst" gehabt, nicht befriedigt? Als Weltchronist, der für seine Geschichtsschreibung zu allererst eine Chronographie, eine richtige Zählung der Zeit, erstellen mußte – dies eine genuine Leistung Hermanns in seiner Chronik –, brauchte Hermann Kenntnisse in den „mathematischen" Wissenschaften, in den Fächern des Quadriviums[52]. Vor allem mußte er astronomische Kenntnisse besitzen.

Hermann verfaßte eine Schrift über das Astrolab, ein astronomisches Gerät, das in den ersten Jahrzehnten des 11. Jahrhunderts im fränkischen Raum eine wissenschaftliche Neuigkeit war[53]. Die Astrolabkenntnisse kamen von den Arabern und wurden von Gerbert von Aurillac und seinem Kreis aufgegriffen. Die ältesten lateinischen Texte darüber stammen vom Beginn des 11. Jahrhunderts und waren in einem Codex des 12. Jahrhunderts aus Chartres, der verloren ist[54], überliefert. Er enthielt einen Astrolab-Traktat eines *Ascelinus Teutonicus civis Augustae civitatis* ... Dieser Ascelin ist der erste bekannte Autor in Deutschland, der vor Hermann über das Astrolab schrieb. Die möglichen Beziehungen Hermanns zu Augsburg und die Legende einerseits, der *civis Augustanus* Ascelin als Astrolabkenner andererseits veranlassen K. F. Werner, in ihm Hermanns Augsburger Lehrer zu sehen[55]. Mit *civis Augustanus* ist er als Bewohner der Stadt des Bischofs ausgewiesen. Möglicherweise war er Lehrer an der Domschule. Da Hermann jedoch siebenjährig zur Schule gebracht wurde, wäre an Oblation und damit eher an die Klosterschule St. Afra als an die Domschule zu denken. Damals war Fridebold Abt, der später den Reichenauer Berno

51 Remling, Bischöfe zu Speyer 1 S. 272.

52 Schmale, Weltchronistik S. 131 f.

53 Werner, Briefe S. 100 ff.

54 Carnotensis 214 (olim 173). Der Codex ist einem Luftangriff auf Chartres 1944 zum Opfer gefallen, man kennt aber seinen Inhalt aus Beschreibungen (ausführlicher und genauer in M. Chasles, Catalogue des manuscrits de la Bibliothèque de la Ville de Chartres. Chartres 1840 S. 43–47, fehlerhaft im Catalogue général des manuscrits des bibliothèques de France, Départments 11. Paris 1890 S. 109 f.); vgl. Werner, Briefe S. 101 Anm. 21.

55 Werner, Briefe S. 109.

um eine Neufassung der Ulrichsvita bat. Ob Hermann nicht über diese Beziehung seinen Weg zur Reichenau fand? Der Augsburger Ascelin begegnet noch einmal mit seiner Astrolabschrift, diesmal neben Hermanns Traktat, in einer Handschrift des Mont-Saint-Michel[56]. Er darf als Vermittler des „neuen" astronomischen Wissens der Araber aus dem Kreis um Gerbert zu Hermann von der Reichenau gelten, wenn er auch erst nach Gerberts Lehrtätigkeit in Reims „irgendwo in Nordfrankreich" studierte und nicht Hermanns einzige Quelle für arabisches Wissen war[57].

Werner verweist in diesem Zusammenhang auf einen weiteren Fall von „Vermittlung": die Briefsammlung von Tegernsee habe ein Vorbild im Briefbuch Gerberts von Aurillac. „Kenntnis nicht etwa vom Wortlaut, wohl aber von der Existenz und der Anlage des Gerbertschen Briefbuches könnte aber so frühzeitig nur durch Reimser Schüler süddeutscher Herkunft nach Schwaben und Bayern vermittelt worden sein"[58]. An die Beziehungen Froumunds, der die Tegernseer Briefsammlung anlegte, zu Augsburg im allgemeinen und zu Reginbald im besonderen soll noch einmal erinnert sein. Das Buch Reginbalds Conflictus Arnobii ... weist vom paläographischen Befund her nach Nordwestdeutschland; die Überlieferung der Musica Enchiriadis (Handschrift des Reginbald)[59] steht zu nordwestdeutschen Textformen in Beziehung. Damit bündeln sich die Argumente für Schulbeziehungen Augsburgs zum nordwestdeutschen Raum und von dort vielleicht zu Gerbert von Reims, zu denen wohl unter anderen der Lehrer Ascelin, Froumund[60] und vielleicht Reginbald beigetragen haben.

Hermann ist aber nicht nur als Astronom, sondern auch als Musiktheoretiker hervorgetreten, und es wurde die Frage gestellt, wo er die Musikwissenschaft kennengelernt habe[61]. Er schrieb einen musiktheoretischen Traktat Musica, eine musikalische Explicatio, in der er sein Notationsverfahren erläuterte, und zwei musikdidaktische Arbeiten, Merkverse auf Noten, mit denen man seine Intervallehre memorieren konnte[62]. Er dichtete und vertonte Sequenzen (einige dieser Werke werden ihm allerdings fälschlich zugeschrieben) und Offizien (Historien), von denen nur das Afra-Offizium erhalten blieb[63].

56 Avranches, Bibliothèque municipale, Ms. 235; vgl. Werner, Briefe S. 110.

57 Lindgren, Gerbert von Aurillac S. 58.

58 Werner, Briefe S. 112.

59 Vgl. zu Hss. Nr. (2) und Nr. (4).

60 Froumund hatte einen Studienaufenthalt in Köln, vgl. Strecker, Briefsammlung S. XVI.

61 Stephan, Mehrstimmigkeit S. 70; Werner, Briefe S. 106.

62 Oesch, Berno S. 135 ff.; vgl. auch oben Nr. (39), wo über die Verse Hermanns gehandelt wird, die Bestandteil des Wolfenbütteler Cod. 334 Gud. lat. sind.

63 Oesch, Berno S. 141 ff.

Es wäre naheliegend anzunehmen, daß Berno von der Reichenau Hermanns Lehrer in der Musiktheorie gewesen ist. Gegenüber Berno nimmt Hermann jedoch zwischen der älteren Tetrachordlehre und der modernen reinen Oktavgliederung eine Art Zwischenstellung ein[64]. Eine Vorstufe dazu bildete Notker Labeo, De octo tonis, was bedeutet, daß Hermann Einflüsse von verschiedenen Seiten aufgenommen haben muß. Die Odonischen Traktate und die Theorie Guidos von Arezzo, die kurz vor ihm entstanden waren, kannte er – nach H. Oesch – offensichtlich nicht. An mehreren Stellen von Hermanns Traktat ist jedoch zu bemerken, daß ihm die Musica Enchiriadis vertraut war, da er einerseits gegen den Verfasser dieser „Musik" polemisiert, andererseits aber Prinzipien derselben übernimmt, ja eine verwandte Denkweise erkennen läßt[65]. „Aus ihr (der Musica Enchiriadis) hat Hermannus ... reichlich geschöpft, und auch Guido von Arezzo kannte sie. Hermann steht ihr aber wesensmäßig näher als Guido"[66].

Da weder aus dem Kloster Reichenau noch aus St. Gallen eine Handschrift der Musica Enchiriadis überliefert ist[67] und auch die alten Bibliothekskataloge für die Reichenau lediglich eine „Musik" des Boethius verzeichnen[68], liegt die Vermutung nahe, Hermann habe in Augsburg die Musica Enchiriadis kennengelernt, da ihm durch das Exemplar Reginbalds dieser Musiktraktat zugänglich war. Selbst wenn er nicht im Kloster St. Afra, sondern in der Domschule lernte, so darf man es für möglich halten, daß er mit Schriften des räumlich nahen Klosters in Berührung kam, zumal er durch verwandtschaftliche oder sonstige Verbindungen zu Reginbald dem Kloster jedenfalls empfohlen war. Wie ihm Ascelin die neuen Lehren im astronomischen Bereich vermittelte, so konnte Reginbald oder das vom ersten Abt im Kloster zurückgelassene Schrifttum musiktheoretisches Wissen im Sinne der Musica Enchiriadis, die zu Beginn des 11. Jahrhunderts in unserem Raum noch sehr neu war, vermittelt haben. Die musikdidaktischen Merkverse Hermanns begegnen wieder in der ulrikanischen Handschrift des 12. Jahrhunderts, heute Wolfenbüttel 334 Gud. lat[69]. Ihre Aufnahme dort geht jedoch nicht mehr auf mögliche Beziehungen Hermanns zum Afrakloster zurück, sondern ist eher dadurch begründet, daß die Hirsauer Reformer an der Reichenauer Sängerschule orientiert waren[70]. Es scheint, daß auch

64 Oesch, Berno S. 212f. Werner, Briefe S. 106 meint, man dürfe eher an arabische Vorbilder über französische Zwischenstufen, evtl. die Schule Gerberts, denken.

65 Oesch, Berno S. 215.

66 Oesch, Berno S. 239.

67 Nach der Zusammenstellung der Handschriften bei Müller, Hucbalds Schriften S. 1–33.

68 Katalog des Reginbert aus dem 9. Jahrhundert: MBK 1 S. 258.

69 Nr. (39).

70 Berno als Vorbild für Frutolf und Udalschalk, vgl. Huglo, Les tonaires S. 292f. und unten S. 287.

das Merkgedicht im Wolfenbüttler Codex 72 Gud. lat., einem Buch Reginbalds, das fol. 50ʳ auf eine freie halbe Seite hinter der Musik des Boethius dazugeschrieben wurde, zu Hermanns Theorie Beziehung hat. Das Singen beruht auf der Oktave, heißt es da, die in zwei Tetrachorde eingeteilt ist[71].

Man kann zusammenfassend wohl feststellen, daß ein Schulaufenthalt Hermanns des Lahmen in St. Gallen irrtümlich verfochten wurde, daß ein solcher auf der Reichenau nirgends positiv nachgewiesen werden kann. Für Augsburg dagegen spricht eine ausdrückliche Tradition, die zwar mit Legenden verknüpft ist, aber an verschiedenen Stellen real greifbar wird. Es sprechen dafür auch gute Wahrscheinlichkeitsgründe. Hermann war mit den Augsburger Verhältnissen der Jahre 1020–1030 gut vertraut, er kannte die verschiedenen Versionen der Ulrichsvita, verfaßte ein Offizium für die hl. Afra und war mit der Familie des hl. Ulrich (und damit vielleicht auch mit Abt Reginbald) verwandt. Seine astronomischen Kenntnisse vermittelte ihm Ascelin, wahrscheinlich ein Augsburger Domlehrer, und die Musiktheorie hat er vielleicht in St. Afra kennengelernt. Kontakte Hermanns zum Afrakloster sind denkbar. Vor allem der Lehrer Ascelin und das Vorhandensein bestimmter Handschriften liefern eine gute Begründung dafür, daß Hermann in der Astronomie und Musik neue Wege beschreiten konnte, und lassen so auf einen Schulaufenthalt in Augsburg schließen.

2. Abt Fridebold und Beziehungen zur Reichenau

In der ersten Hälfte des 11. Jahrhunderts wurden Verbindungen von St. Afra zum Kloster auf der Reichenau geknüpft. Abt Fridebold (1020–1030) richtete

71 Wolfenbüttel, Herzog-August-Bibliothek, Cod. 72 Gud. lat. fol. 50ʳ:
Qui cupias priscum modulandi noscere nisum
Huc ades incerta tibi hic patet analogia.
Octo tonis totum constat perpendere cantum
Nomine maiorum distinctis atque minorum.
Quatuor hos nervi discernunt lege canendi
Singulos (korr.-us) *ut varios teneat simul ordine binos.*
Primum maiorum lychanos hypatonque minorum.
Post simul amborum hypate mesonque secundum.
Ordo hinc quem poscat meson parhypate noscat.
Quartum et eorundem lychanos meson probet idem.
Quod loquor est tale sit ut hec concordia fine.
Quattuor est nonus maiorum ascensio nervus
Et quintus totidem sextus quoque raro minorum.
Omnibus inmixtus simul est descensio quintus.
Ista probat mente circans species diapente
Gnarus quas cordi figit tactor monochordi.

an Abt Berno von der Reichenau die Bitte, ein Leben des hl. Ulrich zu schreiben. Berno war Mönch im Kloster Prüm, vielleicht Magister der dortigen Klosterschule gewesen[72], ehe ihn Heinrich II. 1008 zum Abt der Reichenau berief, wo er bis zu seinem Tode 1048 verblieb. Das Kloster Reichenau war in dieser Zeit sehr reformbedürftig. In Abt Immo hatte Heinrich II. 1006 der Reichenau einen strengen Reformer gorzischer Richtung vorgesetzt, den er 1008 durch den gemäßigteren Berno ablöste. Doch war auch Berno ein überzeugter Anhänger der Reform[73]. Berno gilt als enger Vertrauter der Könige Heinrich II. und III., er „identifizierte sich mit deren Herrschaft"[74]. Man fühlt sich an Abt Reginbald von St. Afra erinnert, der wohl durch das Vertrauen Heinrichs II. ins Kloster Lorsch und schließlich durch das Konrads II. auf den Bischofsstuhl von Speyer gekommen war[75]. Die Verbindung zwischen Abt und König besteht also hier wie dort. Berno war es auch, der Hermann zum endgültigen Eintritt ins Kloster bewog. Sie verbrachten mehrere Jahre zusammen im Kloster Reichenau.

Berno kam der Bitte Fridebolds nach und stellte nach Gerhard und dem Augsburger Bischof Gebehard eine dritte Fassung der Ulrichsvita her, der er einen Prolog an Fridebold vorausschickte[76]. Der Prolog sagt allerdings über die geistigen oder wissenschaftlichen Beziehungen zwischen Berno und Fridebold nicht viel mehr aus als ein paar Förmlichkeiten. Wenn Berno Fridebold als *vere sanctae Afrae martiris alumnus* anspricht, so ist wohl das geistige Verhältnis des Abtes zu seinem Kloster gemeint, nicht etwa auf eine Schule bei St. Afra angespielt. Wahrscheinlich war Fridebold, der vermutlich 1020 der vierte Abt wurde, noch nicht in St. Afra erzogen worden, sondern gehörte eher zu der Gründungsgruppe, die aus Tegernsee gekommen war. Außer der Vita verfaßte Berno ein Offizium auf den heiligen Ulrich[77]. Es ist in einer Handschrift des 11. Jahrhunderts überliefert[78] und besteht aus Antiphonen für Vesper, Matutin und Laudes, Responsorien für neun Lektionen, Orationen und der Präfation zur Messe.

72 Oesch, Berno S. 33.

73 Oesch, Berno S. 33 f.; Hallinger, Gorze-Kluny S. 613 f. Über die Tätigkeiten Heinrichs II. bei der Einrichtung von St. Afra als Benediktinerkloster und den reformerischen Hintergrund siehe oben S. 204 ff.

74 Schmale, Weltchronistik S. 130.

75 *... Reginbaldus (abbas) ... subrogatur ... a Cůnrado ... in cathedram spirensis ęcclesię provectus est ...* Codex Laureshamensis 1 S. 378.

76 MG SS 4 S. 381.

77 Gerbert, Scriptores 2 S. 117 b–120 a; Oesch, Berno S. 81 f. Gerbert edierte nur den Text, die Melodien sind unveröffentlicht.

78 St. Gallen, Stiftsbibliothek, Cod. 898 p. 10–16.

3. Die Verbindungen des Abtes Adelhalm zu St. Emmeram in Regensburg

Von Abt Fridebolds Nachfolgern, Heinrich I. und Tieto (noch in der ersten Hälfte des 11. Jahrhunderts), wissen wir wenig mehr als die Namen.

Erst der siebente Abt des Klosters, Adelhalm, tritt wieder literarisch hervor. Wenn Wittwer ihn einen *vir satis sacris literis eruditus* nennt, so ist dies nicht als leere Formel zu verstehen. Für diesen Adelhalm wird ein Studienaufenthalt im Kloster St. Emmeram in Regensburg bezeugt, ehe er Abt in St. Afra wurde. Otloh von St. Emmeram schreibt in seinem Liber de temptatione, daß er nach seiner Rückkehr aus Fulda nach St. Emmeram ein Leben des hl. Magnus[79] geschrieben habe. Er sei dazu von zwei Mitbrüdern gedrängt worden, einmal von Wilhelm – dem späteren Reformabt von Hirsau – und zum anderen von einem gewissen Adelham (!), der vom Magnuskloster (in Füssen) herkommend *discendi causa* im Kloster St. Emmeram geweilt habe und jetzt zum Abt von St. Afra bestellt worden sei[80]. Der Abtkatalog des 12. Jahrhunderts (Chronicon breve) überliefert an siebenter Stelle seiner Abtreihe einen *Adelhalmus*[81], der im 3. Viertel des 11. Jahrhunderts im Kloster gewirkt haben muß.

Prior Adilbert und in seinem Gefolge Wittwer haben hier Verwirrung gestiftet. Bei ihnen heißt der siebente Abt Adelbero[82]. Ein Abt Adalbero steht im Abtkatalog (Chronicon breve) an zwölfter Stelle vor Abt Egino (1109–1120)[83]. Adilbert hat als zwölften Abt „einen Wessobrunner", dessen Namen er nicht mitteilt[84]. Wittwer führt für diesen den Namen „Gunther" ein[85]. Schon A. Steichele wies in seiner Ausgabe von Wittwers Catalogus auf diese Unstimmigkeiten hin[86].

Dennoch versuchte R. Bauerreiß, Adelhalm entgegen dem Chronicon breve als Abt für St. Afra zu eliminieren: „Adelhelm (so die Namensform bei Bauerreiß) war demnach niemals Abt von Augsburg, und die Angabe Otlohs ist eine verwirrungschaffende Verwechslung zwischen Adalbero und Adelhelm"[87]. Zwar führt auch J. Hemmerle, der zuletzt eine Abtliste für St. Ulrich und Afra erstellt hat[88], an 7. Stelle Adelhalm und an 12. Adalbero, dazu jedoch einen Abt Gunther, dessen Name im Chronicon breve fehlt. Es ist daher notwendig, die

79 Es ist dies die dritte Bearbeitung der älteren Magnusvita, vgl. oben Nr. (70 a) und S. 155.
80 Ex Othloni operibus, MG SS 11 S. 391; vgl. Schauwecker, Otloh S. 44 f.
81 MG SS 14 S. 558.
82 Augsburg, AdB, Hs. K 80 fol. 12r; Wittwer, Catalogus S. 80.
83 MG SS 14 S. 559.
84 Augsburg, AdB, Hs. K 80 fol. 14r.
85 Wittwer, Catalogus S. 90.
86 Steichele, Archiv 3 S. 80 Anm. 40 und S. 90 Anm. 48.
87 Bauerreiss, Ottobeuren S. 82 f. Vgl. auch Schauwecker, Otloh S. 44 Anm. 162.
88 Hemmerle, Benediktinerklöster S. 48.

Quellenbelege und Argumente noch einmal zu sichten, um sich über die tatsächliche Reihenfolge der Äbte des 11. Jahrhunderts Klarheit zu verschaffen.

Der Abt Adalbero mit Todestag 3. August (wie bei Wittwer) steht unter diesem Datum und unter diesem Namen in den Nekrologen von St. Ulrich und Afra, Füssen und Ottobeuren[89], aber nur in St. Ulrich und Afra mit dem Zusatz *abbas nostri coenobii*. In den Nekrologen von St. Ulrich und Afra, Ottobeuren und Weingarten steht ein Abt Adelhalm unter dem 25. 8., wobei jedoch nur Ottobeuren und Weingarten vermerken: *abbas nostri coenobii*[90]. Das konnte dazu führen, für Augsburg-St. Afra einen Abt Adalbero anzunehmen, den Otlohfreund Adelhalm für dieses Kloster jedoch zu streichen.

In diesem Sinne entschied sich R. Bauerreiß. Er unterscheidet mit Blick auf die Nekrologeinträge zwischen einem Adelhalm, gestorben am 25. 8. 1094 als Abt von Ottobeuren, der auch Abt von Weingarten war, und einem Abt Adalbero, gestorben am 3. 8. als Abt von St. Ulrich und Afra, der außerdem als Abt in Wessobrunn bezeugt ist[91]. Bauerreiß verdächtigte gewissermaßen Otloh von St. Emmeram, Adalbero mit Adelhalm verwechselt zu haben.

Nun ist aber kaum anzunehmen, daß Otloh, der nach eigenem Zeugnis auf Wunsch eines Mitbruders A d e l h a l m die Magnusvita geschrieben und dieselbe diesem A d e l h a l m namentlich gewidmet hat, sich in Namen und Empfänger getäuscht hätte. Ebenso ist ihm am ehesten zuzutrauen, daß er richtig angibt, daß dieser sein Mitbruder Abt von St. Afra geworden sei und nicht von Ottobeuren oder Weingarten, wo es einen Abt gleichen Namens gegeben haben mag, der aber mit unserem Adelhalm nicht identisch zu sein braucht. Außerdem merkt Otloh in seinem Literaturbericht an, er habe „dem Abt von St. Afra ein Buch" geschenkt[92], nicht aber einem Abt von Ottobeuren oder Weingarten, was beweist, daß er einen Abt von St. Afra kannte. Schließlich ist das einzige bekannte Exemplar der Magnusvita mit Otlohs Widmungsschreiben für Adelhalm im Kloster St. Afra überliefert[93]. Wenn also die späteren Hauschronisten von St. Ulrich und Afra, allen voran Adilbert und in seinem Gefolge Wittwer, keinen Adelhalm, dafür aber einen Adalbero in der Abtliste führen, dann ist eher anzunehmen, sie hätten sich getäuscht, als Otloh, Adelhalms Freund und Zeitgenosse. Es ist nicht begreiflich, warum sie von der ältesten chronikalischen Quelle, dem Abtkatalog des 12. Jahrhunderts (Chronicon breve)[94] abwichen, wo statt

89 MG Necr. Germ. 1 S. 125, 84, 111.

90 MG Necr. Germ. 1 S. 125, 112, 236.

91 Bauerreiss, Ottobeuren S. 82ff. In Bauerreiß' Sinn auch Schauwecker, Otloh S. 44.

92 Ex Othloni libro de temptatione: *abbati de Sancta Afra unum librum (dedi)*, MG SS 11 S. 393.

93 Vgl. Nr. (70a). Das Widmungsschreiben bei Coens, S. Magne S. 184–187.

94 MG SS 13 S. 280 bzw. SS 14 S. 558.

eines Adalbero ein *Adelhalmus* zwischen Tieto und Diemar genannt ist[95]. Für uns hat die ältere Chronik ein stärkeres Gewicht als die jüngeren Chronisten.

Vollends zur Gewißheit wird die Existenz eines Abtes Adelhalm durch die erhaltene Handschrift Rom, Vaticana, Palat. lat. 274, die auf fol. 2^r den Besitzvermerk *S. AFRE/ADELHELMUS ABB(AS)* aufweist[96]. Die Schrift ist süddeutsch aus der ersten Hälfte des 11. Jahrhunderts[97]. Zweifellos gab es im 11. Jahrhundert einen Abt Adelhalm im Kloster, der mit Otloh von St. Emmeram in Verbindung gestanden sein muß.

Ein gewisses Problem bleibt die Chronologie[98]. Aus Otlohs Lebensumständen ist zu schließen, daß er seinen Literaturbericht, in dem er von der Abfassung der Magnusvita handelt, gegen Ende seines Lebens, nach 1070, die Vita selbst aber frühestens 1067 schrieb. Hielt sich Adelhalm 1067 noch in St. Emmeram auf? Nach 1070 wird er von Otloh Abt von St. Afra genannt. Wittwers Zählung zufolge wäre Abt Adalbero/Adelhalm bereits 1064 oder 1065 gestorben. Ihm folgte Die(t)mar, aber nicht unbedingt sogleich. In Wittwers zweiter Version heißt es, Bischof Embriko habe Die(t)mar eingesetzt, während Adalbero in Rom weilte. Wittwer ist hier mit seinen Angaben widersprüchlich. Man weiß ja auch nicht, wie weit seine Regierungsjahre lediglich eine harmonisierende Konstruktion sind[99]. Die urkundliche Überlieferung läßt uns für diese Zeit völlig im Stich.

In die Zeit des Abtes Adalbero/Adelhalm fällt die Auseinandersetzung des Klosters mit Bischof Heinrich II. (1047–1063)[100], die nach dreimaliger Intervention durch Papst Alexander II. am Gründonnerstag des Jahres 1062 oder 1063 beigelegt wurde[101]. Adelhalm müßte also zu dem Zeitpunkt schon Abt in St. Afra gewesen sein. Dieser Zeitansatz scheint im Widerspruch zu den Lebensumständen Otlohs und seiner Abfassung der Magnusvita zu stehen. Der Widerspruch läßt sich jedoch lösen. Adelhalms Aufenthalt in Regensburg und die Bitte an Otloh könnten früher, die Abfassung der Vita später anzusetzen sein. Adelhalm war inzwischen Abt geworden, und die Vita wurde ihm von Otloh nach Augsburg übersandt.

Die Reihenfolge der Äbte von St. Afra ergibt sich also wie folgt: 1. Der vom ersten Abtkatalog in St. Afra bezeugte Adelhalm ist als Abt nach Tieto und vor

95 Darauf hat schon R. Wilmans in seiner Einleitung zu den Auszügen aus Otlohs Werken aufmerksam gemacht (MG SS 11 S. 377 Anm. 19), und A. Steichele hat sich ihm angeschlossen (Wittwer, Catalogus S. 80 Anm. 40) mit folgendem Harmonisierungsvorschlag: Die Chronisten nennen diesen Adelhalm Adalbero.

96 Oben Nr. (4 a).

97 Lehmann, Fuggerbibliotheken 2 S. 477.

98 Darauf machte bereits Wilmans aufmerksam: MG SS 11 S. 377 Anm. 19.

99 Vgl. oben S. 182 f.

100 Augsburg, AdB, Hs. K 80 fol. 12^v; Wittwer, Catalogus S. 82 f.; AReg 1 Nr. 285 S. 166 und Nr. 299 S. 175.

101 AReg 1 S. 175 Nr. 300.

Die(t)mar beizubehalten. Er war mit Otloh zusammen in St. Emmeram und war der Anreger und Empfänger der Vita s. Magni. Er kam vielleicht 1050[102] als Abt nach Augsburg und war Anfang der siebziger Jahre noch dort, was sich aus den Lebensumständen Otlohs ergibt. Er könnte als regierender Abt bei Abwesenheit durch den Usurpator Die(t)mar (Wittwer) unter Bischof Embriko abgelöst worden sein. Ja, es wäre möglich, daß er anschließend den Klöstern Ottobeuren und Weingarten vorstand. Er wäre dann jener Adelhalm, der am 25.8. (nach P. Lindner 1094) starb. Das Nekrolog von St. Ulrich und Afra führt ihn unter dem 25.8. als *abbas*[103]. Durch eine Verwechslung wurde für diesen Adelhalm der Name Adalbero in die Klosterchroniken von St. Afra eingeführt und vor allem durch Wittwer befestigt. Deshalb ist das, was Wittwer und Spätere unter Adalbero berichten, auf Adelhalm zu beziehen.

2. Dieser Adelhalm wurde wohl mit dem nicht unbedeutenden Reformabt Adalbero von Wessobrunn (gest. am 3.8.) verwechselt, der Eingang in verschiedene Nekrologe im Umkreis von Wessobrunn fand, so Füssen, Ottobeuren, St. Ulrich und Afra. Letztgenanntes hat den Zusatz *abbas nostri coenobii*. Da das Nekrolog von St. Ulrich und Afra überwiegend aus späterer Zeit stammt (der Haupttext ist das Totenbuch, das Leonhard Wagner 1514 geschrieben hat)[104], kann man sich vorstellen, daß später, nachdem der *abbas Adalbero* bereits in die Klostergeschichte eingeführt war, auch im Totenbuch beim 3.8. zu Adalbero der Zusatz „Abt unseres Klosters" hinzukam. Bei Adelhalm am 25.8. fehlt er folgerichtig.

3. Der Wessobrunner Abt Adalbero hat auch mit St. Ulrich und Afra zu tun. Er war kurze Zeit dort Abt, allerdings nicht an 7. Stelle der Abtreihe, sondern an 12. Wieder ist dem Abtkatalog des 12. Jahrhunderts zu folgen, der an 12. Stelle einen Adalbero vermeldet. Es ist der unmittelbare Vorgänger Abt Eginos. Wittwer hat ihm in seinem Catalogus fälschlich den Namen Gunther beigelegt. Zuverlässiger als Wittwer berichtet über die Äbte seit Die(t)mar Udalschalk[105]. In seiner Formulierung ... *alterius iterum loci videlicet Wezzinesprunensis, abbas, et huic Augustensi supervenit* kommt klar zum Ausdruck, daß ein Abt von Wessobrunn auch Augsburg übernehmen sollte[106]. Das war nach Abt Berengars Resignation (nach Wittwers Zählung, die uns für diese Zeit als Anhaltspunkt dienen kann, gegen 1107) und vor Eginos Wahl (1109), in einem Zeit-

102 Nach Wittwers Chronologie!

103 MG Necr. Germ. 1 S. 125.

104 MG Necr. Germ. 1 S. 120.

105 Udalschalk, De Eginone et Herimanno. Der Herausgeber Jaffé hat die Abtreihe in seinen Anmerkungen richtig rekonstruiert. STEICHELE, Archiv 3 S. 90 hat sich ihm angeschlossen.

106 Auch Adilbert nennt den 12. Abt „einen Wessobrunner": Augsburg, AdB, Hs. K 80 fol. 14r.

raum, der in die Regierungszeit Adalberos von Wessobrunn[107] fällt. In den beiden Jahren vor Eginos Wahl hatte also offenbar der Wessobrunner Abt Adalbero neben Wessobrunn auch St. Afra inne. Auf diesen Abt bezogen ist der Eintrag im Nekrolog von St. Ulrich und Afra *Adalbero abbas nostri coenobii* zum 3. 8. gerechtfertigt.

4. Bei dem von Wittwer anstelle dieses Adalbero eingefügten Gunther handelt es sich um einen Abt, der dem Kloster aufgedrängt worden war. Es findet sich auch eine Erklärung, woher der Name „Gunther" in Wittwers Abtliste kommt. In zwei Briefen Eginos wird auf einen „Gegenabt" Gunther angespielt[108], nachdem Udalschalk von der Wahl eines Abtes an Eginos Statt berichtet hat[109]. Wenn der Abtkatalog des 12. Jahrhunderts diesen Abt Gunther nicht aufführt[110], verwundert dies nicht, da es sich um einen Gegenabt handelte.

5. Der von Wittwer zwischen Egino und Udalschalk eingeschobene Abt Wollemarus, der sonst nicht bezeugt ist[111], darf nicht mit Gunther gleichgesetzt werden, da Gunther als Gegenabt kein positives Bild bekommen hätte, wie es Wittwer von Wollemarus zeichnet[112].

Die Reihe der Äbte in der 2. Hälfte des 11. und Anfang des 12. Jahrhunderts mußte hier ausführlich erörtert werden, da Wittwer durch offenkundige Verwechslungen in der ulrikanischen Klostergeschichtsschreibung Verwirrung gestiftet hat. Die von ihm gegebenen Regierungsjahre der Äbte gelten meist nur mit großem Vorbehalt. Was die Reihenfolge und Namen der Äbte betrifft, ist entschieden dem Katalog des 12. Jahrhunderts der Vorzug zu geben. Auch die (von Wittwer überlieferte) Schrift Udalschalks verdient als Primärquelle mehr Glaubwürdigkeit als Wittwer selbst. P. Lindner[113] und J. Hemmerle[114] haben Gunther falsch eingereiht. Vor allem aber R. Bauerreiß' Versuch, Adelhalm zu streichen, mußte zurückgewiesen werden.

107 Steichele, Archiv 3 S. 91 Anm. 48; Hemmerle, Benediktinerklöster S. 340, Äbte von Wessobrunn: Adalbero I. 1065–1110.

108 Udalschalk, De Eginone et Herimanno, MG SS 12 S. 443, Egino an seinen Konvent: ... *alienum pastorem vos, meae parvitatis grex, vos inquam filii mei, quos in Christo genui, illum Guntherum, nostrae professionis inimicum, ad quaelibet estis secuti.* S. 444: *Abbas, inquiunt, Guntherus tantum astabat ...*

109 MG SS 12 S. 443.

110 MG SS 13 S. 280 und SS 14 S. 559. Einen Abt Gunther erwähnen zum 3. 12. das Ottobeurer, zum 2. 12. das ulrikanische und zum 4. 12. das Füssener Totenbuch.

111 Nur das Füssener Nekrolog hat zum 25. 2. einen *Volmarus abbas.* Nachdem das Kloster in Füssen die Äbte Egino und Udalschalk von St. Afra in sein Totenbuch aufgenommen hat, selbst aber keinen *Volmarus* in seiner Abtreihe führt, könnte Wollemarus hier für St. Ulrich in Anspruch genommen werden.

112 Wittwer, Catalogus S. 94 f.

113 Monasticon S. 40 f.

114 Benediktinerklöster S. 48.

Es bestanden also nach der Mitte des 11. Jahrhunderts Verbindungen zwischen St. Afra und St. Emmeram. Sie sind erkennbar in der Person des Abtes Adelhalm, belegt bei Otloh von St. Emmeram und durch das Vorhandensein der otlohschen Version der Magnusvita in unserem Kloster[115]. Ein weiterer Beleg für diese Beziehungen scheint mir der St. Emmeramer Prudentius-Codex[116] zu sein, in dem der in den beiden Prudentius-Handschriften von St. Afra erreichte Stand der Glossierung und Kommentierung voll übernommen ist[117]. An dritter Stelle schließlich – allerdings mit einem gewissen Vorbehalt – dürfen die Mitteilungen, die Wittwer zu seinem vermeintlichen Abt Adelbero macht, für Abt Adelhalm in Anspruch genommen werden. Er kümmerte sich vor allem um die Baulichkeiten des Klosters, ließ einen Glockenturm errichten, eine Orgel und eine Himmelskugel bauen[118]. Letzteres darf als vager Hinweis auf Beschäftigung mit astronomischen Gegenständen verstanden werden. Die sehr knappe Mitteilung Wittwers zum Orgelbau findet eine Entsprechung in den bibliothekarischen Überlieferungen. In die Handschrift Cod. Guelf. 72 Gud. lat. aus Reginbalds Besitz wurde aus der althochdeutsch abgefaßten Musikschrift Notkers von St. Gallen das 5. Kapitel „Über die Mensurierung der Orgelpfeifen" eingefügt[119]. Die Auswahl gerade dieses einen Kapitels spricht für gezieltes Interesse, das man sich durch Adelhalms Orgelbau gut erklären könnte. Die nicht sehr verbreitete Schrift Notkers taucht fragmentarisch auch in Regensburg auf. Es sind Fragmente eben dieses 5. Kapitels. Vielleicht wurden sie in St. Emmeram geschrieben, was ein weiterer Hinweis auf Verbindungen zwischen St. Afra und dem Regensburger Kloster wäre.

4. Die weiteren Äbte des 11. Jahrhunderts

Schon die Diskussion über die Reihenfolge der Klosteräbte im vorhergehenden Abschnitt hat bei der Besetzung dieses Amtes am Ende des 11. Jahrhunderts eine gewisse Turbulenz erkennen lassen. Bischof Embriko hat in Die(t)mar dem Konvent einen neuen Abt vorgesetzt, *iniuste*, wie Wittwer in seiner Interpretation betont. H. Endrös wertet diese Handlung Embrikos als Zeichen, daß der Bischof sich als Klosterherr betrachtete, weist aber auch zu Recht darauf hin, daß der vom Bischof bestellte Abt nicht auf Ablehnung stoßen mußte: Die(t)mar

115 Nr. (70a).
116 München, BStB, Clm 14 395.
117 Vgl. oben S. 125.
118 Wittwer, Catalogus S. 81.
119 Vgl. oben S. 138f.

stand viele Jahre dem Kloster vor und scheint eine tadellose Regierung geführt zu haben[120]. Nach Udalschalk war auch Sigehard, der Nachfolger Die(t)mars, unrechtmäßig eingesetzt. Seinetwegen wich der Mönch Egino nach St. Blasien aus[121]. Seit 1096 saß der durch den Kaiser erhobene Hermann auf dem Augsburger Bischofsstuhl[122]. Dieser setzte dem Kloster nacheinander drei Äbte vor[123]. Der erste war Hartmann, der Kloster Göttweig von 1094 bis 1114 als Abt leitete und dem der Bischof von Augsburg nun auch St. Afra anvertraute[124]. Er resignierte, und aus Fulda wurde der Profeß Berengar geholt, der den Brüdern in St. Afra unbekannt war, ebenfalls resignierte und nach Fulda zurückkehrte. Da Udalschalk angibt, dies alles sei „unter dem schismatischen Bischof" geschehen, gewinnen wir als zeitlichen Anhaltspunkt für den Beginn der Regierung Hartmanns frühestens das Jahr 1096. 1106 wurde Bischof Hermann vom Bann gelöst. Berengar war bereits nach Fulda zurückgekehrt. Nun übernahm Adalbero aus Wessobrunn[125] St. Afra, der ebenfalls resignierte, kurz bevor Egino 1109[126] von den Mönchen rechtmäßig gewählt werden konnte. Udalschalk räumt ein, daß gerade Adalbero ein *vir religiosus* genannt werden müsse; aber wegen seiner unkanonischen Berufung konnte er nicht akzeptiert werden. Wittwer referiert zu diesen letzten Äbten im wesentlichen Udalschalk. Über wissenschaftliche Tätigkeiten dieser Männer haben wir keinerlei Nachrichten. Die Äbte werden aufgrund ihrer angefochtenen Stellung auch keine allzu große Wirksamkeit entfaltet haben.

5. Abt Egino (1109–1120)

Am Beginn des 12. Jahrhunderts steht die Persönlichkeit Abt Eginos (1109–1120). Er hat in Udalschalk, seinem Vertrauten und späteren Nachfolger, einen Biographen gefunden. Nach dessen Zeugnis war Egino als *puer oblatus* unter Abt Die(t)mar ins Afrakloster gekommen und hat dort seine Ausbildung erhalten[127]. Egino weilte als Mönch in verschiedenen Klöstern des Schwarz-

120 Endrös, Reichsunmittelbarkeit S. 25.

121 Udalschalk, De Eginone S. 432.

122 Zoepfl, Mittelalter S. 109.

123 Udalschalk, De Eginone S. 433.

124 Das berichtet neben Udalschalk auch die Vita Altmanns v. Passau, MG SS 12 S. 241. Vgl. AReg 1 Nr. 376 S. 234.

125 Vgl. oben S. 229f.

126 Dieses Jahr ist bei Udalschalk (und Wittwer) überliefert.

127 Udalschalk, De Eginone, MG SS 12 S. 432: *apprime sacris est litteris imbutus* und *honestioris vitae pollebat studio.* Wittwer, Catalogus S. 91: *primum ab adolescencia in isto loco enutritus, moribus et sciencia instructus.* Diese allgemeinen Formulierungen machen leider keine Aussage über den materialen Grad seiner Bildung.

waldes[128] und stand zeitweilig im Dienste Bischof Gebehards von Konstanz. Der Konvent von St. Afra wählte ihn 1109 zum Abt, und Egino nahm nach einigem Zögern an. Seine Jahre als Abt waren von der Auseinandersetzung mit Bischof Hermann von Augsburg gezeichnet[129], die darin gipfelte, daß der Bischof 1118 das Kloster besetzen ließ und die Mönche und Egino nach dem Kloster St. Peter[130] vertrieb. Auf Drängen der Bevölkerung kehrte ein Teil der Mönche zurück. Der Restkonvent akzeptierte einen dem Bischof gefügigen Abt Gunther[131]. Da Egino die zurückgekehrten Mönche nicht auf seine Seite ziehen konnte, wandte er sich persönlich an Papst Kalixt II. (1119–1124) um Klärung der Angelegenheit. Auf der Rückreise von Rom starb er 1120 in Pisa.

Wir kennen von Abt Egino vier Briefe, die uns Udalschalk überliefert hat, indem er sie an geeigneter Stelle seiner Schrift De Eginone einfügte. Die ersten beiden Briefe richtete der verbannte Abt an seine zurückgebliebene Mönchsfamilie, die beiden weiteren an die Augsburger Bürger. Im ersten Schreiben[132] beklagt Egino, daß seine Herde einen fremden Hirten, jenen Gunther, dulde, während er gewaltsam vertrieben worden sei. Dazu komme, daß die Mitbrüder seinen Verräter Ratpoto (der sich als Mönch von St. Afra bei einer Gesandtschaft nach Rom auf die Seite Bischof Hermanns geschlagen hatte) wieder aufgenommen bzw. der Aufnahme sich nicht widersetzt hätten. Der Senior, Herr Engilbold, sei nicht wie Mattathias (Vater des Judas Makkabaeus, vgl. 1 Makk. 2) aufgestanden. Aber nicht alle seien abgefallen, und so möchten sie an ihrem Orte ausharren, solange sie der Gemeinschaft jenes Bischofs (Hermanns) sich entziehen könnten. Wer aber ihm, Egino, folgen wolle, der solle nicht zögern.

Der Brief zeigt, daß ein tiefer Riß durch den Konvent ging. Egino spricht eine klare Sprache und in einem scharfen Ton. Er betrachtet sich verfolgt als ,,Verteidiger der Gerechtigkeit", verraten durch ,,jenen anderen Judas" (Ratpoto). Er bleibt aber der weisungsbefugte Abt und fordert Gehorsam. Der Brief ist mit biblischen Anklängen durchsetzt. Als seinen Mitverbannten nennt Egino den Prior, ihren ,,Lehrer", dem sie übel mitgespielt hätten. Da man aus dieser Zeit sehr wenig über die Zusammensetzung des Konvents weiß, ist diese Erwähnung des Priors und Magisters ein wichtiger Hinweis auf die Existenz dieser Klosterämter. Neben Abt und Prior gab es noch den Senior, der ebenfalls mit Herr titu-

128 Siehe unten S. 256ff.

129 Darüber Udalschalk, De Eginone et Herimanno. Vgl. AReg 1 Nr. 427 S. 256f. und Nr. 435 S. 259; Gebele, Hermann; Zoepfl, Mittelalter S. 36ff.

130 Wahrscheinlich nach St. Peter in Thierhaupten (Lkrs. Aichach-Friedberg) und nicht auf den Petersberg bei Dachau, da die Formulierung *licus transitur* auf ein unmitelbar jenseits des Lechs gelegenes Kloster schließen läßt. Vgl. MG SS 12 S. 442 Anm. 68; AReg 1 Nr. 427 S. 256f.; Zoepfl, Mittelalter S. 120.

131 Siehe oben S. 230.

132 MG SS 12 S. 443f.

liert wird, als der Klosterälteste, eine Bezeichnung, die bis in die Neuzeit in den Mönchsverzeichnissen begegnet[133].

Im zweiten Brief[134] geht Egino aus der Verbannung mit jenen Mitbrüdern ins Gericht, die ihm den Gehorsam aufgekündigt hatten. Ihnen drohte er den Ausschluß aus der Mönchs- und Kirchengemeinschaft an. Der Brief war durch einige Mitbrüder veranlaßt, die Egino in arglistiger Täuschung den Gehorsam angeboten hatten, ihm aber weder in die Verbannung gefolgt, noch ihm sich innerlich angenähert hatten. Seinen Gegenabt Gunther brandmarkt Egino als Usurpator. In Wirklichkeit fehle dem Konvent in Abt und Prior[135] das Haupt. Wieder betont Egino, daß er „im Angesicht der ganzen Kirche die Gerechtigkeit zu verteidigen" trachte und deshalb gewaltsam vertrieben worden sei, was an Gregor VII. erinnert[136].

Der dritte Brief[137] richtet sich an jene Augsburger Bürger, die gegen Egino eingestellt waren. Vor ihnen sucht er sich zu rechtfertigen. Er verweist auf seine erste Verbannung (nämlich den Aufenthalt in den Schwarzwaldklöstern) und darauf, daß man ihm bei seiner Rückkehr als Abt ins Heimatkloster versprochen habe, er dürfe das verkünden, „was recht, kanonisch und zum Heile notwendig sei". Nun sehe er sich erneut in Verbannung, und jene seiner Getreuen, die zurückgeblieben seien, würden verfolgt. Ein Teil der Augsburger Bürger halte es mit jenem Apostaten Ratpoto, dem Verfolger der Mönche[138]. Sie sollten doch ihm, Egino, glauben und von seiner Verfolgung ablassen.

Ein viertes Schreiben richtet Egino an seine geliebten Brüder und alle Gläubigen in der Heimat[139]. Er verfaßte es 1120 auf der Rückreise von Rom in Pisa, wo ihn kurz darauf, am 14. oder 15. Juli desselben Jahres, der Tod ereilte. In feierlicher Form leitet Egino mit Bibelzitaten ein und beschwört wiederum die *causa iustitiae et veritatis.* Er erinnert an den Bann, der über Bischof Hermann ausge-

133 Lindner, Memoriale, passim. *Senior* an mehreren Stellen der Benediktusregel (vor allem Kap. 3,12; 23,6 und 58,6) bedeutet zunächst „älterer Geistlicher", aber auch „Vorgesetzter, Oberer". Vgl. B. Steidle, Die Benediktusregel. 1963 S. 225 bzw. 214; B. Linderbauer, S. Benedicti regula monachorum. 1922 S. 270.

134 MG SS 12 S. 444f.

135 Der Prior gehörte also bereits zur festen Einrichtung im Konvent, was einen deutlichen Hinweis auf den Beginn der St. Blasianer bzw. Hirsauer Reform unter oder vor Egino gibt. Denn die Prioratsverfassung ist bezeichnend für Cluny und die Hirsauer. Vgl. Hallinger, Gorze-Kluny S. 828ff.; Jakobs, Hirsauer S. 15 u. ö.

136 Als letzte Worte Gregors VII. ist der abgewandelte Psalmvers überliefert: *Dilexi iustitiam, odi iniquitatem, propterea morior in exilio*. Zit. in Kottje/Moeller, Kirchengeschichte 2 S. 83. Hübinger, Worte und oben S. 159.

137 MG SS 12 S. 445.

138 Wahrscheinlich ist hier auf den im ersten Brief als Verräter genannten Mitmönch Ratpoto angespielt. Oben S. 233.

139 MG SS 12 S. 445.

sprochen wurde. Er habe als Abt ihn jedoch nicht sogleich als Geächteten betrachtet, sondern erst, nachdem der Bischof angeordnet hatte, den Namen des rechtmäßigen Papstes durch den des Gegenpapstes bei der Osterliturgie zu ersetzen. Daraufhin sei er in die Verbannung und schließlich nach Rom gegangen, wo er die durch den Bischof erlittenen Ungerechtigkeiten zur Sprache brachte, aber sich auch die von diesem ihm erteilte Abtweihe bestätigen ließ[140]. Er habe dann in Ostia das Schiff genommen, dabei seinen Begleiter Udalschalk aus den Augen verloren, ihn jedoch in Pisa wiedergefunden. Mit dieser Begegnung in Pisa bricht Eginos Schreiben ab. Udalschalk fügt noch einen innig gehaltenen Nachruf auf den Verstorbenen an und teilt als Todesdatum den 15. Juli[141] mit. Man habe Egino in Pisa begraben. Das Werk Udalschalks schließt mit einem Carmen de itinere et obitu Eginonis in Hexametern mit Endreimen[142].

Die Briefe sind sehr klar im Aufbau und zeugen von recht gutem, bisweilen etwas schwülstigem Stil. In ihrer Diktion ähneln sie dem übrigen Werk Udalschalks so sehr, daß man sich fragt, ob nicht er die Briefe als Stilmittel in seine Biographie über Egino eingebaut und sie zu diesem Zweck selbst verfaßt hat. Manche Wendungen in den Briefen enthalten deutliche Anklänge zwischen dem Schicksal Eginos und dem des Papstes Gregor VII. (Kampf für die Gerechtigkeit, Tod in der Verbannung).

Nun hat Udalschalk aber insgesamt 12 Briefe der Biographie über Egino eingereiht. Von diesen sind wenigstens zwei auch außerhalb Udalschalks Werk aus Handschriften des Klosters bekannt, wie das Bücherverzeichnis von 1616 erkennen läßt[143]. Der eine ist ein Brief Papst Paschalis' II., enthalten in Hs. (42) Liber Moralium und eingefügt in Kap. 20, der andere ein Schreiben Erzbischof Adalberts I. von Mainz, enthalten in Hs. (45) Miscellanea sacra und eingefügt in Kap. 23. Es dürfte also erwiesen sein, daß diese Briefe tatsächlich gewechselt und nicht als Stilmittel von Udalschalk erfunden wurden. Wenn dies aber für zwei Stücke gilt, darf es wohl auch für die anderen zehn angenommen werden, und wir hätten dann in den vier Schreiben authentische Zeugnisse aus Eginos Feder zu erblicken. Als solche wurden sie auch immer angesehen[144].

140 Das diesbezügliche Schreiben Papst Kalixts II. überliefert im Wortlaut W. Wittwer im Catalogus (Hs. K 78 fol. 65v; gedruckt MG SS 12 S. 446 f. Anm. 81). Daß dieses Schreiben in einer Handschrift des Liber Moralium s. Gregorii von St. Afra enthalten war, vermeldet das Verzeichnis von 1616, siehe oben S. 94.

141 Im Nekrolog von St. Ulrich und Afra ist ebenfalls der 15. Juli verzeichnet (nicht der 14. wie bei Braun, Notitia 6 S. 51; MG SS 12 S. 447 Anm. 83): MG Necr. Germ. 1 S. 124.

142 Vgl. Manitius, Geschichte 3 S. 563. Warum Manitius meint, Udalschalk sei durch den Tod des Abtes an der Vollendung der Schrift De Eginone ... gehindert worden, ist nicht erfindlich. Das Werk scheint durch Nachruf und Grabgedicht abgeschlossen.

143 Siehe oben S. 94 und S. 96.

144 Wattenbach, Sachsen und Salier S. 537; Manitius, Geschichte 3 S. 562.

Innerhalb des Abschnitts über die Geschichtsschreibung im Kloster wurde versucht, die Lebensbeschreibung Eginos von Udalschalk in ihrer literarischen Eigenart zu würdigen. Sie konnte als „politische Biographie"[145] charakterisiert werden. Deutlich zeigen nun die authentischen Briefe Abt Eginos selbst, mit welcher Zielstrebigkeit und mit welchem Engagement er seine und damit auch die päpstliche Sache gegenüber einem Bischof verfocht, der auf der kaiserlichen Seite stand. Er verweist auf seine zweifache Verbannung (Brief Nr. 3), die ihn zuerst in das Kloster St. Blasien, später vielleicht auch nach St. Georgen führte, wo er mit den monastischen Reformbestrebungen cluniazensischer Prägung in Berührung gekommen ist. Allgemeines Reformideal dieser Kreise aber war die Freiheit des monastischen Lebens von jeder weltlichen, aber auch bischöflichen Gewalt[146] (zumal wenn wie im Augsburger Falle hinter der bischöflichen Gewalt die königliche stand). Als besonderes Kennzeichen der Cluniazenser gilt das Streben nach päpstlichem Schutz[147]. Nicht von ungefähr ging Egino nach seiner zweiten Verbannung nach Rom, um an den Papst zu appellieren. Wittwer charakterisiert diesen Abt also zu Recht als *nostre religionis amator et catholice ecclesie reparator*[148]. Über das Woher und Wie der Reform im Afrakloster wird noch zu handeln sein[149].

6. Abt Udalschalk (1127–1151)

Nach Eginos Tod hatte zunächst möglicherweise ein Wollemarus[150] als Abt gewirkt, ehe die Mönche 1127 Udalschalk, der damals im Konstanzer Gebiet weilte[151], zu ihrem Klostervorsteher beriefen. Er war Abt bis 1151[152]. Udal-

145 Oben S. 160.

146 Zur Freiheit von äußerer Bestimmung vgl. die Abtinvestitur nach Hirsauer Brauch bei Jakobs, Hirsauer S. 82 ff.; Kottje/Moeller, Kirchengeschichte 2 S. 64.

147 Jakobs, Hirsauer S. 108 ff.; Kempf, Reformbewegungen S. 374; Kottje/Moeller, Kirchengeschichte 2 S. 64.

148 Catalogus S. 91.

149 Unten Kap. VII.

150 Er ist überliefert bei Adilbert, K. Welling, Wittwer, fehlt dagegen im Catalogus abbatum (Chronicon breve), MG SS 14 S. 559; vgl. dazu oben S. 230.

151 Siehe unten S. 260 ff.

152 Es ist nicht sicher zu sagen, wann Udalschalk Abt von St. Afra wurde. Vielleicht war es 1126, wie Wittwer, Catalogus S. 95 überliefert; aber auch 1124 als Jahr der Investitur und Benediktion ist möglich; vgl. AReg 1 Nr. 451 S. 267. Udalschalks Sedenzzeit von 24 Jahren ist gut belegt (Adilbert; K. Welling, Abtkatalog, unten S. 295; Wittwer, Catalogus S. 100). Demnach wäre Udalschalk frühestens 1148 gestorben. Wittwer, Catalogus S. 100 gibt als Todesjahr „1149, nach anderen 1152" an. Für 1127–1151 als Regierungszeit entschieden sich Lindner, Monasticon S. 41 und Hemmerle, Benediktinerklöster S. 48.

schalk wird gelegentlich mit dem Geschlechtsnamen „de Maisach" versehen[153]. Dieser Beiname ist noch nicht bei Wittwer, wohl jedoch bei C. Khamm zu finden, nach dessen Angabe Udalschalk ein „Nobilis de Maisack Augustae natus" gewesen ist[154]. Wahrscheinlich liegt eine falsche Interpretation einer Schenkungsnotiz des 12. Jahrhunderts vor, derzufolge ein *nobilis ac prepotens de Bavaria Oudalschalch* bei St. Ulrich und Afra eintrat und auch seinen Sohn dem Kloster übergab[155]. Die mitübergebenen Güter liegen in der Dachauer Gegend. Unter den Zeugen treten mehrere *de Maisahe* auf. Udalschalk I. von Maisach, um den es sich gehandelt haben könnte, ist bezeugt von um 1120 bis um 1130[156]. Abt Udalschalk jedoch war 1118 bereits mit Egino auf der Romreise, wird von diesem als *socius laboris mei* bezeichnet[157], und sein Werk ist so geschrieben, daß er die schweren Jahre Eginos in der Auseinandersetzung mit dem Bischof schon im Kloster geteilt haben muß. Auch sein hoher Bildungsstand läßt vermuten, daß er als junger Mensch ins Kloster kam und hier erzogen wurde und nicht erst eintrat, als er schon einen Sohn hatte[158]. Aber auch der Sohn Udalschalks I. von Maisach kann nicht mit dem Abt von St. Afra gleichgesetzt werden. Denn der namensgleiche Sohn ist um 1177 als Domherr von Freising bezeugt[159]. Eher wäre hinter dem nicht namentlich genannten Sohn Udalschalks I. von Maisach jener Heinrich von Maisach zu suchen, der in den Jahren 1175–1181 die Abtwürde von St. Afra bekleidete und als *de Maisach* auch in den Klosterchroniken spätestens seit Wittwer geführt wird.

Die Gelehrsamkeit Udalschalks[160] drückt sich in verschiedenen Werken aus. Über seine Vita des Bischofs Konrad von Konstanz, die er als Verbannter schrieb, sowie über die Vita des Augsburger Bischofs Adalbero, die er als Abt des Afraklosters verfaßte und Bischof Walther widmete, wurde oben gehandelt[161]. Seiner persönlichen Verbundenheit mit Abt Egino und seiner Anteil-

153 Z. B. W. Lipphardt, Tonar in: MGG 13 Sp. 525: „Udalscalc v. Maisach (Augsburg), um 1140"; H. Hüschen, Udalschalk in: MGG 13 Sp. 1017 f. Man sollte sich auf „Udalschalk von Augsburg" einigen, denn daß er Mönch und Abt von St. Afra war, ist sicher, seine Herkunft „de Maisach" jedoch höchst unwahrscheinlich. Vgl. auch Fried, Die Edelfreien S. 57–58.

154 Khamm, Hierarchia 3 S. 37.

155 Mon. Boic. 22 Nr. 4 S. 10 f.

156 Tyroller, Genealogie S. 361 f.

157 Udalschalk, De Eginone S. 447.

158 Ähnlich auch Braun, Notitia 3 S. 6: *Natus Augustae in nostro asceterio educatus in virum evasit eximium* ... Wittwer, Catalogus S. 95: *Hic Auguste natus a puericia in sancta religione optimoque ibidem vivendi genere institutus* ...

159 Tyroller, Genealogie S. 361 f.

160 Er wird nicht nur von Wittwer, Catalogus S. 95 als *vir in sacris literis satis eruditus et inter egregios ac doctos merito numerandus* bezeichnet, sondern schon in der Translatio s. Conradi ep. Const. *vir eruditissimus* genannt (MG SS 4 S. 444).

161 S. 160 f.

nahme an den Geschicken des Klosters entsprangen die Gesta Eginonis, die wir als „politische Biographie" charakterisierten[162]. Im Vorwort seiner Biographie[163] wendet sich Udalschalk an die „Mönche von St. Ulrich und Afra", die unter Abt Egino in die Verbannung mußten. Er nennt sich selbst „ihr nicht ganz unnützer Knecht". Aus dieser Demutsformel könnte man ableiten, daß er zu diesem Zeitpunkt bereits erwählter Abt des Klosters war, aber noch nicht dort weilte. Als Hauptzweck seines Schreibens soll den Brüdern mitgeteilt werden, daß ihre Weihen, die der mit dem Interdikt belegte Bischof Hermann vorgenommen habe, gültig seien und daß sie weitere Weihen empfangen könnten[164]. Daneben sollte durch die Biographie Egino verherrlicht und der Bischof gebrandmarkt werden. Udalschalk beschloß sein Werk mit einem längeren, metrisch etwas gekünstelt gebautem Grabgedicht auf seinen Helden, das vielleicht unvollständig überliefert ist. Viel kann jedoch nicht fehlen, denn nachdem die wichtigsten Ereignisse der Romfahrt geschildert sind, wird vom Tod des Abtes berichtet. Wieder nennt Udalschalk, gewissermaßen zum Ausklang, die Adressaten seines Berichts[165].

Neben seinen historisch-hagiographischen Werken liegt ein Schwerpunkt in Udalschalks geistigem Schaffen auf dem Gebiete der Musik und Liturgie. Nachdem seine Vita Kŏnradi für die Kanonisation des Bischofs eine wichtige Voraussetzung geschaffen hatte, lieferte er mit der Historia Kŏnradi einen Beitrag zur liturgischen Feier des Heiligen[166]. Udalschalk schrieb das Offizium für das Konradsfest in einer schön gegliederten Prosa, die häufig, aber nicht regelmäßig, durch den Reim gebunden ist. Mit seinen Antiphonen und Responsorien entsprach das Offizium den Bedürfnissen des Stundengebets. Es existierte neben der Konstanzer Bistumsversion auch eine erweiterte monastische Fassung[167].

162 Oben S. 160.

163 MG SS 12 S. 432.

164 Das für Egino ausgefertigte Schreiben Papst Kalixts II. bringt zum Ausdruck, daß er, Egino, geweihter Abt bleiben könne, daß auch die Mitbrüder ihre Weihen (wohl zum Kleriker oder Priester) behielten und weitere empfangen könnten *(acceptos ordines obtinere et ad alios promoveri);* Text des Briefes MG SS 12 S. 446 f. Anm. 81. Vgl. Germania Pont. 2,1 Nr. 5 S. 57 f.; AReg 1 Nr. 435 S. 259. Im Vorwort Udalschalks klingt es so, als ob Egino die Vollmacht erhalten hätte, die Weihen für gültig zu erklären, MG SS 12 S. 432: ... *ut, si qui ex vobis ab eo sunt ordinati nulli per hoc canonum subiaceant severitati, sed in eiusdem patris vestri pendeat potestate, ab huiusmodi contagio apostolica vos absolvere auctoritate; maxime illos, qui post factam sibi pontificalis officii suspensionem nullam ab eo percepere consecrationem.*

165 ... *quibus iste stilus servit* ..., MG SS 12 S. 448 Zeile 49.

166 Man hat fälschlicherweise vermutet, unter der Historia sei eine in Verse gesetzte Fassung der Vita Kŏnradi zu sehen. W. Berschin, Historia S. Kŏnradi S. 107 ff. hat klargestellt, daß es sich um ein Konradsoffizium handelt, das Udalschalk schrieb und vertonte.

167 Berschin, Historia S. Kŏnradi S. 110 f.

Außer diesem Konradsoffizium schuf Udalschalk – wie ich meine, ebenfalls in seiner Konstanzer Zeit[168] – ein solches für das Fest des heiligen Ulrich, den *cantus de S. Udalrico*[169], womit das Offizium *Inclita devotis colimus sollemnia votis* gemeint ist[170]. Sigismund Meisterlin berichtet über ein drittes Offizium von Udalschalks Griffel zu Ehren der hl. Afra *Cum sub Dyocletiano* sowie von einem *cantus de Beata Maria Magdalena super verba sancti Gregorii*[171]. Das Afra-Offizium, das Meisterlin mit dem Incipit der ersten Nokturn zitiert, konnte W. Berschin als Offizium *Gloriosa et beatissima martyr Afra* identifizieren, das Hermann dem Lahmen zugeschrieben wird. Udalschalk kommt somit für dieses Werk als Verfasser nicht in Frage[172]. Ähnliches gilt auch für den *cantus de Beata Maria Magdalena*, für den Berschin nur eine Erweiterung durch Udalschalk für möglich hält[173]. Somit verbleiben für Udalschalk als Verfasser sicher nur die beiden Offizien zum Konrads- und Ulrichsfest, von denen das Konradsoffizium nur im Bistum Konstanz und in einigen Klösters des Bodenseeraums überliefert ist. Auch der Augsburger Meisterlin kennt es als Werk Udalschalks nicht. Gut bezeugt für St. Afra ist dagegen die Überlieferung des Ulrichsoffiziums, das in das „hagiographische Hausbuch“, den Vindobonensis 573, gleich im Anschluß an die Vita Adalberonis fol. 19^r–25^v Aufnahme gefunden hat[174]. Die Melodie zum hexametrischen Offizium ist auf neun Schriftzeilen mit Metzer Neumen auf jeweils vier Terzlinien geschrieben, unter denen die F-Linie hervorgehoben ist. Die Schlüsselbuchstaben stehen vor jeder Linie. Der Schriftraum beträgt 16 x 11 cm. Durch das Schreiben des päpstlichen Legaten an Abt Udalschalk[175] wird der Gebrauch des Ulrichsoffiziums im Kloster genehmigt.

Spätestens mit Udalschalk ist auch eine neue Möglichkeit der Aufzeichnung von liturgischen Gesängen und eine Reform des Gesangs überhaupt ins Kloster eingezogen. Meisterlin an der oben zitierten Stelle des Chronicon und Wittwer im Catalogus heben hervor, daß Udalschalk die Offizien mit großem musikalischem Können verfaßte, indem er die Maße Diapente, Diatesseron und Diapason einführte und benützte *magna cum licentia*[176]. Dies verweist auf die Ver-

168 Siehe unten S. 260 f.

169 So genannt im Legatenschreiben an Udalschalk; zit. bei Wittwer, Catalogus S. 97. Auch MG SS 12 S. 431.

170 Vgl. Berschin, Historia S. Kŏnradi S. 113 f.

171 Meisterlin, Chronicon pars II cap. 2, zit. von Berschin, Historia S. Kŏnradi S. 111 f. Wittwer, Catalogus S. 96 f. hat Meisterlins Mitteilung, sie ausweitend, übernommen.

172 Berschin, Historia S. Kŏnradi S. 114 f.

173 Berschin, Historia S. Kŏnradi S. 115 ff. – eine Erweiterung allerdings, die Udalschalks Benützung der Moralia Gregors d. Gr. bestätigt. Vgl. unten S. 241.

174 Vgl. Berschin, Vita S. Kŏnradi S. 88 und oben Nr. (32).

175 Vgl. Wittwer, Catalogus S. 97, MG SS 12 S. 431 und unten S. 261 f.

176 Meisterlin, zit. von Berschin, Historia S. Kŏnradi S. 111; Wittwer, Catalogus S. 96.

wendung der antiken Musiklehre durch Udalschalk: die nämlichen Tonbezeichnungen zum Schema der Oktave sind auf dem Bild von der Schmiede des Pythagoras im Wolfenbüttler Codex 334 Gud. lat. aus dem Afrakloster dargestellt[177]. Aufgrund von inhaltlichen Argumenten, worüber gleich ausführlich gehandelt werden wird[178], möchte man annehmen, daß diese musiktheoretische Handschrift in den engsten Umkreis von Udalschalk gehört, wenn er nicht gar die Zusammenstellung selbst veranlaßt und das Buch als sein Handbuch benützt hat. Auch paläographisch paßt der Codex in seine Zeit. Das System der Neumierung des Ulrichsoffiziums im Vindobonensis 573 kehrt im Gudianus 334 wieder. Wenn auch Udalschalks eigenes musiktheoretisches Werk, das Registrum tonorum, mit Sicherheit erst nach seinem Tode in die Musiktraktatesammlung aufgenommen wurde, so spricht das nicht dagegen, daß die Sammlung noch unter ihm angelegt worden sein kann[179].

Schließlich hat Udalschalk als Dichter zu gelten. Er verfaßte Verse, mit denen die Kirche und Räumlichkeiten des Klosters ausgeschmückt waren. Meisterlin konnte in humanistischer Verehrung der Verskunst nur bedauern, daß er nicht mehr zu der Zeit lebte, da er diese Verse hätte lesen können[180].

Wittwer überliefert einen Teil dieser Dichtungen und Inschriften in seinem Catalogus[181]. Ein Zeugnis vor Meisterlin und Wittwer für die Verskunst des Udalschalk ist bislang nur einer Notiz im Bücherverzeichnis von 1616 zu entnehmen. In der Handschrift des Liber Moralium S. Gregorii, Teil I, waren die *metra Udalscalci* enthalten[182]. Die erste Zeile einer Epitaphaufschrift ist dort mit Wittwer identisch zitiert. Sicher ist auch, daß Wittwer die Moralia Gregors d. Gr., die viele Beitexte hatten, als Quelle benützt hat[183]. Es bleiben allerdings gewisse Zweifel, ob alle von Wittwer mitgeteilten Verse diesem einen Codex beigeschrieben waren. Dafür scheint das Corpus der Verse Udalschalks zu umfangreich. Eine neuzeitliche Bewertung von Udalschalks Dichtkunst ist jedoch für den Verfasser nicht so vorteilhaft, wie ihn offenbar Meisterlin einschätzte. Die Elegie am Ende der Gesta Eginonis wurde von M. Manitius als „ungelenk und in der Form merkwürdig"[184] bezeichnet. Die weiteren Verse Udalschalks

177 Siehe oben Nr. (39) und S. 142.

178 Vgl. Kap. VII.

179 Zum Gudianus 334 vgl. oben S. 141 ff. und unten S. 284 ff.

180 Meisterlin, Chronicon pars II cap. 2, zit. von Berschin, Vita S. Kônradi S. 82. Bühler, Schriftsteller S. 24 rückt die meisterlinsche Begeisterung etwas zurecht, indem er die Qualität der Verse nicht allzu hoch bewertet.

181 S. 100 ff. Auf eine vom Editor Steichele ausgelassene Tafel mit einer kosmologischen Darstellung (fol. 71^v–72^r) weist Bühler, Schriftsteller S. 21 Anm. 2 hin.

182 Clm 4414 fol. 48^v und oben S. 93.

183 Siehe oben S. 181.

184 Manitius, Geschichte 3 S. 563. Vgl. oben S. 159.

sind bei Manitius nicht besprochen. N. Bühler gab eine kurze Würdigung von Udalschalks Poesie. Sie erhebe sich in keiner Beziehung über das Mittelmaß der damaligen Leistungen und entspringe weitaus mehr praktischen Zwecken als einer dichterischen Veranlagung[185].

Es ist nun noch der Blick auf Udalschalks Quellen zu richten, Bücher, die ihm im Kloster zur Hand waren. An Geschichtsschreibung war noch nichts vorhanden, die ersten dürftigen Abtkataloge wurden erst nach ihm geschrieben. Der Bestand an hagiographischer Literatur wurde passim erwähnt, in der Musiktheorie konnte er auf die Traktate des Gudianus 334, ja auf die Schriften der Reginbaldzeit zurückgreifen. Häufige Anklänge an die Hl. Schrift in seinen Werken[186] sind bei einem Klosterschriftsteller nichts Ungewöhnliches. Er zitiert auch gelegentlich Verse aus Vergil und Horaz, ohne Angabe des Autors[187]. Mit ziemlicher Sicherheit hatte Udalschalk die Moralia Gregors des Großen zur Hand. Das Werk befand sich nach dem Ausweis des Verzeichnisses von 1616 in mehreren Teilbänden in der Bibliothek. Wegen der auf die Egino-Udalschalk-Epoche passenden Einträge gehörte es wohl schon im 12. Jahrhundert dem Kloster[188]. Als Schreiber nennt sich am Ende Engilpold. Einen Engilpold (nur einen einzigen Träger dieses Namens verzeichnet das Nekrolog von St. Ulrich und Afra) kennen wir auch als Senior unter Abt Egino aus dem 1. Brief Eginos[189]. Es ist also anzunehmen, daß die Moralia Gregors d. Großen von Engilpold unter Egino geschrieben wurden und von da an wenigstens bis zu Meisterlin/Wittwer im Kloster blieben. Udalschalk, der eine besondere Verehrung für die hl. Magdalena hatte und ihr Offizium *super verba Gregorii* bearbeitete, hatte dazu also die Moralia zu Verfügung. In der Maria-Magdalena-Predigt Gregors (= Moralia Lib. XXXIII cap. 12) findet sich jenes Zitat *Armilla perforata* ... als Charakteristikum[190], das als Responsorium in einer Textform des Magdalenenoffiziums vorkommt, in einer anderen fehlt. Man kann also annehmen, daß Udalschalk aufgrund seiner Lektüre der Moralia Gregors diese Stelle dem Offizium einverleibte.

Analog zu den Moralia Gregors darf auch ein im Bücherverzeichnis von 1616 genanntes Werk des hl. Augustinus wegen der beigeschriebenen Stücke in der Klosterbibliothek des 12. Jahrhunderts vermutet werden, der Commentarius in

185 Bühler, Schriftsteller S. 23 f. Ein endgültiges Urteil will ich den Philologen überlassen. Sicher ist richtig, daß die Kunsthistoriker aus der Beschreibung der Gebäude und ihrer Malereien, wie sie die Verse bieten, Nutzen ziehen. Vgl. Bühler, Schriftsteller S. 24.

186 Bühler, Schriftsteller S. 24.

187 Bühler, Schriftsteller S. 24 f.

188 Beschreibung oben S. 93 ff.

189 Siehe oben S. 233.

190 Vgl. Berschin, Historia S. Kŏnradi S. 115 f.

Psalterium, also wohl die große Psalmenerklärung Augustins[191]. Damit wird durch die Untersuchung der bibliothekarischen Überlieferungen eindrucksvoll bestätigt, was N. Bühler aus Hinweisen in Udalschalks Schriften nur indirekt folgern konnte: Udalschalk habe sich nach Quellen umgesehen und sich an diese gehalten[192]. Die auffallend vielen Dokumente seiner Zeit, die in Handschriften eingetragen waren und die uns im Bücherverzeichnis von 1616 mitgeteilt werden, sind ein Hinweis auf seine sammelnde, dokumentarische Arbeitsweise, was ihn einem modernen Historiker ähnlich erscheinen läßt.

Unter Udalschalk trat der Kanoniker Werinher ins Kloster über und brachte Bücher mit. Auf seine Liste[193] sei der Vollständigkeit halber verwiesen. Es stehen auf ihr wenigstens zwei Titel, die in das geistige Umfeld Udalschalks und die Zeit der Reformen passen könnten: die Epistolae Ivonis und ein Ordo presbiterorum. Mehr läßt sich aus der bloßen Erwähnung dieser Werke über Werinher und Udalschalk nicht aussagen.

Ähnlich ist es mit dem Domkustos Herimann, der Mönch von St. Afra wurde und aus dessen Besitz zahlreiche Bücher mit dem Besitzvermerk *S. AFRE/HERIMANNUS* stammen. Auch er gehört in die Jahre unter Abt Udalschalk. Seine Bücher waren überwiegend exegetisch-homiletische Literatur. Eine Sammlung Epistolares literae ad varias personas aus seinem Besitz wäre für uns bestimmt sehr aufschlußreich, aber leider blieb uns davon nur ein Vermerk im Bücherverzeichnis von 1616.

7. Abt Heinrich II. von Meysach (1175–1181)

In der 2. Hälfte des 12. Jahrhunderts ist, wie es scheint, nur noch Abt Heinrich II. von Meysach (1175–1181)[194] literarisch hervorgetreten, wenn wir auch Spuren dieser Tätigkeit nicht in Handschriften belegt finden. Ein Hinweis auf ihn und seine Verskunst findet man in Adilberts Klostergeschichte, wo er genannt wird *vir pudicus et castus et litterarum scientia satis eruditus*[195]. Weiter be-

191 Migne PL 36 und 37: Enarrationes in psalmos. Vgl. oben S. 89ff.

192 Schriftsteller S. 24.

193 Siehe oben S. 103f.

194 Zu den ulrikanischen Konventualen *de Meysach* siehe oben S. 237. Abweichend von HEMMERLE, Benediktinerklöster S. 48 möchte ich den Regierungsbeginn von Heinrich II. gleich nach dem Tod des Vorgängers annehmen, da nichts auf eine Vakanzzeit des Abtstuhles hindeutet. Nach den Annalen von St. Ulrich und Afra und dem Abtkatalog des K. Welling, der an dieser Stelle ausnahmsweise eine Jahreszahl nennt (unten S. 296), wurde Heinrich II. 1175 Abt. Auch Prior Adilbert gibt 1175 an. Bezüglich der Sedenzzeit (6 Jahre) stimmen die Annalen mit Wittwer überein. Also dürfte seine Abtszeit von 1175 bis 1181 gewährt haben.

195 Augsburg, AdB, Hs. K 80 fol. 16ᵛ; BÜHLER, Schriftsteller S. 26f.

richtet Adilbert, Heinrich II. habe drei *dorsalia*, d.h. Tücher für den Ulrichschor machen lassen und dazu Verse gedichtet. Wittwer, der das Zitat des Adilbert wörtlich in seinen Catalogus übernahm[196], konnte aus einer uns nicht mehr bekannten Quelle, vielleicht aus eigener Anschauung der Tücher im Chor des heiligen Ulrich[197], die Verse[198] selbst mitteilen. Die Darstellungen auf den Tüchern enthielten Szenen aus der Hl. Schrift des Alten und Neuen Testamentes, Heilige und Gestalten des Alten Testaments, Allegorien auf Reinheit, Weisheit, den Hl. Geist u. a. Bei jeder Figur stand eine entsprechende Inschrift. In einer Verszeile gibt Abt Heinrich sich selbst als Autor zu erkennen: *Ad laudem sanctis Heinrich opus hoc dedit istis*[199].

Wahrscheinlich ist das Chronicon breve (Catalogus abbatum), die erste Klostergeschichte[200], entweder von Abt Heinrich von Meysach selbst oder während seiner Regierungszeit von ihm angeregt geschrieben worden. Dieser Papst-Kaiser-Bischof-Abt-Katalog scheint von einer Hand auf einmal angelegt worden zu sein bis auf die Hinzufügung des Abtes Manegold (1182–1184), die später erfolgt sein muß. Der zuletzt genannte Kaiser *Fridericus* (I., 1152–1190) sowie Bischof *Hartwigus* (I., von Lierheim, 1167–1184), der die Bischofsreihe beschließt, waren mit dem zuletzt genannten Abt *Heinricus* (II., von Meysach, 1175–1181) zeitgenössische Persönlichkeiten. Rätselhaft bleibt, warum die Papstreihe nur bis Anastasius IV. (gest. 1154) geführt wird, obgleich der Papstkatalog des Otto von Freising, der wegen des vorausgehenden Chronicon dem Verfasser unseres Kataloges vermutlich bekannt war und von ihm vielleicht sogar benützt wurde, auch noch den Nachfolger des Anastasius, Hadrian IV., erwähnt[201]. Dazu kommt die Mitteilung Wittwers bzw. Prior Adilberts, Abt Heinrich habe ein Chronicon schreiben lassen, was von diesen allerdings auf Heinrich III. (1187–1190) bezogen wurde[202]. Hier könnte jedoch durchaus eine Namensverwechslung vorliegen, so daß Heinrich II. die Abfassung der Chronik veranlaßt hätte, was auch in älterer Literatur so verstanden wurde[203]. Der paläographische Befund läßt erkennen, daß Abt Manegold, der Nachfolger Heinrichs II., von

196 Wittwer, Catalogus S. 132ff.

197 Dies ist zu vermuten, da Wittwer den Ort der Tücher angibt: eines hing an der Chorwand gegen die Stadt hin, also auf der Nord-, eines gegen das Kloster hin, also auf der Südseite und das dritte hinter dem Kreuz im Chor des hl. Ulrich.

198 Insgesamt 57 wurden von Bühler, Schriftsteller S. 26 gezählt, leoninische Hexameter, denen eigentlicher poetischer Wert fehle.

199 Wittwer, Catalogus S. 140.

200 Vgl. Nr. (37) oben S. 84ff. und S. 163.

201 Lammers/Schmidt, Otto von Freising S. 581.

202 Siehe oben S. 165.

203 F. A. Veith, Bibliotheca 10 S. 175 zitiert Lipenius, Biblioth. philosoph. (1682) p. 137, wo vermerkt ist: *Henricus de Meysach abbas s. Affrai (= Afrae) scripsit Chronica de episcopis et abbatibus Augustanis* ... Vgl. auch Bühler, Schriftsteller S. 27 Anm. 1.

anderer Hand hinzugeschrieben wurde. Deshalb möchte ich der Meinung beipflichten, Heinrich II. von Meysach habe eng mit dem Chronicon breve zu tun. Demzufolge entstand es noch Ende der 70er-Jahre des 12. Jahrhunderts, und er selbst war vielleicht der Verfasser.

Wenn aber er und nicht sein namensgleicher späterer Nachfolger der Anreger oder Verfasser des Chronicon breve war, dann gilt wohl auch für die Historia scolastica, daß sie auf seine Veranlassung hin geschrieben wurde. Auch sie wird von Adilbert/Wittwer mit Heinrich III. in Verbindung gebracht[204]. Und nicht zuletzt paßt es in das Bild des Literaten Heinrich II. von Meysach, wenn Adilbert und Wittwer berichten, daß er das Glossarium Salomonis für das Kloster abschreiben ließ[205].

Abt Heinrich II. von Meysach erreichte bei Papst Alexander III. päpstlichen Schutz und Konfirmation für das Kloster[206], was sich vor allem in der Versicherung der Patronatsrechte auf Pfarrstellen, in der Konfirmierung des Klosterbesitzes, im Interdiktsprivileg[207], im Recht auf freie Abtwahl und anderen Zusicherungen ausdrückte, allerdings mit bischöflichem Vorbehalt, so daß St. Ulrich und Afra nicht als *abbatia libera* betrachtet werden darf. Die Urkunde, die Bischof Udalschalk (1184–1202) im Jahre 1186 für sein Bistum von Papst Urban III. erwirkte, zeigt wieder die Abhängigkeit des Klosters von der bischöflichen Gewalt[208]. 1182 ließ sich Kaiser Friedrich I. in die geistliche Bruderschaft des Klosters aufnehmen und bestätigte dafür alle Stiftungen. Das Kloster stand also hoch in der kaiserlichen Gunst[209]. 1183 brannten Kirche, Kloster und Werkstätten nieder[210]. 1187 konnten Kloster und Kirche durch den Mainzer Erzbischof unter Assistenz zahlreicher Bischöfe neu eingeweiht werden[211]. Dabei war der Kaiser selbst, Friedrich I., mit dreien seiner Söhne und zahlreichen Reichsfürsten zugegen und trug bei der gleichzeitig vollzogenen Überführung des hl. Ul-

204 Siehe oben Nr. (61).

205 Siehe oben Nr. (60).

206 Urkunde vom 6. August 1177; Mon. Boic. 22 Nr. 11 S. 187–192; Jaffé, Reg. Pont. Rom. Nr. 12909; Germania pont. 2,1 Nr. 9 S. 59; Hipper, Urkunden Nr. 10 S. 7f.; Endrös, Reichsunmittelbarkeit S. 45ff.

207 Recht, bei einem Generalinterdikt weiterhin Gottesdienst zu halten „hinter verschlossenen Türen, ohne Glockengeläute und mit gedämpfter Stimme".

208 Mon. Boic. 33 Nr. 47 S. 44; Jaffé, Reg. Pont. Rom. Nr. 15665; Germania pont. 2,1 Nr. 61 S. 45; Endrös, Reichsunmittelbarkeit S. 48.

209 Mon. Boic. 22 Nr. 12 S. 193–196; Stumpf, Reichskanzler 2 Nr. 4349 S. 391; Hipper, Urkunden Nr. 12 S. 9f.

210 Wittwer, Catalogus S. 142f. und dazu eine Notiz im Verzeichnis von 1616, siehe Clm 4414 fol. 21^{v}.

211 Wittwer, Catalogus S. 145 und dazu eine Notiz im Verzeichnis von 1616, siehe oben S. 91f.

rich zusammen mit drei Bischöfen den Leib des Heiligen zu seiner neuen Begräbnisstätte[212]. Es erfolgte auch eine Schenkung durch den Kaiser[213].

8. Der Mariendichter Wernher – ein ulrikanischer Mönch?

Für die zweite Hälfte des 12. Jahrhunderts wird der Priester Wernher, der Dichter eines Marienlebens in deutscher Sprache *(Driu liet von der maget)*[214], mit dem Kloster St. Ulrich und Afra in Verbindung gebracht. Man nimmt an, er habe im Auftrag des Propstes (!) Manegold von Sibinache (Siebnach, Lkrs. Unterallgäu) sein Werk im Kloster geschrieben. Wernhers Auftraggeber soll identisch sein mit Manegold, Abt des Klosters 1182–1184[215]. Die handschriftliche Überlieferung spricht dafür, daß das Werk in Augsburg verfaßt wurde[216]. Es erscheint jedoch mehr als fraglich, ob der Mariendichter Wernher und sein Gönner Manegold im Kloster St. Ulrich und Afra zu suchen sind.

Die Dichtung selbst[217] nennt als Verfasser (Verse 1295, 5800 ff.) einen „Priester Wernher", der 1172 sein Werk im Auftrag seines Gönners, eines „Priester Manegolt" (Verse 5811 ff.), geschrieben hat[218]. Bei der Bezeichnung Manegolds als „Priester" hat die handschriftliche Überlieferung eine Lücke. Nach dem Herausgeber C. Wesle wäre zu ergänzen „erzepriester oder korpriester, liut-

212 Wittwer, Catalogus S. 145 und oben S. 92.

213 Urkunde vom 17. April 1187: Mon. Boic. 22 Nr. 13 S. 196–198; Stumpf, Reichskanzler 2 Nr. 4476 S. 404; Hipper, Urkunden Nr. 14 S. 11.

214 Ein „bedeutendes Werk der ausklingenden religiösen Dichtung des 12. Jahrhunderts": Boor/Newald, Deutsche Literatur 1 S. 203.

215 Diese Identifizierung erfolgt allerdings nicht in der historischen Literatur (P. Braun, N. Bühler). Auch die älteren Gewährsmänner wie W. Wittwer und C. Khamm erwähnen keinen Dichter Wernher. Das Kloster St. Ulrich und Afra als Heimat der Mariendichtung Wernhers haben vor allem Germanisten vertreten. U. Pretzel (Marienleben) glaubte, den Nachweis für eine Beheimatung Wernhers in Augsburg und eine Identität seines Auftraggebers Manegold mit dem gleichnamigen Abt des Klosters schlüssig führen zu können. Vgl. auch Boor/Newald, Deutsche Literatur 1 S. 203. J. Bumke, Mäzene S. 135 läßt die Beheimatung von Wernhers Marienleben und Manegold in St. Ulrich und Afra als „allgemeine Meinung" bestehen, meldet jedoch Zweifel an der Beweisführung an, vgl. ebd. S. 364 Anm. 372.

216 Vgl. die These Pretzels, Marienleben S. 74, daß das Handschriftenfragment F von „alemannisch-schwäbischer Herkunft" (C. Wesle) an die Spitze des Stemmas zu setzen sei, womit die Wahrscheinlichkeit erhöht werde, daß der Dichter nach Augsburg gehöre.

217 Priester Wernher, Maria, ed. C. Wesle.

218 Die letztgenannten Belege sind strenggenommen kein Selbstzeugnis – so bei Boor/Newald, Deutsche Literatur 1 S. 203 –, da der Epilog „der Bericht eines Dritten über Wernhers Arbeit" zu sein scheint; vgl. U. Pretzel, in: Die deutsche Literatur des MA. Verfasserlexikon 4 Sp. 902.

priester“[219]. Die ulrikanische Klostergeschichtsschreibung kennt ihren Manegold jedoch im Jahre 1172 (dem Abfassungsjahre des Marienlebens) als Prior des Klosters und in den Jahren 1182–1184 als Abt[220]. Der Rang als Prior im Kloster, dem zweiten Oberen hinter dem Abt, wäre der Funktion Erz-, Chor- oder Leutpriester, so Manegold eine solche innegehabt hätte, jedenfalls vorgeordnet. Die genannten Funktionen werden aber gewöhnlich von Weltklerikern wahrgenommen, nicht von Klosterleuten. Es fällt daher schwer, hinter dem „Priester Manegold“ der Dichtung den Klosterprior zu sehen[221]. Mehr verrät die Dichtung selbst nicht; aber die Standesbezeichnungen der beiden Personen legen bereits nahe, sie nicht in einem Benediktinerkloster zu suchen. Damit verlieren die weiteren Wahrscheinlichkeitsgründe[222] an Gewicht.

Unter den Äbten Udalschalk, Ulrich von Biberbach und Heinrich von Meysach blühte die Dichtung[223], wie U. Pretzel richtig feststellt, aber es war lateinische Dichtung, die mit der besonderen literarischen Gattung von Wernhers Marienleben nicht unmittelbar zu tun hat. Der Ausdruck *rosa in Jericho*, den Wernher von den Beschriftungen der Fenster im Kloster St. Ulrich und Afra übernommen haben soll, stand dort neben anderen und bezog sich nicht auf Maria[224]. Die Nennung von Werinher und Manegold in Urkunden besagt wegen der Häufigkeit der Namen zu dieser Zeit[225] nicht viel. Frappierend ist auf den ersten Blick die Nennung von Werinher und Manegold (von Sibinache) zusammen in einer Schenkungsurkunde für das Kloster vom Jahre 1172 (dem Jahr der Abfassung des Marienlebens)[226] Dort sind die beiden als Zeugen angeführt. Jedoch geht keineswegs hervor, daß sie Priester waren[227]. Vor allem Manegold von Sibinache war wegen des Fehlens des Titels „Prior“ und wegen seiner Einordnung in der Zeugenreihe unter Laien wohl kaum der Angehörige und spätere Abt des Konvents von St. Ulrich und Afra, sondern eher ein Laie. Dasselbe dürfte für seine Erwähnung in einer Urkunde von 1171 gelten[228]. Die klösterliche Geschichtsschreibung kennt für Abt Manegold keinen Geschlechternamen;

219 Wernher, Maria S. 250.

220 Wittwer, Catalogus S. 142 f. und Hemmerle, Benediktinerklöster S. 48.

221 Der Titel „Propst“ für Manegold (von Sibinache) im Kloster St. Ulrich und Afra zu Augsburg – so Boor/Newald, Deutsche Literatur 1 S. 203 – ist nirgends belegt.

222 Pretzel, Marienleben S. 75 ff.

223 Vgl. oben passim.

224 Wittwer, Catalogus S. 124.

225 Pretzel, Marienleben S. 76.

226 Mon. Boic. 22 Nr. 10 S. 185 ff.; Hipper, Urkunden Nr. 9 S. 6 f.

227 Diese Bedenken auch bei Bumke, Mäzene S. 364 Anm. 372.

228 Mon. Boic. 22 Nr. 9 S. 181 ff.; Stumpf, Reichskanzler 2 Nr. 4126 S. 368; Hipper, Urkunden Nr. 8 S. 5 f.: *Manegold von Sibenhaiche*.

nirgendwo wird er „von Sibinache" genannt[229]. Man wird also die in der Dichtung selbst als „Priester" bezeichneten Wernher und Manegold eher unter dem Weltklerus oder den Kanonikern Ausburgs zu suchen haben als unter den Konventualen von St. Ulrich und Afra[230].

Neuerdings wurde herausgearbeitet, daß das Marienleben Wernhers inhaltlich in enger Beziehung steht zu drei Festen und ihrer liturgischen Begehung: Mariä Geburt, Mariä Verkündigung und Geburt Christi (mit Betonung der marianischen Komponente). Diese drei Feste im Rahmen der Marienverehrung habe Wernher favorisieren wollen, während er das Fest Mariä Empfängnis nur kurz behandelt und als „neue Mode" habe zurückweisen wollen[231]. Es ist richtig, daß die liturgische Feier des Festes Mariä Verkündigung *(annuntiatio)* unter Abt Ulrich von Biberbach (1169–1174), d.h. um die Zeit der Abfassung des Marienlebens, im Kloster eingeführt wurde[232]. Unter Abt Heinrich III. (1187–1190) kam das Fest der Empfängnis Mariens *(conceptio)* hinzu[233]. In beiden Fällen steht die Einführung der Feste jedoch neben anderen liturgischen Neuerungen und der Feier von Heiligen. Es ist schwer vorstellbar, daß die Feste maßgebend gewesen sein sollen für eine so umfangreiche Dichtung wie das Marienleben. Vor allem aber bleibt das Problem, daß Wernhers Marienleben weder in der bibliothekarischen noch in der chronikalischen Überlieferung des Klosters eine Spur hinterlassen hat. Manegold, der Förderer von Wernhers Marienleben, kann also nicht der gleichnamige Prior von St. Ulrich und Afra gewesen sein. Unser Kloster war wohl kaum der Entstehungsort der Dichtung. Unberührt davon bleibt die Möglichkeit, daß das Werk in Augsburg verfaßt wurde.

Zusammenfassung

Blickt man abschließend auf das 11. Jahrhundert zurück, so läßt sich in der bibliothekarischen Überlieferung eine Gewichtung feststellen. Die Bücher wissenschaftlich-literarischen Inhalts, also heidnische und christliche Dichter, Schriften zu den *septem artes liberales*, insonderheit zur Musik, waren stärker in der ersten Jahrhunderthälfte vertreten. In der zweiten Hälfte begegneten aus-

229 Vgl. Wittwer, Catalogus S. 142 f.

230 Vielleicht ist der gesuchte Dichter Wernher identisch mit dem Priester Wernher, der in einer ulrikanischen Urkunde von 1180 unter den Domkanonikern genannt ist: Mon. Boic. 23 Nr. 1 S. 1; Hipper, Urkunden Nr. 11 S. 8 f.; Bumke, Mäzene S. 364 Anm. 372.

231 Masser, Legendenepik S. 91 ff.

232 Wittwer, Catalogus S. 131.

233 Wittwer, Catalogus S. 144.

schließlich hagiographische und liturgische Titel. Es muß damit gerechnet werden, daß Handschriften verloren gegangen sind. Wegen des immer unvollständigen Bildes, das die Rekonstruktion der Bücherliste bietet, ließen sich nur Richtungen der geistigen Interessen angeben. Die erkennbaren Tendenzen passen jedoch mit dem zusammen, was wir über die Klostergelehrten des 11. Jahrhunderts aus anderen als den bibliothekarischen Quellen in Erfahrung bringen können.

Somit rundet sich das Bild der gelehrten Persönlichkeiten im Kloster. Mit dem ersten Abt und Reformer Reginbald hat die Pflege der Wissenschaft, mit Betonung der Fächer des Quadriviums, höchstwahrscheinlich von Nordostfrankreich her, vielleicht vom Kreis um Gerbert von Aurillac beeinflußt, Einzug ins Kloster gehalten. Nach Reginbalds Weggang blieben stärkere Impulse aus. Man pflegte Verbindungen zu Berno von der Reichenau, empfing von dort aber lediglich eine Heiligenvita und ein Offizium.

Vergleichen wir etwa mit St. Emmeram, Regensburg. Dorthin kamen in den ersten Jahrzehnten des 11. Jahrhunderts über den Mönch Hartwic Einflüsse von der unter Fulbert blühenden Schule von Chartres[234]. Wir kennen die umfangreiche literarische Tätigkeit Otlohs von St. Emmeram als Verfasser und Schreiber. Sein Werk war zwar auch überwiegend liturgisch-hagiographisch-theologischer Natur, so daß er gelegentlich als Feind der Wissenschaft innerhalb der mönchischen Bildung angesehen wurde. B. Bischoff betont aber ausdrücklich Otlohs Rolle für das Zustandekommen des Dialogus de musica Wilhelms, seines Mitbruders und des späteren Abtes von Hirsau, und weist auf Otlohs Selbstzeugnis hin, „daß er auch von der Astronomie zu reden verstehe“[235].

In St. Afra fehlt eine solche Gestalt. Nur etwas vom Glanz dieses Regensburger Lehrers fällt auch herüber zum Augsburger Kloster; denn Abt Adelhalm war ja zuvor in St. Emmeram gewesen, ihm war Otlohs Fassung der Magnusvita gewidmet, und von Adelhalm wissen wir – magerer Hinweis zwar – aus Wittwer, daß er in unserem Kloster eine *sphera*, eine Himmelskugel bauen ließ, womit Interesse für Astronomie angedeutet ist. Unter den turbulenten Besetzungen des Abtstuhles am Ende des 11. Jahrhunderts konnte sich wissenschaftliches Leben nicht entfalten.

So ist auch eine Hinterlassenschaft Eginos, des ersten bedeutenden Abtes im 12. Jahrhundert, unter den bibliothekarischen Überlieferungen nicht greifbar. Alles, was wir an literarischen Zeugnissen von ihm kennen, sind jene vier Briefe, die Udalschalk seiner Lebensbeschreibung Gesta Eginonis eingereiht hat und die Egino als engagierten Kämpfer für die Freiheit des monastischen Le-

234 Bischoff, St. Emmeram S. 80–84.
235 Bischoff, St. Emmeram S. 94 f.

bens, aber auch für die päpstliche Sache erscheinen lassen. Egino wurde letztlich durch die Widrigkeiten der Tagespolitik aufgerieben. Vielleicht konnte er deswegen keine Zeichen von Gelehrsamkeit hinterlassen.

Abt Udalschalk regierte dagegen in der Zeit nach der Aussöhnung mit dem Bischof und in einer Phase relativen Friedens. Die bibliothekarischen Überlieferungen förderten vor allem zutage, daß Udalschalk offensichtlich Dokumente in Handschriften sammelte und sie beinahe nach Art eines modernen Historikers in seinen Schriften verarbeitete. Dies gilt vor allem für die Gesta Eginonis. Das Wort seines Nachfahren, daß er *musicorum peritissimus*[236] gewesen sei, wird durch seine Musikwerke, die teilweise im Kloster nachzuweisen sind, belegt. Das Ulrichsoffizium war (neben den Viten Bischof Konrads und Bischof Adalberos von Udalschalk) dem Vindobonensis 573 beigefügt. Das Konradsoffizium hat dagegen im Afrakloster keine Überlieferung. Ein Afraoffizium allerdings, das Meisterlin dem Udalschalk zuschrieb, muß diesem abgesprochen werden. Ähnlich wurde auch der Cantus der hl. Magdalena von Udalschalk höchstens erweitert, nicht aber von ihm geschrieben. Udalschalk trat als Dichter hervor, wenn auch seine Kunst möglicherweise nicht sehr hoch zu bewerten ist, und hinterließ ein größeres Corpus von Versen, mit denen Kirche und Kloster geschmückt waren. Wittwer, der dieses Verscorpus überliefert, konnte es ganz oder teilweise aus Gregors d. Gr. Liber Moralium in Job, der im Kloster vorhanden war, übernehmen.

Ähnlich wirkte in den siebziger Jahren des 12. Jahrhunderts Abt Heinrich II. von Meysach als Dichter von Versen, die Tücher in der Klosterkirche zierten. Es spricht alles dafür, daß dieser Heinrich auch die Geschichtsschreibung im Kloster förderte, indem er das Chronicon breve, die erste Klostergeschichte, entweder selbst verfaßte oder schreiben ließ.

Der Mariendichter Wernher dagegen, in der Literatur immer wieder mit St. Ulrich und Afra und Abt Manegold als seinem angeblichen Auftraggeber in Verbindung gebracht, scheint nicht im Kloster beheimatet gewesen zu sein. Dagegen spricht vor allem, daß sowohl in der chronikalischen wie bibliothekarischen Überlieferung des Klosters jeder Hinweis auf die umfangreichen *Driu liet von der maget* fehlt.

Schließlich konnten auch einige Einzelprobleme der Klostergeschichte oder zu Personen in oder um das Kloster einer Klärung näher gebracht werden. In einem Exkurs konnte als sehr wahrscheinlich dargestellt werden, daß Hermann der Lahme seine „Schulzeit" in Augsburg verbrachte und daß er seine ersten Kenntnisse in der Musik und Astronomie an diesem Ort, vielleicht auch im Kloster empfangen hat. Daß der siebente Abt von St. Afra Adelhalm hieß, ist durch

236 Vorwort zu Udalschalks Registrum tonorum. JAFFÉ, Registrum tonorum S. 69.

die bibliothekarischen Überlieferungen unumstößlich geworden. Nachdem Adelhalm feststand, war es leichter, auch in die weitere Abtfolge wieder Ordnung zu bringen, nachdem Wittwer (vielleicht schon Prior Adilbert) durch Verwechslungen Verwirrung gestiftet hatte. Es ist allerdings sehr schwer, die tatsächliche Chronologie der Äbte des 11. und 12. Jahrhunderts zuverlässig zu durchschauen. Eine gewisse Korrektur der Liste bei J. Hemmerle[237] zeichnete sich für die Äbte Adelhalm und Heinrich II. von Meysach ab.

237 Hemmerle, Benediktinerklöster S. 48.

Kapitel VII

Bücher und Klosterreform

Die Umwandlung des Kanonikerstifts St. Afra in ein Benediktinerkloster kann in gewisser Hinsicht als Werk der Klosterreform gorzischer Prägung angesehen werden[1]. Damit gehörten die Benediktiner von St. Afra zunächst zum Kreis der Klöster, die man im Sinne der monastischen Erneuerung des 10./11. Jahrhunderts unter der Bezeichnung ,,Reichsmönchtum" zusammenfassen kann[2]. Daß die Benediktiner in St. Afra Fuß faßten, entsprang, wie wir darlegen konnten, der Initiative der Augsburger Bischöfe. Strittig war nur die Frage, welcher Bischof der maßgebliche war. Auch wenn man sich letztlich auf Bruno als gründenden Bischof nicht festlegen will, so steht nichts dagegen, im Afrakloster ein bischöfliches Eigenkloster zu erblicken, wie H. Endrös es dargestellt hat[3]. Dazu

1 Vgl. oben S. 205.

2 Kempf, Reformbewegungen S. 368 ff.; Kottje/Moeller, Kirchengeschichte 2 S. 61.

3 Die für eine politische Geschichte des Klosters sehr wichtige Frage, ob es ein ,,bischöfliches Eigenkloster" gewesen sei, kann in einer überwiegend geistesgeschichtlichen Studie nicht näher behandelt werden. Der Begriff ,,bischöfliches Eigenkloster" folgt Schreiber, Kurie und Kloster 1 S. 121 und öfter, wonach Bischöfe wie Laien Klöster gründen und ,,eigenkirchenherrliche Superiorität" empfinden konnten, im Gegensatz zum ,,päpstlichen Eigenkloster", das dem Papst tradiert wurde und in ein bestimmtes Schutzverhältnis zu ihm trat; vgl. Schreiber, Kurie und Kloster 1 S. 5 ff. Für St. Ulrich und Afra hat sich bislang Endrös, Reichsunmittelbarkeit am ausführlichsten mit dieser Frage befaßt. Seine These lautet, daß das Kloster St. Afra im ersten Jahrhundert seines Bestehens das ,,Bild eines typischen bischöflichen Eigenklosters" bot (S. 26). Endrös begründet es damit, daß die Augsburger Bischöfe einerseits das Kloster wirtschaftlich förderten, andererseits Gewinn aus ihm zu ziehen versuchten. Sie erwirkten Schenkungen aus königlichem Privatgut. Deswegen wurde das Kloster jedoch nicht zum Königskloster. Schließlich hatte das Kloster teil am Münzrecht, das dem Bischof verliehen war. Es besaß dieses Hoheitsrecht also nicht selbständig, sondern insofern es zur Kathedralkirche gehörte. Zu Beginn des Investiturstreites machten die Bischöfe ,,rücksichtsloser denn je ihr Eigenkirchenrecht geltend, indem sie sich wiederholt über die freie Abtwahl hinwegsetzten" (S. 32). Nach der heftigen Auseinandersetzung des Klosters mit dem Bischof vor allem unter Abt Egino war die Stellung des Bischofs als Eigenkirchenherr von St. Ulrich ,,schwer erschüttert" (S. 40). Im 12. Jahrhundert strebte das Kloster nach dem Status einer *abbatia libera,* d. h., daß ,,es hinsichtlich der Temporalien dem Eigentumsrecht und Schutzrecht des Papstes unterstand und den betreffenden Bischof höchstens hinsichtlich der Spiritualien als Herrn anerkannte" (S. 40). Doch konnte allenfalls eine ,,partielle Exemption" erreicht werden, was in der päpstlichen Verbriefung einiger Rechte zum Ausdruck kommt (oben S. 164 Anm. 246). Am Ende des

kommen Ausstattungen und Gunsterweise von königlicher Seite (Heinrich II., Konrad II.), die St. Afra als Niederlassung des Reichsmönchtums kennzeichnen.

Ab der zweiten Hälfte des 11. Jahrhunderts wurden Idee und Praxis des Reichsmönchtums an vielen Orten immer stärker in Zweifel gezogen, und viele Klöster orientierten sich nach einer anderen monastischen Richtung, die man gemeinhin als „jungcluniazensisch" bezeichnet, weil sie in einem neuen Reformansatz auf die im 10./11. Jahrhundert bedeutende Reformbewegung von Cluny in Burgund zurückgriff. Auf dem Reichsgebiet nördlich der Alpen gab es vor allem drei „jungcluniazensische" Zentren: die Klöster Hirsau, St. Blasien und Siegburg[4]. Zwischen der lothringischen Klosterreform mit ihrem Zentrum Gorze (Reichsmönchtum) und der Reformrichtung von Cluny und damit auch den Jungcluniazensern besteht ein gewisser Gegensatz. Merkmale der cluniazensischen Richtung gegenüber der gorzischen sind ein stärkerer Zentralismus, der sich vor allem darin ausdrückt, daß die Reformtöchter dem Mutterkloster in der Befolgung der gleichen Consuetudo verbunden sind, weiter ein Ritualismus, der die Liturgiefeier anderen Aufgaben (Seelsorge, Schule) absolut vorordnet, und schließlich das Bemühen, die klösterliche Freiheit sich durch päpstlichen Schutz garantieren zu lassen[5]. Gemeinsam war dem monastischen Neuaufbruch auf alle Fälle das „Streben nach einer Reform des klösterlichen Lebens", verstanden als „Wiederherstellung" oder „Erneuerung" unter Rückgriff auf ältere Quellen[6]. *Religionem pristinam restaurare,* so charakterisiert die Vita Theogeri das Reformwerk des Abtes Egino von St. Afra[7]. Diese innere Erneuerung war jedoch aufgrund der kirchenpolitischen Entwicklungen häufig mit äußeren Auseinandersetzungen gekoppelt. Auf allgemein kirchlicher Ebene ist der Investiturstreit zu nennen. Das Kloster St. Afra war im Zuge dieser Ereignisse unmit-

12. Jahrhunderts steht allerdings die Urkunde Papst Urbans III., die auf anscheinend „unbeschränkte spirituale und temporale Herrschaft" des Bichofs über das Kloster hinauslief (oben S. 244 Anm. 208; Endrös, Reichsunmittelbarkeit S. 48 f.). Ähnlich auch Liebhart, Reichsabtei S. 28–30.

4 Kottje/Moeller, Kirchengeschichte 2 S. 62; Jakobs, Hirsauer S. IX ff.; Ders., Adel S. 1. Neuerdings wird die Bezeichnung „jungcluniazensisch" für Hirsau, St. Blasien und Siegburg scharf kritisiert. Vgl. Wollasch, Neue Methoden S. 541 f. Ich behalte den Terminus bei, um damit auszudrücken, daß die genannten Zentren von Cluny beeinflußt waren, Hirsau direkt, St. Blasien und Siegburg über das norditalienische Fruttuaria vermittelt. Ich möchte jedoch den Terminus nicht so verstehen, daß es sich um „kluniazensische Ableger" (Hallinger) gehandelt hätte, was Wollasch zurückweist.

5 Kottje/Moeller, Kirchengeschichte 2 S. 62 f. Auch darf der Gegensatz Gorze-Cluny nicht überschätzt werden. Es ist kein Gegensatz im reformerischen Grundanliegen oder gar ein feindliches Gegeneinander. Es meint, daß Cluny und Gorze voneinander unabhängige Reformzentren waren. Vielleicht sind sie überhaupt „unvergleichbare Größen": Wollasch, Neue Methoden S. 544.

6 Kottje/Moeller, Kirchengeschichte 2 S. 62.

7 MG SS 12 S. 463 und im folgenden.

telbar durch den langjährigen Streit des Abtes Egino mit Bischof Hermann von Augsburg betroffen[8]. Wir vermuten, daß der Streit deswegen so erbittert geführt wurde, weil monastische Reformkreise auf einen umstrittenen Bischof stießen, der dem Kloster dreimal Äbte seiner Wahl vorgesetzt hatte. Wir wollen also die Frage stellen, wann und in welcher Form das Afrakloster mit der Reform in Berührung kam. Gerade von den bibliothekarischen Überlieferungen erwarten wir neue Einblicke in den äußeren und vor allem inneren Ablauf der Reform. Da die Erneuerung letztlich das geistlich-geistige Leben im Kloster betraf, darf angenommen werden, daß sie ihren Niederschlag auch in den Büchern der Bibliothek gefunden hat. Die Reformer bevorzugten bestimmte Autoren, die ihrem Ideal von Mönchtum entsprachen. B. Bischoff hat einmal vom „geistigen Rüstzeug der Reform"[9] gesprochen. Es soll also untersucht werden, ob wir aus der Klosterbibliothek Schlüsse auf das „geistige Rüstzeug" einer bestimmten Reformgruppe ziehen können.

1. Reformansätze

Möglicherweise begann die Reform im Afrakloster schon unter Abt Adelhalm (1050–ca. 1070)[10]. Da dieser Mönch aus dem Kloster Füssen sich zu Studienzwecken eine Zeitlang in St. Emmeram (Regensburg) aufgehalten hatte, ehe er Abt von St. Afra wurde[11], darf man vermuten, daß er dort neue Ideale des Mönchslebens kennengelernt hat. Denn St. Emmeram war ja das Heimatkloster des großen Wilhelm, des Reformers von Hirsau, durch den das Schwarzwaldkloster zum cluniazensisch geprägten Reformkloster wurde. Wilhelm war in St. Emmeram mit dem gelehrten Otloh zusammengewesen und hatte dort seine geistige Formung erhalten[12]. Zeitlich ist es möglich, daß sich Wilhelm und Adelhalm in St. Emmeram begegnet sind. Auch die Tatsache, daß Adelhalm wahrscheinlich anschließend an St. Afra in Augsburg noch die Klöster Ottobeuren und Weingarten innehatte[13], spricht für reformerische Tätigkeit. Wenn man ihn als Reformer ansehen will, dann kann dies jedoch nur in sehr allgemeinem

8 Dazu oben S. 157 ff. und 232 ff.

9 Den Ausdruck „geistiges Rüstzeug der (Hirsauer) Reform" prägte B. Bischoff im Hinblick auf den Schaffhausener Bibliothekskatalog vom Ende des 11. Jahrhunderts. Vgl. Kottje, Klosterbibliotheken S. 149.

10 Hallinger, Gorze-Kluny S. 436 Anm. 32 mit Berufung auf F. L. Baumann, D. Leistle und R. Bauerreiß.

11 Siehe oben S. 226 ff.

12 Vgl. Jakobs, Hirsauer S. 9 f.

13 Siehe oben S. 229. Vgl. Hallinger, Gorze-Kluny S. 436.

Sinne geschehen. Eine „hirsauische" Formung bedeutet dies für St. Afra keinesfalls. Denn zum „Hirsauer" wurde Wilhelm, Adelhalms Gefährte aus der St. Emmeramer Zeit, selbst erst ab 1079, nachdem er, Abt seit 1071, die cluniazensischen Gewohnheiten in Hirsau eingeführt hatte[14]. Zu diesem Zeitpunkt aber war Adelhalm jedenfalls nicht mehr Abt von St. Afra. Es ist allerdings bei Wilhelm von Hirsau mit einer „geistigen (Vor)prägung" durch die außergewöhnliche Geschichte des Klosters St. Emmeram zu rechnen[15]. Das Streben nach verfassungsrechtlicher Immunität des Klosters, die Herausnahme aus der Verfügbarkeit des Bischofs als Eigenklosterherrn (nicht die Aufhebung des geistlichen Aufsichtsrechts des Bischofs) war durch die St. Emmeramer Vorgänge seit 1049 (Otlohs Fälschungen) bereits vorgezeichnet. In diesem Sinne ging Wilhelm in Hirsau ans Werk. Wenn dies aber für ihn gilt, dann darf man es auch für Adelhalm von St. Afra annehmen, der die gleiche Vorprägung erhalten haben mochte. Bemerkenswert ist jedenfalls, daß Bischof Embriko (1063–1077) in Abwesenheit des Abtes Adelhalm – er weilte in Rom – dem Kloster in Die(t)mar einen Novizen als Abt aufdrängte. Die(t)mar war erst vom Domstift ins Afrakloster übergetreten[16]. Embriko war dem Kloster grundsätzlich nicht feindselig gesinnt[17]. Von Udalschalk wird dieser Abt Die(t)mar positiv erwähnt[18]. Es scheint, daß Bischof Embriko ganz selbstverständlich noch seine Rechte als bischöflicher Eigenkirchenherr wahrgenommen hat.

Das Problem entstand erst im Zuge des Schismas nach 1080, nachdem Heinrich IV. in Wibert von Ravenna einen Gegenpapst hatte wählen lassen[19]. Das Kloster war zu diesem Zeitpunkt eine Weile schon seines Abtes Die(t)mar beraubt, und im Zuge des päpstlichen Schismas war ihm ein anderer Abt, Sigehard, vorgesetzt worden[20]. Auf dem Bischofsstuhle saß inzwischen der von Heinrich IV. gegen den vom Domkapitel erwählten Wigolt (1077–1088) erhobene Siegfried (1077–1096)[21]. Wegen des Schismas und weil er den unrechtmäßigen Abt Sigehard nicht dulden wollte, begab sich damals der Mönch Egino ins Schwarzwaldkloster St. Blasien[22]. Er war unter Die(t)mar als Oblate ins Kloster gebracht

14 Jakobs, Hirsauer S. 27ff.

15 Jakobs, Hirsauer S. 10f.

16 Adilbert, Klostergeschichte, Augsburg, AdB, Hs. K 80 fol. 13r; Wittwer, Catalogus S. 83f.; oben S. 228 und 231.

17 Vgl. den Zusatz im Chronicon breve, der ihn als Erbauer der Afrakirche rühmend nennt: MG SS 14 S. 558.

18 Udalschalk, De Eginone S. 432: *venerabilis abbas Dietmarus, sanctissimus pater.* Erst Wittwer fällt über ihn das vernichtende Urteil: *Invasor loci, nec clericus nec monachus nec dignus memoria* (Catalogus S. 84).

19 Kempf, Gregorianische Reform S. 440f.; Kottje/Moeller, Kirchengeschichte 2 S. 82.

20 Udalschalk, De Eginone S. 432 und oben S. 232.

21 AReg 1 Nr. 341 und 342 S. 204.

22 Udalschalk, De Eginone S. 432.

und dort erzogen worden[23]. Er sollte später als Abt den Kampf mit dem Ortsbischof aufnehmen.

Inzwischen lösten sich in St. Afra nacheinander wenigstens drei Äbte ab, die alle von außen kamen und dem Kloster von Bischof Hermann (1096–1133) aufgedrängt wurden: Hartmann, der bereits Kloster Göttweig innehatte, Berengar, Profeß aus Fulda, und schließlich Adalbero aus Wessobrunn[24]. Hartmann, ein Sanblasianer, darf als Reformer angesehen werden[25], unbeschadet der Tatsache, daß der gegen Zahlung einer bestimmten Geldsumme an den Kaiser erhobene[26] und kaiserabhängige Bischof sich um den Reformer bemüht hatte. Volkert folgert wohl richtig, daß seine Berufung zu einem Zeitpunkt stattfand, da Bischof Hermann die Einheit mit dem päpstlichen Stuhl hergestellt hatte, also um 1100[27]. Die offenbar anhaltenden Spannungen zwischen Kloster und Bischof verhinderten jedoch vermutlich eine wirksame Reform und ließen Hartmann wieder seinen Abschied nehmen. Auch Berengar wurde von den Brüdern letztlich nicht akzeptiert[28]. Abt Adalbero von Wessobrunn, der päpstlich eingestellt war[29], wird von Udalschalk als *vir religiosus* gutgeheißen, aber die „Zeit des Erbarmens" sei mit ihm noch nicht gekommen gewesen[30]. Vielleicht war er auch als Zugeständnis an das Kloster durch Bischof Hermann gedacht, der sich kurz zuvor erneut mit dem Papst ausgesöhnt hatte[31].

Indessen bemühten sich die Mönche von St. Afra um einen Mann ihrer Wahl. Die Wahl fiel auf Egino, der noch fern von Augsburg in einem Kloster wohnte, „wo er Ruhe gefunden hatte". Egino nahm nach anfänglichem Zögern die Wahl an, weil der Bischof, von dem er investiert werden sollte (Hermann), inzwischen in die Gemeinschaft der Kirche zurückgekehrt war[32]. In Gegenwart des Abtes Hartmann von Göttweig, der das reformerische Werk in St. Afra angebahnt hatte und nun durch seine Anwesenheit die Abdankung endgültig bekundete, führte Bischof Hermann 1109 den von den Mönchen von St. Afra gewählten Egino in sein Amt ein[33]. Udalschalk konnte später frohlockend schreiben: *Tandem rebus ut dictum est ecclesiasticis tranquille dispositis, non neophytus non*

23 Ebd. und oben S. 232.

24 Udalschalk, De Eginone S. 432 und oben S. 232.

25 Jakobs, Hirsauer S. 119; Ders., Adel S. 113 ff.; AReg 1 Nr. 376 S. 234.

26 AReg 1 Nr. 366 S. 221; Zoepfl, Mittelalter S. 109.

27 AReg 1 Nr. 376 S. 234 und Nr. 378 S. 235.

28 AReg 1 Nr. 380 S. 236; Hallinger, Gorze-Kluny S. 238.

29 AReg 1 Nr. 390 S. 241.

30 Udalschalk, De Eginone S. 432.

31 AReg 1 Nr. 385 S. 239. Die von Jakobs, Adel S. 119 Anm. 5 wiedergegebene Folge der Abtreihe von St. Afra muß korrigiert werden. Vgl. oben S. 229.

32 Udalschalk, De Eginone S. 433 und AReg 1 Nr. 394 S. 242.

33 AReg 1 Nr. 399 S. 245.

alienus vel alio ovili occupatus, sed loci ab infantia professus, pater Egino nullo praesidente abbas eligitur, canonice electus ordinatur[34]. Nicht der Novize Die(t)mar und nicht die Fremdlinge und Äbte anderer Klöster Hartmann und Adalbero, sondern der seit seiner Kindheit im Kloster beheimatete und frei und kanonisch gewählte Egino sollte Abt werden.

2. Beginn der Reform durch Egino

Mit dem Jahre 1109, in dem der „kanonisch gewählte" Egino als Abt von St. Afra eingeführt wurde, läßt man nun auch die Reform im Kloster endgültig einsetzen[35]. Wittwer konnte Egino mit Recht als Reformer bezeichnen[36]. Aufgrund des äußeren Tatbestandes, daß nach einer Serie von Äbten, die der Ortsbischof dem Kloster gegeben, ja aufgezwungen hatte, nun ein von den Mönchen gewählter durch den Bischof eingeführt wurde, war ein Element der Reform als Wiederherstellung eines alten Zustandes verwirklicht. Um aber von Reform sprechen zu können, mußte auch eine innere Erneuerung einsetzen, und es besteht keine volle Klarheit darüber, wo und bei welchen Aufenthalten Egino seine geistige Zurüstung als Mann der Reform erhalten hat. Es kommen dafür zwei Orte in Frage: die Schwarzwaldklöster St. Blasien und St. Georgen. St. Blasien als Aufenthaltsort Eginos ist durch Udalschalk bezeugt. Er berichtet im 1. Kapitel der Schrift De Eginone, daß der Mönch Egino nach Ausbruch des kirchlichen Schismas durch die Erhebung Wiberts von Ravenna zum Gegenpapst (1080) und nach der Einsetzung Sigehards als Abt von St. Afra sich nach St. Blasien im Schwarzwald begab[37]. Einer Andeutung Udalschalks *prudens tyro* entnimmt Hallinger, daß Egino bei diesem Fluchtaufenthalt auch „monastisch lernen" wollte[38]. Möglicherweise hat es von St. Afra aus bereits eine Orientierung zu Reformklöstern gegeben. Denn Eginos Mitbruder Theoderich (gest. 1116) war einige Zeit vorher nach Hirsau übergetreten. Er wurde später von Wilhelm zum Abt von Petershausen bestellt[39]. Hirsau hatte die Bräuche unmittelbar von Cluny empfangen, St. Blasien hatte die cluniazensischen Gewohnheiten über

34 Udalschalk, De Eginone S. 433. Zu diesen Äbten vgl. auch Endrös, Reichsunmittelbarkeit S. 33 ff.

35 Hallinger, Gorze-Kluny S. 265; Jakobs, Hirsauer S. 60; Ders., Adel S. 119 (etwas modifiziert).

36 Catalogus S. 91: *nostrae religionis amator et catholicae ecclesiae reparator.*

37 De Eginone S. 432.

38 Hallinger, Gorze-Kluny S. 438 Anm. 34.

39 Casus monasterii Petrishusani lib. III, MG SS 20 S. 649.

Fruttuaria in Oberitalien angenommen[40]. Egino weilte in St. Blasien mehrere Jahre, bis ihn Bischof Gebehard von Konstanz (1084–1110), der damals von seinem Bischofssitz vertrieben war, in seine Dienste nahm (also nach 1103)[41]. Er ging mehrfach im Auftrag des Bischofs nach Rom. Nach dieser im Urteil Udalschalks aufreibenden Tätigkeit zog er sich, nachdem Gebehard als Bischof wieder eingesetzt war (also nach 1105), „zur verdienten Ruhe" in ein namentlich bei Udalschalk nicht genanntes Kloster zurück, von wo aus er 1108/9 zum Abt von St. Afra berufen wurde.

Es ist nun naheliegend, bei diesem zweiten Klosteraufenthalt an das Schwarzwaldkloster St. Georgen zu denken. Die Vita Theogeri[42] berichtet, daß Egino dort geweilt habe. Es heißt in der Vita, Theoger von St. Georgen selbst habe den Abt des Augsburger Klosters in seine Lehre genommen, nachdem dieser im Wunsche nach einer strengeren Lebensform seinen ursprünglichen Konvent verlassen hatte. Erst auf die Bitten des Augsburger Bischofs, des Klerus und Volkes der Stadt hin habe er ihn mit einigen Brüdern, die der Reform anhingen *(fratres sanctae conversationis)*, zur Erneuerung seines Klosters zurückgeschickt[43]. Der erste Teil des Zitats der Theogervita legt nahe, Egino sei bereits Abt von St. Afra gewesen, als er – ein zweites Mal – in ein Reformkloster aufbrach, um dort monastisch zu lernen. Man hat für diesen Aufenthalt in St. Georgen das Jahr 1113 in Vorschlag gebracht[44]. In einem Rotulus aus St. Peter im Schwarzwald[45] aus dem 12./13. Jahrhundert ist nämlich ein Bericht über die Weihe dieses Klosters überliefert, nach dem sie durch Bischof Wito von Chur in Anwesenheit und mit Einverständnis des erwählten Bischofs Ulrich von Konstanz vorgenommen wurde. Es seien sieben Äbte anwesend gewesen, die allesamt als *abbates religiosi*, als Reformäbte, charakterisiert sind. Im einzelnen werden Abt Eppo aus St. Peter selbst, Bruno von Hirsau, Rusten von St. Blasien, Adalbert von Schaffhausen, Theoger von St. Georgen, Otto von Rheinau und Egino von Augsburg genannt. Sie alle waren, so fährt der Rotulus fort, zu die-

40 Hallinger, Gorze-Kluny S. 274. Über Fruttuaria vgl. Bulst, Wilhelm von Dijon S. 115ff.

41 Udalschalk, De Eginone S. 432; Ladewig/Müller, Regesta 1 Nr. 609 S. 76.

42 Geschrieben um 1140 auf Veranlassung des Prüfeninger Abtes Erbo I. (1121–1162), der vorher Prior in St. Georgen im Schwarzwald gewesen war. Die Vita gilt als historisch zuverlässig, wenn auch als sehr tendenziös im hirsauischen Sinne, vgl. Wattenbach, Sachsen und Salier S. 488 und 628f.; Manitius, Geschichte 3 S. 603ff.; Hallinger, Gorze-Kluny S. 437f.; Schmitz, Prüfening S. 7 und S. 239.

43 MG SS 12 S. 462f.: *Sane abbatem monasterii Augustensis, qui cathedram suam deserens arctioris propositi desiderio sub eius magisterium (Theogeri) se contulerat, petente urbis episcopo, omni clero et populo, nonnullis ipsi sanctae conversationis fratribus sociatis honorifice remisit, suoque consilio et auxilio in eodem coenobio religionem pristinam restauravit.*

44 AReg 1 Nr. 405 S. 248 (mit Fragezeichen) im Anschluß an den Herausgeber der Theogervita, MG SS 12 S. 462 Anm. 28.

45 Hier benützt nach MG SS 13 S. 737 Anm. 6. Vgl. auch Germania Pont. 2,1 S. 192.

sem feierlichen Anlaß der Klosterweihe zusammengekommen. Es ist verwunderlich, daß sich unter den Äbten der Umgebung Abt Egino aus Augsburg befindet, der damit als einziger von weiter her gekommen wäre. Aber man muß daraus nicht zwangsläufig folgern, daß er sich zum Zeitpunkt der Klosterweihe (1113) gerade in St. Georgen aufgehalten hätte. Es ist ebenso denkbar, daß er zur Klosterweihe aus St. Afra angereist war. Der zweite Teil des Zitats der Theogervita legt nämlich einen anderen Zeitpunkt für Eginos Aufenthalt in St. Georgen nahe. Denn daß Egino in sein Heimatkloster zurückkehrte „auf Bitten des Bischofs" (Hermann), ist allenfalls um das Jahr 1109 verständlich, als der Bischof sich mit dem Papst ausgesöhnt hatte, nicht mehr später, als der Streit zwischen Egino und seinem Ortsbischof ausgebrochen war[46]. „Auf Bitten des Bischofs" hätte die Vita Theogeri mit ihrer stark hirsauischen Tendenz nicht geschrieben, wenn es nicht vorübergehend ein gutes Einvernehmen zwischen Bischof und Abt gegeben hätte[47]. Man fragt sich, warum Udalschalk diesen sicherlich nicht unbedeutenden Aufenthalt Eginos in St. Georgen nicht erwähnt. Vielleicht spielt Udalschalk jedoch auf St. Georgen an, wenn er mitteilt, Egino habe sich nach dem Dienst für Bischof Gebehard „in ein Kloster" zurückgezogen. Von dort ging Egino „auf Bitten von Bischof, Klerus und Volk" als Abt nach St. Afra.

St. Georgen gehörte der hirsauischen Reformrichtung an. Das Kloster war 1083 von Hirsau gegründet worden. Es hatte 1088 in Theoger einen Schüler Wilhelms von Hirsau zum Abt erhalten. Unter ihm wurde es seinerseits wieder zu einem Zentrum der Reform[48]. In die Schule dieses Theoger begab sich Egino und brachte Brüder dieses Klosters mit, um St. Afra zu reformieren. Es läßt sich letztlich wohl nicht entscheiden, welcher Einfluß nun der stärkere gewesen ist, jener aus St. Blasien oder der aus St. Georgen[49]. Aber ist es überhaupt sinnvoll, hier nach einem Unterschied zu suchen? Monastische Gegensätze, Gegensätze im Grundlegenden der Erneuerung (Erringen der *libertas*, Durchsetzen der *reli-*

46 Ähnlich argumentiert auch Volkert, AReg 1 Nr. 405 S. 248.

47 Hallinger, Gorze-Kluny S. 437f. betont vor allem die starke Tendenz der Theogervita, die alles durch die „Hirsauer Brille" gesehen und die Vertreibung Eginos zu einer monastischen „Studienfahrt in den Schwarzwald" umfunktioniert habe. An der Tatsächlichkeit des Aufenthalts Eginos in St. Georgen rüttelt auch Hallinger nicht. Wollasch, St. Georgen S. 112f. rechnet mit je einem Aufenthalt Eginos in St. Blasien und St. Georgen. Der Aufenthalt in St. Georgen dürfte von ihm jedoch zu spät angesetzt sein.

48 Jakobs, Hirsauer S. 123ff.; Bauerreiss, St. Georgen; Wollasch, St. Georgen S. 111ff.

49 Hallinger, Gorze-Kluny S. 377 spricht von einer Wende Eginos von der fruttuarischen (St. Blasien) zur hirsauischen Richtung (St. Georgen), deren Schrittmacher Theoger gewesen sei. Jakobs, Hirsauer S. 58ff. konstatiert die beiden Aufenthalte in den Schwarzwaldklöstern, um sich schließlich für eine Verpflanzung der hirsauischen Bräuche über St. Georgen nach St. Afra zu entscheiden.

gio pristina) zwischen Hirsau/St. Georgen und St. Blasien sind vielleicht überhaupt unwahrscheinlich[50]. Beide Zentren haben ihre Wurzeln in der cluniazensischen Bewegung. Der oben zitierte Rotulus nennt die *abbates religiosi* von St. Blasien, Hirsau, St. Georgen und Augsburg in einem Zuge.

Auch die Verbrüderungs- und Nekrologbeziehungen deuten auf eine grundsätzliche Einheit der Gesinnung hin. Das Verbrüderungsbuch von St. Blasien[51] nennt zuerst die Bedingungen der Gebetsbrüderschaft zwischen Fruttuaria und St. Blasien und im Anschluß daran mit bestimmten Gemeinschaften wie Muri, Göttweig u. a. Dann folgen die Bedingungen für Hirsau und St. Blasien und verwandte Gemeinschaften, unter ihnen St. Georgen. Es tauchen auch Gemeinschaften auf, deren Einordnung sich nicht klar genug feststellen läßt. Außerdem bestanden Verbrüderungen mit einer Reihe von Kanonikerstiften[52], was Hallinger zu der Feststellung veranlaßt: „In buntem Wechsel überschneiden sich darin fruttuarische und Hirsauer Gemeinschaften mit verbündeten Kanonikaten"[53]. Das Kloster St. Afra steht unter den mit St. Blasien verbrüderten Klöstern so, daß für die Verbrüderung die gleichen Bedingungen gelten wie zwischen St. Blasien und Hirsau. Es steht damit im gleichen Verhältnis wie St. Georgen zu St. Blasien, wenn auch später eingereiht[54]. Man möchte aus dieser Konstellation der Verbrüderung schließen, daß St. Afra als Mitglied des hirsauischen Kreises mit dem fruttuarischen St. Blasien verbunden war, aus St. Georgen also seine Formung übernommen hatte[55].

Egino hat sich also wohl zunächst in St. Blasien aufgehalten, stand dann im Dienste des Bischofs von Konstanz und ging anschließend nach St. Georgen. An allen Orten hatte er Reformgedanken in sich aufgenommen, und so begann er, *ordine inthronizatus*, die „Dornen der Laster", die übermäßig gewachsen waren, herauszureißen und die Sprößlinge der Tugend zu pflegen, indem er Män-

50 Vgl. auch Jakobs, Hirsauer S. 60 Anm. 16 und Wollasch, Muri und St. Blasien S. 438 ff.

51 Es handelt sich um eine Verbrüderungsliste, die zusammen mit einem Nekrolog im Codex Vindobonensis 9 und 10 enthalten ist. Ed. F. L. Baumann, MG Necr. Germ. 1 S. 327–329. Vgl. auch Hallinger, Gorze-Kluny S. 264 f.; Wollasch, Muri und St. Blasien S. 427 ff.

52 Für Gebetsverbrüderung mit Klöstern findet sich regelmäßig die Formulierung *cum senioribus* oder *cum fratribus*. Bei Stiften steht *cum canonicis*, wobei die unvollständig erhaltene Verbrüderungsliste mit den *canonici de cella sancte Afre iux* ... abbricht. Wir wüßten gerne, wo diese Afra-Kanoniker zu suchen sind. Unser Benediktinerkloster St. Afra ist weiter oben eigens aufgeführt.

53 Hallinger, Gorze-Kluny S. 264.

54 Hallinger, Gorze-Kluny S. 265 folgert aus der Einreihung von Kloster Neresheim, daß die Liste nach 1106 geschrieben wurde. Bald nach Neresheim folgen die *seniores de sancta Afra in Augusta civitate*.

55 Das Kloster Ochsenhausen, ein Ende des 11. Jahrhunderts von St. Blasien geschaffenes Priorat, besaß neben den Consuetudines Fructuarienses auch die Consuetudines Hirsaugienses in seiner Bibliothek, was ebenfalls eine gewisse Einheit im grundsätzlichen Reformanliegen belegt. Houben, St. Blasianer S. 102 ff. und 104 ff.

ner der Reform *(viri religiosi)* mitbrachte und bewirkte, daß St. Afra durch den guten Lebenswandel *(bona conversatio)* wieder zum Blühen kam[56].

3. Fortführung der Reform durch Udalschalk

Eginos übernächster[57] Nachfolger Abt Udalschalk (1127–1151) muß als Fortsetzer des Reformwerks vor allem im Sinne der inneren Erneuerung angesehen werden. Auch er läßt sich keinem Reformzentrum unmittelbar zuordnen. Doch empfing er seine Anregungen an hirsauisch beeinflußten Orten im Konstanzer Raum, die jedoch schwer genauer auszumachen sind.

Udalschalk war ein enger Vertrauter Eginos gewesen. Er hatte ihn auf seiner Reise zum Papst nach Rom begleitet. Ob er auch bereits zusammen mit Egino im Kloster St. Georgen oder St. Blasien geweilt hatte, wissen wir nicht. Nach dem Tode Eginos ging Udalschalk zu Bischof Ulrich I. von Konstanz (1111–1127) „ins Exil"[58]. Dort verfaßte er die Vita Conradi Constantiensis episcopi, die er zusammen mit dem Vicedominus Heinrich nach Rom brachte, wo sie auf dem Laterankonzil von 1123 verlesen wurde. Konrad von Konstanz wurde auf diesem Konzil kanonisiert. Danach schrieb Udalschalk ein Offizium zum Feste des heiligen Konrad, das unter dem Titel Historia Cŏnradi bekannt ist[59]. Der älteste, fragmentarisch überlieferte Textzeuge dieses Offiziums ist im Cod. 65/Vorsatzblatt und im Cod. B S. 66+65 der Stadtbibliothek Schaffhausen erhalten und stammt wahrscheinlich aus dem dortigen Allerheiligenkloster. Er ist im 12. Jahrhundert geschrieben.

Weiter verfaßte Udalschalk ein neues Ulrichsoffizium. Anlaß war wohl die Erneuerung der alten Spitalstiftung im heutigen Kreuzlingen vor Konstanz und ihre Umwandlung in ein Augustinerchorherrenstift „St. Ulrich und Afra". Bischof Ulrich I. hatte dies veranlaßt und zur Belebung der Ulrichsverehrung in Konstanz beigetragen. Udalschalk ließ sich später, 1130, als er schon Abt von

56 Udalschalk, De Eginone S. 434. Zu den Begriffen *religiosus* und *religio* vgl. HALLINGER, Gorze-Kluny S. 1036 (Register) und passim. Zu *sancta conversatio:* HALLINGER, Gorze-Kluny S. 401 Anm. 9 und oben S. 257. Auf die besitzgeschichtliche Seite der Reform macht LIEBHART, Reichsabtei S. 25 aufmerksam. „Gleichsam über Nacht" setzt im 12. Jahrhundert eine stattliche Anzahl adeliger Traditionen für St. Ulrich und Afra ein.

57 Die Frage, ob zwischen Egino und Udalschalk noch ein Abt Wollemarus einzuschalten ist, kann hier außer acht bleiben. Vgl. Wittwer, Catalogus S. 94 f.; ENDRÖS, Reichsunmittelbarkeit S. 38 Anm. 4; BÜHLER, Schriftsteller S. 16 Anm. 1 und oben S. 230.

58 JAFFÉ, Einleitung zu Udalschalk, De Eginone, MG SS 12 S. 430; BERSCHIN, Historia S. Kŏnradi S. 107.

59 Ediert und erläutert von W. BERSCHIN, Historia S. Kŏnradi S. 107 ff.

St. Ulrich und Afra in Augsburg geworden war, dieses neue Offizium auch für sein Heimatkloster, das „Hauskloster" des Heiligen, vom päpstlichen Legaten bestätigen.

Im Schreiben, das der Legat zur Bestätigung an Udalschalk sandte, ist die Rede vom *cantus* auf den Klosterpatron Ulrich, den Udalschalk „auf Bitten des verehrten Bischof Ulrich selig und auf Bitten seiner, Udalschalks, Brüder" komponiert habe[60]. Wer waren diese bittenden Brüder? Möglicherweise sind die Mönche von St. Afra in Augsburg gemeint, zu denen Udalschalk zum Zeitpunkt der Abfassung des Offiziums bereits zurückgekehrt war[61]. Die Bitten wären also vom Bischof in Konstanz und den Mönchen in Augsburg gleichzeitig an Udalschalk herangetragen worden. Vielleicht waren aber mit *fratres* allgemeiner die gleichgesinnten Brüder Udalschalks, sprich Mönche der Reformrichtung[62], gemeint, die nach einem neuen Gesang verlangten.

Es spricht also einiges dafür, daß Udalschalk bei eben diesem Aufenthalt in Konstanz von ca. 1120 bis zur Abtwahl 1124 oder erst 1127 mit Hirsauer Reformkreisen in Berührung gekommen war. Petershausen war 1084 hirsauisch geworden[63]. Schaffhausen-Allerheiligen, woraus vermutlich das älteste Fragment von Udalschalks Konradsoffizium stammt, hatte 1079/80 den Hirsauer Ordo angenommen[64]. Dort hatte Bernold von Konstanz, ein beredter Verfechter der Reformrichtung und Vertreter der päpstlichen Sache, zuletzt gelebt. Auch Udalschalks Schrift De Eginone, in der er die Augsburger Vorgänge zur Zeit des Investiturstreits aufarbeitete, entstand wohl bald nach 1120[65] und damit in den „Konstanzer Jahren".

Es heißt, daß Udalschalk Kaplan Bischof Ulrichs von Konstanz gewesen sei, doch ist diese Angabe recht jungen Datums. Sie geht auf den Katalogvermerk eines Wiener Bibliothekars des 17. Jahrhunderts zum Vindobonensis 573 zurück[66]. Weder die Konstanzer Bischofsregesten noch das Württembergische Urkundenbuch bieten einen Anhaltspunkt für einen Kaplan Udalschalk im bischöflichen Dienst[67]. Es ist also fraglich, ob sich der Mönch Udalschalk am Hofe des Konstanzer Bischofs oder nicht vielmehr in einem der Klöster des Konstanzer Raumes, in Petershausen oder Schaffhausen, aufgehalten hat.

60 *cantum, quem de patrono vestro, sancto Udalrico, precibus venerandae memoriae Udalrici Constantiensis episcopi et fratrum tuorum petitione composuisti:* MG SS 12 S. 431; vgl. AReg 1 Nr. 467 S. 276.

61 Vgl. Berschin, Historia S. Kŏnradi S. 113f.

62 Vgl. auch *nostra fraternitas* als Begriff für die Hirsauer Kongregation. Wilmart, Coutumes S. 92.

63 Hallinger, Gorze-Kluny S. 273.

64 Hallinger, Gorze-Kluny S. 275 und 432.

65 AReg 1 S. 223 und oben S. 159.

66 Zit. Berschin, Vita S. Kŏnradi S. 84, vor allem Anm. 9.

67 Ladewig/Müller, Regesta 1 Nr. 706–758; Württembergisches Urkundenbuch 1.

Im gleichen Schreiben, in dem die Einführung eines neuen Ulrichsoffiziums im Kloster Sankt Afra vom päpstlichen Legaten genehmigt wurde *(cantum ... frequentari et solempniter decantari volumus et mandamus)*[68], ließ sich Udalschalk auch seine Investitur und Weihe als Abt, die er von Bischof Hermann erhalten hatte, ausdrücklich bestätigen. Dieser Appell an Rom ist bezeichnend für den hirsauisch-cluniazensischen Geist, der Udalschalk beseelte und der weiterhin das Kloster prägte. Das Gesuch um die Bestätigung der Weihe konnte auch darin begründet sein, daß Bischof Hermann 1130 durch seine Haltung im Schisma zwischen Innozenz II. und Anaklet II. wieder ins Zwielicht geraten war[69]. Es läßt aber besonders aufhorchen, daß auch ein liturgischer Gesang für das Kloster von hochoffizieller kirchlicher Seite feierlich genehmigt wurde *(velle et mandare)*. Der Erneuerung der Kirchenmusik muß im Programm der Reformer eine gewisse Bedeutung zugekommen sein. Das lehrt uns vor allem Udalschalks Tonar, der als letztes größeres Stück in der Handschrift Gudianus 334 zu finden ist[70]. Die Überschrift besagt, daß zum Zeitpunkt des Eintrags des Tonars Udalschalk schon tot war: *Registrum tonorum secundum praescriptum piae memoriae Domni Ŏdalschalchi.* Der Schreiber wollte ausdrücken, daß dieses Registrum tonorum, also die Anweisung, in welchen Tonarten Antiphonen und Psalmen zu singen seien, eine V o r s c h r i f t des verstorbenen Abtes darstelle. Das Vorwort führt dann weiter aus, daß in diesem Tonar n i c h t[71] die *differentiae cum suis varietatibus* verzeichnet seien, wie man sie in alten Exemplaren finde. Abt Udalschalk, sehr erfahren in der Musik, habe diese Tonformeln herausgegeben, indem er alles Überflüssige wegließ. Diese Formeln seien so ausgewählt und vernunftbegründet, daß, wer etwas daran ändere, sich das Merkmal der Eitelkeit und Protzerei zuziehe. Udalschalk stehe in der Tradition eines Wilhelm und seiner Nachfolger, die den *antiquus ordo* in bestimmten Tonarten verändert hätten[72]. Es folgen nun die wichtigsten Änderungen im einzelnen, ehe das Verzeichnis selbst beginnt.

Es mag dem Musikwissenschaftler überlassen bleiben, genau zu bestimmen, worin das Neue in der Anordnung Udalschalks liegt[73]. Ich versage mir, diesem

68 MG SS 12 S. 431.

69 AReg 1 Nr. 467 S. 276; Endrös, Reichsunmittelbarkeit S. 39.

70 Handschrift Nr. (39). In mehreren einschlägigen Werken zur Musikliteratur (MGG; Fellerer, Musica u. a.) wird für den Verfasser dieses Tonars der Name „Udalschalk von Maisach" geführt, womit Abt Udalschalk von St. Ulrich und Afra gemeint ist. Über das „de Maisach" vgl. oben S. 237.

71 Hier ist ein Lesefehler in die Edition Jaffés, Registrum tonorum S. 69 eingegangen: Zwischen *formulis* und *differentiae* hat die Handschrift ein *nullae*, was gerade diese Abkehr vom Alten, sprich Vorausgehenden, unterstreicht.

72 Jaffé, Registrum tonorum S. 69.

73 Vgl. Huglo, Tonaires S. 286f.

Problem weiter nachzugehen, sondern halte fest, daß durch Udalschalk autoritativ eine neue Weise des liturgischen Gesangs angeordnet wurde, was das monastische Leben zentral betrifft. Wichtig scheint mir auch die Berufung auf den „bedeutenden Wilhelm" – von Hirsau – und seine Nachfolger, unter denen sich Theoger von St. Georgen befindet, der mit seinem Musiktraktat in derselben Handschrift Gudianus 334 vertreten ist. Außerdem bediente sich Udalschalk der Metzer Neumierung, die im Bodenseegebiet auffällig ist, womit er also offenbar auch in der Musiknotierung einen eigenen Weg ging[74].

4. Der Niederschlag der Reform in den bibliothekarischen Überlieferungen

Aus den Bücherbeständen des Klosters ist leider kein Exemplar der Consuetudines einer bestimmten Reformrichtung erhalten. Wir wissen über die Verfassung der Mönchsgemeinschaft nur, daß es spätestens seit Abt Egino im Kloster auch einen Prior gab[75]. Manegold, der 1182 zum Abt erhoben wurde, war davor 50 Jahre lang, also seit 1132, Prior gewesen[76]. Das Amt des Priors, ein wichtiges Merkmal der cluniazensisch-hirsauischen Reformrichtung[77], ist also für St. Afra im 12. Jahrhundert gesichert.

Der Vermerk im Bibliotheksverzeichnis von 1616, daß im Psalmenkommentar des Augustinus, der in der Zeit Udalschalks mit größter Wahrscheinlichkeit zur Bibliothek gehörte[78], ein Brief eines Hirsauers an den Augsburger Abt über eine Mönchsangelegenheit enthalten war, belegt die Verbindungen in allgemeiner Art, gibt aber keine konkrete Auskunft. Sehr viele der Beitexte im Psalmenkommentar des Augustinus ebenso wie in den Moralia Gregors d. Gr.[79] sind Dokumente zur Auseinandersetzung zwischen dem Abt des Klosters und dem Augsburger Bischof. Außerdem steht der Kommentar Gregors zum Hohenlied[80] als Buch in Beziehung zu den Anliegen der Reform. Es enthielt neben „alten" Konstitutionen über die Papstwahl Konstitutionen des Augsburger Bischofs Konrad (1152–1167), die leider im Verzeichnis von 1616 nur erwähnt, inhaltlich jedoch nicht näher beschrieben werden[81].

74 Berschin, Historia S. Kŏnradi S. 108 f.
75 Udalschalk, De Eginone S. 443 und oben S. 233.
76 Wittwer, Catalogus S. 142 und oben S. 246.
77 Hallinger, Gorze-Kluny S. 846 ff.
78 Oben S. 89.
79 Vgl. unter Nr. (40) und (42).
80 Oben Nr. (43).
81 Vgl. oben S. 95 f.

Zur Zeit Abt Udalschalks trat der Domdekan Werinher ins Kloster St. Afra über. Unter den Büchern, die er mitbrachte, befanden sich die Epistolae Ivonis und ein Ordo presbiterorum, Schriften, die Thematiken der Kirchenreform anklingen lassen.

Der Clm 4317[82] schließlich, der Auszüge aus verschiedenen Kirchenvätern enthält und für das 12. Jahrhundert durch den Eintrag *Herimannus/St. Afrae* gut bezeugt ist[83], hat auf der letzten Seite ein Fragment des Papstwahldekrets von 1059 und davor einen Text des Exsultet, des österlichen Jubelgesangs, der bei der Weihe der Osterkerzen dargebracht wird. In der Textversion, wie sie im Clm 4317 steht, fehlt die Stelle *O certe necessarium Adae peccatum, quod Christi morte deletum est! O felix culpa, quae talem ac tantum meruit habere redemptorem!* Dies ist eine bewußte Auslassung gegenüber dem ursprünglichen Text, der entweder direkt auf Ambrosius zurückgeht oder wenigstens von Ambrosius inspiriert wurde und aus der norditalienischen oder gallischen Liturgie stammt[84]. Das Fehlen dieses Passus in der im Kloster St. Ulrich und Afra gebrauchten Version ist aus dem Anliegen der Reform zu erklären. Denn Abt Hugo von Cluny hatte diesen Passus von der Seligpreisung von Adams Schuld auszulöschen befohlen und seinen liturgischen Gebrauch untersagt[85]. In einem reformierten Kloster wollte man sich gewiß an diese Ordnung des Cluniazensers halten. Mehr bieten uns die bibliothekarischen Überlieferungen nicht an direkten Hinweisen auf die Reform.

5. Das „geistige Rüstzeug" der Reformer

Der für das Kloster rekonstruierte Bücherkatalog läßt sich im Vergleich mit überlieferten Bibliothekskatalogen aus Reformklöstern auf das Gedankengut der monastischen Erneuerung hin, das „Rüstzeug der Reformer"[86], untersuchen[87]. Entsprechend den oben dargestellten Beziehungen von St. Afra zu den

82 Oben Nr. (7).

83 Ruf, Augsburg S. 43 und oben S. 59.

84 Schmidt, Hebdomada Sancta S. 640.

85 Hugo v. Cluny: Consuetudines I, 14 (anno 1068), zitiert bei Schmidt, Hebdomada Sancta S. 645.

86 B. Bischoff, vgl. oben S. 253.

87 Anhand von Bibliothekskatalogen hat R. Kottje in seiner Studie „Klosterbibliotheken und monastische Kultur in der zweiten Hälfte des 11. Jahrhunders", Vortrag auf der 4. Internationalen Studienwoche auf der Mendel (1968), veröffentlicht in: Il monachesimo e la riforma ecclesiastica (1049–1122) Milano 1968 S. 351–370 und in ZKG 80. 1969 S. 145–62 untersucht, wie sich die Klosterreform im Bücherbesitz niedergeschlagen hat. Hier zitiert nach ZKG.

Reformzentren St. Blasien und St. Georgen (und damit Hirsau) halten wir Ausschau nach Bibliothekskatalogen, die aus Klöstern dieser Reformgruppen stammen[88]. Ich gebe zunächst Überblicke über das in den Katalogen erhaltene Schrifttum, um dann Folgerungen daraus zu ziehen.

a) Die Gruppe St. Blasien

Das Kloster St. Blasien selbst hat durch die Brände von 1322 und 1768 große Bücherverluste erlitten[89]. Ein mittelalterlicher Katalog ist nicht erhalten. Houben kann in seiner rekonstruierenden Studie nur wenige Handschriften aus der Epoche der Reform nachweisen. Neben einigen liturgischen Büchern sind es ein am Ende des 11. Jahrhunderts in St. Blasien geschriebener Kommentar zu Matthäus und Markus von Hieronymus[90] und zwei Rechtssammlungen, mit denen Bernold von Konstanz gearbeitet hat und die nicht sicher St. Blasien zuzuweisen sind[91].

Als bezeichnend für Sanblasianer Schrifttum darf eine Bücherliste gelten, die Houben für Ochsenhausen erarbeitet hat. Ochsenhausen war vor 1099, vermutlich 1093[92], also mitten im reformerischen Aufbruch, als Priorat von St. Blasien gegründet worden. Die ältesten Ochsenhausener Handschriften gehören aller Wahrscheinlichkeit nach zu einem für das religiöse Leben notwendigen Grundbestand an Büchern, mit dem St. Blasien sein Priorat ausgestattet hat[93]. Die Handschriften entstammen auch allesamt dem 12. Jahrhundert. Es sind neben liturgischen Büchern aus der ersten Jahrhunderthälfte die Consuetudines Fructuarienses (die Hirsaugienses kamen in der 2. Jahrhunderthälfte dazu), Augustins Homilien zum Johannesevangelium und De doctrina christiana, Gregors d. Gr. Moralia in Job sowie ein Poenitentiale[94]. Von den Moralia waren nur die

88 Für die Zugehörigkeit zur Reformgruppe St. Blasien orientiere ich mich an der Zusammenstellung von Jakobs, Adel S. 89–146, für St. Georgen an Jakobs, Hirsauer S. 58–62, ergänzt durch Bauerreiss, St. Georgen. Die Zuweisungen durch Bauerreiß sind jedoch kritisch zu betrachten. Vgl. Wollasch, St. Georgen S. 111 ff. Für Klöster, in denen hirsauischer Einfluß direkt greifbar wird, orientiere ich mich an Jakobs, Hirsauer S. 36–57. Eine Auswahl ergibt sich dadurch, daß längst nicht von allen Klöstern und Prioraten geeignete Bibliothekskataloge erhalten sind. Die Auswertung wird noch einmal eingeschränkt durch die unterschiedliche, mehr oder minder fortgeschrittene Publikation der Bibliothekskataloge und bibliothekarischen Überlieferungen.

89 Houben, St. Blasianer S. 4.

90 Houben, St. Blasianer S. 24 ff.

91 St. Gallen, Stiftsbibliothek, Cod. 676 und Stuttgart, Württembergische Landesbibliothek, HB VI 107; vgl. Houben, St. Blasianer S. 66.

92 Houben, St. Blasianer S. 75.

93 Houben, St. Blasianer S. 77.

94 Houben, St. Blasianer S. 149 (Übersicht).

Teile III und IV vorhanden. Sie wurden wahrscheinlich in St. Blasien für Ochsenhausen geschrieben[95].

Ähnlich bemerkenswert ist die Liste der Bücher des Abtes Frowin von Engelberg (Schweiz), der 1147 als Reformer aus St. Blasien gekommen war. Er begründete die später nach ihm benannte Engelberger Schreib- und Malschule und führte das Kloster zu einer kulturellen Blüte[96]. Allerdings stellt seine Liste nur einen Auszug aus einem sicherlich umfassenderen Bibliotheksbestand dar, da sie fast nur Bücher der *septem artes*, überwiegend der Fächer Rhetorik und Grammatik sowie Lesestoff enthält. Es finden sich in ihr neben christlichen auch heidnische Dichter; Homer in lateinischer Fassung beispielsweise ist zweifach vorhanden. Mit Recht nimmt man an, daß es sich um ein Schulbücherverzeichnis handelt[97]. Es ist jedoch beachtenswert, daß ein solches Schulbücherverzeichnis von einem Abt der St. Blasianer Reform stammt. Ursprünglich befand es sich in einem Codex der Engelberger Stiftsbibliothek, der von Frowins Hand die Homilien Gregors d. Gr. zu Ezechiel enthielt[98].

Etwas weiter ab, aber ebenfalls zum St. Blasianer Reformkreis gehörig, liegt das österreichische Kloster Göttweig. Das 1083 gegründete Augustinerchorherrenstift wurde 1094 in ein Benediktinerkloster sanblasianischer Observanz umgewandelt. Es erhielt als ersten Abt den Prior von St. Blasien, Hartmann[99], der eine Zeitlang gleichzeitig Abt von St. Afra war[100]. Ein unter Abt Hartmann in Göttweig um 1114 geschriebener Katalog enthält lediglich einige liturgische Bücher[101]. Auch Houben kann dem nur wenig hinzufügen: die Passio des hl. Blasius, vier Bücher der Dialoge Gregors d. Gr. und eine Vita des hl. Basilius in einer Handschrift, die in der 2. Hälfte des 12. Jahrhunderts vermutlich in Göttweig geschrieben wurde[102].

Als sanblasianisch reformiert hat noch das Kloster St. Lambrecht in der Steiermark zu gelten. Auch dort ist 1103 Hartmann von Göttweig als Abt bezeugt, und in der 2. Hälfte des 12. Jahrhunderts wurde in Abt Werner ein Mönch aus dem Mutterkloster der Reform, St. Blasien, berufen[103]. Aus dieser 2. Jahrhunderthälfte haben wir einen Bibliothekskatalog, der von verschiedenen Hän-

95 Houben, St. Blasianer S. 142f.

96 Houben, St. Blasianer S. 61.

97 MBK 1 Nr. 10 S. 30ff.

98 Ebd.

99 Jakobs, Adel S. 113ff.

100 Jakobs, Adel S. 118 und oben S. 255. Nach der Augsburger Überlieferung war er auch noch einige Zeit Abt in Kempten und fand seinen Tod in der Donau. Adilbert, Klostergeschichte, Augsburg, AdB, Hs. K 80 fol. 13v.

101 MBKÖ 1 S. 8ff.

102 Houben, St. Blasianer S. 59.

103 Jakobs, Adel S. 119ff.

den geschrieben wurde, die aber zeitlich nicht weit auseinander liegen[104]. Unter den Liturgica und Biblica befindet sich ein Tonarius. Die Kirchenväter sind gut vertreten; Augustinus tritt nicht besonders hervor. Die Moralia Gregors d. Gr. in drei Bänden waren vorhanden. Es schließen sich unter anderem an: die Consolatio philosophiae des Boethius, Prudentius, Donat, Cato, Cicero, Ovid und am Ende die Chronik Ottos von Freising und Bedas Gesta Anglorum.

b) Die Gruppe St. Georgen

Vom Kloster St. Georgen selbst scheint kein Bibliothekskatalog überliefert[105]. Zu den ersten Reformern, die St. Georgen aussandte, gehört der selige Rupert von Ottobeuren (1102–1145)[106]. Über seinen Reformauftrag berichtet die Vita Theogeri ähnlich wie über den Eginos, des Abtes von St. Afra[107]. Auch von Ottobeuren haben wir aus dieser Zeit keinen Bibliothekskatalog[108]. Ähnliches gilt für das österreichische Admont, das 1115 in Abt Wolfold unmittelbar aus St. Georgen einen Reformer erhielt und zum „führenden Kloster des deutschen Südostens" wurde[109]. Als Nachfolger Wolfolds holte man den Prior von St. Georgen, Gottfried (1138–1165), der als Abt von Admont einmal in einem Brief um die Judengeschichte des Flavius Josephus bittet[110]. Dies ist zunächst alles, auf das man an Mitteilungen über Schrifttum unter den Reformern in Admont stößt, soweit man sich auf die Katalog-Überlieferungen dieses Klosters allein stützt und nicht tiefer in die reichen bibliothekarischen Überlieferungen eindringt.

Demgegenüber liefert das Kloster Prüfening bei Regensburg eine Fülle von Material[111]. Dieses Kloster war von Bischof Otto von Bamberg 1109 gegründet worden und hatte in Erminold als erstem Abt einen Hirsauer erhalten, der mit seinen strengen Reformvorstellungen aber offensichtlich auf Widerstände stieß[112]. Erst die ausnehmend lange Regierungszeit Erbos I. (1121–1161) brachte

104 MBKÖ 3 Nr. 11 S. 80.

105 Fehlanzeige in MBK 1.

106 Bauerreiss, St. Georgen S. 200.

107 MG SS 12 S. 462.

108 Fehlanzeige in MBK 3,1. Über bibliothekarische Überlieferungen aus Ottobeuren im Zusammenhang mit der Reform vgl. unten S. 285.

109 Bauerreiss, St. Georgen S. 47 ff.

110 Becker, Catalogi S. 206.

111 Aus dem 12. Jahrhundert liegen zwei umfangreiche Kataloge vor: MBK 4,1 Nr. 40 S. 416 und Nr. 41 S. 421 ff. Die Kataloge sowie die erhaltenen Handschriften des 12. Jahrhunderts sind in einer umfänglichen Untersuchung bearbeitet und ausgewertet: Schmitz, Prüfening.

112 Schmitz, Prüfening S. 5 ff.; Bauerreiss, St. Georgen S. 198.

die Reform zu anhaltender Blüte. Erbo aber war zuvor Prior in St. Georgen im Schwarzwald gewesen. Auf seinen Befehl hin und nach seinen Berichten wurde um 1140 in Prüfening die Vita Theogeri verfaßt[113].

Unter Erbo I. wurden wissenschaftliche Tätigkeit und der Aufbau der Bibliothek sehr gefördert. In den Schreiber- und Besitzvermerken mehrerer Handschriften wird auf die Anregung Erbos zur Herstellung des betreffenden Buches hingewiesen[114], was uns wertvolle Anhaltspunkte für die geistigen Interessen dieses Reformers bieten kann.

Der Mönch Wolfger von Prüfening legte zu verschiedenen Zeiten Bibliothekskataloge an. Der erste entstand um die Mitte des 11. Jahrhunderts, jedenfalls vor 1165[115], der zweite wurde im Jahre 1165 begonnen, aber nicht zu Ende geführt[116]. Schon der erste Katalog hat eine gewisse Gliederung. Nach einer Gruppe liturgischer und homiletischer Handschriften folgen Gregor d. Gr. mit fünf Titeln[117] – darunter die VII partes moralium und die Cura pastoralis –, Ambrosius mit fünf Titeln, Augustinus mit 14, Hieronymus mit 9, Origenes mit 3 Titeln, weitere Kirchenväter, Beda, Hrabanus, Haimo, Rupert von Deutz mit 14 (!) Titeln, die Vita des Abtes Wilhelm (von Hirsau) neben der Vita patrum (sic) und Exzerpten daraus[118], das Glossarium Salomonis, eine Canonessammlung und Briefe Ivos von Chartres, Bernhard von Clairvaux, Anselm von Canterbury, eine Sammlung von Papstdekreten, die Weltchronik des Frutolf von Michelsberg, die Constitutiones Hirsaugienses und eine starke Gruppe christlicher und heidnischer Dichter nebst Boethius und Priscian. Im zweiten, jüngeren Katalog ist die Gruppe der Dichter, Philosophen und Grammatiker weggelassen, was sich wohl aus der Unvollständigkeit dieses Katalogs erklärt[119]. Der zweite Katalog ist ansonsten umfangreicher, da neue Autoren und zu vielen Autoren neue Titel hinzukamen, darunter die Historia tripartita, die Historia des Flavius Josephus, die Etymologien Isidors, Sentenzen des Petrus Lombardus und anderer und das Decretum Gratiani. In seinem Vorwort zum zweiten Katalog unterscheidet Wolfger auch zwischen *autores antiqui* und *moderni*, wobei er die modernen etwa bei Beda beginnen läßt.

Schmitz stellt mit Recht fest, daß die Prüfeninger Kataloge einen erstaunlich reichhaltigen Querschnitt durch das bieten, was zu dieser Zeit gelesen wurde,

113 Schmitz, Prüfening S. 239 und oben S. 257. Die Autorschaft Wolfgers ist nicht gesichert.

114 MBK 4,1 S. 404.

115 MBK 4,1 Nr. 40 S. 416 ff.

116 MBK 4,1 Nr. 41 S. 421 ff.

117 Die Zahlen gemäß der Aufschlüsselung durch Schmitz, Prüfening S. 74–96. Angestrebt wird ein ungfährer Einblick in die Verteilung der Autoren.

118 Gemeint ist vermutlich die Sammlung von Geschichten über griechische Väter, die seit dem 4. Jahrhundert entstand. Sie war im Mittelalter in lateinischer Übersetzung als *Vitae* oder *Vitas patrum* bekannt. Vgl. Brunhölzl, Geschichte 1 S. 56.

119 Vgl. MBK 4,1 S. 421.

und daß sie Prüfening aus der Masse der übrigen Klosterbibliotheken weit herausragen lassen[120]. Es ist also auf den ersten Blick schwierig, aus diesem Querschnitt für die Reform charakteristisches Schrifttum herauszufiltern. Orientierungspunkte können jene Bücher sein, für die sich durch die Identifizierung der Schreiber nachweisen läßt, daß sie unter dem Reformabt Erbo im Kloster selbst entstanden sind[121]. Geschrieben wurden unter Erbo I.: das Glossarium Salomonis[122], die Etymologien des Isidor von Sevilla[123], der Matthäuskommentar des Hrabanus[124], Kommentare zu den Briefen des Neuen Testaments von Haimo[125], Kommentare zu den Büchern des Alten Testaments von Rupert von Deutz[126], von Augustinus Kommentare zu den Evangelien[127], zum (ersten) Johannesbrief[128] sowie der erste der sechs Bände seiner Psalmenerklärung[129], eine Sammlung von Lebensgeschichten westlicher heiliger Bischöfe[130], von Ambrosius De officiis ministrorum[131], jener Versuch, die stoische Ethik ins Christliche zu übertragen als Anweisung zum rechten Leben für die „Diener der Kirche"[132], vielleicht auch die Regula pastoralis und die Dialoge Gregors d. Gr.[133].

In das Kloster Weihenstephan (Freising) kam die Reform nicht unmittelbar von St. Georgen, sondern über Kloster Admont. Wir haben aus Weihenstephan einen Katalog, der noch vor der Ankunft der Reformer liegt. Er soll hier angeführt werden, um als Gegenprobe zu dienen, wenn wir versuchen, die Schwerpunkte im Schrifttum zu erkennen, die durch die Reform gesetzt wurden. Das Kloster wurde 1147 durch einen ehemaligen Professen und Bibliothekar aus Admont, Gunther, reformiert, nachdem es wahrscheinlich bis um 1138 noch lothringisch geprägt war und dazwischen der fruttuarischen Richtung angehörte[134]. Am Ende des 11. Jahrhunderts wurde in den letzten Band der Mora-

120 Schmitz, Prüfening S. 71.
121 Ebd. S. 109ff.
122 Ebd. S. 111ff., vor allem S. 114.
123 Ebd. S. 121ff.
124 Ebd. S. 123f.
125 Ebd. S. 124ff.
126 Ebd. S. 127f. und 139ff.
127 Ebd. S. 143f.
128 Ebd. S. 145f.
129 Ebd. S. 155f.
130 Ebd. S. 171ff.
131 Ebd. S. 174f.
132 Bardenhewer, Geschichte 3 S. 528f.
133 Schmitz, Prüfening S. 193f.
134 Hallinger, Gorze-Kluny S. 156, wenn sich Reformrichtungen in solch kurzen Zeitabständen überhaupt registrieren lassen. Für den Wechsel zur Admonter Richtung vgl. auch Jakobs, Hirsauer S. 71.

lia Gregors d. Gr., die fast zur gleichen Zeit geschrieben wurden, ein Bücherverzeichnis eingetragen[135]. Es enthält nach einer Gruppe liturgischer Bücher einige Väterschriften, darunter *tres libri Augustini,* die erwähnten *quattuor partes moralium* und die Cura pastoralis. Daran schließt sich eine Gruppe: *Dialectica Aristotelis, arithmetica, geometria, item geometria, musice due enchiriadis ..., de nuptiis Philologie et Mercurii, Ovid metamorphoseos ... super abacum ... Libellus (natura)lis ... medicinalis ... Arator, Alcimus, duo Persii, Beda compotista ... duo medicinalia ...,* also typische Bücher der *artes liberales* mit starker Betonung des Quadriviums.

Bevor jedoch die Bücher von St. Afra mit diesen Katalogen verglichen und Folgerungen gezogen werden, ist es notwendig, den Blick noch auf Klöster zu richten, die unmittelbar von Hirsau selbst beeinflußt waren.

c) Hirsauisch geformte Klöster

Von Hirsau selbst ist ein Bücherkatalog erhalten, der Bücher nennt, die unter Abt Wilhelm und seinen drei Nachfolgern geschrieben oder angeschafft wurden. Er läßt hinter biblischen Schriften und der Historia des Flavius Josephus sehr viele Werke der Kirchenväter erkennen. Der Katalog ist allerdings nicht ganz zuverlässig, da er aus einer Handschrift erst des 16. Jahrhunderts stammt[136]. Die Liste ist außerdem unscharf. *Libri domini Hermanni, libri domini Bernoldi, libri domini Wilhelmi Hirsaugiensis abbatis ...* will nicht viel besagen.

Wesentlich aussagekräftiger ist eine Liste von Büchern, die aus dem 1118 gegründeten und von Hirsau aus geformten Kloster Odenheim im Bistum Speyer stammen[137]. Der Bibliothekskatalog steht hier im Verbund mit den Statuta monachorum Cluniacensium und gibt damit Auskunft über die religiösen und geistigen Interessen einer monastischen Gemeinschaft gegen Mitte des 12. Jahrhunderts, näherhin einer Gemeinschaft hirsauischer Prägung; denn 1122 war eine Kolonie von 13 Mönchen von Hirsau nach Odenheim entsandt worden[138]. In diesem Katalog sind enthalten: Liturgische Bücher, die Moralia Gregors d. Gr. *in tribus voluminibus,* Hieronymus super IV prophetas, Beda de temporibus, die Historia tripartita, Hrabanus (Titel nicht angegeben), Cantica canticorum, *duae musicae guidonis* und die Vita Wenzeslai (des Herzogs

135 MBK 4,2 Nr. 87 S. 649.

136 Becker, Catalogi Nr. 100 S. 219f.; Gottlieb, Bibliotheken Nr. 84.

137 Bibl. Vat., Cod. Palat. lat. 564 (früher 1881); vgl. Wilmart, Coutumes; Kottje, Klosterbibliotheken S. 151.

138 Vgl. Wilmart, Coutumes S. 93 und S. 95; Jakobs, Hirsauer S. 55: 1118 gegründet.

v. Böhmen)[139]. Auch mehrere Werke Augustins sind angeführt, allerdings nicht der Psalmenkommentar. Neben dem Vermerk der beiden Musiktraktate des Guido wird bei liturgischen Büchern (einem Antiphonar, einem Graduale und einem Sequentiar) *musice neumatum* bzw. *musice notatum* besonders hervorgehoben, was andeutet, daß die Musik im Programm der Hirsauer einen bestimmten Stellenwert besaß[140].

Von besonderer Aussagekraft darüber, wie durch die Hirsauer Reformer das Schrifttum bewertet wurde, ist sicherlich der Dialogus super auctores des Konrad von Hirsau[141]. Konrad ist etwa 1070 geboren und verdankt seine höhere Bildung dem Kloster Hirsau, wo er von Abt Wilhelm unterrichtet wurde. Später wurde er selbst Lehrer im Kloster und verfaßte unter anderem den genannten Dialogus, eine in Dialogform zwischen Schüler und Lehrer gehaltene, literaturgeschichtliche Abhandlung über 21 Autoren. Die Abhandlung sollte in Person und Werk der Autoren einführen: *Accessus ad auctores*[142]. Die *Accessus* behandeln die Grammatiker Donat und Priscian, eine Reihe heidnischer und christlicher Dichter, wobei die heidnischen Dichter bemerkenswert kurz dargestellt werden. Von Horaz beispielsweise bezieht Konrad nur die Ars poetica ein und schließt die Oden, Satiren und andere Bücher als gefährlich aus. Er betont die Dienstfunktion der weltlichen (= *artes*-Studien) gegenüber der göttlichen Wissenschaft[143]. Manitius urteilt, daß Konrad nur jene Dichter aus alter Zeit anführte, die man im grammatischen Unterricht gelesen hat, und stellt abschließend fest: „... es (Konrads Buch) gibt eine deutliche Vorstellung davon, wie man in einem Kloster der scharfen Reformrichtung diese Dinge schulmäßig betrieben hat, ohne größere wissenschaftliche Tiefe und ohne jeden Schwung, durchaus nüchtern und praktisch und nur mit einem gewissen Zögern betreffs der durch ihren Stoff etwa gefährlich wirkenden Autoren des Altertums"[144]. Der Dialog des Konrad von Hirsau erinnert so an die Bücherliste des Abtes Frowin von Engelberg[145], die ähnlich heidnische und christliche Dichter aufführt, deren man sich im Unterricht bediente. Mehr als diese Funktion hatten die heidnischen Dichter also offenbar nicht.

Noch unter Abt Wilhelm, also vor 1091, wurde das Kloster Blaubeuren von Hirsau aus besiedelt. Azelin war der erste Klostervorsteher[146]. In einer

139 Wilmart, Coutumes S. 93 f.

140 Siehe unten S. 238 f.

141 Ed. Huygens, Conrad de Hirsau.

142 Manitius, Geschichte 3 S. 315 f.

143 ... *multum enim inferior sapientia recte ordinata ad superiorem conducit et omnes artes naturales diuine scientie famulantur, si congrua distributione ad cardinem suum unde procedunt referantur:* Conrad de Hirsau, Dialogus S. 58 f.

144 Manitius, Geschichte 3 S. 318.

145 Vgl. oben S. 266.

146 Jakobs, Hirsauer S. 45.

spätmittelalterlichen, aber gleichwohl zuverlässigen Quelle sind vier Bücherlisten überliefert: 1. ein Verzeichnis der von Azelin 1085 mitgebrachten und der während seiner Abtszeit (1085–1101) geschriebenen Bücher, 2. eine Liste der unter Azelin geschenkten Bücher, 3. die von Bruder Hugo gestifteten Bücher und schließlich 4. der Katalog der Bibliothek unter Azelin[147]. Die Bücher sind also teils nach ihrer Herkunft, teils nach ihrem Standort erfaßt. Es gibt Überschneidungen. Hier interessieren hauptsächlich die Listen 1 und 4. Zum Grundbestand, für den Azelin sorgte, gehörten liturgische und biblische Handschriften, des „göttlichen" Gregor Erklärung des Ezechiel, drei Teile seiner Moralia, der Dialog (bekannt als Dialogi), die Cura pastoralis. Augustinus ist mit wenigstens sechs Werken vertreten. Die Psalmenerklärung wird als unvollständig *(a 77 psalmo usque ad 101)* angegeben. Weitere ältere Kirchenväter sind meist mit einem, selten mit zwei Titeln genannt. Auch ein Liber consuetudinum war vorhanden. In den Schenkungslisten (Nr. 2 und 3) kommen auch Bücher der *septem artes* sowie christliche und heidnische Schriftsteller vor. Der „endgültige" Katalog des Azelin schließlich (Liste 4) enthält Biblica, Homilien, die Kirchenväter wie oben, allerdings um einige Titel erweitert. Die Moralia scheinen komplettiert worden zu sein[148]. Die christlichen Schriftsteller sind geblieben, die heidnischen Autoren kommen bis auf Sallust nicht mehr vor. Es hat den Anschein, als sei der Bücherbestand bereinigt worden, als sei nicht Willkommenes aus den geschenkten Beständen ausgeschieden worden[149].

Ein ähnliches Bild bieten zwei Klöster, die von Anfang an aufs engste mit der Hirsauer Reformbewegung verbunden waren und bei denen sich auch die Bibliothek aus der Zeit der Reform gut belegen läßt: Petershausen und Schaffhausen. Das Kloster Petershausen (Konstanz) wurde im Jahre 1085 von Bischof Gebehard von Konstanz, der ein ehemaliger Hirsauer Mönch war, reformiert. Es erhielt seine beiden ersten Äbte aus Hirsau[150]. Vor allem der zweite Abt, Dietrich (1086–1116), trieb die Reform voran. Durch ihn erhielt das Kloster eine Reihe von Büchern, die in den Casus monasterii Petrishusensis überliefert sind. Die Handschrift bietet wahrscheinlich eine Originalaufzeichnung des 12. Jahrhunderts[151]. Die Liste enthält zehn liturgische Bücher, eine Homiliensammlung, einen Liber consuetudinum, von Gregor den Ezechielkommentar, die Moralia teilweise, den Dialog, neun Werke des Augustinus, Origines' Kommentar zum Alten Testament, die Benediktusregel, den Pentateuch, die Apostelgeschichte, das Hexaemeron des Ambrosius und die Vita Udalrici. Un-

147 MBK 1 Nr. 3–6 S. 16 ff.; Kottje, Klosterbibliotheken S. 150.

148 Zum ersten und dritten Teil (1. Liste) kamen der zweite und fünfte dazu (4. Liste).

149 Vgl. auch Kottje, Klosterbibliotheken S. 150.

150 Jakobs, Hirsauer S. 41 f.; Miscoll-Reckert, Petershausen.

151 MBK 1 Nr. 46 S. 216 ff.

ter den Augustinusschriften befindet sich der erste Teil des Psalmenkommentars. Die Casus monasterii Petrishusensis teilen mit, daß dies die Bücher seien, die Abt Dietrich habe schreiben lassen.

Das Allerheiligenkloster in Schaffhausen wurde von Abt Wilhelm von Hirsau persönlich im Jahre 1079 reformiert. Am nachhaltigsten in hirsauischem Sinne aber wirkte sein Schüler Abt Siegfried (1081–1096)[152]. Er gilt auch als der eigentliche Bibliotheksgründer. Es ist ein Verzeichnis der unter ihm erworbenen Bücher erhalten, das einer Handschrift des 11. Jahrhunderts beigeschrieben wurde, die als Haupttext den dritten Teil des Psalmenkommentars des hl. Augustinus (!) enthält[153]. Das Verzeichnis ist von drei Händen angelegt, die alle noch ins 11. Jahrhundert gehören, so daß wir praktisch ein mit diesem Abt Siegfried gleichzeitiges Dokument vor uns haben. Viele der darin verzeichneten Bücher sind noch erhalten. Sie scheinen fast alle im 11. Jahrhundert für das Kloster Schaffhausen geschrieben worden zu sein. Nur wenige der Schaffhausener Codices sind älter als die Gründungszeit[154]. Somit spiegeln der alte Katalog und die erhaltenen Handschriften aufs vortrefflichste den Zustand einer Bibliothek in der Reformphase eines hirsauischen Klosters wider. Es wird ausdrücklich herausgestellt, daß der Erwerb der Bücher durch den Reformabt Siegfried autorisiert war: *Nomina ... librorum sub ... Sigefredo ... sive iussu seu permissu patratorum ...*[155].

Die Liste beginnt mit einer Prachtbibel, worauf die einzelnen Schriften des Alten und Neuen Testamentes folgen. Die Reihe der Kirchenväter beginnt mit den sechs Teilen der Moralia Gregors d. Gr. in einzelnen Bänden, darunter der zweite Teil doppelt. Es folgen die Cura pastoralis, die Dialoge, die 40 Homilien, der Ezechielkommentar in zwei Büchern (2. Teil doppelt) und zwei Homilien auf das Hohe Lied von Gregor. Ambrosius ist mit vier Titeln vertreten, darunter das Hexaemeron. Hieronymus und andere Kirchenväter sind vereinzelt vorhanden. Breitesten Raum nimmt das Werk des Augustinus ein. Die *OPERA AUGUSTINI* sind außerdem durch einen Zwischentitel in Auszeichnungsschrift hervorgehoben. Es sind fast 50 Titel, die detailliert aufgeführt werden. Ein einzelner Band wird nach Einzelschriften des Kirchenvaters aufgeschlüsselt zitiert. Es ist die umfänglichste Augustinussammlung, die in den untersuchten Bibliothekskatalogen begegnet. Der letzte Teil des Verzeichnisses scheint Zuerwerbungen zu nennen. Er beginnt wieder mit liturgischen Schriften[156]. Der Psalmenkommentar des Augustinus, von dem im ersen Teil des Verzeichnisses

152 Jakobs, Hirsauer S. 38.
153 MBK 1 Nr. 63 S. 291 ff.
154 Ebd.
155 Ebd. S. 293.
156 Ebd. S. 295 Z. 20.

nur die *pars tertia* angeführt war, wird nun durch die *pars prima* und *secunda* vervollständigt, was zeigt, welchen Wert man auf diese Sammlung legte. Die Dialoge Gregors folgen noch einmal. Am Schlusse erscheinen eine Schrift über Alexander d. Gr. und ein Seneca. Ansonsten fehlen heidnische Schriftsteller. Es fehlen auch die bekannten Titel zu den *septem artes.* Die Kataloge aus Blaubeuren, Petershausen und Schaffhausen, die jeweils in engstem Zusammenhang mit der reformierenden Person stehen und als Dokumente aus der Reformepoche gut bezeugt sind, scheinen in besonderer Weise das „geistige Rüstzeug" der Hirsauer wiederzugeben[157].

Im Kloster auf dem Michelsberg in Bamberg wurde die Reform spätestens durch den eigens dafür im Kloster Hirsau unterwiesenen Bamberger Kanoniker Wolfram ab dem Jahre 1112 durchgeführt[158]. Hallinger macht darauf aufmerksam, daß die Hirsauer möglicherweise dieses Jahr des Reformbeginns in seiner Bedeutung überbewertet hätten[159]. U. a. zeigt der bedeutende Frutolf (gest. 1103), daß die Klosterzucht auch vor der „Erneuerung" nicht schlecht war[160]. Unter Abt Wolfram (1112–1123) begann Prior Burchard (gest. 1149) eine „regelrechte Geschichte der Bibliothek"[161], die bis in die Zeit des Abtes Hermann (1123–1147) fortgesetzt wurde. Burchards Bericht ist nicht im Original erhalten, sondern in zwei Chroniken des 15. Jahrhunderts eingearbeitet, die aber als zuverlässige Quelle zu gelten haben[162]. Burchards Katalog besteht aus mehreren Teilen: erstens den Büchern, die unter Abt Wolfram erworben wurden, zweitens denen, die unter Abt Hermann angeschafft wurden. Diesen beiden Teilen gab Burchard noch Listen bei, die nach Schreibern (Frutolf) oder Schenkern angelegt waren bzw. Bücher unbekannter Provenienz enthielten. Vor allem die Aufstellung von Büchern unbekannter Provenienz gebe – so führt Breßlau aus – im wesentlichen den Bestand an, wie er vor Wolframs Ankunft vorhanden gewesen sei[163]. Diese Tatsache ermöglicht es uns, aus den Michelsberger Katalogen zu erschließen, wie sich der Bücherbesitz unter den Hirsauern im Verhältnis zum Bibliothekszustand vor der Reform verändert hat.

Die Erwerbungen Wolframs, das hirsauische Bibliotheksgut also, beginnen mit acht liturgischen Büchern. Es folgen an erster Stelle die Moralia Gregorii in drei Bänden, zwei Origeneshomilien, wenigstens 11 Titel von Augustinus, darauf mehrere Bibelkommentare, Bernold, Anselm von Canterbury, Petrus Da-

157 Vgl. auch Kottje, Klosterbibliotheken S. 149.
158 Jakobs, Hirsauer S. 55.
159 Gorze-Kluny S. 439 f.
160 Vgl. auch unten S. 286.
161 MBK 3,3 S. 348.
162 MBK 3,3 Nr. 90 S. 355 ff.; Bresslau, Bamberger Studien.
163 Über das Verhältnis der Einzellisten zueinander: Bresslau, Bamberger Studien S. 154 ff.

miani mit je einem Werk, schließlich eine Gruppe christlicher und heidnischer Dichter und Philosophen (Prudentius, Arator, Macrobius, Porphyrius, Cicero, Sallust, Ovid, Vergil). Unter den Beständen vor Wolfram sind neben liturgischen Büchern Werke älterer und jüngerer Kirchenväter in gemischter Reihe zu finden, ohne daß Augustinus besonders hervorträte, und vor allem eine stärkere Gruppe von Schriften zu den *artes liberales:* Boethius mit fünf Schriften, Kommentare zu Porphyrius, Aristoteles, Rhetorik und Grammatik im Zusammenhang mit christlichen und heidnischen Schriftstellern, medizinische Schriften. Da jedoch auch Überschneidungen der Listen denkbar sind und gerade in den Gruppen mit profaner Literatur in den beiden Listen auffallend viele ähnlich lautende Titel vorkommen, könnten diese Bücher letztlich unbekannter Provenienz auch bereits vor Wolfram in der Bibliothek vorhanden gewesen sein. Unter denen, die Wolfram beschaffen ließ, stechen die Moralia Gregors sowie die zahlreichen Augustinustitel hervor. Unter Abt Hermann wurden die Kirchenväter noch einmal bedeutend vermehrt. Es kamen 17 Augustinus-Schriften, neun Hieronymus-Titel, Ambrosius, Origenes, Beda mit je einigen Werken, die Historia tripartita, auch etliche antike Dichter wie Vergil, Terenz, Ovid, Sallust, Horaz und Philosophen wie Plato und Macrobius hinzu. Weiter ließ Hermann die Erklärung der letzten 50 Psalmen in drei Bänden beschaffen.

Zu Beginn des 12. Jahrhunderts sind im Kloster St. Afra für kurze Zeit auch Verbindungen zum Kloster Wessobrunn nachweisbar. Für vielleicht zwei Jahre wurde Adalbero, Abt von Wessobrunn (1065–1110), gleichzeitig mit der Leitung des Konvents von St. Afra betraut[164]. Udalschalk nennt ihn einen *vir religiosus*, der sich nur deshalb nicht habe durchsetzen können, weil er nicht vom Konvent gewählt war[165]. Vielleicht war er aber ein Abt der Reform, denn möglicherweise ist die Reform in Wessobrunn „schon um oder gar vor der Jahrhundertwende erfolgt"[166]. Es bleibt uns jedenfalls unbenommen, zum Schluß einen Blick in die Bücherliste zu werfen, die der Wessobrunner Nonne Diemot zugeschrieben wird, um mögliche Gemeinsamkeiten mit St. Afra zu entdecken, zumal da Diemots Bücherliste in einem Codex steht, der neben den vier Evangelien ein Fragment der Vita Udalrici von Berno und zahlreiche urkundliche Einträge enthält[167]. Damit ist sowohl inhaltlich wie formal ein Bezug zu unserem Kloster gegeben. Inhaltlich: Wessobrunn besaß die Vita des zweiten Patrons des Afraklosters, an sich nichts Außergewöhnliches, aber im Zusammenhang doch beachtenswert. Formal: Gewisse Bücher des 12. Jahrhunderts auch in St. Afra stechen dadurch hervor, daß in ihnen viele beigeschriebene Dokumente unterge-

164 Siehe oben S. 232 und 255.
165 Vgl. Udalschalk, De Eginone S. 433.
166 Kottje, Klosterbibliotheken S. 151.
167 München, BStB, Clm 22 021; vgl. Ruf, Augsburg S. 177.

bracht waren, die mit Anliegen der Reform in Verbindung standen. Es waren dies vor allem der Psalmenkommentar des Augustinus in sechs Teilen und die Moralia Gregors d. Gr. in sechs Teilen. Die Liste der von Diemot geschriebenen Bücher enthält auch die *Moralia in sex partibus*, außerdem von Gregor den Ezechielkommentar, weiter *Augustinus super psalterium in tribus voluminibus* und einen Augustinusband, für den die einzelnen Titel im Verzeichnis eigens aufgeschlüsselt sind. Weiter finden wir bei ihr Origenes, drei Bände Väterhomilien und die Historia tripartita[168]. Ein etwas späteres Bücherverzeichnis aus Wessobrunn von etwa 1180[169] vermerkt einen Tonarius.

Es ist in diesem Zusammenhang schließlich auch noch Cluny selbst in die Betrachtung einzubeziehen, wovon Hirsau seine Formung empfing, gewissermaßen als der Quellgrund, der den vielfältigen Reformstrom geistig gespeist hat. Wir haben zur bibliothekarischen Überlieferung aus dem Reformkloster zwei bemerkenswerte Dokumente.

Das eine ist ein Bibliothekskatalog[170], der die stolze Zahl von 570 Titeln beinhaltet und die Bibliothek von Cluny als die wohl größte Sammlung der Zeit in Frankreich ausweist[171]. In diesem Katalog wird hinter den Biblica und Historica die Liste der Kirchenväter (rund 200 Titel) durch Gregor den Großen angeführt. Die Moralia sind dreimal vorhanden, einmal verteilt auf zwei (Nr. 34 und 35), ein anderes Mal auf drei Bände (Nr. 36–38) und ein drittes Mal in einem Band vereinigt (Nr. 42)[172]. Es gibt den dreibändigen Psalmenkommentar des Augustinus (Nr. 129–131) und eine Auswahl von Augustins Psalmenerklärungen in mehreren Bänden (Nr. 133–137). Allerdings enthält der Katalog auch rund 100 Nummern mit Grammatikern, antik-heidnischen Dichtern und den wichtigsten Autoren der *septem artes liberales* (Boethius, De consolatione philosophie (sechsmal), De arithmetica, De musica; Martianus Capella usw.). Jedoch ist zu bedenken, daß dieser Bibliothekskatalog wahrscheinlich aus den Jahren Abt Hugos III. (1158–1161)[173] stammt und damit bereits die Spätphase der Reformepoche von Cluny repräsentiert. Die Aufnahme der *artes-liberales*-Schriften und der antik-heidnischen Autoren in die Bibliothek könnte sich aus der in Frankreich seit dem 2. Viertel des 12. Jahrhunderts zu beobachtenden „Renaissance" der antiken Schriftsteller erklären[174]. Der Katalog gibt also kein Bild vom Schrifttum der Reform in ihrer ursprünglichen spirituellen Stoßrichtung[175].

168 Ruf, Augsburg Nr. 60 und 61 S. 181 ff.

169 Ruf, Augsburg Nr. 62 S. 184 f.

170 Ed. Delisle, Cabinet 2 S. 459–481; vgl. Gottlieb, Bibliotheken Nr. 280 S. 102 f.

171 Schmitz, Geschichte 2 S. 76.

172 Die Nummern nach Delisles Edition.

173 Delisle, Cabinet 2 S. 458; Gottlieb, Bibliotheken S. 102.

174 Vgl. Kottje, Klosterbibliotheken S. 148.

175 Vgl. Kottje, Klosterbibliotheken S. 159. Kottje verweist darauf, daß es sich bei den erhal-

Anders das zweite Dokument, das rund 100 Jahre älter ist als der Bibliothekskatalog: eine Liste der zur Fastenlektüre der Mönche ausgegebenen Bücher.

Der Brauch in den Benediktinerklöstern des Mittelalters, am Anfang der Fastenzeit *(in caput quadragesimae)* an einem bestimmten Tag in feierlicher Form nach einem festgelegten Zeremoniell die Bücher auszugeben, geht auf das Kapitel 48 der Regel des hl. Benedikt zurück[176]. Der Tag der Ausgabe schwankte bei den verschiedenen Reformrichtungen und Zweigen des Benediktinerordens[177]. Jeder Mönch erhielt auf die Dauer des Jahres nur ein Buch, das zur gleichen Zeit des folgenden Jahres zurückgegeben wurde; daran lassen Kommentare und Gewohnheiten keinen Zweifel[178]. Die entscheidende Frage ist, ob diese Bücherausgabe nur dem Zweck der erbauenden Lesung dienen sollte oder ob sie als Form der allgemeinen Bibliotheksbenützung aufzufassen ist. Bei der Lesezeit von 3–4 Stunden täglich, die dem Mönch von der Regel eingeräumt wurde, wäre ein einziges Buch jährlich wohl zu knapp bemessen gewesen. Man wird die Frage wohl dahingehend beantworten können, daß die Bücherverteilung, wie sie die Regel Benedikts anordnete, in der Frühzeit auch die Bibliotheksbenützung darstellte und der jährliche Ausgabetag gleichzeitig als eine Art Bibliotheksrevision anzusehen ist. Später jedoch wurde der Brauch mehr zu einem symbolischen Akt, der auf die Wichtigkeit geistiger Betätigung des Mönchs hinweisen wollte[179]. Mehr und mehr muß ja auch damit gerechnet werden, daß der Mönch nicht nur dies eine Buch auf seiner Zelle hatte, sondern die Bibliothek laufend gewissermaßen „im Lesesaal" benützen konnte[180].

Damit gewinnt nun die Liste *(breve* oder *brevis),* die bei der liturgisch vollzogenen *distributio librorum* angelegt wurde, geradezu programmatischen Charakter, zumal wenn die Leihliste gleichsam exemplarisch in die schriftliche Fixierung der Bräuche aufgenommen wurde. Dies ist beim *Breve librorum quod fit in capud* (!) *quadragesimae* der Fall, das als 190. Kapitel in die Gewohnheiten von Farfa eingegangen ist[181]. Durch Aufnahme in die Consuetudines erhielt es das Ansehen eines Musterbreves. Daß es dabei nicht nur um christlich-aszetische Erbauungsliteratur gehen konnte, zeigen nicht zuletzt die profanen Werke wie Titus Livius, Flavius Josephus und die Etymologien Isidors[182]. Die sog. Con-

tenen Handschriften aus der Zeit bis zum Beginn des 12. Jahrhunderts im Gegensatz zum späteren Katalog überwiegend um Texte der Kirchenväter und frühmittelalterlichen Autoren gehandelt habe.

176 Hanslik, Regula cap. 48, 15–16 S. 117. Vgl. dazu die vorzügliche Untersuchung von K. Christ, In caput.

177 Christ, In caput S. 37ff.; Hallinger, Gorze-Kluny S. 917ff.

178 Christ, In caput S. 42.

179 Christ, In caput S. 46f.

180 Nach Christ, In caput S. 48ff.

181 Liber tramitis aevi Odilonis abbatis (CCM 10) S. 261–264. Vgl. Wilmart, Le convent S. 90ff.

182 Vgl. Christ, In caput S. 44.

suetudines Farfenses mit dem Breve stammen aus dem Mutterkloster Cluny und geben die Ordensgewohnheiten wieder, wie sie in den vierziger Jahren des 11. Jahrhunderts in Cluny galten[183]. So wurden sie nach Farfa verpflanzt, einem seit ca. 1000 cluniazensisch reformierten Kloster, zwischen Rom und Rieti gelegen. Die Liste über die Fastenlektüre wurde erst um 1050 in das Corpus consuetudinum eingefügt und zwar von einem Mönch aus Cluny, Martin, der nach Farfa geschickt worden war, um die dortige Kommunität in den Gewohnheiten von Cluny zu unterrichten[184]. Wir erfahren also über diese Liste etwas vom Brauch der Bücherverteilung zu Beginn der Fastenzeit, wie er in Cluny in den vierziger Jahren des 11. Jahrhunderts geübt wurde[185]. Die Liste gibt somit Auskunft über die Schwerpunkte der Lektüre zu einem Zeitpunkt, da die Reform in Cluny unter Abt Odilo (994–1048) in voller Kraft stand[186].

Unter den 64 Titeln der Liste überwiegen die Schriften der Kirchenväter. Meist sind es Kommentare zu Schriften des Alten und Neuen Testamentes (23 Titel), darunter zweimal der Psalmenkommentar des Augustinus, von Gregor die Cura pastoralis, die 40 Homilien, die Moralia, weiter theologische Traktate wie das Hexaemeron, De trinitate, De natura et gratia, das Enchiridion, Super obitum, De doctrina christiana, De simbolo, De civitate dei des Augustinus. Ein Mönch erhielt den Eugippius-Kommentar zu den Werken des Augustinus. 11 Titel entfallen auf aszetisch-hagiographische Literatur. 6 Titel bilden die Gruppe der historischen Werke, unter denen der antike Autor Titus Livius besonders auffällt. Man erkennt leicht die geistlich-aszetische Ausrichtung der Lektüre. Umso mehr überrascht das Fehlen der einst so beliebten christlichen Dichter[187], allen voran der *prudentissimus Prudentius*, der in der Bibliothek von St. Ulrich und Afra zweimal vorhanden war[188]. Es fehlen – außer Titus Livius – antikheidnische Schriftsteller, auch jene, die zur Erbauung hätten dienen können. Es fehlt die Literatur der *septem artes liberales.*

d) Folgerungen

Die Folgerungen ergeben sich nun beim Vergleich der Bibliothekskataloge untereinander sowie durch deren Bezug zu der von mir rekonstruierten Bücherliste von St. Afra. Dieser Vergleich unterliegt von vorneherein zwei Einschränkun-

183 Vgl. Dinter, Liber tramitis S. XXI ff.: Einleitung.
184 Dinter, Liber tramitis S. LV f.
185 Dinter, Liber tramitis S. XLIV f.
186 Schmitz, Geschichte 1 S. 132.
187 Glauche, Schullektüre, passim.
188 Siehe oben Nr. (3) und Nr. (50).

gen. Erstens erfolgte meine Rekonstruktion aufgrund der Bücher und Nachrichten über Bücher, die sich zufällig erhalten haben. Sie bleibt also Fragment und umfaßt nicht das volle Angebot, das in der Bibliothek zur Verfügung stand. Zweitens spiegelt der Katalog einen über zweihundertjährigen Prozeß wider, in dessen Verlauf die Bibliothek wuchs. Es kann nicht immer entschieden werden, zu welcher Zeit und aus welchen Motiven ein Titel in die Bibliothek aufgenommen wurde. Dies gilt auch für die anderen Bibliothekskataloge, die ebenfalls den Bücherbestand meist wiedergeben, wie er in einem längeren Zeitraum zustandekam. Ihre Auswertung ist also dadurch eingeschränkt, daß nicht immer bestimmte Titel einer bestimmten spirituellen Richtung, wie sie die Klosterreform darstellt, zugeordnet werden können. Schließlich war die Zusammensetzung einer jeden Bibliothek von lokalen Gegebenheiten, wirtschaftlichen Möglichkeiten, Zufällen und anderen Faktoren abhängig. Trotzdem liefert der Vergleich einige bemerkenswerte Aspekte.

Unschwer ist aus allen Katalogen herauszulesen, daß die Klosterreform eine starke Vermehrung der patristischen Literatur brachte, während sie den antikheidnischen Autoren offenbar eher reserviert gegenüberstand[189]. Vor allem die Kataloge der Klöster, die unmittelbar von Hirsau geprägt waren, zeigen einen eindeutigen Schwerpunkt auf den Schriften der Kirchenväter (Odenheim, Blaubeuren, Petershausen, Schaffhausen). Da diese Kataloge auch gewissermaßen aus den „Gründerjahren" stammen – meist handelt es sich um die Erstausstattung, die die Reformer ihren Klöstern vermittelt haben –, geben sie das Schrifttum wieder, auf das die Reformer zu allererst Wert legten.

Die Reserviertheit der Reformer gilt aber nicht nur den antik-heidnischen Dichtern, sondern auch den Fächern der *artes liberales.* Boethius, Martianus Capella, Musiktheoretiker, Priscian und Donat, Aristoteles oder Neuplatoniker kommen in den Katalogen kaum vor. Wenn sie, wie in den Michelsberger Katalogen, enthalten sind, gehören sie entweder zum Bestand vor der Reform oder sind in der Mitte des 12. Jahrhunderts hinzugekommen, als sich die Reform offensichtlich von der ursprünglichen Strenge schon wieder etwas entfernt hatte.

Es fällt so ein ziemlich starkes Kontingent an Büchern zu den *artes*-Fächern, überwiegend zur Rhetorik und Grammatik, im Kloster Engelberg auf. Frowin brachte es dorthin. Es wurde aber bereits festgestellt, daß die Bücherliste des Abtes Frowin ähnlich wie der Dialog des Konrad von Hirsau Bücher aufführt, deren man sich im Unterricht bediente[190]. Zum besseren Erwerb und Verständnis der lateinischen Sprache, der Grundbedingung geistigen Lebens in damaliger Zeit, waren offenbar auch die alten heidnischen Dichter geschätzt. Es muß wohl

189 Zu dieser These gelangte auch R. Kottje, Klosterbibliotheken S. 152 und 162. Durch Einbezug weiterer Kataloge wurde sie voll bestätigt.

190 Vgl. oben S. 271.

damit gerechnet werden, daß bei den Mönchen eine ambivalente Einstellung den heidnischen Autoren gegenüber bestand. Einerseits haben sie diese gekannt und benutzt, andererseits sprachen sie häufig abfällig von ihnen und rieten von ihrer Lektüre ab[191].

Schließlich kam Frowin aus dem Kloster St. Blasien erst im Jahre 1147 nach Engelberg. Vielleicht sind die bei ihm genannten heidnischen Dichter auch aus dem späteren Zeitpunkt der Reform zu verstehen, oder der St. Blasianer Reformkreis ging nicht mit der gleichen Strenge dem „profanen" Schrifttum und damit der profanen Bildung gegenüber vor wie der hirsauische. Auch St. Lambrecht (sanblasianisch) hat wieder Boethius, Donat und römische Autoren, aber eben erst in der 2. Hälfte des 12. Jahrhunderts.

Für die St. Georgener Gruppe, die allerdings indirekt wieder auf Hirsau zurückgeht, steht der umfangreiche und gut erforschte Bücherbestand von Prüfening, der neben einer Fülle von Väterschriften nun wieder eine starke Gruppe christlicher und heidnischer Dichter sowie Philosophen enthält. Auch die Prüfeninger Kataloge sind bereits um die Mitte des 12. Jahrhunderts bzw. danach entstanden. In diesem Zusammenhang ist bemerkenswert, daß im Kloster Prüfening anfänglich in Abt Erminold (1114–1121) ein strenger Hirsauer Reformer am Werke war[192], daß aber die Reform sich erst unter dem St. Georgener Erbo entfalten und auch zu literarischer Blüte kommen konnte. Man kann den Bücherlisten entnehmen, daß die Reform grundsätzlich am Anfang sich auf geistliche Literatur (biblisches und patristisches Schrifttum) beschränkte und sich dann wieder den *artes*-Studien öffnete. Diese Beobachtung machen wir ebenso an den beiden Dokumenten von Cluny.

Auch die Bücherliste von St. Afra paßt in dieses Bild. Die Schriften zu den *septem artes*, soweit sie sicher nachzuweisen sind, gehen noch auf Abt Reginbald am Anfang des 11. Jahrhunderts zurück. Die antik-römischen Schriftsteller, falls sie in der Bibliothek vorhanden waren, gehören einem älteren Bestand als dem 12. Jahrhundert an. Bei der Handschrift Gudianus 335, Nr. (28), kann man nicht sicher feststellen, zu welchem Zeitpunkt sie in der Bibliothek war. Das gleiche gilt für die Metamorphosen des Ovid, Nr. (35) und (36). Auch für die Libri tres officiorum des Cicero haben wir nur ein indirektes Zeugnis, das eine genaue Datierung nicht zuläßt: Nr. (66). Dazu kommen allerdings die Erwähnungen von Autoren wie Horaz, Persius, Juvenal, Cicero und Sallust im Briefwechsel zwischen Reginbald und Froumund als Hinweise auf ihre geistigen In-

191 Diese Ambivalenz bei der Lektüre heidnischer Dichter hat vor allem LECLERCQ, Wissenschaft S. 128 ff. eingehend erörtert.

192 Nach BAUERREISS, St. Georgen S. 198 stieß dieser Erminold mit seiner Reform auf Widerstände und wurde schließlich von einem Konversen erschlagen – ein Opfer seiner unbeugsamen Strenge.

teressen. Neben den römisch-heidnischen Autoren waren im 11. Jahrhundert Beda und Boethius vertreten sowie musiktheoretische Schriften, Nr. (1) und (4) – Einschlägiges aus den Fächern des Quadriviums. Selbst die christlichen Dichter (vor allem Prudentius) datieren aus dem 11. Jahrhundert. Der Schwerpunkt dessen, was dazu kam, nachdem die jungcluniazensische Reform im Kloster Einzug gehalten hatte, liegt auf den Schriften der Kirchenväter.

Unter den Kirchenvätern aber liegt in den Katalogen ein besonderer Akzent auf Gregor d. Großen und Augustinus[193]. In den von Hirsau geformten Klöstern erreicht Augustinus die höchsten Zahlen, gelegentlich wird er durch Auszeichnungsschrift hervorgehoben (Schaffhausen). Gregor wird einmal mit dem Beiwort *divus* bedacht (Blaubeuren). Die Wertschätzung dieser beiden Kirchenschriftsteller konzentriert sich meinem Eindruck nach aber noch besonders auf einige Werke, die meist die Listen anführen oder die besonders detailliert zitiert werden. Es sind dies sicher die Moralia Gregors des Gr. und der Psalmenkommentar des Augustinus. Da es sich um umfangreiche Werke handelt, die meist in mehreren Bänden untergebracht waren, kann man in einigen Katalogen feststellen, wie die Anschaffung der Bände nach und nach geschah, bis man die Werke schließlich vollständig besaß. Im Kloster Prüfening sind im ersten Katalog zunächst nur vier Bände des Psalmenkommentars von Augustinus genannt. Der zweite Katalog spricht von sechs Bänden[194]. Die Moralia waren in diesem Kloster vollständig vorhanden. Später im 12. Jahrhundert wurde aus ihnen eigens noch eine Blütenlese veranstaltet[195]. Im Kloster Schaffhausen war dem dritten Teil des Psalmenkommentars der Bibliothekskatalog beigeschrieben. Im Falle des Klosters St. Afra müssen auch diese beiden Werke einen Schwerpunkt der Lektüre und Benützung gebildet haben. Leider sind sie nicht mehr erhalten, konnten aber durch das Bücherverzeichnis von 1616 gut nachgewiesen werden. In diesem Verzeichnis stechen sie durch die Fülle ihrer Eintragungen hervor, und Adilbert, Meisterlin und Wittwer zitieren diese Eintragungen als eine ihrer Quellen. Die Art der Eintragungen verweist die genannten Werke eindeutig in die Epoche der Klosterreform[196].

Durch die Betrachtung der bibliothekarischen Überlieferungen läßt sich also feststellen, daß in den Reformklöstern des cluniazensischen Kreises im reformerischen Aufbruch weltliche Lektüre und weltliche Wissenschaft dem geistlichen Schrifttum weit nachgeordnet waren. Die Spiritualität der Mönche orientierte sich an den großen Lehrern der abendländischen Kirche. Die Moralia Gregors des Großen mußten sich als aszetische Schrift besonderer Beliebtheit erfreut ha-

193 Vgl. auch Kottje, Klosterbibliotheken S. 162 These 2.

194 MBK 4,1 S. 406.

195 MBK 4,1 S. 408.

196 Oben Nr. (40) und (42).

197 Sackur, Cluniazenser 2 S. 358.

ben. Schon Sackur bemerkte: „Die Werke Gregors des Großen, namentlich seine Moralia, Augustinus' Bibelkommentare und das Buch vom Gottesstaat, sein Werk über die Trinität, Ambrosius und Hieronymus bildeten ... die Grundlage für das wiedererwachende Geistesleben"[197]. Schmitz nennt die Moralia ein „Handbuch der Askese" im Mittelalter[198]. Am umfangreichsten hat Leclercq herausgearbeitet, daß Gregor der Große nach Benedikt als „Lehrer der Sehnsucht" durch seine Schriften den größten Einfluß auf das Mönchtum ausgeübt haben muß[199]. Was später als „Moralia in Job" verbreitet wurde, waren ursprünglich Vorträge, die der Mönch Gregor vor Mönchen in Konstantinopel gehalten hatte, als er sich in päpstlichem Dienste dort aufhielt[200]. Dieses Werk wird von Leclercq ausgiebig zitiert, wenn er versucht, die besondere, originale Spiritualität des Mönchtums, wie sie Gregor verstand, herauszuarbeiten. Sie ist eine mystische Bewegung, die den Menschen (Mönch) durch die Sehnsucht nach Gott aus der Erdverfallenheit und Sünde erlöst. Es ist leicht zu verstehen, daß das Mönchtum der Reform im 11. und 12. Jahrhundert, das nach geistiger Erneuerung strebte, auf diesen Lehrmeister zurückgegriffen hat.

Auf der Liste der zur Fastenzeit ausgegebenen Bücher innerhalb der Constitutiones Farfenses fiel eine starke Gruppe historischer Werke auf: die Antiquitates Judaicae des Flavius Josephus, die Kirchengeschichte des Eusebius von Caesarea, die des Orosius, die Kosmographie des Aethicus Ister und die Römergeschichte des Titus Livius[201]. In den Katalogen taucht häufig die Historia tripartita auf. Ebenfalls Flavius Josephus ist genannt. Auch zum Bestand von St. Afra gehörte die Historia tripartita. Vor allem aber besaß man dort in der 2. Hälfte des 12. Jahrhunderts die Chronik des Otto von Freising, die sich wiederum zur Klosterreform in Beziehung setzen läßt. Otto schrieb nämlich die Chronik auf Bitten seines Freundes, des Mönchs Isengrim aus St. Ulrich und Afra[202]. Isengrim wurde 1145 Abt von Ottobeuren und war dort reformerisch tätig[203]. Die Chronik Ottos ist unter geschichtstheologischem Aspekt zu betrachten[204]. Die Darstellung der Geschichte der geschaffenen Welt endet im 7. Buch mit einer Verherrlichung des Mönchtums[205]. Da das 8. Buch in der Handschrift aus St. Afra fehlt und wegen der sich unmittelbar anschließenden Nachträge wohl immer

198 Schmitz, Geschichte 2 S. 96 und 350.

199 Leclercq, Wissenschaft S. 34 ff.

200 Leclercq, Wissenschaft S. 36.

201 Dinter, Liber tramitis S. 263 f. Vgl. Wilmart, Le convent S. 113 ff. zur Identifizierung der Titel.

202 Wattenbach, Heinrich V. bis Interregnum S. 51.

203 Vgl. über Clm 9921 unten S. 285 und über das „Isengrim-Missale" Irtenkauf, Ottobeuren S. 148 ff.

204 Siehe oben S. 162.

205 Wattenbach, Heinrich V. bis Interregnum S. 51.

fehlte, erhält dieses 7. Buch einen besonderen Stellenwert im Hinblick auf das Anliegen der Klosterreform.

Selbst wenn man in Rechnung stellt, daß die Bücherliste von St. Afra längst nicht vollständig ist, sondern wahrscheinlich viele Schriften verloren sind, so dürfen die Bestände doch eher als bescheiden gelten im Vergleich mit anderen Klöstern. Auch Schreiber konnten kaum nachgewiesen werden. St. Afra bleibt weit etwa hinter Kloster Prüfening zurück. Autoren wie Rupert von Deutz oder Hugo von St. Victor, die dort stark vertreten sind, fehlen in St. Afra vorläufig völlig. Allerdings gehört Prüfening durch die Fülle seiner literarischen Schätze und den Reichtum seiner bibliothekarischen Überlieferungen sicherlich zur Spitze unter den damaligen Klöstern[206]. Es fehlen in St. Ulrich und Afra in diesem Zeitraum größere eigene literarische Leistungen. Die Bücherliste gibt auch keinen genaueren Hinweis auf Schullektüre. Man kann ihr jedoch entnehmen, daß den Mönchen Lesestoff der geistlichen Formung im Sinne der Reform des mönchischen Lebens zur Verfügung stand und daß man sich im 12. Jahrhundert darauf beschränkte.

6. Die Erneuerung des liturgischen Gesanges

Die Feier der Liturgie und das Stundengebet hatten innerhalb der Reformbewegung von Cluny einen besonders hohen Stellenwert. Die Handarbeit wurde zurückgedrängt zugunsten einer Verlängerung der Liturgie, die sich bis zur *laus perennis* ausweiten konnte, zur „buchstäblich ununterbrochenen Verrichtung des Stundengebetes durch sich abwechselnde Chöre“[207] als Teilnahme der Mönche auf Erden am Gotteslob der Endzeit[208]. Auch wenn Klöster nicht dieser strengen Observanz anhingen und liturgisch bis in dieses Extrem gingen, so war ihnen dennoch die Feier der Feste und Tagzeiten ein reformerisches Anliegen. Die Consuetudines, die das Klosterleben bis in die feinsten Einzelheiten regelten, bestanden zu einem großen Teil aus Anweisungen, welche Texte und Gesänge an einzelnen Tagen und Festen des Kirchenjahres beim Gottesdienst und Stundengebet zu verwenden seien[209]. Weil aber bei der Liturgie sehr viel gesun-

206 Schmitz, Prüfening S. 71.

207 B. Fischer, Laus perennis, in: LThk^2 6 Sp. 836.

208 Schmitz, Geschichte 1 S. 144; Hallinger, Gorze-Kluny S. 531 und 901; Kottje/Moeller, Kirchengeschichte 2 S. 63.

209 Vgl. Cons. Farfenses cap. I–XV: Dinter, Liber tramitis S. 9–200; Cons. Cluniacenses antiquiores cap. I–XLII: Consuetudines monasticae 2 S. 1–30; Cons. Fructuarienses cap. I–LXXXI: Consuetudines monasticae 4 S. 9–104 u. a. Vgl. Hallinger, Gorze-Kluny S. 870ff. zum „liturgischen Innenraum des Mönchtums“ (S. 869).

gen wird, verwundert es, daß musiktheoretische Schriften in den überlieferten Bücherlisten fast nicht anzutreffen sind. Man vermißt vor allem Wilhelm von Hirsau und Theoger von St. Georgen, die beide Musiktraktate verfaßt haben. Vielleicht erklärt sich dies aus dem alten Gegensatz von Musiktheorie als einem Gebiet der *artes*, die in der heidnischen Antike wurzelt und deshalb unter Mönchen, vor allem denen strengerer Observanz, nicht uneingeschränkt Zustimmung finden konnte, und *cantus* als dem praktischen Singen, das bei der Liturgie zur Anwendung kam[210]. Man könnte daher geneigt sein anzunehmen, das praktische Singen habe in der Phase der Reform über die philosophierende Beschäftigung mit Musik den Sieg davongetragen und deshalb fehle das entsprechende Schrifttum in den Bücherkatalogen der Reformklöster. Nur gelegentlich findet sich ein Tonarius aufgeführt oder unter den liturgischen Büchern der Zusatz *musice neumatum* oder *musice notatum*[211].

Die bibliothekarischen Überlieferungen von St. Afra, insonderheit der Gudianus 334[212], geben dennoch einen Hinweis auf die Bedeutung gerade der Musik für die Klosterreform. Der Gudianus enthält eine Sammlung von Musiktraktaten und vor allem eine Fülle von Anweisungen für das praktische Singen und Musizieren. Die Sammlung wird durch einen Bilderzyklus eingeleitet, der eine gemilderte Einstellung erkennen läßt, indem er die Gegensätze auszugleichen versucht. Die Bilder des Begründers der Musiktheorie, Pythagoras, und der Frau Musica stehen neben dem des hl. Gregor d. Gr., der die Choralmelodien vom Hl. Geist empfängt[213]. Am Ende befindet sich der Tonarius des Abtes Udalschalk, dessen Vorwort ausdrückt, daß mit diesem Tonarius eine neue Vorschrift für das Psalmodieren gegeben werden soll[214]; Udalschalk habe in der Tradition des Wilhelm von Hirsau und seiner Nachfolger die Tonformeln überarbeitet.

Ein Tonar enthielt Tonarbuchstaben zur Bestimmung der Tonarten und Psalmkadenzen. Das Tonarbuchstabensystem war nicht in allen Klöstern gleich. Es spielten die Beziehungen der Klöster untereinander eine Rolle. Beispielsweise hatten Engelberg und Rheinau wegen ihrer Beziehungen zu St. Blasien das gleiche System[215].

Ähnliche Beziehungen müssen zwischen St. Afra und dem Kloster Ottobeuren bestanden haben. Gegen Ende des 11. Jahrhunderts werden in Ottobeuren zunächst fruttuarische Einflüsse faßbar. Das Totenbuch verzeichnet zwei

210 Zum Gegensatz von *musica* und *cantus* vgl. oben S. 135f.

211 Vgl. die Bücherliste von Kloster Odenheim; oben S. 271.

212 Oben Nr. (39).

213 Vgl. die Interpretation von Smits van Waesberghe, oben S. 142.

214 Siehe oben S. 150f. und S. 262f.

215 E. Omlin, Die St. Gallischen Tonarbuchstaben. Freiburg/Schweiz 1934; vgl. die Rez. v. Ch. Grossmann in StudMittGBened 53. 1936 S. 229f.

Sanblasianer Äbte zu 1086 und 1100[216]. Der hirsauische Einfluß ist klar ab 1102 zu datieren, als Abt Theoger von St. Georgen seinen Mönch Rupert nach Ottobeuren sandte, der dort segensreich als Abt bis 1145 wirkte[217]. Eben aus dem Kloster Ottobeuren haben wir eine Musikhandschrift des 11. bzw. 12. Jahrhunderts[218], die einen Tonar enthält, der dem Werke Udalschalks sehr ähnlich ist. Möglicherweise wurde die Handschrift unter Abt Isengrim, einem ehemaligen Mönch aus St. Ulrich und Afra, geschrieben[219]. Der Tonar aus Ottobeuren hat mit dem von St. Ulrich und Afra die Unterteilung der Tonarten in *differentiae* und in *varietates* gemeinsam. Ob man so weit gehen darf wie M. Huglo, der nach Abwägen der Unterschiede und der Gemeinsamkeiten der beiden Tonare zum Ergebnis kam, daß der Ottobeurer Tonar eine etwas erweiterte Form des Udalschalk-Tonars darstelle, den der Mönch Isengrim nach Ottobeuren verpflanzt habe[220], mag dahingestellt bleiben. Wichtiger erscheint mir die Ähnlichkeit der Ottobeurer Handschrift als ganzer mit jener von St. Ulrich und Afra. Auch der Ottobeurer Codex beginnt mit einer Darstellung der Guidonischen Hand. Er enthält wie der Gudianus 334 den Micrologus des Guido von Arezzo, die Schrift Theogers, zwei in Musik gesetzte Traktate Hermanns des Lahmen, die von Aribo aus der Schrift Wilhelms von Hirsau neu verfaßte Mensurierung der Orgel sowie eine Neumentafel mit allerdings nur 17 Neumennamen. In den Ottenburanus wurden *tractatuli* eingetragen, die im Gudianus 334 fehlen. Das Incipit zu Aribos Orgelmensur ist etwas verschieden:

334 Gud. lat.:	Ottenburanus:
Nova fistularum mensura quae remittitur. DOMNUS Wilhelmus …	*Nova et remissa fistularum mensura domini Willehelmi Abbatis Hirsaugensium …*

Vielleicht war der Gudianus 334 die Vorlage des Ottenburanus, und die Unterschiede erklären sich als Änderungen bzw. Erweiterungen. Auch wenn es sich um keine direkten Abschriften dieser Texte voneinander gehandelt haben sollte, so stehen beide Handschriften sicher in der gleichen geistigen Tradition.

Ähnliches gilt wiederum für das Kloster Admont. Mit Reformabt Wolfold nahm die Hirsauer Richtung 1115 Einzug in Admont, das dann zum führenden Reformkloster des deutschen Südostens werden sollte[221]. Aus dem Kloster Ad-

216 Hallinger, Gorze-Kluny S. 277.

217 Vita Theogeri, MG SS 12 S. 462; Hallinger, Gorze-Kluny S. 436.

218 München, BStB, Clm 9921. Über diese Handschrift Sowa, Clm 9921; Irtenkauf, Ottobeuren. Er datiert „um 1160" (S. 167).

219 Irtenkauf, Ottobeuren S. 169.

220 Huglo, Tonaires S. 286 ff.

221 Seine zentrale Stellung läßt auf einen Blick die Graphik bei Bauerreiss, St. Georgen S. 56 erkennen. Vgl. auch oben S. 267.

mont stammt eine Handschrift des 12. Jahrhunderts[222], die einen ähnlichen Inhalt hat wie unser Augsburger Codex, der Gudianus 334. Beide haben gemeinsam den Dialogus Oddonis[223], die vier Stücke Guidos von Arezzo, einen Tonar (Admont mit Neumen auf vier Linien), Mensuren für Orgel und Zimbeln, die Verse Hermanns und die Darstellung der Guidonischen Hand. Zusätzlich bietet die Admonter Handschrift den Tonar Bernos mit Prolog[224] und die Musica Aribonis ganz, während in den Gudianus 334 nur Teile aufgenommen wurden.

Eine bezeichnende Parallele zum Tonar Udalschalks stellt auch der Tonar Frutolfs dar, der ihn für Kloster Michelsberg bei Bamberg um 1100 schrieb[225]. Frutolf hat mit Udalschalk, in der Reichenauer Tradition stehend, die alphabetische Anordnung der Antiphonen gemeinsam gegenüber der liturgischen = kalendarischen Anordnung in älteren Antiphonaren. Michelsberg war 1112 reformiert worden[226]. Nun fällt allerdings die Wirksamkeit Frutolfs auf dem Michelsberg in die Jahre vor 1112, denn Frutolf starb 1103. Aber Hallinger macht auf mögliche Verbiegungen der Hirsauer Berichterstattung aufmerksam, die den „offiziellen“ Reformbeginn 1112 rechtfertigen wollten. Es seien auch vorher schon Reformansätze zutage getreten. Immerhin gab es bereits vor 1112 auf dem Michelsberg den Prior; Frutolf selbst war Prior. Die Prioratsverfassung ist aber typisch cluniazensisch-hirsauisch[227] und deutet somit den reformerischen Wandel an[228]. Frutolf schrieb schwerpunktmäßig Bücher zur Musik ab: die Musica Guidonis, die Musica Bernonis und den Dialog Wilhelms[229]. Er verfaßte selbst ein Breviarium de musica und den erwähnten, umfangreichen Tonar[230].

Schließlich gab es im Kloster Michelsberg des 11./12. Jahrhunderts auch eine Sammelhandschrift, wie wir sie ähnlich aus St. Ulrich und Afra, aus Ottobeuren

222 Admont 494, jetzt Rochester N. Y., Sibley Musical Library of the Eastman School of Music Nr. 14; beschrieben von Smits van Waesberghe, Aribo S. If.

223 Dieser Traktat war durch das Incipit in der Augsburger Hs. als von Guido von Arezzo stammend ausgegeben. Der Admonter Codex: *Incipit dialogus de musicae arte domni obdonis abbatis* ... Eine zweite Hand hat verdeutlichend darüber geschrieben: *Incipit dialogus Ottonis abbatis primi cluniacensis cenobii*. Man suchte diesen Traktat unklarer Herkunft mit einer Autorität auszustatten; Odo von Cluny schien den Reformkreisen wohl angemessen.

224 Berno von der Reichenau hat am meisten die deutschen Theoretiker beeinflußt. Vgl. Huglo, Tonaires S. 292.

225 W. Lipphardt, Tonar, in: MGG 13 Sp. 523f.

226 Vgl. oben S. 274.

227 Hallinger, Gorze-Kluny S. 825ff.

228 Hallinger, Gorze-Kluny S. 350f.

229 MBK 3,3 S. 360.

230 Abschriftlich überliefert im Clm 14 965 b, der allerdings erst 1801 vom Kloster St. Emmeram in Regensburg aus Privatbesitz erworben wurde. Provenienz unbekannt. Vgl. Bresslau, Bamberger Studien S. 220ff.

und Admont kennengelernt haben. Es ist der Codex 504 der Badischen Landesbibliothek in Karlsruhe[231]. Er hat wie die Ottobeurer Handschrift auch Kalendarien, arithmetische und komputistische Texte. Von den Musikwerken findet man wieder Bernos Prolog und Tonar, die Guidonischen Traktate sowie die Angaben der Tonarten mit altgriechischen Namen und musikalische Kollektaneen. Der Berno-Prolog wurde von Frutolf selbst geschrieben.

Unsere Umschau ist möglicherweise nicht umfassend genug. Aber es wird an vier markanten Stellen deutlich, daß bestimmte Musikhandschriften den Weg der St. Blasianer bzw. Hirsau-St. Georgener Reform in andere Klöster begleiten. Es begegnen in diesen Handschriften immer wieder Traktate wie jene des Guido von Arezzo, die Musik Wilhelms von Hirsau bzw. Theogers von St. Georgen und der Dialogus (des Odo von Cluny). Es wurden in diese Sammlung Mensuren für Orgeln und Zimbeln aufgenommen, wobei gelegentlich die Autorität Wilhelms von Hirsau besonders betont wird. Einen zentralen Platz nehmen in diesen Handschriften die Tonare ein. In Admont war es der Tonar des Berno, der als Basis für die weiteren Bearbeitungen gelten darf[232]. Michelsberg überliefert neben Berno einen umfangreichen Tonar seines Priors Frutolf. St. Ulrich und Afra bietet einen Tonar Udalschalks, und diesem sehr nahe steht der Tonarius im Ottobeurer Codex. Neben dem Tonar Bernos unterstreichen die da und dort aufgenommenen Verse Hermanns des Lahmen, daß von der Reichenau offenbar die Neugestaltung der Musik übernommen wurde. Diese Tonare sollten ja, wie es der Prolog zu Udalschalk ausdrückt, eine neue Ordnung in die liturgischen Gesänge bringen. In „Erneuerung“ drückt sich Reformwille aus, und so fähige Leute wie Udalschalk und Frutolf haben nicht nur tradiert, sondern durch eigene Tonarschöpfungen die Überlieferungen den örtlichen Gegebenheiten angepaßt. Vermutlich waren es hauptsächlich Vereinfachungen des liturgischen Gesangs, denen die neuen Tonare dienen sollten[233].

Nicht von ungefähr wird daher Abt Udalschalk vom Verfasser des Vorworts zu seinem Registrum tonorum als *musicorum peritissimus* gerühmt[234]. Allerdings bleibt der Eindruck, daß in den Bibliothekskatalogen die Schriften zur Musik fehlen, was sich nur so erklären läßt, daß die reformerischen Musikwissenschaftler, die *periti*, in erster Linie dem praktischen Singen dienen wollten. Die Beschäftigung mit der Musik um der Theorie willen war in Reformklöstern offenbar nicht gefragt.

231 Die Handschriften der Badischen Landesbibliothek 1 Nr. 504 S. 92 ff. Vgl. BRESSLAU, Bamberger Studien S. 226–234.

232 HUGLO, Tonaires S. 292.

233 Zur Bedeutung der Musik im Reformprogramm der Hirsauer auch IRTENKAUF, Ottobeuren S. 147 ff.

234 Udalschalk, Registrum tonorum S. 69.

Das Afrakloster hat im 12. Jahrhundert nach Reformansätzen unter den Äbten Adelhalm und Hartmann von Göttweig seine Formung wahrscheinlich durch die Hirsauer Reform von St. Georgen her erhalten. Es stand auch mit St. Blasien in Verbrüderung. Der erste Abt, der die Reform wirksam begann, war Egino (ab 1109). Er hatte sich in beiden Schwarzwaldklöstern aufgehalten. Udalschalk bescheinigt ihm, das Afrakloster wieder blühend gemacht zu haben. Dennoch waren seine Reformbemühungen sicherlich immer wieder durch die Querelen mit Bischof Hermann von Augsburg gebremst. Eginos Nachfolger Udalschalk trieb das Reformwerk weiter voran. Er hatte mehrere Jahre im Konstanzer Exil zugebracht und war dort vermutlich mit Reformkreisen, vielleicht über die Klöster Schaffhausen und Petershausen, in Berührung gekommen. Sein Verhältnis zum Konstanzer Bischof war gut, wie die Abfassung der Vita Kônradi und liturgischer Gesänge in dessen Auftrag bezeugt. Udalschalk verstand es auch, mit dem Nachfolger Hermanns auf dem Augsburger Stuhl, Walther, wieder ein gutes Einvernehmen herzustellen. Er widmete ihm die Vita Adalberonis. Die Reform hat an der äußeren Verfassung des Klosters und an den Herrschaftsrechten des Bischofs nicht allzu viel geändert. Udalschalk hebt an Egino hervor, daß er kanonisch gewählt und ordnungsgemäß inthronisiert worden sei. Dies war durch den Bischof geschehen. Es kam Udalschalk offensichtlich vor allem auf die innere Erneuerung des Klosterlebens an.

Die bibliothekarischen Überlieferungen bestätigen die Durchführung der jungcluniazensischen Reform im Kloster St. Afra. Im Vergleich mit denen anderer Reformklöster geben sie Auskunft über die Spiritualität der Reformmönche. Die Schriften der Kirchenväter nehmen unter dem Lesestoff eine bevorzugte Stellung ein. Das Interesse für die heidnisch-antiken Autoren und für die Fächer der *septem artes* tritt am Anfang der Reform zumindest merklich zurück. Erst in den Katalogen um die Mitte des 12. Jahrhunderts kommen die dafür typischen Namen und Bücher in den Listen wieder vor. Unter den Kirchenvätern wurden Gregor d. Gr. und Augustinus besonders geschätzt, von diesen beiden wiederum besonders der Jobkommentar des ersten (Moralia) und der Psalmenkommentar des letztgenannten. Diese beiden Werke hatten jedenfalls auch in der Bibliothek von St. Afra ihren Platz. Von den Moralia kennen wir den Schreiber Engilpold, der unter Egino im Afrakloster lebte[235].

Die *artes*-Studien scheinen auch im Afrakloster in dieser Zeit in den Hintergrund getreten zu sein. Lediglich der Musik kam eine gewisse Bedeutung für die monastische Erneuerung zu, wobei sich diese wohl mehr auf den praktischen Gesang als auf die Musiktheorie bezog. Die musiktheoretische Sammelhand-

235 Siehe oben S. 169.

schrift Gudianus 334 zeigt bei grundsätzlicher Ausrichtung auf den praktischen Gesang Ansätze zur Versöhnung des alten Gegensatzes. In anderen Reformklöstern gab es ähnliche Sammelhandschriften. Das bedeutet, daß die Musiktheorie, trotz des Fehlens entsprechender Traktate in den Bibliothekskatalogen, in modifizierter Form weiterhin gepflegt wurde und im Reformprogramm durchaus ihren Platz einnahm.

Ergebnisse

Diese Studien zur Geschichte des Klosters St. Ulrich und Afra haben im wesentlichen Ergebnisse auf drei Gebieten erbracht, nämlich auf dem der Bibliotheksgeschichte, der Bildungsgeschichte und der Klostergeschichte.

a) Bibliotheksgeschichte

Über die frühe Entwicklung der Bibliothek des Klosters St. Ulrich und Afra in Augsburg sei „kaum etwas feststellbar", so vermerkt eine vor nicht langer Zeit erschienene Bibliotheksgeschichte des Mittelalters[1]. Diese Feststellung ist vermutlich aus dem Eindruck zu erklären, den die Edition der mittelalterlichen Bibliothekskataloge für das Bistum Augsburg vermittelt. Dort konnte die Epoche des frühen und hohen Mittelalters, in der es für St. Ulrich und Afra keinen eigentlichen Bibliothekskatalog gibt, nur im Überblick behandelt werden. Erkenntniswege, die zu einer Rekonstruktion des Bücherbestandes vor 1200 führen konnten, wurden vom Editor der MBK für Augsburg, Paul Ruf, zwar angebahnt, aber in jenem Rahmen nicht weiter verfolgt. Diese Lücke versuchte die vorliegende Arbeit zu schließen, indem rund 70 Bücher für die Klosterbibliothek im 11. und 12. Jahrhundert nachgewiesen werden konnten.

Dabei war allerdings den bibliothekarischen Überlieferungen im weitesten Sinne nachzugehen. Es wurden nicht etwa nur erhaltene Handschriften registriert und untersucht, sondern auch Büchererwähnungen in späteren Katalogen, erzählenden Quellen und frühen Drucken ausgewertet. Es war auf die den Handschriften häufig beigegebenen kleineren Texte zu achten, ob daraus etwas über die Zugehörigkeit des Buches zur Klosterbibliothek in einer bestimmten Epoche abzuleiten wäre. Als besonders ergiebig erwies sich ein Bücherverzeichnis von 1616. Es repräsentiert den Bücherbestand, bevor die größeren Verluste der Neuzeit eintraten. Aus ihm konnten aufgrund von notierten Besitzvermerken (St. Afra, Hermann) und von Hinweisen auf Beitexte einige Handschriften aus dem alten Bestand der Bibliothek erschlossen werden, vor al-

1 L. Buzas, Deutsche Bibliotheksgeschichte des Mittelalters (Elemente des Buch- und Bibliothekswesens 1) 1975 S. 34.

lem einige „Standardwerke“ aus dem geistigen Umfeld der jungcluniazensischen Klosterreform (Moralia Gregors d.Gr., Psalmenkommentar des Augustinus). Der erste, bibliotheksgeschichtliche Teil der Studien (Kap. I und II) mündete in eine Übersicht der Bücher, die im 11. und 12. Jahrhundert zusammenkamen, in die Rekonstruktion eines Bücherkatalogs um 1200. Damit wurde das Material bereitgestellt für weitere Überlegungen zur Geistes- und Allgemeingeschichte des Klosters, wobei der Quellentyp der „bibliothekarischen Überlieferungen“ an die Seite der chronikalischen und archivalischen Quellen trat.

b) Bildungsgeschichte

Es ist immer wieder notwendig, die allgemeine und manchmal auch verallgemeinernde Aussage, das Mönchtum sei im Mittelalter der Träger der Kultur gewesen, auf das Einzelbeispiel hin zu untersuchen und daran zu überprüfen. Neben Studien über hervorragende Persönlichkeiten des mittelalterlichen Geisteslebens (für unseren Zeitraum zum Beispiel Otloh von St. Emmeram) ist es sinnvoll, ja unabdingbar, auch die Sachen, die Gegenstände der Wissenschaft, die Bücher in den Blick zu nehmen. Die Edition der mittelalterlichen Bibliothekskataloge für den süddeutsch-österreichischen Raum ist schon weit fortgeschritten, und es gibt hervorragende paläographische Untersuchungen zu einzelnen Klosterbibliotheken. Damit sind die bibliothekarischen Überlieferungen weitgehend zugänglich. Die Aufgabe besteht nun m.E. darin, sie miteinander und zu anderen Quellen in Beziehung zu setzen, um Auskunft über Prozesse des Geisteslebens zu erhalten.

Ich versuchte dies vor allem im Abschnitt über die Glossierung der Prudentiushandschriften (Kap. III, Abschn. 1) und im Kapitel VII über die Bücher im Zusammenhang mit der Klosterreform. So konnten Beziehungen der Klöster Tegernsee, St. Afra und St. Emmeram nachgewiesen werden. Spuren, die zum alten geistigen Zentrum St. Gallen zurückführten, wurden aufgedeckt. Der Vergleich blieb allerdings unvollkommen, da nur die althochdeutschen Glossen in der Edition von Steinmeyer/Sievers umfassend zugänglich sind. Die lateinischen Scholien müßten erst vollständig bearbeitet werden, was als überwiegend philologisches Unternehmen den Rahmen dieser allgemeinhistorischen Arbeit sprengen würde. Stichproben mußten vorläufig genügen.

Zur Erhebung des Lesegutes der jungcluniazensischen Reform (Kap. VII) stand aus den edierten Bibliothekskatalogen so viel Material zur Verfügung, daß für den sanblasianisch und hirsauisch geprägten Reformkreis ein repräsentatives Bild für die geistigen Interessen der Mönche gegeben werden konnte. St. Afra fügte sich mit Bevorzugung bestimmter Werke von Kirchenvätern, allen voran Gregor d. Gr. und Augustinus, in dieses Bild ein. Heidnisch-antike Dichter waren allenfalls im 11. Jahrhundert oder früher in die Bibliothek gekommen. Später fehlt jeder Hinweis auf sie, was sich aus der Zurückhaltung der Reformer ihnen gegenüber erklären läßt. Es fehlen allerdings auch typische Schulbücher wie Grammatiken etc. An dieser Stelle muß jedoch mit der Ungunst der Überlieferung gerechnet werden. Das Studium der Quadriviumfächer wurde im 11. Jahrhundert gepflegt, nachdem es der erste Abt Reginbald belebt hatte. Es wurde vermutlich auch durch den Otlohfreund Adelhalm (siebter Abt) betrieben. Über Musiktheorie wurde anfänglich schwerpunktmäßig als *artes*-Fach gearbeitet (Reginbald-Handschrift, Nr. (4)). Erst im 12. Jahrhundert befaßte man sich mit Musik aus reformerischem Geiste stärker in praktischer Ausrichtung (Handschrift Nr. (39)). In den geistigen Umkreis der Reginbaldzeit gehört auch Hermann von der Reichenau, der wahrscheinlich an der Augsburger Kathedrale, wenn nicht gar im Afrakloster seine Schulbildung empfing (Exkurs).

Im Hinblick auf die Geschichtsschreibung im Kloster des 11. und 12. Jahrhunderts stehen wir noch in der Epoche der mittelalterlichen Annalistik. Ich habe versucht, die Schrift des ulrikanischen Mönches und späteren Abtes Udalschalk, die Gesta Eginonis, in ihrer literarischen Eigenart als ,,politische Biographie" zu würdigen (Kap. III, Abschn. 3), welche die Ereignisse der Zeit nicht nur festhält, sondern sich mit ihnen auseinandersetzt. Bemerkenswert scheint mir auch, daß unter den Geschichtswerken das Chronicon des Otto von Freising vorhanden war, das seine Darstellung unter geschichtstheologischem Aspekt abhandelt. Bescheiden bleibt der Versuch, die eigene Geschichte mit dem Ablauf der Weltgeschichte zu verbinden und darzustellen, wie das Chronicon breve (Abtkatalog) zeigt, das unter Abt Heinrich II. von Meysach verfaßt wurde. Die Äbte Udalschalk und Heinrich II. stechen als literarische Persönlichkeiten hervor, kümmerten sich aber überwiegend um die Ausgestaltung der Liturgie, den Kirchengesang und die Verehrung der Heiligen. Sowohl im 11. wie im 12. Jahrhundert war das Kloster St. Ulrich und Afra kein ausgesprochener Hort der Wissenschaft, sondern sah wohl seine erste Aufgabe in der Seelsorge und der Pflege des Kultes seiner Heiligen und der Patrone des Bistums.

c) Klostergeschichte

Auch diese Studien zur Klostergeschichte basieren auf der Chronik des Wilhelm Wittwer aus dem 15. Jahrhundert. Aber durch tieferes Eindringen in die bibliothekarischen Überlieferungen war Wittwers Verhältnis zu seinen Vorlagen besser zu erfassen (Kap. IV). An einigen Stellen war er zu korrigieren. Auf ihn geht die Fixierung der Gründung des Benediktinerklosters auf das Jahr 1012 zurück (Kap. V). Der Vorgang liegt vermutlich einige Jahre früher. Die Initiative zur Gründung ging eher von den Bischöfen Liutold und Gebehard als von Bruno aus. Witwers Überlieferung der Abtnamen und ihre Abfolge ist nicht ganz korrekt, seine Chronologie ein Harmonisierungsversuch ohne den nötigen Rückhalt in den Quellen. Der von ihm an siebter Stelle behandelte Abt trug den Namen Adelhalm, nicht Adelbero, und ist identisch mit jenem, dem Otloh von St. Emmeram seine Version der Magnusvita gewidmet hat.

Die Betrachtung weiterer Quellen im Zusammenhang mit den bibliothekarischen Überlieferungen aus dem Afrakloster, vor allem der Briefsammlung Froumunds von Tegernsee, brachte nicht nur Aufschlüsse über Umstände und Zeitansatz der Benediktinergründung, sondern auch über die frühen Jahre des Abtes Reginbald, seine Herkunft (vermutlich) aus Augsburg und seine Ausbildung in Tegernsee. Reginbald ist als Abt von Lorsch und Bischof von Speyer besser bekannt und erforscht. Durch die Studien zu seiner Augsburger und Tegernseer Zeit konnte das Bild dieser bedeutenden Persönlichkeit des Reichsepiskopats in der ersten Hälfte des 11. Jahrhunderts vervollständigt werden. Das Kapitel über die gelehrten Äbte und Mönche (VI) zeigte, daß das Kloster nicht reich war an literarisch großen Persönlichkeiten. Der Mariendichter Priester Wernher darf wohl nicht für St. Ulrich und Afra in Anspruch genommen werden.

Anhang

Der Abtkatalog und die *servitia custodis*, aufgezeichnet von Konrad Welling (s. XIV^{in})

Vermutlich immer schon ohne Titel, heute unleserlich in den beiden ersten Zeilen befindet sich ein Abtkatalog in einer Kopenhagener Handschrift[1], zusammen mit einer Aufzeichnung der *servitia custodis* unseres Klosters. Am Ende dieser Aufzeichnung, von der gleichen Schreiberhand wie der Abtkatalog, nennt sich der Schreiber: *Ego C. Wellingus professus monasterii huius scripsi* ... Ein Konrad Welling ist uns neben seinem Bruder und Mitmönch Ulrich Welling als Klosterhistoriker von St. Ulrich und Afra in der ersten Hälfte des 14. Jahrhunderts bekannt[2]. Derselbe Konrad Welling muß wohl auch der Schreiber dieses Abtkataloges gewesen sein. Die Liste der Äbte ist nicht sehr reich an Mitteilungen. Sie bietet nicht viel mehr als deren Namen, häufig mit Angabe der Regierungsjahre. Sie scheint weitgehend ein Exzerpt aus Adilberts Klostergeschichte zu sein. Aber für die Arbeit Wittwers und seine Methode gibt Wellings Katalog Hinweise. Die Formulierungen lassen erkennen, daß Wittwer auch diese Klostergeschichte gelesen hatte und in seinem Geschichtswerk sich bemühte, Meisterlin, Adilbert und Welling zu einem Text zu verarbeiten[3].

1 Kopenhagen, Kgl. Bibliotek, Gl. kgl. Saml. 3442, 8° fol. 66$^{r/v}$.

2 Bühler, Schriftsteller S. 35 ff.; Veith, Bibliotheca 10 S. 223 f. Bislang kannte man die Brüder U. und K. Welling nur als die Verfasser der Annales ss. Udalrici et Afrae Augustenses, die 1106 beginnen und bis 1334 reichen. Sie basieren auf den Altaicher Annalen und anderen Geschichtswerken. Zum Jahre 1300 verweisen die beiden Brüder auf ihre Autorschaft und geben einen Hinweis auf ihre Quellen. MG SS 17 S. 428 ff. Das Kloster St. Ulrich und Afra besaß eine Pergamenthandschrift dieser Annalen, was durch das Bücherverzeichnis von 1616 belegt ist. Auch dort sind die Brüder Welling als Verfasser angegeben. Clm 4414 fol. 21^{v}.

3 Vgl. die Wiedergabe der *servitia custodis* bei Wittwer, Catalogus S. 168 f. und oben S. 173 ff.

Text:

fol. 66r

[...]
III. [*Go*]*testegen.*
IIII. Fridebordus (!).
V. Hainricus.
VI. Tieto.
Qui omnes preter Frideboldum recesserunt.
VII. Adalbero s(ub) anno domini ML, satis eruditus et humilis stature, presumens aliquantulum, eius ut emuli dicunt. Hic primum construxit muros, claustrum et capellam s. Agnetis et organa et speram[4] *et campanum prime patravit. Sedis*[5] *autem Hiltiprando auctore excommunicati sunt, qui missas audirent clericorum uxoribus fruencium. Tunc posito altari in lavatorio missas peregimus ibi. Quod Augustenses ferre nolentes abbatem infestanbant*[6]*, dum loco* (!) *perturbabant. Ille vero profectus Romam, que pertulit, apostolico verum exposuit. Cuius auctoritate regrediens ut recipiendus obiit in itinere.* Glosse: *Prefuit XVI. Quo mortuo Embrico episcopus prefecit quendam nomine Dietmarum VIII. Et prefuit XIIII annis.*
Anno domini MLXXX abbas efficitur Sigehardus nonus, fidelis et admodum utilis, religione interius, providencia exterius instituit iste canonicis obsonium [...] *et commemoracionem omnium parentum eius fieri. Emit duas hůbas* [...]*gin et unam in Atenhoven*[7] *cum ecclesia dans elemosine ita tamen, ut eius prelatus in anniversario eius beneficium fratribus detur* (!). Glosse: *Prefuit XV annis. Tercio anno presulis Hermanni obiit et in claustro secus conventum sepultus est.*
Cui succedens Hartmannus cicius recessit fugiens excommunicacionem factam super regem pro scelere in regina (!).
Sed huic mox Fuldensis monachus Perenger subrogatur.
Post hunc Egino duodecimus abbas nostre religionis. Glosse: *XVI*[8].
Post illum Wolemarus.
Dehinc domnus Udalschalcus successit. Prefuit XXIIII. [...] *Hezilo vir in religione strenuus et in exteriori cura providus.*
Dehinc [...][9].

4 Lies *spheram*!
5 Zu ergänzen wohl *apostolicae auctoritate.*
6 Zu lesen *infestabant.*
7 Burgwalden (Lkrs. Augsburg). Vgl. Hipper, Urkunden S. 346 und Nr. 11 S. 8 f.
8 Zu ergänzen wohl *prefuit.*
9 Unleserlich. Es müßte folgen Udalricus I.

Post hunc anno domini MCLXXV Hainricus, II in nomine. XVII[10].
Postea Manegoldus prior [...]. *Pro statu ecclesie huius L annis desudavit in prioratu, postea in abbacia VI annis et VIII mensibus.* Glosse: *Huius ultimo* [...] *ecclesia nostra exusta est.*
Succedit Hainricus III. Et ordinato eo Iohannis Baptiste prefuit annis VI et mensibus VII.
Post hunc Erchenboldus abbas magne industrie.
Cui succedit [...][11] *multo senior illo.*
Post hunc Hainricus IIII, mitis et affabilis, XXII abbas.
Post illum Dieto.
Dehinc Liutfridus.
Cui successit Hiltprandus, vir magne excellencie in temporalibus.
Post hunc Gebwinus abbas XXVI. Prefuit XXIII.
Anno domini MCCLXVI Dietricus preficitur, frater Wolfhardi episcopi. Prefuit XXI.
Post hunc Siboto eligitur XXVIII. Prefuit IIII.
Anno domini MCCLXXXXIII domnus Hainricus V preficitur, et postea XXIIII annis
anno domini MCCCXVI Marquardus abbas suscipitur et efficitur abbas monasterii sanctorum Ůdalrici et Af(re).

fol. 66v

Servicia custodis nota sunt ista.
Obiit Berhta de Schiringin[12] *in die Pauli primi heremite* (Jan. 10)[13]; *custos dat II denarios.*
Emerenciane (Jan. 23): *obiit Ulricus*[14]; *custos unicuique domno IIII denarios et ferculum.*
Misereris omnium (Aschermittwoch): *custos unicuique solidum denariorum.*
Et Parasceve (Karfreitag): *ille*[15], *qui passionem legit, et unus scilicet cantant*[16] *„Agios" dat custos duos solidos, unicuique solidum; duobus „Crux fidelis" ca-*

10 Gemeint ist wohl der XVII. der gesamten Reihe.
11 Unleserlich. Es müßte folgen Udalricus II.
12 Berhta von Scheuring; vgl. Hipper, Urkunden Nr. 12 S. 9; Liebhart, Reichsabtei S. 53.
13 Die Datierung der kirchlichen Feste ist den Heiligenkalendarien entnommen, wie sie seit dem 11. Jh. spätestens im Bistum Augsburg gebräuchlich waren; vgl. Schröder, Heiligenkalendarien S. 267 ff.
14 Vgl. Liebhart, Reichsabtei S. 53.
15 Vielleicht für *illi.*
16 Vielleicht: *uni scilicet cantanti.*

nentibus solidum denariorum dabit custos; tribus cantantibus „Popule meus" custos dat tres solidos denariorum.
Marci ewangeliste (April 25): *obiit Wilhelmus de Erringin*[17]*; custos II denarios.*
Vitalis martiris (April 28): *custos dat unicuique duos denarios.*
In Divisione apostolorum (Juli 15) *custos dat IIII denarios et ferculum de mane et nocte.*
In crastino Iacobi apostoli (Juli 26) *custos dat de nocte II denarios et ferculum et similam et de mane II denarios et ferculum.*
Abdon et Sennen (Juli 30): *obiit Ůlricus de Vinningin*[18]*, de quo dat custos II denaria* (!).
In vigilia Bartholomei apostoli (Aug. 23): *obiit Irmingardis de Norndorf*[19]*; custos IIII denarios.*
In die eiusdem apostoli (Aug. 24): *obiit Fundan*[20]*, de quo custos duos denarios.*
Proti et Iacincti (Sept. 11): *obiit Albertus custos*[21]*; custos dat II denarios.*
Vigilia Mathei apostoli (Sept. 20): *obiit C. Fundan*[22]*, de quo custos II denarios.*
In die eiusdem (Sept. 21): *obiit Eberhardus de Mundechingin* (?)[23]*, de quo custos II denarios.*
In vigilia s. Martini (Nov. 10) *unicuique domno dat custos solidum.*
In die Silvestri (Dez. 31): *obiit Marquardus de Grunhartzhoven*[24]*, de quo custos unicuique domno IIII denarios et ferculum. Requiescat in pace!*
Ego C. Wellingus professus monasterii huius scripsi in dominica die. Orate pro me, quia multis peccatis oppressus sum. Dicite mihi semper psalmum illum „Miserere" ex toto, ut deus misereatur mihi propter misericordiam suam.

17 Wilhelm von Erringen (Lkrs. Augsburg), 1231 bezeugt; vgl. Hipper, Urkunden Nr. 23 S. 17.

18 Ulrich von Finding; vgl. Hipper, Urkunden Nr. 196 S. 87.

19 Irmingard von Nordendorf (Lkrs. Donauwörth), Urkunde von 1213; vgl. Hipper, Urkunden Nr. 18 S. 14.

20 Nicht eindeutig identifizierbar.

21 Vielleicht Hipper, Urkunden Nr. 124a S. 58, wobei *custos* in der Urkunde zu Albert zu ziehen wäre.

22 Oder Conrad Sunder; vgl. Wittwer, Catalogus S. 169.

23 Undeutlich zu lesen. Wahrscheinlich *Mandechingen* = Merching, vgl. Hipper, Urkunden S. 380, oder Schwabmünchen, vgl. Hipper, Urkunden S. 395.

24 Marquard von Grunertshofen (Lkrs. Fürstenfeldbruck); vgl. Hipper, Urkunden Nr. 8 und 9 S. 5 ff.; Liebhart, Reichsabtei S. 51 f.

Abkürzungen

(Abkürzungen der Zeitschriftentitel nach Dahlmann-Waitz, Quellenkunde der deutschen Geschichte 1. [10]1969 S. 38 ff.)

Acta SS	Acta Sanctorum
AdB	Archiv des Bistums
AReg	Die Regesten der Bischöfe und des Domkapitels von Augsburg, siehe W. Volkert/F. Zoepfl
BL	British Library
BN	Bibliothèque nationale
BStB	Bayerische Staatsbibliothek
Cat. Mon. lat.	Catalogus codicum latinorum bibliothecae Monacensis
CC	Corpus Christianorum
CCM	Corpus consuetudinum monasticarum
Clm	Codex latinus Monacensis
Cod. Guelf.	Codex der Herzog-August-Bibliothek Wolfenbüttel (Gud. lat. = lateinische Handschrift der Gudischen Sammlung)
CSEL	Corpus scriptorum ecclesiasticorum Latinorum
CSM	Corpus scriptorum de musica
Germania pont.	Regesta pontificum Romanorum. Germania pontificia, siehe Brackmann
HStA	Hauptstaatsarchiv
JbVAB	Jahrbuch des Vereins für Augsburger Bistumsgeschichte e. V. 1967 ff.
Lebensbilder	Lebensbilder aus dem Bayerischen Schwaben
LThK	Lexikon für Theologie und Kirche [2]1957–66.
MBK	Mittelalterliche Bibliothekskataloge Deutschlands und der Schweiz
MBKÖ	Mittelalterliche Bibliothekskataloge Österreichs
MG	Monumenta Germaniae historica
AA	Auctores antiquissimi
Const.	Constitutiones et acta publica imperatorum et regum (Legum sectio IV) 1–9
D	Diplomata (zit. mit dem Anfangsbuchstaben und der Ordnungszahl des Herrschers sowie mit der Nummer des Diploms)
Form.	Formulae Merowingici et Karolini aevi (Legum sectio V)
Necr. Germ.	Necrologia Germaniae 1–4
SS	Scriptores (in Folio)
SS rer. Germ.	Scriptores rerum Germanicarum in usum scholarum separatim editi
SS rer. Germ. n. s.	Scriptores rerum Germanicarum, nova series
SS rer. Merov.	Scriptores rerum Merovingicarum
MGG	Die Musik in Geschichte und Gegenwart 1949 ff.
Mon. Boic.	Monumenta Boica

Nr. in Klammern	verweist auf die von mir geschaffene Zählung der in der Bibliothek nachgewiesenen Bücher; vgl. oben S. 50ff.
ÖNB	Österreichische Nationalbibliothek
Pauly-Wissowa	Paulys Realencyclopädie der classischen Altertumswissenschaft 1893 ff.
PG	MIGNE, Patrologia Graeca
PL	MIGNE, Patrologia Latina
Reg. Imp.	Regesta Imperii, siehe BÖHMER
Reg. Pont. Rom.	Regesta Pontificum Romanorum, siehe JAFFÉ
Repertorium fontium	Repertorium fontium historiae medii aevi
StadtA	Stadtarchiv
StB	Staats- und Stadtbibliothek
UB	Universitätsbibliothek

Handschriften und Archivalien (mit Register)

(Die Inhaltsangaben betreffen häufig nicht den Hauptinhalt einer Handschrift, sondern haben Bezug zu der vorliegenden Untersuchung.)

Gedruckte Quellen und Darstellungen

(Zitiert mit dem gesperrten Titelstichwort. Abkürzungen der Zeitschriftentitel nach DAHLMANN-WAITZ, Quellenkunde der deutschen Geschichte 1. [10]1969 S. 38 ff.)

Acta Sanctorum. Begründet von JOHANNES BOLLANDUS. 1–69. Editio novissima. Paris 1845–1940 (= Acta SS).

Adalboldus, Vita Heinrici II imperatoris, ed. G. WAITZ, MG SS 4 S. 679–695.

Ademarus, Historiarum libri III, ed. G. WAITZ, MG SS 4 S. 106–148.

ALBERS, B. (ed.), Consuetudines monasticae 1–5. 1900–12.

ANEMOECIUS, W., Cicero, Libri tres officiorum. Augsburg 1535.

Annales Augustani, ed. G. H. PERTZ, MG SS 3 S. 123–136.

Annales Augustani minores, ed. G. H. PERTZ, MG SS 10 S. 8–11.

Annales ss. Udalrici et Afrae Augustenses, ed. PH. JAFFÉ, MG SS 17 S. 428–436.

Annales Spirenses, ed. G. H. PERTZ, MG SS 17 S. 80–85.

Aribo, De musica, s. SMITS VAN WAESBERGHE.

AUTENRIETH, J., Die Domschule von Konstanz zur Zeit des Investiturstreits. Die wissenschaftliche Arbeitsweise Bernolds von Konstanz und zweier Kleriker, dargestellt aufgrund von Handschriftenstudien (Forschungen zur Kirchen- und Geistesgeschichte NF 3) 1956.

DIES., Probleme der Lokalisierung und Datierung von spätkarolinischen Schriften (10. u. 11. Jahrhundert) (Codicologica 4. 1978) S. 67–74.

BACHMANN, J., Die päpstlichen Legaten in Deutschland und Skandinavien (1125–1159) (Historische Studien 115) 1913.

BAEHRENS, W. A. (ed.), Origenes, Homilien zu Samuel I, zum Hohelied und zu den Propheten. Kommentar zum Hohelied in Rufinus und Hieronymus' Übersetzungen (Origenes, Werke 8 = Die griechischen christlichen Schriftsteller der ersten drei Jahrhunderte 33) 1925.

BANGE, E. F., Eine bayerische Malerschule des XI. und XII. Jahrhunderts. München 1923.

BARDENHEWER, O., Geschichte der altkirchlichen Literatur 1–5. 1913–1932; Ndr. 1962.

BARLOW, C. W., Epistulae Senecae ad Paulum et Pauli ad Senecam (Papers and Monographs of the American Academy in Rome 10) 1938.

BASNAGE, J., Henrici Canisii Thesaurus monumentorum eccl. et hist. s. Lectiones antiquae ... 1–7. Antwerpen 1724 ff.

BAUERREISS, R., Eine Augsburger Handschrift des 11. Jahrhunderts in Paris. Ein Beitrag zur Magnuslegende (StudMittGBened 75. 1965) S. 163–182.

DERS., Kirchengeschichte Bayerns 1. [2]1958; Ndr. 1974; 2–6. 1950 ff.; Ndr. 1973 ff.

DERS., Ottobeuren und die klösterlichen Reformen (Ottobeuren-Festschrift, hg. v. Ae. KOLB und H. TÜCHLE. 1964) S. 75–109.

DERS., Spirensia. Zur Erinnerung an D. B. v. Haneberg, Bischof von Speyer (StudMittGBened 71. 1960) S. 138–150.

DERS., St. Georgen im Schwarzwald, ein Reformmittelpunkt Südostdeutschlands im beginnenden 12. Jahrhundert (StudMittGBened 51. 1933 S. 196–201 und 52. 1934 S. 47–56).

DERS., Zwei alte Kalendarien aus Wessobrunn in Oberbayern (StudMittGBened 72. 1961) S. 171–192.
BECKER, G. (ed.), Catalogi bibliothecarum antiqui. 1885, ²1885–1887; Ndr. 1973.
BEER, E. J., Überlegungen zu Stil und Herkunft des Berner Prudentius-Codex 264 (Florilegium Sangallense. Festschrift für Johannes Duft, hg. v. O. P. Clavadetscher u. a., St. Gallen/Sigmaringen 1980) S. 15–70.
Benedicti Regula, siehe HANSLIK.
BERGMANN, R., Verzeichnis der althochdeutschen und altsächsischen Glossenhandschriften (Arbeiten zur Frühmittelalterforschung 6) 1973.
Berno v. Reichenau, Vita Sancti Udalrici, PL 142 Sp. 1183–1204. Praefatio, ed. G. H. PERTZ, MG SS 4 S. 381 f.
Bernoldus, Chronicon, ed. G. H. PERTZ, MG SS 5 S. 385–467.
BERSCHIN, W., Historia S. Kŏnradi (FreibDiözArch 95. 1975) S. 107–128.
DERS., Ŏdalscalcs Vita S. Kŏnradi im hagiographischen Hausbuch der Abtei St. Ulrich und Afra (FreibDiözArch 95. 1975) S. 82–106.
Bertholdus, Annales, ed. G. H. PERTZ, MG SS 5 S. 264–326.
BIGELMAIR, A., Die Afralegende (Archiv für die Geschichte des Hochstifts Augsburg 1. 1909–11) S. 139–221.
BISCHOFF, B., Biblioteche, scuole e letteratura nelle città dell'alto medioevo (Settimane di studio del Centro italiano di studi sull'alto medioevo 6. Spoleto 1959) S. 609–625.
DERS., Das griechische Element in der abendländischen Bildung des Mittelalters, in: DERS., Studien 2 S. 246–275. Erstmals ByzZ 44. 1951.
DERS., Mittelalterliche Studien. Ausgewählte Aufsätze zur Schriftkunde und Literaturgeschichte 1–3. 1966–81.
DERS., Literarisches und künstlerisches Leben in St. Emmeram (Regensburg) während des frühen und hohen Mittelalters, in: DERS., Studien 2 S. 77–115. Erstmals StudMittGBened 51. 1933.
DERS., Paläographie (Deutsche Philologie im Aufriß, hg. v. W. STAMMLER 1. ²1970) Sp. 379–452.
DERS., Paläographie des römischen Altertums und des abendländischen Mittelalters (Grundlagen der Germanistik 24) 1979.
DERS., Mittelalterliche Schatzverzeichnisse 1: Von der Zeit Karls des Großen bis zur Mitte des 13. Jahrhunderts (Veröffentlichungen des Zentralinstituts für Kunstgeschichte in München 4) 1967.
DERS., Eine Sammelhandschrift Walahfrid Strabos (Cod. Sangallensis 878), in: DERS., Studien 2 S. 34–51. Erweitert gegenüber der Erstfassung: Aus der Welt des Buches. Festschrift Georg Leyh (Beiheft zum ZblBiblWesen 75) 1950.
DERS., Die südostdeutschen Schreibschulen und Bibliotheken der Karolingerzeit 1: Die bayerischen Diözesen. ³1974; 2: Die vorwiegend österreichischen Diözesen. 1980.
DERS., Über mittelalterliche Handschriften in Wolfenbüttel, in: DERS., Studien 3 S. 298–309. Erstmals Wolfenbütteler Beiträge 2. 1973.
DERS., Übersicht über die nichtdiplomatischen Geheimschriften des Mittelalters (MIÖG 62. 1954) S. 1–27.
BODEMANN, E., Die Handschriften der Königlichen öffentlichen Bibliothek zu Hannover 1. 1867.
BÖHMER, J. F., Fontes rerum Germanicarum 1–4. 1843–68; Ndr. 1969.
BÖHMER, J. F. (ed.), Regesta Imperii 1–12. Innsbruck 1877 ff.; Ndr. 1966 ff.; Ergänzungen Wien/Graz/Köln 1951 ff. (= Reg. Imp.).
Boethius, De institutione musica, s. FRIEDLEIN.
DE BOOR, H./NEWALD, R., Die deutsche Literatur 1: Von Karl dem Großen bis zum Beginn der höfischen Dichtung 770–1170. ⁹1979, bearb. v. HERBERT KOLB.

Brackmann, A., Regesta pontificum Romanorum. Germania pontificia 1–3. 1911 ff. (= Germania pont.).

Brambach, W., Die Musikliteratur des Mittelalters bis zur Blüte der Reichenauer Sängerschule. 1888.

Braun, P., Geschichte der Bischöfe von Augsburg 1–2. 1813f.

Ders., Geschichte der Kirche und des Stiftes der heiligen Ulrich und Afra in Augsburg (Brauns Klostergeschichte Teil 1) 1817.

Ders., Notitia historico-literaria de codicibus manuscriptis in bibliotheca liberi et imperialis monasterii ordinis s. Benedicti ad ss. Udalricum et Afram Augustae exstantibus 1–6. Augsburg 1791–96.

Bresslau, H., Bamberger Studien (NA 21. 1896) S. 139–234.

Ders., Jahrbücher des Deutschen Reiches unter Konrad II. 1–2. 1879 u. 1884.

Ders., Les plus anciennes chartes du monastère de Sainte-Afra à Augsbourg (Mélanges Paul Fabre. Paris 1902; Ndr. 1972) S. 172–188.

Brunhölzl, F., Geschichte der lateinischen Literatur des Mittelalters 1. 1975.

Ders., Die lateinische Literatur (Handbuch der bayerischen Geschichte, hg. v. M. Spindler 1. 1967) S. 485–506.

Bruschius, C., Monasteriorum Germaniae praecipuorum ac maxime illustrium centuria prima. Ingolstadt 1551.

Büchner, K., Sallust. 1960.

Bühler, N., Die Schriftsteller und Schreiber des Benediktinerstiftes St. Ulrich und Afra in Augsburg während des Mittelalters. 1916.

Bulst, N., Untersuchungen zu den Klosterreformen Wilhelms von Dijon 962–1031 (Pariser Historische Studien 11) 1973.

Bumke, J., Mäzene im Mittelalter. Die Gönner und Auftraggeber der höfischen Literatur in Deutschland 1150–1300. 1979.

van Caenegem, R. C./Ganshof, F. L., Kurze Quellenkunde des westeuropäischen Mittelalters. Eine typologische, historische und bibliographische Einführung. 1964.

Callmer, Ch., Königin Christina, ihre Bibliothekare und ihre Handschriften. Beiträge zur europäischen Bibliotheksgeschichte (Acta bibliothecae regiae Stockholmensis 30) Stockholm 1977.

Canisius, H., Lectiones antiquae: omnia nunc primum e manuscriptis edita et notis illustrata 1–6. Ingolstadt 1601–1604.

Casus monasterii Petrishusensis, ed. O. Abel/L. Weiland, MG SS 20 S. 621–683.

Catalogue of Additions to the Manuscripts in the British Museum in 1888–1893. London 1894; Ndr. 1969.

Catalogue of the Harleian Manuscripts in the British Museum 1–4. London 1808 ff.; Ndr. 1973.

Catalogus abbatum Eberspergensium, ed. W. Arndt, MG SS 20 S. 15f.

Catalogus codicum latinorum bibliothecae Monacensis 1–2 (Catalogus codicum manu scriptorum Bibliothecae Regiae Monacensis 3,1–2. ²1892–94; 3,3. 1873; Ndr. 1968; 4. 1874–81; Ndr. 1968–69 = Cat. Mon. lat.).

Catalogus episcoporum Augustanorum Vindelicorum, ed. M. Welser, gedr. bei Christoph Mang „ad insigne pinus", Augsburg 1614.

Catalogus episcoporum Augustensium et abbatum s. Afrae, ed. G. Waitz, MG SS 13 S. 278–280.

Christ, C./Kern, A., Das Mittelalter (Handbuch der Bibliothekswissenschaft, hg. v. F. Milkau/G. Leyh 3,1: Geschichte der Bibliotheken. ²1955) S. 243–498.

Christ, K., In caput quadragesimae (ZblBiblWesen 60. 1943) S. 33–59.

Chronicon breve episcoporum Augustensium et abbatum s. Afrae, ed. G. Waitz, MG SS 14 S. 556–559.

Chronicon Ebersbergense, ed. W. ARNDT, MG SS 20 S. 9–15.
Chronicon Eberspergense posterius, ed. G. WAITZ (teilweise), MG SS 25 S. 867–872.
Chronicon Laureshamense, ed. K. A. F. PERTZ, MG SS 21 S. 334–453.
Chronicon Suevicum universale, ed. H. BRESSLAU, MG SS 13 S. 61–72.
Cicero, Laelius de amicitia, s. COMBÈS.
Cicero, Libri tres officiorum, s. ANEMOECIUS.
Clavis patrum latinorum, hg. v. E. DEKKERS u. AE. GAAR (Sacris erudiri 3) Steenbrugge ²1961.
Codex Laureshamensis, ed. K. GLÖCKNER 1–3. 1929–1936, Ndr. 1963.
Codex traditionum monasterii s. Udalrici et Afrae, Mon. Boic. 22. 1814 S. 1–160.
COENS, M., La vie de s. Magne de Füssen par Othloh de Saint-Emmeram (AnalBolland 81. 1963) S. 159–183.
COMBÈS, R. (ed.), Cicéron: Laelius de Amicitia, Paris 1971.
Conrad de Hirsau, Dialogus super auctores, siehe HUYGENS.
Consuetudines monasticae, siehe ALBERS.
Conversio et passio Afrae, ed. BRUNO KRUSCH, MG SS rer. Merov. 3 S. 41–64.
Corpus Christianorum. Series Latina. Turnholti 1954 ff. (= CC).
Corpus consuetudinum monasticarum, hg. v. K. HALLINGER 2 ff. 1963 ff. (= CCM).
Corpus scriptorum de musica, hg. v. American Institute of Musicology Rome. 1950 ff. (= CSM).
Corpus scriptorum ecclesiasticorum latinorum, hg. v. Österreichische Akademie der Wissenschaften. Wien 1866 ff. (= CSEL).
CUNNINGHAM, M. P. (ed.), Aurelii Prudentii Clementis Carmina (Corpus Christianorum. Series Latina 126) Turnholti 1966.
CURTIUS, E. R., Europäische Literatur und lateinisches Mittelalter. ⁷1969.
DANIEL, N., Handschriften des zehnten Jahrhunderts aus der Freisinger Dombibliothek. Studien über Schriftcharakter und Herkunft der nachkarolingischen und ottonischen Handschriften einer bayerischen Bibliothek (Münchener Beiträge zur Mediävistik und Renaissance-Forschung 11) 1973.
DELISLE, L., Le Cabinet des manuscripts de la Bibliothèque nationale 1–2. Paris 1868–74.
DIEPOLDER, G., Das Landgericht Aichach (Historischer Atlas von Bayern. Teil Altbayern 2) 1950.
DIETERICH, J. R., Die Geschichtsschreibung der Reichenau (Die Kultur der Abtei Reichenau. 1925) S. 773–801.
DINTER, P., Liber tramitis aevi Odilonis abbatis (CCM 10) 1980.
DÜMMLER, E., Das Formelbuch des Bischofs Salomo III. von Konstanz aus dem 9. Jahrhundert. 1857.
DERS., Das Martyrologium des Notker und seine Verwandten (Forschungen zur deutschen Geschichte 25. 1885) S. 195–220.
DERS., Verse des 11. Jahrhunderts (NA 6. 1881) S. 443–446.
DUFT, J., St. Magnus in der mittelalterlichen Miniatur (StudMittGBened 84. 1973) S. 82–97.
DUSSLER, H. (Hg.), Reisen und Reisende in Bayerisch-Schwaben ... Reiseberichte aus elf Jahrhunderten (Reiseberichte aus Bayerisch-Schwaben 1) 1968.
EBERT, F. A., Zur Handschriftenkunde 1–2. 1825–1827; Ndr. 1976.
ECCARDUS, J. G. (ed.), Corpus historicum medii aevi ... 1–2. Frankfurt ²1743.
EDER, CH. E., Die Schule des Klosters Tegernsee im frühen Mittelalter im Spiegel der Tegernseer Handschriften (Diss. phil. München 1970) (StudMittGBened 83. 1972) S. 6–155.
ENDRÖS, H., Reichsunmittelbarkeit und Schutzverhältnisse des Benediktinerstifts St. Ulrich und Afra in Augsburg vom 11. bis zum 17. Jahrhundert. Diss. phil. München 1934.
FELLERER, K. G., Die musica in den artes liberales (Artes liberales. Von der antiken Bildung zur

Wissenschaft des Mittelalters, hg. v. J. KOCH = Studien und Texte zur Geistesgeschichte des Mittelalters 5. Leiden/Köln 1959) S. 33–49.
FINCH, CH. E., The Fragment of Ciceros' De amicitia in Cod. Vat. lat. 5207 (Transactions and Proceedings of the American Philological Association 95. 1964) S. 66–76.
Formulae Salomonis, s. DÜMMLER.
FRIED, P., Die Edelfreien von Maisach (Amperland 3. 1967) S. 57–58.
FRIEDLEIN, G. (ed.), Boetii de institutione musica (Boethius, De institutione arithmetica, ed. G. FRIEDLEIN. 1867; Ndr. 1966) S. 176–492.
Froumund von Tegernsee, Briefsammlung, s. STRECKER.
GAMBER, K., Codices liturgici latini antiquiores (Spicilegium Friburgense. Subsidia 1) Freiburg/Schweiz ²1968.
DERS. (Hg.), Sakramentartypen. Versuch einer Gruppierung der Handschriften und Fragmente bis zur Jahrtausendwende (Texte und Arbeiten I. Abt. Beiträge zur Ergründung des älteren lateinischen christlichen Schrifttums und Gottesdienstes 49/50) 1958.
GARAMPI, G., Viaggio in Germania, Baviera, Svizzera, Olanda e Francia – Diario del Cardinale Garampi 1761/63, Rom 1889; deutscher Auszug s. DUSSLER, Reisende S. 232–244.
GEARY, P. J., Der Münchener Cod. lat. 3851 und Ellwangen im 10. Jahrhundert (DA 33. 1977) S. 167–170.
Gebehard, Vita s. Oudalrici episcopi, Prologus, ed. G. H. PERTZ, MG SS 4 S. 381.
GEBELE, E. E., Das Leben und Wirken des Bischofs Hermann von Augsburg vom Jahre 1096–1133. 1870.
GEBELE, Ed., Der heilige Magnus von Füssen, Diss. phil. München 1953 Masch.
GERBERT, M., Iter Alemannicum, accedit Italicum et Gallicum. St. Blasien 1773.
DERS. (ed.), Scriptores ecclesiastici de musica sacra potissimum 1–3. St. Blasien 1784.
GERCKEN, PH. W., Reisen durch Schwaben, Baiern ... in den Jahren 1779–1782. Teil 1. Stendal 1783.
Gerhard, Vita et miracula sancti Oudalrici episcopi, s. G. WAITZ, s. KALLFELZ.
GLASER, H., Wissenschaft und Bildung (Handbuch der bayerischen Geschichte, hg. v. M. SPINDLER 1. 1967) S. 427–485.
GLAUCHE, G., Schullektüre im Mittelalter. Entstehung und Wandlungen des Lektürekanons bis 1200 nach den Quellen dargestellt (Münchener Beiträge zur Mediävistik und Renaissance-Forschung 5) 1970.
GOLDAST, M., Rerum Alemannicarum scriptores aliquot vetusti 1–3. Frankfurt 1661.
GOTTLIEB, TH., Über mittelalterliche Bibliotheken. 1890; Ndr. Graz 1955.
GRAF, H., Mönche und Geistliche als Architekten und Bauverwalter beim Bau des Klosters Limburg und des Speyrer Domes im XI. Jahrhundert (MittHistVPfalz 54. 1956) S. 155–225.
GRILL, L., Runaburg und Turmberg – Ulrichs- und Kalvarienberg (Mitt. d. Steirischen Burgenvereins 14. 1972) S. 3–21.
GRILLNBERGER, O., Die Handschriften der Stiftsbibliothek zu Wilhering (Xenia Bernardina. Pars II. Handschriftenverzeichnisse 2. Wien 1891) S. 1–114.
GRÖCHENING, H./HÖDL, G./PASCHER, E., Katalog der Ausstellung. Handschriftenfragmente von 500–1500 (Armarium. Beiträge zur Kodikologie und zu den historischen Hilfswissenschaften 1) St. Paul im Lavanttal 1977.
GUGUMUS, J. E., Reginbald, Abt von St. Afra und Ebersberg, Bischof von Speyer 1033–1039 (Die Reichsabtei Lorsch. Festschrift zum Gedenken an ihre Stiftung 764. 1. Teil. 1973) S. 325–334.
Guido von Arezzo, Micrologus, s. SMITS VAN WAESBERGHE.
HAASE, F. (ed.), L. Annaei Senecae Opera quae supersunt 1–3. Leipzig 1874–78.

HAEMMERLE, A., Buchzeichen der Benediktinerreichsabtei St. Ulrich und Afra (Vierteljahreshefte zur Kunst und Geschichte Augsburgs, hg. v. A. HAEMMERLE 1. 1935) S. 42–43.
HALLINGER, K., Gorze - Kluny. Studien zu den monastischen Lebensformen und Gegensätzen im Hochmittelalter 1–2 (Studia Anselmiana 22–25) Rom 1950/51; Ndr. Graz 1971.
HANDSCHIN, J., Hermannus-Contractus-Legenden – nur Legenden? (ZDtAltDtLit 72. 1935) S. 1–8.
DERS., Musikgeschichte im Überblick. Luzern/Stuttgart [2]1964.
Die Handschriften der Badischen Landesbibliothek in Karlsruhe 1–10. 1970 ff.
HANSLIK, R., Benedicti Regula (CSEL 75) Wien 1960.
HARTIG, M., Das Benediktiner-Reichsstift Sankt Ulrich und Afra in Augsburg (1012–1802) (Germania Sacra Serie B: Germ. Sacra regularis I. A. Die Benediktiner-Klöster) 1923.
HEFELE, C. J., Conciliengeschichte. Nach den Quellen bearbeitet 1–9. [2]1873 ff.
HEMMERLE, J., Die Benediktinerklöster in Bayern (Germania Benedictina 2. Bayern) 1970.
Herimannus Augiensis, Chronicon, ed. G. H. PERTZ, MG SS 5 S. 67–133.
HERTFELDER, B., Basilica ss. Udalrici et Afrae Aug. Vind. historice descripta cum brevi chronico monasterii. Augsburg 1627, 1653, 1657.
HIPPER, R., Die Urkunden des Reichsstiftes St. Ulrich und Afra in Augsburg 1023–1440 (Schwäbische Forschungsgemeinschaft bei der Kommission für Bay. Landesgeschichte. Reihe 2 a: Urkunden und Regesten 4) 1956.
HIRSCH, S., Jahrbücher des Deutschen Reiches unter Heinrich II. 1–2. 1862 u. 1864; 3 (vollendet von H. BRESSLAU) 1875.
HOEYNCK, F. A., Geschichte der kirchlichen Liturgie des Bistums Augsburg. 1889.
HOFMEISTER, A. (ed.), Ottonis episcopi Frisingensis Chronica sive historia de duabus civitatibus (MG SS rer. Germ. 45) 1912.
HOLDER, A., Die Reichenauer Handschriften 1 (Die Handschriften der Bad. Landesbibliothek in Karlsruhe 5) 1906; Ndr. 1970.
HOUBEN, H., St. Blasianer Handschriften des 11. und 12. Jahrhunderts. Unter besonderer Berücksichtigung der Ochsenhauser Klosterbibliothek (Münchener Beiträge zur Mediävistik und Renaissance-Forschung 30) 1979.
HÜBINGER, P. E., Die letzten Worte Papst Gregors VII. (Rheinisch-Westfälische Akademie der Wissenschaften. Vorträge G 185) 1973.
HUEMER, J. (ed.), Zu Walahfrid Strabo (NA 10. 1884) S. 166–169.
HUGLO, M., L'auteur du „Dialogue sur la musique" attribué à Odon (Revue de musicologie 55. 1969) S. 119–171, rezensiert in Scriptorium 25. 1971 S. 148–149.
DERS., Les Tonaires. Inventaire, Analyse, Comparaison. Paris 1971.
GRAF VON HUNDT, F. H., Das Cartular des Klosters Ebersberg (Abhandlungen der III. Classe der königlichen Akademie der Wissenschaften 14, 3. Abt. ohne Jahr) S. 117–196.
HUYGENS, R. B. C. (ed.), Conrad de Hirsau, Dialogus super auctores (Collection Latomus 17) Berchem-Bruxelles 1955.
IRTENKAUF, W., Stand und Aufgaben der Choralforschung in Württemberg (ZWürttLdG 14. 1955) S. 171–185.
DERS., Zur mittelalterlichen Liturgie- und Musikgeschichte Ottobeurens (Ottobeuren. Festschrift zur 1200-Jahrfeier der Abtei, hg. v. AE. KOLB/H. TÜCHLE. 1964) S. 14–179.
JACOB, A., Die Glossen des cod. S. Pauli d/82. 1897.
JAFFÉ, PH. (ed.), Des Abtes Udalskalk von St. Ulrich in Augsburg Registrum tonorum (Archiv für die Geschichte des Bistums Augsburg, hg. v. A. STEICHELE 2. 1859) S. 68–78.
DERS., Bibliotheca rerum Germanicarum 1–6. 1864 ff.; Ndr. 1964.
DERS., Regesta Pontificum Romanorum 1–2. [2]1881–88; Ndr. Graz 1956 (= Reg. Pont. Rom.).

DERS. (ed.), Oudalscalchi Vita beati Adalberonis episcopi Augustensis (STEICHELE, Archiv 3. 1860) S. 1–9.

DERS. (ed.), Uodalscalcus, De Eginone et Herimanno, MG SS 12 S. 429–448.

JAKOBS, H., Der Adel in der Klosterreform von St. Blasien (Kölner Historische Abhandlungen 16) 1968.

DERS., Die Hirsauer. Ihre Ausbreitung und Rechtsstellung im Zeitalter des Investiturstreites. 1961.

JOACHIMSOHN, P., Die humanistische Geschichtsschreibung in Deutschland. Heft 1: Die Anfänge. Sigismund Meisterlin. 1895.

DERS., Zur städtischen und klösterlichen Geschichtsschreibung Augsburgs im 15. Jahrhundert. 1895.

JOERGENSEN, E., Catalogus codicum latinorum medii aevi bibliothecae regiae Hafniensis. Kopenhagen 1926.

KALLFELZ, H. (ed.), Vita sancti Oudalrici episcopi Augustani auctore Gerhardo. Das Leben des hl. Ulrich, Bischofs von Augsburg, verfaßt von Gerhard (Ausgewählte Quellen zur deutschen Geschichte des Mittelalters. Freiherr-vom-Stein-Gedächtnisausgabe 22. 1973) S. 35–167.

KEMPF, J., Froumund von Tegernsee (Programm des König-Ludwigs-Gymnasiums in München für das Studienjahr 1899/1900) 1900.

KEMPF, F., Die gregorianische Reform (Handbuch der Kirchengeschichte, hg. v. H. JEDIN 3,1. 1966) S. 401–461.

DERS., Renovations- und Reformbewegungen von 900 bis 1050 (Handbuch der Kirchengeschichte, hg. v. H. JEDIN 3,1. 1966) S. 365–398.

KEPLINGER, F., Beiträge zur Geschichte der Wissenschaftspflege im Zisterzienserstift Wilhering (Dissertationen der Universität Wien 36) Wien 1969.

KHAMM, C., Hierarchia Augustana chronologica, Teile 1–3 (= Bde. 1–2) Augsburg 1709f.

KIESSLING, R., Bürgerliche Gesellschaft und Kirche in Augsburg im Spätmittelalter (Abhandlungen zur Geschichte der Stadt Augsburg 19) 1971.

KLOPSCH, P., Einführung in die mittellateinische Verslehre. 1972.

KOTTJE, R., Klosterbibliotheken und monastische Kultur in der zweiten Hälfte des 11. Jahrhunderts (Il monachesimo e la riforma ecclesiastica (1049–1122) = Atti della quarta Settimana internazionale di studio, Mendola 1968. Mailand 1971) S. 351–370. Außerdem ZKG 80. 1969 S. 145–162.

DERS./MOELLER, B., Ökumenische Kirchengeschichte 1–3. 1970ff.

KRAFT, B., Die Handschriften der Bischöflichen Ordinariatsbibliothek in Augsburg. 1934.

LADEWIG, P./MÜLLER, TH., Regesta episcoporum Constantiensium 1–5. Innsbruck 1895ff.; Ndr. Bd. 1: 1970.

LAFAYE, G. (ed.), Ovide, Le Métamorphoses 1–3. Paris 1955–57.

LAMBERT, B., Bibliotheca Hieronymiana manuscripta 2 (Instrumenta patristica 4) Steenbrugge 1969.

LAMMERS, W./SCHMIDT, A. (ed.), Otto von Freising, Chronik oder die Geschichte der zwei Staaten (Ausgewählte Quellen zur deutschen Geschichte des Mittelalters Frh.-vom-Stein-Gedächtnisausgabe 16) 1961).

LAMPEN, W., Mittelalterliche Heiligenleben (Liber floridus für Paul Lehmann. 1950) S. 121–129.

Lebensbilder aus dem Bayerischen Schwaben, hg. v. Schwäbische Forschungsgemeinschaft bei der Kommission für Bayerische Landesgeschichte (Veröffentlichungen Reihe 3) 1952ff.

LECLERCQ, J., Wissenschaft und Gottverlangen. Zur Mönchstheologie des Mittelalters. Paris 1957, dt. 1963.

LEHMANN, P., Aus dem Leben, dem Briefwechsel und der Büchersammlung eines Helfers der

Philologen (LEHMANN, P., Erforschung des Mittelalters 4. 1961) S. 107–127. Erstmals ArchKulturg 28. 1938.

DERS., Eine Geschichte der alten Fuggerbibliotheken 1–2 (Studien zur Fuggergeschichte 12–15) 1956–60.

DERS., Mittelalterliche Büchertitel (LEHMANN, P., Erforschung des Mittelalters 5. 1962) S. 1–93. Erstmals Sitz. Ber. der Bayer. Akademie der Wissenschaften, Phil.-hist. Klasse 1948 Heft 4 und 1953 Heft 3.

LIEBHART, W., Die Reichsabtei St. Ulrich und Afra zu Augsburg (Historischer Atlas von Bayern. Teil Schwaben. Reihe 2, hg. v. Kommission für bayerische Landesgeschichte) 1982. Diss. phil. Augsburg 1980.

LINDGREN, U., Gerbert von Aurillac und das Quadrivium. Untersuchungen zur Bildung im Zeitalter der Ottonen (Sudhoffs Archiv. Zeitschrift für Wissenschaftsgeschichte. Beiheft 18) 1976.

LINDNER, P., Memoriale San-Ulricanum (Diözesan-Archiv von Schwaben 8. 1891 S. 5 ff. und 15. 1897 S. 161 ff.)

DERS., Monasticon episcopatus Augustani antiqui. Bregenz 1913.

LOEWE, H., Die Annales Augustani. Eine quellenkritische Untersuchung. 1903.

LOWE, E. A., Codices Latini antiquiores. A paleographical guide to latin manuscripts prior to the ninth century 1 ff. Oxford 1934 ff.

LUTZ, C. E. (ed.), Remigii Antissiodorensis Commentum in Martianum Capellam libri I–II. Leiden 1962.

MABILLON, J., Vetera analecta 4. Paris 1685.

MANITIUS, M., Geschichte der lateinischen Literatur des Mittelalters 1–3 (Handbuch der Altertumswissenschaft 9. Abt.) 1911 ff.; Ndr. 1959.

DERS., Zu den Prudentiusglossen (HistVjschr 28. 1934) S. 142–153.

MASSER, A., Bibel- und Legendenepik des deutschen Mittelalters (Grundlagen der Germanistik 19) 1976.

MEICHELBECK, C., Historia Frisingensis 1 (Pars altera instrumentaria) Augsburg/Graz 1724.

MEIER, G., Süddeutsche Klöster vor hundert Jahren. Reisetagebuch des P. Nepomuk Hauntinger OSB, Bibliothekar von St. Gallen. 1889.

Meisterlin, S., Chronicon ecclesiasticum Augustanum, ed. STRUVE, Rerum Germanicarum scriptores 3, hg. v. PISTORIUS. Regensburg 1726 S. 657–683.

MERTON, A., Die Buchmalerei in St. Gallen vom neunten bis zum elften Jahrhundert. 1912, ²1923.

MEYER, G./BURCKHARDT, M., Die mittelalterlichen Handschriften der Universitätsbibliothek Basel. Abt. B: Theologische Pergamenthandschriften 1–3. Basel 1960–1975.

MIEDEL, J., Augsburgs Namen im Verlauf seiner Geschichte (Archiv für die Geschichte des Hochstifts Augsburg, hg. v. A. SCHRÖDER 5. 1916–19) S. 85–109.

MIGNE, J. P. (ed.), Patrologiae cursus completus. Series Latina. Parisiis 1844 ff.; Series Graeca. Parisiis 1857 ff.

MILCHSACK, G., Die Gudischen Handschriften: Die lateinischen Handschriften (Gudiani latini) (Die Handschriften der herzoglichen Bibliothek zu Wolfenbüttel, beschr. v. O. VON HEINEMANN, 4. Abt. 1913; Ndr.: Kataloge der Herzog-August-Bibliothek Wolfenbüttel 9: Die Gudischen Handschriften. 1966) S. 77–261.

MILLAR, E. G., The library of A. Chester Beatty. A descriptive catalogue of the western manuscripts 1. Oxford 1927.

Miracula Adelheidis reginae, ed. G. H. PERTZ, MG SS 4 S. 645–649.

MISCOLL-RECKERT, I.-J., Kloster Petershausen als bischöflich-konstanzisches Eigenkloster. 1973.

Mittelalterliche Bibliothekskataloge Deutschlands und der Schweiz, hg. v. Bayerische Akademie der Wissenschaften München 1–4. 1918 ff. (= MBK).
Mittelalterliche Bibliothekskataloge Österreichs, hg. v. Österreichische Akademie der Wissenschaften Wien 1–5. 1915 ff. (= MBKÖ).
Monumenta Boica, hg. v. Academia scientiarum Boica, München 1763 ff. (= Mon. Boic.)
Monumenta San-Ulricana: Diplomatarium miscellum, Mon. Boic. 22 S. 161 ff. und 23. 1814–15.
MORAW, P., Über Typologie, Chronologie und Geographie der Stiftskirche im deutschen Mittelalter (Untersuchungen zu Kloster und Stift. Veröffentlichungen des Max-Planck-Instituts für Geschichte 68 = Studien zur Germania Sacra 14. 1980) S. 9–37.
MORIN, G., A travers les manuscrits de Bâle (BaslerZG 26. 1927) S. 175–249.
MÜLLER, H., Hucbalds echte und unechte Schriften über Musik. 1884.
Musica Enchiriadis, s. SCHMID.
NAUMANN, A. G. R., Catalogus librorum manuscriptorum, qui in bibliotheca senatoria civitatis Lipsiensis asservantur. 1838.
NIERMEYER, J. F., Mediae latinitatis lexicon minus. Leiden 1976.
OBBEMA, P. F. J., Der Augsburger Tafelkatalog vom Jahre 1474 (Scriptorium 31. 1977) S. 98–102.
OESCH, H., Berno und Hermann von Reichenau als Musiktheoretiker (Publikationen der Schweizerischen musikforschenden Gesellschaft 2,9) Bern 1961.
Origenes, s. BAEHRENS.
Ex Othloni operibus, ed. R. WILMANS, MG SS 11 S. 376–393.
Otloh von St. Emmeram, Vita sancti Magni confessoris, ed. M. COENS (Analecta Bollandiana 81. 1963) S. 184–227.
Otto v. Freising, Chronica, s. HOFMEISTER, s. LAMMERS.
Ovid, Metamorphosen, s. LAFAYE.
Paris, BN, Catalogus codicum hagiographicorum latinorum 2. Brüssel 1890.
PAULYS Realencyclopädie der classischen Altertumswissenschaft. Neue Bearbeitung, hg. v. G. WISSOWA. 1893 ff. (= Pauly-Wissowa).
PERTZ, G. H. (ed.), Oudalscalchi Vita Chounradi Constantiensis episcopi (Vita prior), MG SS 4 S. 429–436.
PEZ, B., Thesaurus anecdotorum novissimus ... 1. Augsburg u. Graz 1721.
PFAFF, M., Gestalt und Überlieferung der gregorianischen Gesänge (Geschichte der katholischen Kirchenmusik 1, hg. v. K. G. FELLERER. 1972) S. 311–323.
PIPER, P. (ed.), Die Schriften Notkers und seiner Schule. 1882.
PÖTZL, W., Die Anfänge der Ulrichsverehrung im Bistum Augsburg und im Reich (JbVAB 7. 1973) S. 82–115.
PRETZEL, U., Studien zum Marienleben des Priesters Wernher (ZDtAlt 75. 1938) S. 65–82.
PRIEBSCH, R., Deutsche Handschriften in England 2. 1901.
PRINZ, F., Augsburg im Frankenreich (WERNER, Ausgrabungen 1) S. 375–398.
DERS., Frühes Mönchtum im Frankenreich. Kultur und Gesellschaft in Gallien, den Rheinlanden und Bayern am Beispiel der monastischen Entwicklung (4. bis 8. Jahrhundert) 1965.
DERS., Klöster und Stifte (Handbuch der bayerischen Geschichte, hg. v. M. SPINDLER, 1. 1967) S. 373–404.
Prudentius, s. WEITZ, s. CUNNINGHAM.
RATJEN, H., Verzeichnis von Handschriften der Kieler Universitätsbibliothek. 1873.
Regesta episcoporum Constantiensium, s. LADEWIG.
Regesta Imperii, s. BÖHMER.
Regesta pontificum Romanorum, s. BRACKMANN.
Remigius in Martianum Capellam, s. LUTZ.

REMLING, F. X., Geschichte der Bischöfe zu Speyer 1–2. 1852–54; Ndr. 1975.
Repertorium fontium historiae medii aevi, ed. Istituto Storico Italiano per il Medio Evo 1 ff. Rom 1962 ff. (= Repertorium fontium).
REYNOLDS, L. D. (ed.), L. Annaei Senecae ad Lucilium Epistulae morales 1–2. Oxford 1965.
DERS., The medieval tradition of Seneca's Letters (Oxford classical and philosophical monographs) Oxford 1965.
RIEZLER, S., Geschichte Baierns 1–8 und Reg. 1878 ff.
RUF, P., Bistum Augsburg (MBK 3,1) 1932.
RULAND, A., Geschichtliche Nachricht über die ehemalige Domstiftsbibliothek zu Augsburg (STEICHELE, Archiv 1. 1856) S. 1–142.
SACHS, K.-J. (ed.), Mensura fistularum. Die Mensurierung der Orgelpfeifen im Mittelalter. 1970.
SACKUR, E., Die Cluniazenser in ihrer kirchlichen und allgemeingeschichtlichen Wirksamkeit bis zur Mitte des 11. Jahrhunderts 1–2. 1892–94; Ndr. 1965.
SCHAEFER, H., Pfarrkirche und Stift im deutschen Mittelalter (Kirchenrechtliche Abhandlungen 3) 1903.
SCHANZ, M./HOSIUS, C., Geschichte der römischen Literatur bis zum Gesetzgebungswerk des Kaisers Justinian 1–4 (Handbuch der Altertumswissenschaft 8. Abt.) [4]1927, [4]1935, [3]1922, [2]1914/20; Ndr. 1966 ff.
SCHAUWECKER, H., Otloh von St. Emmeram. Ein Beitrag zur Bildungs- und Frömmigkeitsgeschichte des 11. Jahrhunderts (StudMittGBened 74. 1963) S. 3–240.
SCHEPSS, G., Handschriftliche Studien zu Boethius De consolatione philosophiae (Programm der kgl. Studien-Anstalt Würzburg für das Studienjahr 1880/81) S. 3–47.
SCHERRER, G., Verzeichnis der Handschriften der Stiftsbibliothek von St. Gallen. 1875.
SCHLECHT, R., Hucbald. Musica Enchiriadis deutsch und mit kritischen Anmerkungen begleitet (Monatshefte für Musikgeschichte 6. 1874 S. 163–191 und 7. 1875 S. 1–93).
SCHMALE, F.-J., Die Reichenauer Weltchronistik (Die Abtei Reichenau, hg. v. H. MAURER. 1974) S. 125–158.
SCHMEIDLER, B., Abt Ellinger von Tegernsee, 1017–1026 und 1031–1041. Untersuchungen zu seinen Briefen und Gedichten im Clm 19 412 und zu den von ihm geschriebenen Handschriften (Schriftenreihe zur bayerischen Landesgeschichte 32) 1938.
SCHMID, H., Bayerische Musikhandschriften des Mittelalters (Musik in Bayern 2: Ausstellungskatalog. 1972) S. 67–78.
DERS. (ed.), Musica et scolica enchiriadis una cum aliquibus tractatulis adiunctis (Bayerische Akademie der Wissenschaften. Veröffentlichungen der Musikhistorischen Kommission 3) 1981.
SCHMIDT, H. A. P., Hebdomada Sancta 1–2. Rom/Freiburg/Barcelona 1956/57.
SCHMITZ, H. G., Kloster Prüfening im 12. Jahrhundert (Miscellanea Bavarica Monacensia 49) 1975.
SCHMITZ, PH., Geschichte des Benediktinerordens 1–4, übersetzt v. L. RÄBER, Einsiedeln 1947 ff.
SCHNORR VON CAROLSFELD, F., Katalog der Handschriften der Kgl. öffentlichen Bibliothek zu Dresden 1. 1882.
SCHREIBER, G., Kurie und Kloster im 12. Jahrhundert. Studien zur Privilegierung, Verfassung und besonders zum Eigenkirchenwesen der vorfranziskanischen Orden 1–2 (Kirchenrechtliche Abhandlungen 65–68) 1910.
SCHRÖDER, A., Die ältesten Heiligenkalendarien des Bistums Augsburg (Archiv für die Geschichte des Hochstifts Augsburg, hg. v. A. SCHRÖDER 1. 1909–1911) S. 241–331.
DERS., Eine Basler Handschrift, hervorgegangen aus St. Afra in Augsburg (Archiv für die Geschichte des Hochstifts Augsburg 6. 1929) S. 776–787.
SCHRÖDER, D., Stadt Augsburg (Historischer Atlas von Bayern. Teil Schwaben 10) 1975.

SCHRÖDER, W., Kritisches zu neuen Verfasserschaften Walahfrid Strabos und zur „althochdeutschen Schriftsprache“ (ZDtAltDtLit 87. 1956/57) S. 163–213.

SCHÜTZEICHEL, R., Althochdeutsches Wörterbuch. ²1974.

SEEBASS, T., Musikdarstellung und Psalterillustrationen im früheren Mittelalter. Bern 1973.

SENDER, C., Chronik von den ältesten Zeiten der Stadt (Augsburg) bis zum Jahre 1536 (Die Chroniken der deutschen Städte 23) 1894.

Seneca ad Lucilium, s. REYNOLDS.

Senecae Opera, s. HAASE.

Serapeum. Zeitschrift für Bibliothekswissenschaft, Handschriftenkunde und ältere Literatur 31. 1870.

SIEGWART, J., Die Chorherren- und Chorfrauengemeinschaften in der deutschsprachigen Schweiz vom 6. Jahrhundert bis 1160 (Studia Friburgensia NF 30) Freiburg/Schw. 1962.

SILVESTRE, H., Aperçu sur les commentaires carolingiens de Prudence (Sacris erudiri 9. 1957) S. 50–74 u. 398.

SMITS VAN WAESBERGHE, J. (ed.), Aribonis De musica (CSM 2) Rom 1951.

DERS., Cymbala. Bells in the middle ages (Musicological Studies and Documents 1) Rome 1951.

DERS. (ed.), Guidonis Aretini Micrologus (CSM 4) Rom 1955.

DERS., Musikerziehung. Lehre und Theorie der Musik im Mittelalter (Musikgeschichte in Bildern 3: Musik des Mittelalters und der Renaissance Lfg. 3) 1969.

SONDEREGGER, S., Althochdeutsch in St. Gallen. Ergebnisse und Probleme der althochdeutschen Sprachüberlieferung in St. Gallen vom 8. bis ins 12. Jahrhundert (Bibliotheca Sangallensia 6) St. Gallen/Sigmaringen 1970.

DERS., Notker der Deutsche und Cicero. Aspekte einer mittelalterlichen Rezeption (Florilegium Sangallense. Festschrift für Johannes Duft, hg. v. O. P. CLAVADETSCHER u. a. St. Gallen/Sigmaringen 1980) S. 243–266.

SOWA, H., Zur Handschrift Clm 9921 (Acta musicologica 5. 1933) S. 60–65 u. 107–120.

SPILLING, H., Die Handschriften der Staats- und Stadtbibliothek Augsburg 2° Cod 1–100 (Handschriftenkataloge der Staats- und Stadtbibliothek Augsburg 2) 1978.

STEGMÜLLER, F., Repertorium biblicum medii aevi 1–7. Madrid 1940 ff.

DERS., Repertorium Commentariorum in Sententias Petri Lombardi 1–2. 1947.

STEICHELE, A., Archiv für die Geschichte des Bistums Augsburg 1 ff. 1856 ff.

DERS. (ed.), Fr. Wilhelmi Wittwer Catalogus abbatum monasterii ss. Udalrici et Afrae Augustensis (STEICHELE, Archiv 3. 1860) S. 10–437.

STEICHELE, A./SCHRÖDER, A./ZOEPFL, F., Das Bistum Augsburg historisch und statistisch beschrieben 2–9. 1864 ff.

STEINMEYER, E., Glossen zu Prudentius (ZDtAlt 16. 1873) S. 1–109.

STEINMEYER, E./SIEVERS, E., Die althochdeutschen Glossen 1–5. 1879 ff.; Ndr. Dublin/Zürich 1968 f.

STEPHAN, R., Einige Hinweise auf die Pflege der Mehrstimmigkeit im frühen Mittelalter in Deutschland (Kongreß-Bericht der Gesellschaft für Musikforschung 1950) S. 68–71.

STETTINER, R., Die illustrierten Prudentiushandschriften. 1895, Tafelband 1905.

STRECKER, K. (ed.), Die Tegernseer Briefsammlung (Froumund) (MG Epistolae selectae 3) 1925.

STUMPF-BRENTANO, K. F., Die Reichskanzler vornehmlich des 10., 11. und 12. Jahrhunderts nebst einem Rückblicke auf die Merowinger- und Karolingerurkunden 1–3. Innsbruck 1865–83; Ndr. 1964.

SWITALSKI, B. W., Des Chalcidius Kommentar zu Platos Timaeus (Beiträge zur Geschichte der Philosophie des Mittelalters 3,6) 1902.

Tabulae codicum manu scriptorum praeter graecos et orientales in Bibliotheca Palatina Vindobonensi asservatorum 1–10. Wien 1864–99; Ndr. Graz 1965.
Thietmarus Merseburgensis episcopus, Chronicon, ed. R. Holtzmann, MG SS rer. Germ. n.s. 9. 1935.
Timaeus a Calcidio translatus, s. Waszink.
Tomek, E., Studien zur Reform der deutschen Klöster im 11. Jahrhundert. I. Teil: Die Frühreform (Studien und Mitteilungen aus dem kirchengeschichtlichen Seminar der Theologischen Fakultät der k. k. Universität Wien 4) Wien 1910.
Translatio sancti Magni, ed. G. Waitz, MG SS 4 S. 425–27.
Translatio s. Udalrici, ed. G. H. Pertz, MG SS 4 S. 427–28.
Tyroller, F., Genealogie des altbayerischen Adels im Hochmittelalter. 1962–69.
Udalschalk, Abt von St. Ulrich und Afra,
De Eginone et Herimanno, s. Jaffé,
Historia s. Konradi, s. Berschin,
Registrum tonorum, s. Jaffé,
Vita Adalberonis, s. Jaffé,
Vita Konradi, s. Pertz.
Ursprung, O., Die katholische Kirchenmusik (Handbuch der Musikwissenschaft 8) 1931.
Veith, F. A., Bibliotheca Augustana 1–12. Augsburg 1785–1796.
Vita altera (Chounradi Const. ep.) auctore anonymo, ed. G. H. Pertz, MG SS 4 S. 436–445.
Vita Altmanni episcopi Pataviensis, ed. W. Wattenbach, in MG SS 12 S. 226–243.
Vita sancti Magni, ed. C. Suyskens, Acta SS Septembris 2 S. 735–759.
Vita Theogeri abbatis s. Georgii et episcopi Mettensis, ed. Ph. Jaffé, MG SS 12 S. 449–479.
Volkert, W., Hermann Bischof von Augsburg (Lebensbilder 6. 1958) S. 1–25.
Ders., Schriftquellen zur Baugeschichte von St. Ulrich und Afra vom 8. Jahrhundert bis zum Jahr 1467 (Werner, Ausgrabungen) S. 91–139.
Volkert, W./Zoepfl, F., Die Regesten der Bischöfe und des Domkapitels von Augsurg 1, 1–3. 1955 ff. (= AReg).
Waitz, G. (ed.), Gerhardi Vita et miracula s. Oudalrici episcopi, MG SS 4 S. 377–425.
Walahfrid Strabo, s. Huemer.
Walahfrid Strabo, Vita s. Otmari abbatis Sangallensis, ed. I. v. Arx, MG SS 2 S. 40–58.
Warnecke, F., Die deutschen Bücherzeichen (Ex libris) von ihrem Ursprunge bis zur Gegenwart. 1890.
Waszink, J. H. (ed.), Timaeus a Calcidio translatus commentarioque instructus (Plato Latinus 4, hg. v. R. Klibansky) London usw. 1962.
Wattenbach, W./Holtzmann, R./Schmale, F.-J., Deutschlands Geschichtsquellen im Mittelalter. Die Zeit der Sachsen und Salier 1–3. 1967 ff.
Wattenbach, W./Levison, W./Löwe, H., Deutschlands Geschichtsquellen im Mittelalter. Vorzeit und Karolinger 1–5. 1952 ff.
Wattenbach, W./Schmale, F.-J., Deutschlands Geschichtsquellen im Mittelalter. Vom Tode Kaiser Heinrich V. bis zum Ende des Interregnums 1. 1976.
Weitz, J. M. (ed.), Aurelii Prudentii Clementis V. C. Opera. Hanau 1613.
Welser, M., ... Opera historica et philologica, sacra et profana ... Nürnberg 1682.
Werner, J., Die Ausgrabungen in St. Ulrich und Afra in Augsburg 1961–1968. 1977.
Werner, K. F., Zur Überlieferung der Briefe Gerberts von Aurillac (DA 17. 1961) S. 91–144.
Wernher (Priester), Maria, ed. C. Wesle, [2]1969 (besorgt v. H. Fromm).
Wilmans, R., Ottonis episcopi Frisingensis Chronicon, MG SS 20 S. 83–301.
Wilmart, A., Le convent et la bibliothèque de Cluny vers le milieu du XIe siècle (RevMabillon 11. 1921) S. 89–124.

Wilmart, A., Un exemplaire des coutumes d'Hirsauge accompagné d'un Catalogue de Livres (RevBénéd 49. 1937) S. 90–96.

Wittwer, W., Catalogus abbatum monasterii ss. Udalrici et Afrae Augustensis, s. Steichele.

Wolf, W., Von der Ulrichsvita zur Ulrichslegende. Untersuchungen zur Überlieferung und Wandlung der Vita Udalrici als Beitrag zu einer Gattungsbestimmung der Legende. 1967.

Wollasch, H. J., Die Anfänge des Klosters St. Georgen im Schwarzwald. Zur Ausbildung der geschichtlichen Eigenart eines Klosters innerhalb der Hirsauer Reform (Forschungen zur Oberrheinischen Landesgeschichte 14) 1964.

Wollasch, J., Mönchtum des Mittelalters zwischen Kirche und Welt. 1973.

Ders., Muri und St. Blasien (DA 17. 1961) S. 420–446.

Ders., Neue Methoden der Erforschung des Mönchtums im Mittelalter (HZ 225. 1977) S. 529–571.

Württembergisches Urkundenbuch, hg. v. Königliches Staatsarchiv Stuttgart 1. 1849; Ndr. 1972.

Zapf, G. W., Augsburgische Bibliothek. Augsburg 1795.

Ziegelbauer, M., Historia rei literariae ordinis s. Benedicti. Augsburg 1754.

Zimmermann, A. M., Die Familia s. Quirini im Mittelalter (StudMittGBened 60. 1946) S. 190–217.

Zimmermann, E., Augsburger Zeichen und Wappen (Bildband) 1970.

Zoepfl, F., Das Bistum Augsburg und seine Bischöfe im Mittelalter. 1955.

Ders., Das Bistum Augsburg und seine Bischöfe im Reformationsjahrhundert (Geschichte des Bistums Augsburg und seiner Bischöfe 2) 1969.

Ders., P. Placidus Braun (Lebensbilder 8. 1961) S. 349–376.

Personenregister

Ortsregister

5. **Rudolf Meier · Die Domkapitel zu Goslar und Halberstadt**
In ihrer persönlichen Zusammensetzung im Mittelalter – mit Beiträgen über die Standesverhältnisse der bis zum Jahre 1200 nachweisbaren Hildesheimer Domherren. (Studien zur Germania Sacra 1). 1967. 447 Seiten, broschiert

6. **Ulrich Herzog**
Untersuchungen zur Geschichte des Domkapitels zu Münster und seines Besitzes im Mittelalter
(Studien zur Germania Sacra 2). 1961. 96 Seiten und 1 Landkarte, broschiert

13. **Alfred Wendehorst**
Das Würzburger Landkapitel Coburg zur Zeit der Reformation
(Studien zur Germania Sacra 3). 1964. 61 Seiten, 7 Karten und 4 Kunstdrucktafeln, broschiert

14. **Gerhard Taddey**
Das Kloster Heiningen von der Gründung bis zur Aufhebung
(Studien zur Germania Sacra 4). 1965. 302 Seiten und 8 Seiten Kunstdruck, broschiert

15. **Franz-Josef Heyen**
Untersuchungen zur Geschichte des Benediktinerinnenklosters Pfalzel bei Trier (etwa 700–1016)
(Studien zur Germania Sacra 5). 1966. 75 Seiten, broschiert

16. **Anton Diederich · Das Stift Sankt Florin zu Koblenz**
(Studien zur Germania Sacra 6). 1967. 447 Seiten, 13 Abbildungen und 5 Karten, broschiert

17. **Alfred Bruns · Der Archidiakonat Nörten**
(Studien zur Germania Sacra 7). 1967. 202 Seiten und 1 Faltkarte, broschiert

18. **Heinrich Rüthing**
Der Kartäuser Heinrich Egher von Kalkar 1328–1408
(Studien zur Germania Sacra 8). 1967. 297 Seiten, broschiert

26. **Michael Erbe**
Studien zur Entwicklung des Niederkirchenwesens in Ostsachsen vom 8. bis zum 12. Jahrhundert
(Studien zur Germania Sacra 9). 1969. 222 Seiten und 5 Karten, broschiert

VANDENHOECK & RUPRECHT · GÖTTINGEN/ZÜRICH

7.83 71/2

30. **Christof Römer**
Das Kloster Berge bei Magdeburg und seine Dörfer 968–1565
Ein Beitrag zur Geschichte des Erzstiftes Magdeburg. (Studien zur Germania Sacra 10). 1971. 223 Seiten, broschiert

34. **Barbara Frank**
Das Erfurter Peterskloster im 15. Jahrhundert
Studien zur Geschichte der Klosterreform und der Bursfelder Union. (Studien zur Germania Sacra 11). 1972. 465 Seiten, 3 Abbildungen, 2 Faltkarten und 2 Tabellen, broschiert

39. **Helmut Maurer**
Konstanz als ottonischer Bischofssitz
Zum Selbstverständnis geistlichen Fürstentums im 10. Jahrhundert. (Studien zur Germania Sacra 12). 1973. 99 Seiten, 9 Abbildungen und 1 Faltkarte, broschiert

42. **Ursula Schmitt**
Villa Regalis Ulm und Kloster Reichenau
Untersuchungen zur Pfalzfunktion des Reichsklostergutes in Alemannien (9.–12. Jahrhundert). 1974. 145 Seiten, 1 Kunstdrucktafel und 1 Faltkarte, broschiert

50. **Dieter Mertens · Iacobus Carthusiensis**
Untersuchungen zur Rezeption der Werke des Kartäusers Jakob von Paradies (1391–1465). (Studien zur Germania Sacra 13). 1976. 316 Seiten, Leinen

52. **Hermann Heimpel**
Die Vener von Gmünd und Straßburg 1162–1447
Studien und Texte zur Geschichte einer Familie sowie des gelehrten Beamtentums in der Zeit der abendländischen Kirchenspaltung und der Konzilien von Pisa, Konstanz und Basel. **Band I–III:** 1982. Zus. 1649 Seiten mit 33 Tafeln, Leinen

57. **Eberhard Linck**
Sozialer Wandel in klösterlichen Grundherrschaften des 11. bis 13. Jahrhunderts
Studien zu den familiae von Gembloux, Stablo-Malmedy und St. Trond. 1979. 283 Seiten, 1 Falttafel, Leinen

68. **Untersuchungen zu Kloster und Stift**
Mit Beiträgen von Petrus Becker, Kaspar Elm, Kassius Hallinger, Wilhelm Kohl, Peter Moraw, Josef Semmler, Alfred Wendehorst, Erich Wisplinghoff. Hrsg. vom Max-Planck-Institut für Geschichte. (Studien zur Germania Sacra 14). 1980. 238 Seiten und 1 Faltkarte, Leinen

VANDENHOECK&RUPRECHT · GÖTTINGEN/ZÜRICH

7.83 71/2